Falso mineiro

Simon Schwartzman

Falso Mineiro

*Memórias da política, ciência,
educação e sociedade*

HISTÓRIA REAL

© 2021 Simon Schwartzman

REVISÃO
Eduardo Carneiro
Ana Lessa

DIAGRAMAÇÃO
Equatorium Design

DESIGN DE CAPA
Angelo Bottino

CIP-BRASIL. CATALOGAÇÃO NA PUBLICAÇÃO
SINDICADO NACIONAL DOS EDITORES DE LIVROS, RJ

S399f

    Schwartzman, Simon, 1939-
        Falso mineiro: memórias da política, ciência, educação e sociedade / Simon Schwartzman. - 1. ed. - Rio de Janeiro: História Real, 2021.

        400 p.; 23 cm.
        ISBN 978-65-87518-07-7

        1. Schwartzman, Simon, 1939-. 2. Sociólogos - Brasil - Biografia. 3. Memória autobiográfica. I. Título.

20-64846   CDD: 923.6
                                           CDU: 3929(81)

Vanessa Mafra Xavier Salgado - Bibliotecária - CRB-7/6644

[2021]
Todos os direitos desta edição reservados a
História Real, um selo da Editora Intrínseca Ltda.
Rua Marquês de São Vicente, 99, 3º andar
22451-041 – Gávea
Rio de Janeiro – RJ
Tel./Fax: (21) 3206-7400
www.historiareal.intrinseca.com.br

*Para Michel, Luisa, Isabel e Felipe,
que sabem seguir seus caminhos*

Sumário

Apresentação 11

Introdução: Os temas 13
Lódz · Política e autoritarismo · Modernidade e democracia ·
Conhecimento, ciência e tecnologia · Ciência e ideologia · Educação e
diversidade · Sociedade e economia

I. Raízes
1. Falso mineiro 34
Avenida Maia · Os Schwartzman · Os Radzyner · Escola Israelita ·
Colégio Batista · Colégio Marconi

2. União Israelita... 47
Sionistas e progressistas · Juventudes sionistas · Isolamento e assimilação

II. Práxis
3. Juventude comunista 62
Roberto Drummond · Centralismo democrático · O fim do stalinismo

4. Sociologia e Política... 68
Os bolsistas · Antigos professores · Theotônio dos Santos ·
O neomarxismo francês · Betinho e Antônio Octávio Cintra · Iseb · A
deposição do dr. Yvon

5. Polop 82
Revista Mosaico · Política Operária · Revolução Cubana · Política e ciência como vocação

III. Pelo mundo

6. Flacso 92
Johan Galtung · A descoberta da América Latina · Ciências sociais e teoria da dependência · Chile

7. O golpe de 1964 107
No Dops · Exílio

8. Olso e Buenos Aires 115
Oslo · Fundación Bariloche e Instituto Di Tella · A Argentina e o peronismo · Universidade de Buenos Aires · Partida

9. Berkeley 130
A revolução dos anos 60 · Universidade da Califórnia · Os cursos · Os brasileiros nos Estados Unidos e a Fundação Ford

IV. Política e governo

10. DCP, Iuperj e Ebap 140
Departamento de Ciência Política da UFMG · Iuperj · Candido Mendes · Samuel Huntington · Apogeu e declínio · Administração pública · Adeus FGV

11. Representação e cooptação 161
Estado e sociedade · Populismo, instituições e formação do Estado

V. Ciência e tecnologia

12. Finep 172
Os projetos · A reorganização do sistema nacional de ciência e tecnologia · O grande salto à frente · Cultura e história da ciência

13. A comunidade científica 181
História da ciência · Sociologia da ciência · A construção do conhecimento · Ciência e universidades · Ciência e poder · A política do conhecimento

14. Pesquisando a pesquisa 201
A história do Instituto Nacional de Tecnologia · Desempenho dos grupos de pesquisa · A nova produção do conhecimento · A profissão acadêmica · Pesquisa científica e interesse público · Contribuição das universidades para o desenvolvimento

15. Uma nova ciência para um mundo global 217
Uma nova política de ciência e tecnologia · Política industrial · Prioridades da pesquisa · Os institutos do milênio · Dilemas da ciência, tecnologia e inovação

VI. Política social
16. IBGE 232
O Plano Real e a inflação · No governo de FHC · Pesquisa e disseminação · Modernização administrativa · O papel das estatísticas públicas

17. AIR e IETS 246
AirBrasil · Instituto de Estudos do Trabalho e Sociedade

18. Modernidade, cultura e pobreza 252
Cultura · Pobreza · Exclusão social e modernidade

19. Sociologia, profissão pública 258
A profissão do sociólogo · A miséria da ideologia · Esquerda e direita · Políticas raciais · A América Latina profunda

VII. Educação
20. Tempos de Capanema 276
Cpdoc · Conservadorismo e modernismo · Retrato do Estado Novo

21. Educação superior 281
Comissão Nacional para Reformulação da Educação Superior · Educação superior como área de estudos e pesquisa · O Núcleo de Pesquisas sobre Educação Superior da USP · Educação superior no Brasil · A Universidade de São Paulo

22. As batalhas da educação 294
O risco moral da educação · A escola vista por dentro · Plano Nacional de

Educação · Alfabetização infantil · Pedagogia da repetência · Educação em ciências · A reforma do ensino superior · Ensino médio e profissional · Usos e abusos da avaliação

Epílogo: De Getulio a Bolsonaro 317
A frustração com o progresso · Desafios da modernidade e da democracia · Educação superior nos Brics · Política social · Em busca da República · Retomando a ideia de progresso · De Getulio a Bolsonaro

Notas 337

Referências bibliográficas 362

Índice de nomes 382

Apresentação

Este livro de memórias começou a ser escrito como um diário, combinando reflexões recentes com lembranças que, aos poucos, foram sendo reconstituídas. Sua primeira versão terminou antes que a tragédia do novo coronavírus caísse sobre nossas cabeças. Graças às leituras e comentários de pessoas próximas e queridas, foi chegando ao formato atual, que é uma tentativa de associar uma história pessoal e profissional a uma série de temas relacionados à política, sociedade, ciência e educação com os quais me envolvi em minha vida.

No mundo das ciências, e em boa medida também no mundo da literatura e das artes, existe a convicção de que as obras, sejam elas ideias, conhecimentos científicos, ensaios, livros de literatura ou música, devem valer e ser inteligíveis por elas mesmas, independentemente de quem as produziu e do momento em que foram produzidas. Concordo em parte. Não adianta ler sobre a vida de Stephen Hawking para entender — se é que se consegue — suas teorias sobre a origem do Universo; mas, embora não baste, é bom conhecer o ambiente cultural do Renascimento para melhor apreciar a genialidade dos pintores desse período.

Também nas ciências sociais, teorias, propostas e debates são sempre, em última análise, uma conversa que, para ser melhor entendida, é bom saber quem dela participa, em que momento e a partir de quais preocupações. Tomei parte em muitas conversas desse tipo ao longo dos anos, e é delas que trato aqui. Assim, este livro é um convite aos leitores para que entrem nessas conversas também.

Essa mistura de história pessoal e de temas fez com que os tempos se misturassem, com idas e vindas que, acredito, não comprometem a leitura. Na primeira metade predominam histórias pessoais e profissionais e, a partir daí, os temas, entre outras razões porque, com o tempo, eles se tornam mais interessantes do que as rotinas da vida.

Sou imensamente grato à leitura crítica, correções e sugestões, no todo ou em parte, de Bernardo Sorj, Bolívar Lamounier, Claudio de Moura Castro, Edmar Bacha, Fábio Wanderley Reis, Guillermo Pisano, Helena Bomeny, Herbert S. Klein, João Batista Araújo e Oliveira, Jorge Balán, Mariza Peirano, Nena Castro, Susana Balán e meus filhos. E, em especial, à competência e ao carinho com que Kathia Ferreira trabalhou para melhorar minha linguagem, esclarecer as ideias que pudessem estar confusas e corrigir minhas falhas de memória. Sei que não consegui atender a todos, mas, sem eles, não teria chegado até aqui.

Introdução: Os temas

Lódz

Em meados de 2019 recebi uma mensagem de Vera Ejlenberg, que eu não conhecia, dizendo que ela estava fazendo uma pesquisa sobre o rabino Chaim Radzyner, um antepassado seu que havia emigrado no século 19 de Lódz, na Polônia, para Sfat, ou Safed, na Palestina. Entendi logo que se tratava do bisavô de minha mãe, pelas histórias que ela contava. Estabelecemos contato e combinei que participaria de um encontro que Vera e o marido, Mark, estavam organizando em Lódz, por ocasião dos 75 anos da destruição do gueto da cidade, o segundo maior da Polônia. A ideia era reunir os descendentes dos poucos antepassados de ambos que haviam conseguido sobreviver ao Holocausto.

Foram umas 40 pessoas para a reunião — de Israel, Estados Unidos, Suécia, Holanda, Brasil, Áustria e Nova Zelândia — e cada participante recebeu um livro com a história de seus familiares.[1] Do Brasil fomos eu, minha filha Bebel (Isabel) e minhas sobrinhas Solange e Simone. Antes da reunião também fiz circular um pequeno texto sobre a família Schwartzman/Radzyner no Brasil, da qual nada sabiam.[2] Nos três dias do encontro, visitamos o Museu Polin, em Varsóvia, que narra a história dos mil anos dos judeus no país e do pouco que restou do gueto e da população judaica, massacrada em sua maior parte pelos nazistas, que praticamente acabaram com a cidade no final da Segunda Guerra.

Em Lódz participamos de um evento em memória dos mortos na guerra no Marek Edelman Dialogue Center, instituição situada no Parque dos Sobreviventes e dedicada ao tema da convivência e tolerância entre as culturas. Fomos também ao antigo cemitério judaico, onde pude visitar a sepultura de meu avô, falecido em 1926, e à estação de trem em que os judeus eram embarcados em vagões de carga e enviados para os campos de extermínio. No grupo havia pessoas de todas as idades e, entre jantares, cerimônias e visitas a lugares históricos, elas choravam, riam, cantavam músicas tradicionais judaicas e dançavam. Vera e Mark criaram um lema para o encontro: "A maior herança que os pais podem deixar para os filhos são as raízes no passado e as asas para o futuro". Acho que eles conseguiram dar o recado.

Depois de Lódz fomos a Cracóvia, antiga capital da Polônia. Diferentemente de Varsóvia, a cidade não foi destruída pela guerra e preserva uma parte histórica que inclui um bairro judeu de mais de 500 anos. Hoje o bairro é um centro turístico, com uma bela sinagoga que faz as vezes de sala de concertos. Como no resto da Polônia, poucos judeus ainda moram na região, já que a maioria foi dizimada.

Recentemente o governo polonês, nacionalista e direitista, baixou uma lei tornando crime associar, de alguma maneira, o extermínio dos judeus à atuação de colaboracionistas poloneses (a lei provocou uma grande reação, sobretudo em Israel, e acabou sendo modificada, eliminando-se as penas de prisão). Não há dúvida de que a Polônia, invadida pela Alemanha e pela União Soviética em uma ação combinada, foi uma das maiores vítimas da Segunda Guerra e não a responsável pelos campos de extermínio. Mas é verdade também que o antissemitismo na região é anterior ao nazismo e que o colaboracionismo existiu. Por isso é importante confrontar esses fatos, e não tentar apagá-los por decreto.

Na volta ao Brasil vim lendo *Os irmãos Ashkenazi*, escrito em 1936 por Israel Joshua Singer, irmão mais velho do contista e Prêmio Nobel de Literatura Isaac Bashevis. O livro traça um grande painel da história dos judeus em Lódz.[3] Aprendi que, no século 19, Lódz foi um centro de indústria têxtil que abastecia os mercados de Polônia, Rússia e Alemanha. A população na cidade reunia poloneses, alemães e judeus de diferentes origens que iam dos mais pobres aos mais ricos. Todos viviam em função das mudanças geopolíticas provocadas pelas guerras, que culminaram com a independência da Polônia em 1918, logo depois da Primeira Guerra Mundial.

Entre os judeus, muitos tentavam manter suas tradições, outros se assimilavam, outros ainda se envolviam com os movimentos políticos radicais e revolucionários. Os que podiam emigravam para Estados Unidos, Argentina, Brasil ou para onde fosse possível, tentando escapar do antissemitismo e dos *pogroms* que se sucediam, estimulados pelo nacionalismo polonês. No início da guerra, 3,5 milhões de judeus viviam na Polônia; cinco anos depois, restavam menos de 50 mil.

Já no Brasil, escrevi um artigo para *O Estado de S. Paulo* ("Morrer em Lódz"), no qual falava, entre outras coisas, de Chaim Rumkowski, judeu designado pelos alemães para chefiar o Conselho de Anciãos, o Judenrat, encarregado de administrar o dia a dia da vida no gueto de Lódz. Rumkowski, a pretexto de apaziguar os nazistas, e também para garantir um melhor tratamento para a sua família e seus amigos, fazia o trabalho sujo de reprimir os protestos, administrar o trabalho forçado e escolher quem iria, a cada vez, para os campos de extermínio — ele e sua família foram os últimos. Era uma situação semelhante à vivida por Adam Czerniakow, chefe do Judenrat do gueto de Varsóvia, que, em certo momento, preferiu se suicidar a continuar colaborando. Concluí o artigo dizendo que, mesmo em situações extremas, existem opções éticas que precisam ser tomadas. No Brasil de Jair Bolsonaro, o texto teve grande repercussão.

Nasci em 1939, quando a Segunda Guerra começava. Sempre soube de minha origem judaica, de como as famílias de meus pais foram dizimadas pelo nazismo, da chegada de ambos ainda adolescentes ao Brasil e de como fizeram o possível para dar o melhor que podiam aos filhos. Faz parte de minha identidade, e tenho alguns valores arraigados que com certeza vêm daí, como o horror ao fascismo e ao racismo e a crença na liberdade, na democracia e no poder do conhecimento e da razão como os melhores instrumentos para lidar com os conflitos e as questões sociais. Mas nunca fui religioso e deixei muito cedo de frequentar a comunidade judaica. Hoje me arrependo de nunca ter me preocupado em conversar mais com meus pais, enquanto viviam, sobre suas histórias e experiências e as histórias de suas famílias e de seus antepassados.

A reunião de Lódz permitiu o reencontro com um pedaço de meu passado naquilo que ele tem de maior, que é o vínculo profundo com a grande tragédia humana e moral que foi a Segunda Guerra e a história peculiar e dramática dos judeus europeus. Depois dessa viagem comecei a redigir estas memórias, sem ligar uma coisa a outra, mas não deve ter sido coincidência. A primeira versão deste livro foi escrita em poucos meses como uma coleção desordenada de lembranças, relatos pessoais e comentários sobre instituições de que participei, livros e artigos que escrevi e polêmicas em que me envolvi. Aos poucos, e graças às críticas e comentários que foram chegando, fui entendendo que a viagem a Lódz serviu não somente para reavivar as antigas histórias de minhas origens, mas também para me conectar com um tema extremamente atual, que é o do ressurgimento do fantasma do fascismo em todas as suas manifestações políticas, intelectuais e sociais.

Política e autoritarismo

É curioso como o fascismo estava ausente das discussões do meio acadêmico quando comecei a me interessar por temas políticos, na adolescência e nos primeiros anos de faculdade. De acordo com meu entendimento na época, havia duas maneiras de entender a política: uma falsa, idealista; outra verdadeira, materialista.

A visão "idealista" era que o sistema político compreendia um conjunto de leis que expressavam as regras sobre como a sociedade deveria se organizar, e que bastaria formular as leis certas para que tudo andasse bem. A visão "materialista" era que as diferentes teorias e formas de organização de governo — liberalismo, conservadorismo, fascismo, monarquia, república, parlamentarismo, presidencialismo — não passavam de meras ideologias ou "superestruturas" que serviam somente para consolidar as relações de dominação. A política era um campo de batalha em que as pessoas lutavam por todos os meios para fazer prevalecer seus interesses materiais, especialmente os econômicos.

Uma das consequências dessa percepção empobrecida da política, que ainda encontra grande aceitação até mesmo em círculos aparentemente cultos e educados, é a noção de que a política é um jogo de vale-tudo no qual não existem valores, apenas interesses. Mais tarde fui entendendo e tratando de mostrar, em escritos diversos, que, sim, a política é um campo de disputa de interesses, mas é muito mais que isso. É também, quando funciona de maneira adequada no regime democrático, um espaço de convivência e de formação de consensos que reduzem o nível de conflitos e permitem o desenvolvimento de políticas públicas que atendam ao bem comum.

Os regimes políticos não se formam pelo simples alinhamento de ideias abstratas nem pela simples vitória de uns grupos de poder sobre outros, mas por um complicado processo de criação de instituições a partir de contextos históricos específicos. Tais instituições aos poucos vão se consolidando e tornando as sociedades cada vez mais capazes de administrar os choques de interesse e possibilitando que valores como liberdade, equidade e bem-estar social se desenvolvam.

Nem todas as sociedades, porém, conseguem fazer isso. Nem todos os regimes políticos, autodenominados ou não democráticos, funcionam bem. A democracia é uma planta frágil e preciosa que precisa ser constantemente protegida e alimentada e que depende, para se manter, da existência de instituições sólidas e socialmente valorizadas no Executivo, no Legislativo e no Judiciário. A história brasileira mostra que nossas instituições democráticas são mais disformes e precárias do que seria desejável. Isso não deve ser uma razão para jogá-las fora, como pretendem os autoritários de esquerda e de direita, e sim para melhorá-las.

Modernidade e democracia

Embora tenha antecedentes na Grécia e na Roma antigas, a democracia, tal como a entendemos hoje, com limitação do poder dos governantes e garantia de direitos individuais, é uma invenção recente do mundo ocidental. Começou a surgir com força com a Revolução Gloriosa e a Declaração de Direitos na Inglaterra, no século 17, e ganhou impulso com a Revolução Francesa e a independência dos Estados Unidos, no século 18. Seu fundamento é o princípio de que os indivíduos são seres autônomos, capazes e com direito a pensar e tomar decisões por conta própria, inclusive na vida econômica, o que impõe limite aos poderes das autoridades civis e religiosas. Se no início a democracia significava um direito restrito, excluindo escravos, mulheres, pobres e estrangeiros, com o tempo esse direito foi sendo ampliado até chegar ao sufrágio universal, ou quase, no século 20.

O surgimento e a ampliação desse princípio de liberdade e autonomia individuais integraram um processo de mudanças originado na Idade Média, com o advento das primeiras universidades, a Reforma Protestante, o desenvolvimento do comércio, de novas tecnologias, da imprensa e da ciência. Duas palavras têm sido usadas para descrever essa grande transformação: modernidade, que se refere às transformações econômicas e políticas cujo início os historiadores costumam datar das Grandes Navegações; e Iluminismo, o movimento cultural, artístico e intelectual que procurou dar sentido ao Novo Mundo. As democracias contemporâneas, resultantes desse processo, seriam sociedades formadas por cidadãos livres e racionais, regidas por governantes com poderes restritos e encarregados de cuidar do bem comum.

Modernidade e democracia, no entanto, nem sempre andam juntas. O tema central de minha tese de doutorado, publicada nos anos 70 com o título de *Bases do autoritarismo brasileiro*, era que, ao lado da evolução das antigas sociedades feudais, que formaram as democracias ocidentais, existiu outra rota de modernização, derivada das antigas sociedades patrimoniais. Essa outra rota levou ao que eu e outros chamamos de "modernização conservadora" ou autoritária. Trata-se de tema mais relevante do que nunca atualmente, com a China disputando a hegemonia política e econômica com o mundo ocidental.

A modernidade tem pelo menos dois sentidos principais. O primeiro, mais trivial, é o que a associa à ampliação dos conhecimentos e à adoção de novas tecnologias na vida econômica, nas comunicações, nos cuidados com a saúde e tudo o mais. Não há dúvida de que, com as novas tecnologias, as pessoas passaram a viver muito mais e melhor do que no passado, quando a fome, a miséria e a morte prematura eram consideradas naturais e inevitáveis. Por outro lado, as tecnologias e o próprio aumento da expectativa de vida criam problemas que ainda não estamos preparados para enfrentar.

O segundo sentido refere-se ao entendimento de que o destino das pessoas não pode ser determinado pela sua origem, mas pelo que elas decidem ser. Na prática, sabemos que muito do que uma pessoa vai ser depende do ambiente, das condições sociais de seus pais e de seus genes. Grande parte da pesquisa social se dedica justamente a procurar explicar até que ponto esses determinismos atuam e podem ser atenuados. Mas, nas sociedades modernas e democráticas, predomina o princípio de que todos são iguais perante a lei e que não devem existir privilégios nem obrigações por conta da origem das pessoas, o que legitima a liberdade de escolha e as políticas públicas de redução das diferenças de oportunidade.

É esse segundo sentido de modernidade o adotado por Bruno Latour, que a define como a crença, ou a percepção, de que não temos compromissos com o passado e que por isso somos livres para construir o futuro que desejarmos.[4] No entanto, como ele próprio adverte, nunca fomos, de fato, totalmente modernos, porque tudo o que fazemos tem uma história que, quer se queira, quer não, influencia a maneira pela qual participamos do mundo e o percebemos. Isso é verdade não só em relação a valores, preferências e à vida que construímos, como também em relação ao conhecimento científico e técnico que, como profissionais das ciências naturais e sociais, ajudamos a desenvolver e manter. O conhecimento científico e tecnológico não resulta de uma simples aplicação da lógica e de uma determinada metodologia sobre um tema qualquer, antes tem raízes sociais e culturais muito mais profundas do que os cientistas gostam de admitir.

Conhecimento, ciência e tecnologia

O tema do conhecimento tem a ver com a aposta do mundo ocidental (levada depois para outras regiões) de que, com melhores conhecimentos sobre a natureza e com a disseminação da habilidade de ler e escrever, seria possível construir não só sociedades mais ricas, mas também mais harmoniosas. Nestas, os problemas se resolveriam pelo uso da razão e não simplesmente por disputas violentas de poder. Nessa perspectiva, a ampliação do conhecimento técnico e científico é um aspecto do tema mais geral da modernidade. Ao mesmo tempo, a ampliação dos conhecimentos sobre a natureza e do arsenal de tecnologias para manipulá-la sempre teve seus críticos, que apontam para as questões ambientais, sociais e políticas deslanchadas pela expansão da indústria, das guerras, do poder das tecnocracias públicas e privadas e pelos custos psicológicos das sociedades competitivas e fragmentadas da atualidade.

No final dos anos 70, tive a oportunidade de realizar um estudo aprofundado sobre o desenvolvimento da ciência no Brasil. Era uma época em que o governo de Ernesto Geisel tentava, em regime de "marcha forçada", conforme descrito mais tarde por Antônio Barros de Castro,[5] transformar um país subdesenvolvido em uma potência científica, tecnológica e industrial. Minha preocupação, desde o primeiro momento, foi mostrar que ciência e tecnologia não eram meramente "insumos" para a economia, mas parte de um sistema social muito mais amplo e complexo que precisava ser apreendido para que as políticas de desenvolvimento científico e tecnológico não se frustrassem.

Em 1995 voltei ao tema, ao coordenar um ambicioso projeto de formulação de uma proposta de política de ciência e tecnologia para o país, que, no entanto, acabou ficando no papel.[6] De lá para cá, a ciência brasileira continuou crescendo, mas de forma desordenada, sem prioridades nem critérios claros de qualidade e relevância. Hoje o Brasil conta com um sistema de ciência e tecnologia de grande porte, mas a qualidade é desigual e sua contribuição para a economia, a sociedade e a própria educação superior é menor do que seria desejável.

Em um momento em que a ciência e a educação superior brasileira, e não só no Brasil, sofrem cortes orçamentários e ataques de políticos e governantes populistas — e proliferam os que acreditam que a Terra é plana —, chamar a atenção para essas debilidades do setor pode soar a muitos como alimentar e dar argumentos ao inimigo. Creio, ao contrário, que o que mais prejudica é a postura defensiva de não reconhecer nem enfrentar os problemas.

Ciência e ideologia

Não há dúvida de que não se pode mais — se é que se pôde um dia — apostar cegamente nas virtudes da modernização, da ciência e da educação sem qualificar com mais vagar o que cada uma dessas palavras quer dizer. Mas tampouco se pode simplesmente esquecê-las e propugnar uma volta a uma sociedade tradicional, harmoniosa e simples que nunca existiu. E menos ainda defender uma sociedade dominada por forças e identidades míticas, que foi, em última análise, o que os regimes fascistas tentaram fazer. É importante olhar criticamente a modernidade e a ciência não para desistir do que elas já conseguiram e prometem, mas para que possam realmente cumprir essas promessas.

A sociologia da ciência, ao sustentar que o conhecimento e a própria ciência são "construídos" ao longo de um processo eminentemente social, e não pelo puro exercício intelectual da observação e da lógica, provocou anos atrás a intensa polêmica que ficou conhecida como *"science wars"*.[7] Esse embate colocou sociólogos e cientistas naturais em campos opostos, com estes últimos preocupados porque a sociologia da ciência parecia abrir as portas para o relativismo e o irracionalismo. O tema é mais atual do que nunca, com a proliferação das *fake news* e dos ataques às instituições científicas e culturais em várias partes do mundo, criando um ambiente em que o conhecimento técnico e científico parece valer tanto quanto as opiniões dos blogueiros ou demagogos do momento.

Não é esse "vale-tudo", certamente, que autores como Bruno Latour propõem. Para eles, é preciso cultivar uma visão menos ingênua e mais refletida sobre a ciência e as suas instituições, inclusive para defendê-las melhor. Nosso conhecimento é precário, nossas evidências e comprovações podem ser sempre melhoradas e contestadas, nossas convicções podem mudar, mas temos a obrigação de ir o mais longe possível na busca de melhores informações e explicações.

Isso se aplica, também, ao mundo dos valores, da cultura e da política, tema de um belo texto de Isaiah Berlin, "The pursuit of the ideal".[8] Conforme diz ele, nada pior do que a crença de que só eu ou os meus iguais sabemos o que é certo ou errado, bom ou mau, o modo como as sociedades devem se organizar e o modo como as pessoas devem se comportar, verdades que devem ser impostas a todos que são diferentes ou pensam de forma diversa.

Pessoas, sociedades e culturas têm características, valores e entendimentos próprios que podem ser inconciliáveis e precisam ser respeitados. Por outro lado, com humildade é possível chegar a certos consensos básicos. Como diz Berlin em seu texto, "podemos salvar as pessoas da fome, da miséria ou da injustiça, podemos resgatar as pessoas da escravidão ou da prisão e fazer o bem — todas as pessoas têm um senso básico de bem e mal, não importando a que cultura pertençam. Mas qualquer estudo da sociedade mostra que toda solução cria uma nova situação que gera novas necessidades e problemas, novas demandas. As crianças obtiveram o que seus pais e avós ansiavam — maior liberdade, maior bem-estar material, uma sociedade mais justa. Mas os velhos males são esquecidos e as crianças enfrentam novos problemas, trazidos pelas próprias soluções dos antigos. E esses problemas, mesmo que possam ser resolvidos, geram novas situações e, com elas, novos requisitos — e assim por diante, para sempre — imprevisivelmente".

O tema do confronto entre a razão e o irracionalismo foi objeto de um livro de Georg Lukács, escrito nos anos 50 e publicado no Brasil com o título *O assalto à razão*. Trata-se de um esforço para entender o desenvolvimento das ideias irracionalistas que, na Alemanha, serviram de fundamentação para as ideologias nazistas. Lukács acreditava em uma "razão" inquestionável dada pelo marxismo, o que o levou a justificar o totalitarismo de Lenin e não perceber, por exemplo, a importância do tema da religião na sociologia de Max Weber, que ele questionava, embora não se equivocasse nas críticas ao darwinismo social, às teorias racistas e ao fascismo. O tema seria retomado anos depois por Fritz Ringer em um trabalho sociológico focado na crise intelectual dos filósofos e cientistas sociais alemães (os chamados "mandarins"), que levaram ao predomínio crescente das ideologias irracionalistas, racistas e autoritárias que serviriam de justificação ao nazismo.[9]

Não existe um mundo da "ciência" fechado em si mesmo e completamente separado do mundo do sentido comum e do mundo da ideologia, o que não significa dizer que é tudo a mesma coisa. No fim dos anos 70, parodiando a *Miséria da filosofia*, de Karl Marx, publiquei um artigo sobre a "miséria da ideologia" que me parecia contaminar e prejudicar o ambiente intelectual brasileiro da época e que repercutiu bastante. Não se tratava de uma crítica aos ideais de liberdade e de justiça social que mobilizavam a esquerda e muito menos uma defesa do regime militar. Era uma crítica ao pensamento ideológico que tem entre suas características a de reduzir questões complexas e específicas a esquemas mentais simplificados e polarizados por supostas oposições entre "nós" *vs* "eles", "esquerda" *vs* "direita" ou "o meu país" *vs* "o imperialismo".

Eu via com preocupação essa tendência de pensamento no ambiente universitário, especialmente nos cursos de educação e ciências sociais, nos quais a conformidade ideológica se expressava por um repertório bastante limitado de interpretações políticas que se aplicavam a tudo. Claro que pensar ideologicamente não é privilégio da esquerda. Se eu fosse escrever sobre a "miséria da ideologia" hoje, estaria falando das ideologias de extrema direita, que também levam a um entendimento muito pobre da realidade. Estaria lamentando a perspectiva de que o Brasil caminhe para uma polarização crescente entre ideologias aparentemente opostas, mas muito semelhantes na maneira de operar. Uma divisão que acaba destruindo o espaço para a pesquisa científica e a atuação das instituições públicas responsáveis por políticas necessariamente complexas nas áreas da economia, do meio ambiente, da saúde, das relações internacionais e das políticas sociais de maneira geral.

Educação e diversidade

São características do Iluminismo tanto a crença na importância da razão e dos conhecimentos científicos quanto a defesa da criação e do desenvolvimento de instituições dedicadas à educação formal — das antigas universidades aos atuais sistemas universais, ou quase universais, de educação de massas.

Por que algumas sociedades criaram universidades ainda na Idade Média, que continuaram existindo e se transformando até os dias de hoje, enquanto o Brasil só inaugurou a sua primeira universidade 80 anos atrás? Por que alguns países conseguiram universalizar os conhecimentos de leitura e escrita há 200 anos, enquanto no Brasil grande parte da população ainda é funcionalmente analfabeta? Será verdade que a educação tem sempre um papel positivo, de formar melhores cidadãos e garantir a existência de uma sociedade moderna e democrática? Ou, ao contrário, a educação pode ter um papel negativo, consolidando diferenças sociais e impondo valores e modos de ser das classes dominantes sobre as outras camadas sociais?

Parece óbvio que uma população educada é condição essencial para a existência de democracias amplas. Claramente, porém, isso não é suficiente. O campo da educação é também um campo de batalhas políticas e ideológicas, seja em relação às disputas sobre acesso a conteúdos, seja em relação aos interesses dos milhões de pessoas que hoje se sustentam com os vultosos recursos públicos e privados que convergem para o setor, no qual passam pelo menos um quarto de suas vidas.

No Brasil, muito tem sido escrito sobre os aspectos políticos e ideológicos da educação, sobre a possibilidade de acesso a ela e o seu impacto na equidade social. Mas muito pouco se escreve sobre o tema mais próprio da agenda da modernidade e do Iluminismo, aquele que se refere a como fazer com que a educação efetivamente forme pessoas profissionalmente competentes e culturalmente equipadas para participar da vida democrática. Por que não temos universidades entre as 100 melhores do mundo? Por que nossos estudantes estão entre os menos qualificados nas avaliações internacionais? É uma questão que envolve recursos, jogos de interesses ou razões outras que temos dificuldade de entender?

O estudo sobre a história da ciência me levou, naturalmente, ao estudo dos sistemas de educação superior e, depois, a temas mais gerais da educação básica e vocacional, ou profissional. Em 1985 participei de uma comissão presidencial que deveria propor uma reformulação da educação superior no Brasil e creio que as principais conclusões e recomendações contidas no documento que então elaboramos continuam válidas.[10] A primeira era a necessidade de reconhecer a grande variedade de públicos e instituições que hoje existem na educação superior pública e privada. A segunda era a necessidade de criar um sistema de avaliação que levasse em conta o que as diferentes instituições efetivamente podem fazer, em termos de ensino e pesquisa, e que informasse a sociedade e os governos sobre os reais custos e benefícios dos diferentes sistemas. De lá para cá, a educação superior tornou-se cada vez mais diversificada e o acesso a ela se ampliou no Brasil. Ainda assim, o modelo único da universidade de pesquisa persiste. E o sistema de avaliação que se montou se transformou em um grande ritual burocrático que não produz as informações de que a sociedade precisa.

O reconhecimento da diversidade e a adoção de um sistema adequado de avaliação deveriam levar à criação de mecanismos públicos de financiamento e crédito estudantil que respondessem ao que as instituições realmente produzem, e não a seus custos históricos. As universidades públicas devem ter autonomia para gerir seus recursos com flexibilidade, a fim de cumprir os objetivos com os quais se comprometem. E as instituições privadas que recebem recursos governamentais — na forma de isenções fiscais, crédito estudantil ou outros meios — necessitam abrir seus livros de contabilidade para deixar transparente que não estão se apropriando indevidamente de recursos públicos e que contam com padrões de funcionamento, qualidade e desempenho adequados.

Sobre a educação básica, no passado o problema eram os milhões de pessoas que não tinham acesso à escola. Hoje, quase todos chegam à escola, mas aprendem muito pouco. No final de 2020 o Ministério da Educação publicou os resultados do Índice de Desenvolvimento da Educação Básica (Ideb), instituído em 2007, cuja meta era alcançar o nível médio de qualidade dos países da Organização para a Cooperação e Desenvolvimento Econômico (OCDE) em 2021. Nesses anos, o gasto público com educação por estudante dobrou, houve melhoras significativas, embora insuficientes, nos primeiros anos da educação fundamental (quinto ano), mas muito pouco se avançou no fundamental II (até o nono ano) e quase nada no ensino médio.

Existem muitas explicações para essa situação, e a mais geral é que o sistema educacional se expandiu muito mais rapidamente do que a capacidade técnica e política das agências governamentais de lidar com os problemas de qualidade e equidade da educação. Com milhões de professores e funcionários, mobilizando vultosos recursos públicos e privados e servindo a 51 milhões de alunos — quase um quarto da população brasileira —, o sistema educacional se transformou em uma importante moeda de troca no jogo político de estados e municípios, e também uma grande corporação administrativa e profissional com força para conquistar benefícios e resistir a mudanças que possam ameaçar seus interesses. Na outra ponta, as agências governamentais, a começar pelo Ministério da Educação, não desenvolveram um corpo profissional com capacidade técnica para saber o que fazer, nem com força política suficiente para enfrentar as pressões dos interesses organizados. Existem exemplos de estados e municípios que conseguiram superar essa situação e avançar, mas são exceções.

Em 2002 publiquei, com João Batista Araujo e Oliveira, o pequeno livro *A escola vista por dentro*, cuja principal contribuição talvez tenha sido abrir a caixa-preta do funcionamento no dia a dia dos estabelecimentos de ensino. No texto apontamos a grande desconexão que havia, e ainda há, entre o que chega às escolas como programa de governo, currículos, teorias pedagógicas etc. e o que acontece na prática dos professores. Essa mesma desconexão, em escala muito mais ampla, ocorre com o Plano Nacional de Educação, cuja última versão foi aprovada por unanimidade pelo Congresso Nacional em 2014, mas que desde o início se mostrou totalmente inadequado para lidar com os problemas efetivos da educação brasileira.

O projeto de reforma do ensino médio do início do governo Temer, em 2016, de cuja discussão também participei, chegando a escrever um livro sobre o tema,[11] foi uma oportunidade para tentar sair da camisa de força do ensino médio tradicional, que até hoje remonta à reforma implementada por Gustavo Capanema no início dos anos 40. O projeto visava modernizar os conteúdos a serem apresentados aos estudantes e as práticas pedagógicas utilizadas, criando mais oportunidades para a formação técnica e profissional dos milhões de jovens que terminam o ensino médio, não conseguem entrar no ensino superior e ficam pelo caminho.

A reforma, mesmo carregada dos vícios do passado, foi transformada em lei. O Conselho Nacional de Educação se envolveu em um penoso processo de elaboração do que seria a base curricular nacional de um novo ensino médio, que deveria estar começando a funcionar em 2020. Entretanto, com a radicalização ideológica que o governo Bolsonaro tentou implantar no Ministério da Educação, e mais a crise deflagrada pela disseminação do novo coronavírus no país, muito pouco se conseguiu fazer.

Sociedade e economia

Governo, administração pública, sistema partidário, educação, ciência e tecnologia são assuntos que, de uma forma ou de outra, levam a uma questão mais ampla: a da formação das sociedades modernas, democráticas e equitativas. Da mesma maneira que o sistema político não é uma simples decorrência do jogo de interesses econômicos, as políticas sociais e seus resultados tampouco são uma simples decorrência da economia. Existe um debate equivocado entre supostos economistas "neoliberais", para os quais o mercado resolveria tudo e o setor público deveria ser o menor possível, e uma ampla corrente que vai da extrema esquerda à extrema direita, segundo a qual tudo dependeria de um Estado forte, centralizado, planejador e interventor, que no Brasil acaba resultando em um Estado agigantado e débil, capturado por uma infinidade de grupos de interesse vivendo à sua custa. O que me parece evidente é que o dinamismo do mercado, com regras claras de funcionamento, é imprescindível para criar riqueza, mas que o mercado não dispensa — na realidade requer — instituições sólidas e políticas públicas de qualidade para funcionar.

O tema das políticas sociais no Brasil — previdência social, saúde, educação, distribuição de renda, violência urbana — foi objeto de uma série de seminários e da edição de um livro dos quais participei, com Edmar Bacha, em 2011.[12] Foi também uma excelente oportunidade para levar para a mesma mesa economistas e cientistas sociais de formações diferentes. Na época, uma coisa ficou óbvia: não é possível lidar com as questões econômicas e sociais de forma separada.

Os economistas brasileiros, com poucas exceções, por muito tempo trataram a economia como algo isolado e autossuficiente. Só mais recentemente começaram a se preocupar também com as condições políticas, institucionais e culturais nas quais as atividades econômicas se dão, com destaque para a educação. Hoje, essa separação entre as ciências econômicas e as ciências sociais e políticas já é muito menor, embora a maioria das pessoas que se dedicam a esses temas continue trabalhando separadamente, cada qual em seu compartimento acadêmico. Não tenho dúvida de que a busca de pontes entre essas disciplinas será cada vez mais intensa nos próximos anos.

★★★

Hoje sou menos "moderno" do que antes, mais pessimista sobre o futuro da democracia e do triunfo da razão. Não só pela idade, que, naturalmente, vai corroendo as ilusões, mas pela própria história vivida, que começou com a esperança de ver um novo mundo ser construído a partir dos escombros da Segunda Guerra e que parece prosseguir, pelo menos a meu ver, com a volta dos fantasmas do irracionalismo, do fundamentalismo religioso, do fascismo, das guerras e das epidemias devastadoras. Tomara que essa percepção não seja verdadeira e que as novas gerações possam encontrar melhores caminhos. E que, quando sentirem necessidade, possam se reconectar com suas origens, conhecendo a própria história e dela tirando conclusões. O que posso fazer para isso é contar algo sobre por onde passei.

I. RAÍZES

Família Schwartzman

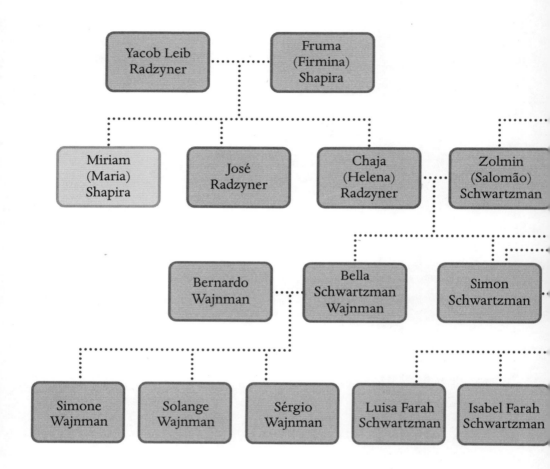

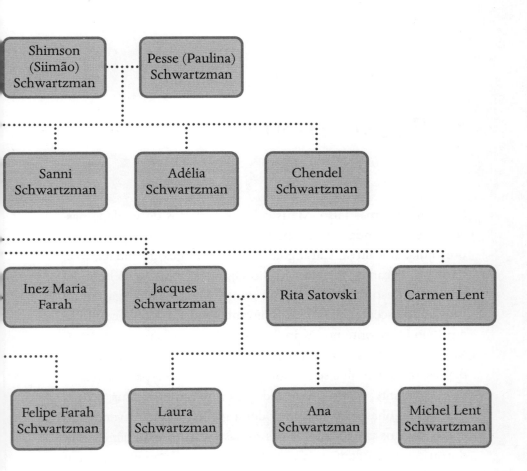

1. Falso mineiro

Sou mineiro, mas falso. Meus colegas mineiros de verdade nasceram em fazendas ou nas pequenas cidades do interior — Andrelândia, Bocaiuva, Carangola, Curvelo, Dores do Indaiá, Ibiá, Lambari, Peçanha, Piedade do Rio Grande, Ubá — e só bem depois foram estudar em Belo Horizonte. Meus pais chegaram ao Brasil adolescentes, filhos de imigrantes judeus. Conheceram-se em Belo Horizonte no início dos anos 30 e casaram-se em 1935. Minha irmã Bella nasceu no ano seguinte e eu, em 1939. Pouco depois, minha família se mudou para Sabará. Meu pai era vendedor ambulante, como quase todos os imigrantes judeus, e imagino que tenha pensado que poderia ganhar dinheiro vendendo coisas para os trabalhadores das minas locais. A experiência não durou e nos mudamos para o Rio de Janeiro, suponho que em busca de outro trabalho que também não daria certo.

Avenida Maia

Minhas primeiras lembranças, de meados dos anos 40, são justamente do Rio de Janeiro, já na Avenida Maia, como era chamado um conjunto de casas populares com saída para a rua Lopes Quintas, formando uma ruela à direita de quem subia pela rua Jardim Botânico. Eram vários prédios de dois andares com quatro ou mais moradias cada um. Morávamos no fundo da rua, num segundo andar, e o luxo maior era a geladeira de madeira abastecida pelas entregas do geleiro. No fim da ruela havia uma mata e um campo aberto, onde jogávamos bola e colocávamos armadilhas com fisga de jaca para pegar rolinhas.

Eu passava a maior parte do tempo na rua, descalço, brincando com os meninos. Havia brigas, e os maiores inimigos da minha turma eram os "Caveirinhas", três irmãos magros e feiosos que moravam em uma pequena casa na Lopes Quintas. No cruzamento dessa rua com a Jardim Botânico ficava a Ponte de Tábuas, pela qual passava o bonde que tomávamos para ir à casa de minha avó Firmina, mãe de minha mãe. Cruzando a pé a Ponte de Tábuas entrávamos em uma área de chácaras onde costumávamos comprar ovos e, seguindo em frente, chegávamos à Lagoa Rodrigo de Freitas, considerada longe demais por nós. Havia um cinema na rua Jardim Botânico que exibia seriados do Zorro e do Fantasma Voador nas matinês de domingo. Aí eu já devia ter uns 5 ou 6 anos.

Antes, pelo que minha mãe contava, eu usava as camisolas de minha irmã e chorei muito quando ficou decidido que eu não me vestiria mais daquele jeito. Eu tinha cabelos compridos, no estilo pajem, e morria de medo de cinema e de cabeleireiro, não sei por quê. Mas lembro que um dia meu pai me levou ao barbeiro e pediu que ele raspasse a minha cabeça. Fiquei desesperado e passei a usar uma boina para esconder a careca. Os meninos na rua me tiravam a boina e saíam correndo com ela, eu ia correndo atrás, chorando.

Minha avó Firmina morava em uma pequena casa no Jardim de Alah, quase na esquina da Delfim Moreira, e o bonde que ia pela rua Jardim Botânico chegava até lá, rodeava a praça e retornava. Se fosse de noite, ao passarmos pela orla da praia era preciso apagar as luzes do bonde por causa do *blackout* — estávamos em guerra e as luzes, diziam, poderiam atrair tiros de submarinos alemães. Quando a guerra terminou, fui assistir ao desfile da chegada dos pracinhas e me lembro de ter visto no ar um Zepelin — o que não pode ser verdade, porque os dirigíveis alemães só sobrevoaram o Brasil antes da guerra.

Em 1945 a guerra acabava e nascia meu irmão mais novo, Jacques, seis anos depois de mim.[1] Logo surgiu a oportunidade de meu pai assumir uma pequena loja de móveis e colchões no bairro da Lagoinha, em Belo Horizonte, deixada por um amigo que estava mudando seu negócio para uma região melhor da cidade. E assim voltamos para a capital mineira.

Os Schwartzman

Meus pais tinham origens muito diferentes. Meu pai, Zolmin, que adotou o nome brasileiro de Salomão, dizia que havia nascido em 1908 em Barlidon, na Romênia, lugar que tive muita dificuldade de identificar. Aprendi recentemente que se tratava de Barladen, uma pequena aldeia na região da Bessarábia, que, na época, era parte da Romênia, mas já pertenceu à Rússia e hoje integra a República de Moldova. Era uma típica Shtetl, como eram chamadas as centenas de aldeias nas quais os judeus se concentravam na Europa Oriental, celebradas nos livros de Isaac Bashevis Singer, Sholem Aleichem e Isaac Leib Peretz. Viviam em situação de pobreza, trabalhando como artesãos e pequenos comerciantes, sofrendo as consequências das idas e vindas das guerras locais e sob a permanente ameaça de ataques dos *pogroms*.

Não conheci meu avô paterno, nascido em 1881. Chamava-se Shimson, em ídiche, ou Sansão, nome aportuguesado para Simão e que herdei, como primeiro neto, conforme a tradição judaica. Dizia meu pai que meu avô viera para o Brasil sozinho antes da Primeira Guerra para juntar dinheiro. Trabalhou no Rio de Janeiro como mascate em lombo de burro e, quando juntou o suficiente, voltou para buscar a família. Chegando à Romênia, correu a notícia de que um judeu tinha vindo da América cheio de dinheiro. Foi roubado e então retornou ao Brasil, de novo sozinho, para recomeçar.

Veio a guerra e só em 1923 meu avô conseguiu trazer a mulher, Pesse, ou Paulina, e os filhos: Zolmin, Sanni e Adélia, chegando ao Rio de Janeiro em 27 de novembro, após 21 dias no mar.

No Brasil o casal teve outra filha, Chendel, que nasceu com problemas mentais e cujo parto, aparentemente, deixou minha avó com sequelas. Viveram alguns anos no Rio e, pelo que entendo, meu avô era uma referência para novos imigrantes, pois os ajudava a se iniciarem nas práticas das vendas a prestação.[2] Quando ele e a filha Adélia foram diagnosticados com tuberculose, a família se mudou para Belo Horizonte, na esperança de que os ares da montanha fossem mais saudáveis, providência comum na época. Simão viveu até 1933, e Adélia até 1941.

Meu pai estudou até o antigo ginásio (o ensino fundamental de hoje) e Sanni chegou a fazer um curso superior de Agrimensura, mas nunca exerceu essa atividade. Os dois seguiram a profissão do pai. Sanni tornou-se relativamente bem-sucedido após abrir uma pequena loja de joias e roupas na avenida Paraná, de onde coordenava uma rede de ambulantes que distribuíam as mercadorias pelos bairros e faziam as cobranças. Zolmin, ao contrário, nunca se acertou.

A Casa Elite, que meu pai adquiriu quando voltamos para Belo Horizonte, em 1945, ficava na Praça Vaz de Melo, atrás da antiga Feira de Amostras, em uma área hoje coberta por viadutos. Vendia móveis baratos e colchões de palha fabricados nos fundos da loja e comprados a crédito pela população pobre local e pelas prostitutas da Lagoinha. Quando completei 12, 13 anos, meu pai quis que eu o ajudasse na loja e na cobrança das prestações de casa em casa pela cidade, na esperança, talvez, de que eu seguisse a tradição familiar. Ele tinha uma pilha de cartões, nos quais anotava os dados de cada cliente que eu deveria visitar, e me deu uma bicicleta de segunda mão para trabalhar.

Fiz isso por algum tempo, mas ficava desesperado com o caos que imperava na loja. Os cartões nunca estavam organizados e ele não fazia ideia de quanto devia receber. Mais tarde meu irmão, Jacques, passou a ajudá-lo de maneira mais efetiva, mas a Casa Elite não sobreviveu ao crescimento do comércio varejista em Belo Horizonte no final dos anos 50. A loja mantinha dois empregados com mais de dez anos de casa, o que, pela legislação trabalhista da época, lhes dava estabilidade. Eles entraram na justiça reivindicando seus direitos, ganharam o processo e a loja faliu. A esta altura, felizmente, os filhos estavam encaminhados.

Minha lembrança de Zolmin é de uma pessoa simples e afetiva, que procurava dividir a atenção e o pouco dinheiro que conseguia entre a mulher e os filhos. Mas também fazia questão de ajudar a mãe dele, Pesse, e a irmã mais nova, o que gerava brigas constantes com minha mãe. Pesse nunca aprendeu português direito e caminhava com dificuldade. No princípio dos anos 50, Chendel foi submetida a uma lobotomia, uma tentativa de curá-la da esquizofrenia que a deixou, de fato, menos agressiva, mas apática. Quando Pesse morreu, em 1958, Chendel passou a ser sustentada pelos irmãos e a viver em pensões ou quartos alugados. Morreu em 1990.

Zolmin não era religioso e, diferentemente do irmão e de outros amigos, não se interessava por política. Olhava o mundo com um pouco de ironia e de ceticismo que transpareciam nos comentários e nas frases aparentemente ingênuas e inconvenientes que dizia. Com minha mãe, frequentava as atividades socioculturais da União Israelita de Belo Horizonte, mas o principal entretenimento era a roda de pôquer com os amigos, onde corria pouco dinheiro e o que valia mesmo eram as conversas.

Já meu tio Sanni vivia sempre abraçando causas e ia preso toda vez que havia uma situação política mais complicada na cidade — certamente constava da lista dos *usual suspects* da polícia política de Belo Horizonte. Sanni tinha sido maçom, estudara esperanto e talvez tivesse alguma ligação com o Partido Comunista, como outros de seu grupo. No final da vida tornou-se adepto da macrobiótica.[3]

Os Radzyner

Graças a informações obtidas por meio dos recentes contatos feitos com a família Radzyner, a partir do encontro em Lódz, e às lembranças de conversas com minha mãe, pude reconstituir um pouco da história de suas origens, em contraste com as de meu pai, das quais não sei quase nada.

Minha mãe, cujo nome judaico era Chaja (pronuncia-se "Raia"), mas no Brasil passou a se chamar Helena, nasceu em Sfat, na antiga Palestina, em 1914. Descendia de uma extensa família de judeus poloneses que hoje conta com ramificações na Holanda, em Israel, na Áustria e em outras partes do mundo. Pelo que Helena contava, sua mãe, Firmina Shapira (seu nome judaico era Fruma), separara-se do marido, Yacob Radzyner, e partira para o Brasil, onde morava um irmão mais velho dela, Abraham Shapira.[4] O casal tinha três filhos, mas Firmina levou consigo apenas a filha recém-nascida, minha tia Miriam, deixando com o ex-marido as outras duas crianças: minha mãe e meu tio José, quatro anos mais velho que ela.

Vendo-se sozinho com dois filhos, Yacob mudou-se com eles para Lódz, na Polônia, cidade de seus familiares. Mas logo faleceu, aparentemente em decorrência de sequelas de um assalto sofrido ainda em Sfat. Décadas depois, ao visitar a sepultura desse meu avô no cemitério judaico de Lódz, vi que na lápide havia uma imagem de livros, indicando que se tratava de um estudioso dos livros sagrados. Com a morte de Yacob, as irmãs dele decidiram despachar as crianças para a mãe, no Brasil — Helena tinha 12 anos; José, 16. Assim, em 1926, eles aportaram no Rio de Janeiro, onde estava Firmina. Ambos haviam ficado seis anos sem ver a mãe.

O velho *rebe* (rabino) Chaim Radzyner, bisavô de minha mãe, mudara-se de Varsóvia ou de Lódz, na Polônia, para a pequena Sfat em 1873, a fim de se dedicar à religião e à caridade. Integrava uma dinastia de rabinos hassídicos, seita religiosa ortodoxa dentro do judaísmo. Importante centro de tecelagem, Lódz tinha cerca de 300 mil habitantes no início do século 20, dos quais metade era formada por poloneses, um terço por judeus e os restantes tinham origem alemã.

Diz a lenda que o jovem Chaim Radzyner fizera a promessa de que, quando conseguisse juntar 40 mil rublos de ouro, uma fortuna naqueles anos, deixaria os negócios e a Polônia e partiria para morrer na terra sagrada da Palestina, então sob ocupação turca. Ele enriqueceu muito antes do que imaginara e buscou o conselho de outro rabino, que disse que ele deveria cumprir a promessa mesmo não tendo ainda chegado à velhice. E foi assim que, aos 46 anos e acompanhado da esposa, Chaim Radzyner se mudou para Sfat, a 100 quilômetros do porto de Haifa. Com sua fortuna, construiu uma escola religiosa e comprou moradias que distribuía por meio de sorteios para a população judia local. Chaim Radzyner morreu em 1906. Naquele início de século, um de seus filhos, Izhak Gabriel, também foi para Sfat, levando a família e os filhos, entre os quais meu avô.

Entendo que minha avó Firmina era de uma família de recursos e tinha ido da Polônia para Sfat para um casamento arranjado com meu avô, enquanto uma irmã sua, Leah, se casava com Benzion Heller, membro de outra família de rabinos.[5] Pelos relatos familiares, Firmina só conheceu o marido na cerimônia de matrimônio e ficou chocada com a aparência do noivo, muito mais baixo que ela. O casamento nunca deu certo e terminou, definitivamente, com o nascimento de Miriam, por volta de 1920, quando então Firmina viajou com a criança para o Brasil.

A versão de Helena é que a mãe, egoísta, abandonara o marido, a ela e ao outro filho e saíra em busca de uma nova vida. Uma versão talvez mais plausível é que, com o casamento em crise e uma nova gravidez que talvez fosse considerada de paternidade incerta, a família do marido, tradicional e religiosa, tenha decidido afastar Firmina e tomar a guarda das duas crianças mais velhas.

Lembro-me bem de Firmina. Bonita e vistosa, usava o sobrenome de solteira, Shapira, adotado também por minha tia Miriam, enquanto minha mãe mantinha o nome de família do pai, Radzyner. Helena dizia que Firmina era culta, falava várias línguas e em algum momento teria trabalhado como professora. Não deve ter sido fácil para minha avó viver sozinha com três filhos no Brasil.

Uma das histórias que nos chegaram é a de que os quatro moravam em uma pensão em cuja gerência ela deixara os documentos de todos como garantia de pagamento. Num dado momento, sem dinheiro, decidiu fugir com os filhos, deixando para trás os registros de nascimento e todos os passaportes. Eu nunca soube se de fato restabeleceu contato com o irmão, Abraham, de cuja existência só vim a saber nos anos 50. Entendo que no início Firmina viveu no Rio de Janeiro com os filhos, mas, por volta de 1930, mudou-se para Belo Horizonte, onde viviam outros imigrantes originários de Sfat. Em 1937, dois anos após o casamento de Helena com Zolmin, José faleceu, em Belo Horizonte, vítima de uma epidemia de tifo.

Eu imagino Helena na adolescência como uma Gata Borralheira, tendo que cuidar da casa e sem poder estudar, enquanto a irmã, Miriam, frequentava a escola e chegou a completar o antigo ginásio. Firmina acabou voltando para o Rio de Janeiro com Miriam e, em 1944, a jovem casou-se com um empresário mais velho, Zumalá Bonoso. Zuma, como era chamado, vinha de uma família de militares e participava de importantes empreendimentos hoteleiros, como o Cassino da Urca, no Rio, e o Hotel Cassino Quitandinha, em Petrópolis, na Região Serrana do estado, em associação com Joaquim Rolla e Regina Feigel.

Lembro-me da festa de casamento de Miriam e Zuma em uma cobertura na avenida Atlântica, na esquina da Praça do Lido, ela com um lindíssimo véu e um vestido de renda. Não foi um casamento judaico nem cristão, Zuma já fora casado e não havia divórcio na época.[6] Um ano depois, em 1945, nascia a filha, Ana Maria, no mesmo ano em que nasceu meu irmão, Jacques. Firmina, nos últimos anos da vida, passou a viver sozinha em uma casa em Teresópolis, aonde alguma vezes, quando criança, eu ia passar as férias.

Apesar de não ter tido nenhuma educação formal e de não ser religiosa, minha mãe se envolvia muito mais do que o marido nas atividades culturais promovidas pela comunidade israelita belo-horizontina — caso de um círculo de leitura de mulheres e, em especial, de um grupo de teatro amador que encenava peças em ídiche. Era uma mulher bonita, sempre bem arrumada e sedutora, e fazia sucesso como atriz. Mas, na minha lembrança, era menos afetiva se comparada com meu pai, nunca tendo superado o ressentimento desenvolvido durante a infância e a juventude difíceis.

Escola Israelita

Aprendi a ler com dona Sinhá, uma mulher brava e de coque que dava aulas no Colégio Padilha, no Rio. Depois, com a volta da família para Belo Horizonte, eu já com 6, 7 anos, acabei tendo que recomeçar do primeiro ano e fiquei como o mais velho da turma. Fui matriculado na Escola Israelita, que funcionava no antigo prédio da União Israelita, na esquina da avenida Afonso Pena com a rua Guajajaras. Nossa primeira casa em Belo Horizonte foi na rua Calcedônia, no Calafate. Depois nos mudamos para a rua Três Pontas, no bairro de Carlos Prates, e mais tarde para um apartamento na rua Carijós, no Centro. Para ir à escola, minha mãe me dava dois cruzeiros — 60 centavos para pagar o ônibus até o Centro e mais 30 para o bonde que ia pela Afonso Pena, ida e volta. Às vezes, na volta, eu caminhava da escola até o ônibus, e com isso sobravam 50 centavos para comprar alguma coisa.

O diretor e principal professor da Escola Israelita era o *lerer* (professor) Abrão Chasin, careca e cinquentão, que vivia na própria escola e nos ensinava a ler e escrever em ídiche e também um pouco em hebraico. O ídiche é um antigo dialeto alemão misturado com termos hebraicos e locais falado pelos judeus na Europa Oriental, e o hebraico é a língua dos textos bíblicos, modernizada e adotada como idioma oficial em Israel depois da independência. As duas línguas usam o mesmo alfabeto hebraico, da direita para a esquerda, mas no hebraico as vogais ou não se escrevem ou são substituídas por pontinhos abaixo das consoantes. Meus pais falavam ídiche entre eles e em português comigo. Por isso posso entender uma conversa simples e algumas expressões em ídiche, mas não consigo falar fluentemente.

Na escola, meu grande problema era a letra, tanto em ídiche quanto em português. Aos garranchos e desalinhada, não houve cadernos e exercícios de caligrafia que dessem jeito. Chasin não aceitava os deveres de casa que eu fazia, ficava furioso, jogava meus cadernos no chão e mandava os meninos dizerem, em coro, que eu tinha tirado zero e ia ficar de castigo no quarto escuro

— uma sala sem janela, ou com a janela fechada, que funcionava como depósito e que eu frequentava com alguma regularidade, o que só aumentava minha revolta.

Um dia levei um baralho para a escola e Chasin o confiscou, dizendo que eu não podia brincar com aquilo porque ali havia uma cruz — e me mostrou o ás de espadas. No fim do dia fui pedir o baralho de volta e ele disse que não. Respondi que ele era um ladrão e isso só piorou as coisas. No final do segundo ano minha mãe achou que era desgaste demais e me matriculou no Colégio Batista, no bairro da Floresta, onde fiquei até o fim do ginásio.

Colégio Batista

Magrela, branquela e incompetente nos esportes, e na adolescência com a cara cheia de espinhas, eu destoava das crianças da rua e dos colegas de escola, ainda que quase todos fossem brancos também. A expressão *bullying* ainda não existia, o que não significa que a atitude de exclusão manifestada pelos colegas não me afetasse. O meu próprio nome, Simão, era logo associado ao Macaco Simão, e fiquei felicíssimo quando, ao levar minha certidão de nascimento para me matricular no ginásio, me dei conta, pela primeira vez, de que haviam me registrado como "Simon" no cartório.

Afora a questão da letra, nunca resolvida, mas que funcionou como incentivo para eu me adaptar rapidamente às máquinas de escrever e, depois, aos computadores, não houve muito problema no Colégio Batista. Eu era um leitor voraz. Aos 10 anos já tinha lido praticamente todo o Monteiro Lobato e os 18 volumes do *Tesouro da Juventude*. Aos 15, já devorara grande parte da coleção *TerraMareAr*, com os livros de Tarzan, de Júlio Verne e outros de piratas e aventuras. Nas primeiras semanas do ano letivo, lia de uma vez todos os livros escolares de ciências, história e geografia e depois me aborrecia nas aulas. Mas gostava de português e matemática. Minha dificuldade eram as aulas de francês, inglês e latim — eram mal dadas e me parecia absurdo ter de decorar conjugações, declinações e regras de ortografia e sintaxe. Então me recusava terminantemente a fazer os deveres de casa dessas disciplinas.

Trabalhos manuais também eram um pesadelo. Nos davam um pedaço de madeira, um martelo, um formão e tínhamos que esculpir um baixo-relevo — a madeira quebrava, os dedos ficavam machucados e, no final, me davam uma nota suficiente apenas para não ser reprovado. E havia a educação física — eu não conseguia acompanhar os exercícios, me atrapalhava com o futebol, era sempre um sofrimento. Pior do que eu na educação física só meu colega Antônio Augusto Mafra,[7] de longe o melhor aluno da turma. Ele dominava as línguas com perfeição e conseguiu ficar amigo do professor de ginástica, com quem entabulava grandes conversas enquanto os colegas corriam pelo pátio. Quando eu podia, escapava da aula e me juntava a eles.

O colégio era dirigido por missionários americanos que faziam um trabalho constante de proselitismo religioso. Havia alto-falantes em todas as salas que transmitiam versículos da Bíblia e, a cada tanto, eles reuniam os alunos em um grande auditório para que ouvissem pregações e manifestassem suas crenças. Primeiro pediam aos que eram da Igreja Batista, ou que haviam se convertido a seus ensinamentos, que subissem ao palco. Iam uns tantos. Depois, os que eram, de alguma forma, cristãos e acreditavam em Deus — iam quase todos os demais. Eu ficava praticamente sozinho na plateia.

O professor de história era um jovem brasileiro, negro, atlético e bonito que havia se tornado pastor. Dava aulas eloquentes sobre Martin Lutero, as indulgências, a corrupção na Igreja Católica e a Reforma Protestante, que eu acompanhava com interesse. Diziam na escola que ele costumava pregar para as prostitutas da rua Guaicurus, que riam dele e o convidavam para conhecer a verdadeira salvação. Acabou se envolvendo com uma jovem professora branca de educação física, para horror dos americanos.

Outro professor memorável era o de geografia — falava sobre continentes, montanhas, rios e povos diferentes, desenhando tudo no quadro com giz colorido. Era mais velho, ranzinza, diziam que era ou fora integralista. Um colega meu judeu tinha certeza de que tirava notas baixas com ele por antissemitismo. Eu gostava de suas aulas e comigo nunca houve problema.

Colégio Marconi

Em 1954, terminado o ginásio, fiz concurso para tentar entrar no ensino médio do Colégio Estadual, o antigo Ginásio Mineiro, que, além de gratuito, era considerado o melhor de Belo Horizonte. Havia poucas vagas — quase todas já estavam ocupadas pelos que vinham do próprio ginásio — e, com meus garranchos, nem cheguei perto de me classificar. A alternativa foi o Colégio Marconi, que havia sido desapropriado na guerra — seus donos eram italianos — e agora era administrado pelos próprios professores como colégio particular para rapazes.

O melhor do Colégio Marconi era a liberdade. Se eu não estivesse gostando da aula ia para a piscina e ninguém perguntava nada. Todos os anos havia a Maresta, competição esportiva entre os colégios Marconi e Estadual. Cheguei a disputar pelo Marconi na categoria xadrez, perdendo feio. Do curso ficou pouca memória, exceto as aulas de português do professor Antônio Salles, que, na primeira aula, escreveu no quadro uns versos de Manuel Bandeira: "Atirei um céu aberto / Na janela de meu bem: / Caí na Lapa — um deserto... / — Pará, capital Belém!..." Os estudos de literatura brasileira naqueles anos iam no máximo até Olavo Bilac, e sermos apresentados a Manuel Bandeira e os modernistas, mesmo com 40 anos de atraso, foi uma revelação.

Desde cedo, porque gostava de matemática, dizia que ia ser engenheiro, e por isso mesmo optei no ensino médio pelo curso Científico (a alternativa era o Clássico, para quem queria estudar advocacia ou literatura, onde havia pouca matemática e mais latim). No terceiro e último ano soube de um serviço de orientação profissional que funcionava no prédio do Instituto de Educação e me inscrevi para ser avaliado. Passei por uma bateria de testes e, no final, tive uma entrevista com Pedro Parafita de Bessa, professor de psicologia da Faculdade de Filosofia da UFMG. Ele disse que eu tinha me saído bem nos testes de inteligência, menos no de raciocínio espacial, e poderia fazer tanto engenharia quanto sociologia. Eu tinha que decidir.

Eu gostava de política, mas nunca ouvira falar de sociologia. Bessa então me disse que havia um novo curso na Faculdade de Ciências Econômicas que parecia muito interessante e que, além de tudo, dava bolsa de estudo para os melhores estudantes. Deixei a matemática de lado, a ponto de quase ser reprovado no último ano do Científico, e fui para lá, para grande frustração de Zolmin. Anos depois, alguém perguntou a ele por que achava que eu tinha ido estudar sociologia, e não engenharia. "Por preguiça", foi a resposta.

2. União Israelita

Não me lembro de ter sido abertamente discriminado em criança por ser judeu, mas tinha meus problemas. A associação entre "judeu" e "Judas", o traidor de Cristo, era muito forte nas pessoas e diversas vezes elas se referiam a mim, por gentileza ou ignorância, como "turco", "russo", "polonês", "israelita" e até "alemão", apenas para não me ofenderem com o termo "judeu". Nos Sábados de Aleluia, quando as crianças saíam à rua para malhar o Judas, eu queria entrar na brincadeira, mas ficava no meu canto, sentindo que quem estava sendo malhado era eu. Os próprios judeus se referiam a si mesmos e às suas instituições como "israelitas", diferentemente do que acontece, por exemplo, nos Estados Unidos ou na França, onde o uso corrente é *Jewish* e *Juif*.

Em um texto que vim a conhecer mais tarde, o sociólogo argentino-italiano Gino Germani fala de dois tipos de antissemitismo. Um deles seria o tradicional, inspirado por ideias difusas associadas ao catolicismo e não necessariamente hostil e discriminatório, que abre espaço inclusive para uma imagem folclórica positiva dos "turcos", como nos livros de Jorge Amado. O outro tipo seria o ideológico, este, sim, agressivo e vinculado a movimentos fascistas que só tiveram alguma vigência no Brasil com o integralismo, nos anos 30.[1]

Meus pais não eram religiosos. Nem mesmo celebravam os eventos judaicos mais importantes, como a Páscoa, ou Pessach, comemorado em família, e o Yom Kipur, dia de jejum e de encontros na sinagoga. Não que fossem ateus convictos, como muitos judeus de esquerda, na Europa e mesmo em Belo Horizonte, que haviam rompido deliberadamente com a religião. Nunca conversamos sobre isso em família, mas penso que a descontinuidade com as tradições das gerações anteriores pode ser explicada em parte pelo impacto provocado pela imigração. O nazismo, liquidando a quase totalidade das comunidades judias na Europa Oriental, incluindo o que possa ter sobrado das famílias de meus pais, contribuiu ainda mais para essa ruptura.

Houve um momento, na adolescência, em que resolvi reverter essa falta de vínculos e me tornar um judeu "verdadeiro". Não durou muito. Não sabia praticamente nada do judaísmo. Só conhecia os fragmentos da religião e da cultura judaicas que restavam no dia a dia dos conterrâneos que meus pais frequentavam e o que eu aprendia lendo a Bíblia, estimulado pelos pastores do Colégio Batista. No círculo de meus pais, alguns eram religiosos ou, pelo menos, mantinham certos costumes originais, mas poucos eram devotos. Embora quase ninguém, entre eles, tivesse tido educação superior, demonstravam grande interesse pela língua e cultura ídiches, talvez como uma maneira de manter a identidade com suas aldeias europeias, o que foi se perdendo à medida que a própria língua foi desaparecendo.

Esse esvaziamento das tradições e da cultura fez com que muitos judeus, como eu, se assimilassem através de casamentos mistos ou simplesmente por um envolvimento mais forte com a sociedade local. Não era comum a reação oposta, de recorrer de modo extremado ao judaísmo religioso, como se veria anos mais tarde nas comunidades ortodoxas de Nova Iorque e em certos setores da comunidade judaica brasileira.

A história dos judeus em Belo Horizonte está descrita em várias publicações que a colocam no quadro mais amplo dos movimentos de migração dos judeus para as Américas nos séculos 19 e 20, da imigração internacional para o Brasil e do desenvolvimento de Belo Horizonte como centro urbano.[2] O Brasil se abriu para a imigração europeia no final do Império, bem depois dos Estados Unidos e da Argentina, principais destinos de imigrantes internacionais desde meados do século 19. A estimativa é que, entre 1872 e 1972, o Brasil tenha recebido 5,3 milhões de imigrantes, sobretudo italianos, portugueses e espanhóis. O número de judeus, calculado a partir da pergunta sobre religião no Censo de 1940, era de 93 mil, metade desembarcada no país entre 1920 e 1939.[3]

A primeira instituição judaica na cidade foi a União Israelita de Belo Horizonte, fundada em 1922, seguida da Escola Israelita para o curso primário, em 1928, e da Caixa de Empréstimo e Poupança (Lai Spur Casse), em 1932, que ajudava os imigrantes a se estabelecer. Em 1936 foi fundada a Sociedade Cemitério Israelita de Belo Horizonte (Chevra Kadisha), que construiu um cemitério judaico na Pampulha e transferiu para lá os restos mortais de judeus que estavam no Cemitério de Bonfim, entre os quais os de meu avô, que ocupa a sepultura número um.

Havia uns poucos que possuíam recursos e formação superior ou profissional, mas a grande maioria era pobre, com quase nenhuma educação formal, embora alfabetizados o suficiente para ler os livros religiosos e ler e escrever em ladino ou ídiche com caracteres hebraicos. A principal forma de ganhar a vida era explorando o comércio a crédito de porta em porta de produtos baratos para a população local. O maior objetivo era juntar dinheiro para abrir a própria loja.[4] No início predominavam judeus sefaraditas, de origem espanhola ou portuguesa, mas, depois, cada vez mais chegavam imigrantes ashkenazi da Europa Oriental, cuja língua materna era o ídiche. E ainda havia os judeus alemães, que se mantinham isolados. No total, eram algumas centenas de famílias.

Vendo os dados sobre a origem dos imigrantes, surpreende o grande número dos que provinham da Palestina ou, mais especificamente, de Sfat, a cidade de minha mãe. Principal centro de estudos da cabala, tradição mística dentro do judaísmo,[5] Sfat tinha cerca de 10 mil habitantes no princípio do século 20, dois terços dos quais eram árabes. Durante a Primeira Guerra Mundial, sob domínio turco, a cidade viveu um período muito difícil, sem alimentos e com os jovens sendo forçados a servir o Exército, ocasião em que muitos fugiram para a América do Norte, a Austrália e a América do Sul. Em Belo Horizonte, 28 dos 104 sócios contribuintes da União Israelita entre 1927 e 1941, segundo Júlia Calvo,[6] tinham partido de Sfat. Trata-se de uma grande concentração, considerando as centenas de milhares de imigrantes judeus que saíam de outros países, sobretudo da Europa Oriental.

Mesmo tendo nascido na Palestina, esses judeus eram ashkenazi e tinham o ídiche como língua principal, o que os identificava como sendo de origem europeia, tal qual minha mãe.[7] Eram diferentes, portanto, dos judeus orientais de Iêmen, Síria e Iraque, cuja língua corrente era o árabe e eram identificados como sefaraditas ou, mais propriamente, do grupo mizrahi. O que explica essa concentração em Belo Horizonte é que, conforme acontece com imigrantes em qualquer parte, os que chegam primeiro se estabelecem e em seguida chamam parentes e amigos, para os quais conseguem trabalho, tratando de reconstruir, como podem, os laços comunitários que mantinham em sua origem.

Sionistas e progressistas

As famílias judias em Belo Horizonte, como em outras comunidades judaicas no mundo à época, se dividiam em dois grupos: os progressistas, mais à esquerda; e os sionistas, mais à direita. Meus pais faziam parte do primeiro grupo. Era uma divisão política, mas também social. Os progressistas[8] eram, em geral, mais pobres, originalmente operários e artesãos. Alguns tinham tido ligação mais ou menos remota com o Bund — uma associação judaica socialista de trabalhadores que existiu na Rússia, na Polônia e em outras partes da Europa até a Segunda Guerra — e também com partidos comunistas ou socialistas, vínculos que traziam da Europa para o Brasil. Para eles, a cultura judaica estava centrada na língua e na literatura ídiche, mas entendiam que, sem renunciar à sua identidade, deviam considerar como pátria o país em que viviam e participar ativamente da vida local. Os sionistas, por outro lado, tinham uma condição social um pouco melhor, cultivavam mais as tradições religiosas, valorizavam o hebraico e defendiam que a verdadeira pátria dos judeus seria Israel, para onde todos, um dia, deveriam migrar.

Na prática, raros progressistas saíam dos círculos fechados de sua comunidade e raros sionistas iam, de fato, para Israel. E, com o tempo, os dois grupos foram se tornando cada vez mais parecidos no modo como se sustentavam e viviam. Apesar disso, tanto uns quanto outros construíram sua sede social e sua sinagoga: a União Israelita de Belo Horizonte, dos progressistas, na rua Pernambuco; e a Associação Israelita Brasileira, dos sionistas, na rua Rio Grande do Norte. Cada grupo mantinha sua escola: a Escola Israelita Brasileira, dos progressistas, a mais antiga, onde estudei; e a Escola Theodor Herzl, dos sionistas. Além da divisão local, havia filiações a diferentes instituições nacionais e internacionais. Os progressistas estavam vinculados ao IKUF (Associação Cultural Judaica);[9] os sionistas, à Organização Sionista Mundial.

Com o recrudescimento do antissemitismo na União Soviética, seu alinhamento internacional com os árabes e a revelação dos crimes e do antissemitismo de Stalin, nos anos 50, a esquerda judia progressista passou a perder terreno. Paralelamente, com a adoção do hebraico como língua nacional, o ídiche começou a morrer, ficando restrito às comunidades ortodoxas de Nova Iorque e Jerusalém. Em Belo Horizonte, uma das lideranças mais fortes e controvertidas do grupo progressista era a do casal Nute e Liuba Goifman, nossos vizinhos de porta no apartamento da rua Carijós. Tendo militado no Bund, ambos vieram para o Brasil no final da década de 20 e logo se vincularam ao Partido Comunista. Foram presos quando da Revolta Comunista de 1935, radicando-se posteriormente em Belo Horizonte.[10]

Outra pessoa próxima do grupo era Isaías Golgher, que havia ganhado dinheiro vendendo balas com figurinhas. Autodidata, virou historiador e escreveu vários livros sobre a história colonial brasileira, chegando a estudar um tempo na Sorbonne, em Paris.

Após a divulgação dos crimes de Stalin, transformou-se em um crítico acerbo da União Soviética. Escreveu um livro denunciando as políticas soviéticas em relação aos judeus e entrou em conflito com os antigos companheiros.[11]

A vida social se dava no antigo prédio da União Israelita, na avenida Afonso Pena. Havia um salão no segundo andar em que se realizavam os casamentos, as comemorações e as apresentações de música e teatro amador. Era onde minha mãe participava, com entusiasmo, das peças e dos círculos de leitura. De tempos em tempos nos visitavam artistas de fora, geralmente casais, com repertórios de canções e esquetes de teatro em ídiche. Da minha geração, sei de apenas dois colegas que aprenderam ídiche e eram habitualmente convidados para atuar nas encenações: Chaim Katz, que depois deslanchou uma carreira destacada como psicanalista no Rio de Janeiro; e Mauricio Lanski, que, além do mais, conhecia música clássica e cantava muito bem. Seu pai é quem dirigia o grupo teatral.

No andar de baixo funcionava a sede da Associação da Juventude Israelita, cujos principais dirigentes eram Tobias Chaimovitz, o Tobi, e eu. Mais tarde, já como Departamento Juvenil da União Israelita, a associação seria presidida por meu irmão, Jacques. Tinha mesa de pingue-pongue, alguns jogos, promovia eventos, mas estava longe de ser um sucesso de público. Havia dias em que uns poucos íamos para lá e ficávamos esperando para ver se aparecia mais alguém, passando de uma atividade a outra até voltarmos para casa. As festinhas e matinês dançantes eram mais animadas — rolavam namoricos e até noivados. Na hora de ir embora, os rapazes resolviam entre si a quem caberia levar cada menina em casa, quem ficaria com as mais bonitinhas e quem teria de acompanhar as feiosas, e elas eram devidamente informadas das decisões. Íamos de ônibus ou lotação, e muitas vezes eu voltava para casa caminhando sozinho pelas ruas desertas na noite belo-horizontina.

Um grupo de rapazes esticava para o *dancing* Montanhês, na zona boêmia da rua Guaicurus, onde tocava a orquestra de Castilho e se podia dançar com as *taxi girls*, pagando por minuto, e terminar a noite com as putas. Eu devo ter ido ao Montanhês uma vez para ver de perto. Não era por princípio que não frequentava. Tímido, sem dançar direito nem praticar esportes, tinha pouco êxito com as meninas e me assustava a ideia de me aproximar das prostitutas. Era uma segunda vida que muitos rapazes levavam e que estava além de mim, mais envolvido mesmo com as atividades políticas e culturais, como a criação da revista da Associação da Juventude Israelita, o que fizemos com Emilio Grinbaum e Vital Balabram.

No final dos anos 50, a expectativa era que os rapazes fizessem um curso superior. Já as moças só frequentavam até o secundário ou o curso Normal, que formava professoras, caso da minha irmã, Bella, que estudou no Colégio Isabela Hendrix, de freiras americanas, na rua da Bahia. Mas todas precisavam arranjar marido antes dos 20 anos. A fim de aumentar as chances, havia um esforço comunitário para organizar festinhas e danças com os filhos das famílias do lado sionista. As famílias que podiam levavam as filhas nas férias para o Rio ou São Paulo, onde as comunidades judias eram maiores. Sempre que possível, os pais compravam apartamentos como dotes para as filhas e, quando elas passavam dos 20, era preciso que interviessem mais diretamente, contratando um casamenteiro profissional (um *shadchan*) e encontrando, se necessário, um *farfaln shif*, ou "navio perdido", que pudesse se interessar em arrumar a vida casando-se com a solteirona e indo trabalhar na loja do sogro.

Juventudes sionistas

Os jovens também eram atraídos pelas organizações sionistas de juventude, que se dividiam entre a da esquerda marxista, o Hashomer Hatzair, e outra mais de centro, o Dror. Ambas funcionavam como formações de escoteiros, promovendo encontros, excursões e acampamentos com o objetivo de preparar as novas gerações para migrar para Israel. O Hashomer estava associado em Israel ao Partido Mapam, simpático à União Soviética e que favorecia uma solução amistosa para o conflito com os palestinos. Em contrapartida, o Dror tinha mais afinidade com o Mapai, o partido trabalhista governante de Ben-Gurion, fundador de Israel, e de sua ministra Golda Meir, mais próximo da social-democracia europeia (havia também uma organização de juventude da direita propriamente dita, o Betar, sem representantes em Belo Horizonte).

As ideias marxistas-sionistas do Hashomer eram baseadas em um pequeno livro, *A questão nacional e a luta de classes*, escrito pelo judeu ucraniano Dov Ber Borochov, morto em 1917.[12] Sua tese era a de que o antissemitismo, ao manter os trabalhadores judeus isolados nos países da diáspora, impedia que eles participassem da luta de classes, já que assim não conseguiam se unir a outros operários em seus sindicatos e movimentos políticos. Logo, seria preciso primeiro resolver sua situação nacional, criando um proletariado judeu em um território próprio onde pudessem desenvolver uma luta de classes "normal".

Tanto o Hashomer quanto o Dror estiveram na raiz do movimento dos *kibutzim* de Israel, colônias agrícolas organizadas segundo normas comunistas de trabalho coletivo e de propriedade comum. Frequentei um pouco o Hashomer, onde prevalecia uma forte cultura comunitária — quando saíamos, por exemplo, o dinheiro de todos era recolhido e as compras eram sempre repartidas igualmente. Aprendíamos músicas em hebraico cantadas pelos pioneiros de Israel e as meninas não podiam usar maquiagem. Havia uma estrutura em pirâmide, com os filiados organizados por grupos de idade e coordenados pelos mais velhos. Existia ainda uma direção nacional que enviava seus dirigentes para apoiar as associações em outras cidades.

Um deles, Bernardo Wajnman, do Rio de Janeiro, foi a Belo Horizonte e acabou se relacionando com minha irmã, que completava naquele ano o curso Normal. Logo resolveram se casar e começar uma nova vida em um *kibutz*. Em pouco tempo, porém, viram que não daria certo. O *kibutz* era dominado por judeus húngaros que haviam chegado muito antes deles e com os quais Bella e Bernardo não possuíam afinidade. O casal trabalhava duro no campo e na cozinha, e Bella engravidou. Voltaram para o Brasil, ficaram um tempo no Rio e depois se mudaram para Belo Horizonte.[13]

Estive em Jerusalém em 1974, para participar de uma reunião da Associação Internacional de Ciência Política. No ano anterior, Israel havia vencido a guerra de Yom Kipur contra a Síria e o Egito, mas era ideia corrente em Jerusalém que não haveria solução militar possível para o conflito e que seria indispensável encontrar uma forma de convivência entre judeus e árabes. Conversamos com o prefeito da cidade, fluente em árabe, e ele nos falou das boas relações entre as duas comunidades na Jerusalém unificada. No sábado, enquanto o lado judeu se recolhia, a Cidade Velha, predominantemente árabe, fervilhava. Visitamos o Muro das Lamentações do lado de fora, as mesquitas de Omar e El-Aksa no alto do morro, administradas pelos árabes, e as igrejas cristãs ao longo da Via Dolorosa. Era um clima aparente de paz e tranquilidade sugerindo que, apesar de tudo, existia uma perspectiva real de que o encontro entre civilizações e religiões pudesse se consolidar.

Desde o fim da guerra de 1967, porém, o conflito com os palestinos vinha se intensificando, com a tomada de seus territórios. Ao longo desse processo, a direita nacionalista liderada por Menachem Begin foi crescendo, eliminando o Mapam da cena política e fazendo com que o partido de Ben Gurion e Golda Meir mal conseguisse manter os votos mínimos para permanecer no Parlamento. Partidos como o dos sionistas religiosos, inicialmente moderados, se voltaram para a extrema direita. Diferentes ondas de imigrantes — oriundas dos países muçulmanos, nos anos 50, e da União Soviética, nos anos 80 e 90 —, somadas ao crescimento da população ultraortodoxa, modificariam profundamente o quadro político local, dificultando as negociações para um acordo de paz com os palestinos.

Isolamento e assimilação

Belo Horizonte crescia rapidamente e era um espaço aberto e receptivo tanto para imigrantes que vinham do exterior quanto para os que chegavam do interior do estado ou de outras partes do país. A elite mineira, como mostraria meu futuro professor de antropologia, Cid Rebelo Horta, era formada por uma grande família politicamente articulada com o governo federal e assentada em um sistema de fazendas que datava dos tempos coloniais.[14] Havia disputas locais, mas pouco ou nenhum acesso a quem não pertencesse a essa elite tradicional. Para os imigrantes, restavam dois caminhos de mobilidade social: o enriquecimento através do comércio, para a primeira geração; e a educação dos filhos, para a segunda.

As carreiras universitárias preferidas eram a de medicina e a de engenharia, profissões em que o sucesso dependia mais do esforço individual e menos de redes de relacionamento social, caso da advocacia. Aos poucos, novas carreiras foram surgindo na área social e foi esse o caminho que segui. Para desgosto de meus pais, que apostavam que eu faria engenharia, entrei para o recém-aberto curso de Sociologia e Política da Faculdade de Ciências Econômicas da Universidade Federal de Minas Gerais (UFMG).

Diferentemente dos Estados Unidos, onde até os anos 60 as principais universidades limitavam ou impediam a entrada de negros e judeus nas profissões liberais, no Brasil não havia barreiras formais. Na prática, contudo, como a grande maioria da população mal completava o curso primário, quase todos os alunos que alcançavam a faculdade eram brancos, filhos das elites locais, grupo que depois incluiria os filhos de imigrantes europeus (e japoneses, no caso de São Paulo). Nos Estados Unidos, como na África do Sul, havia universidades segregadas para negros que acabaram se tornando importantes centros de formação de uma elite cultural que liderou os movimentos de direitos civis nos dois países. No Brasil, isso nunca existiu.

Na faculdade, aos poucos fui me afastando do ambiente judaico. No segundo ano comecei o namoro com uma colega, Susana Prates, e tentei por um tempo manter as coisas separadas — a vida social entre os judeus, por um lado, e a vida na faculdade e com a namorada, por outro. Ela reclamou. Por que não a levava às atividades sociais que frequentava? Tinha razão e passei a levá-la, porém não deu certo. Não era mal recebida, mas não conhecia ninguém e ficava deslocada. Eu mesmo comecei a sentir que me identificava cada vez menos com aquele ambiente, que me parecia pequeno, fechado e distante do grande mundo que se abria com a vida universitária.

O namoro caiu mal para as duas famílias — na visão de meus pais, ela era uma *shiksa*, como os judeus chamavam, pejorativamente, as não judias, consideradas impróprias para um casamento tal como deveria ser. Para os pais dela, eu era um judeu que não tinha nada a ver com as tradicionais famílias mineiras das quais faziam parte, ainda que em um ramo empobrecido. O mal-estar não provinha de uma questão religiosa e sim de pertencimento a grupos diferentes que não se conheciam. Apesar de não aprovarem, ambas as famílias aceitaram nosso namoro e éramos tratados de parte a parte com cordialidade.

Foi um namoro intenso, mas tumultuado. Susana passava por grandes oscilações de humor e períodos de depressão, em parte, me parecia, pelas relações conflituosas entre seus familiares. Para ela, a faculdade e o relacionamento comigo eram claramente uma maneira de se afastar do ambiente doméstico. Por essa mesma época meu colega Theotônio dos Santos havia começado um relacionamento com Vânia Bambirra, colega de Susana, e os dois casais continuaram bastante próximos até o fim do curso.

Quando, no final do quarto ano, ganhei uma bolsa para estudar no Chile, resolvemos nos casar para que Susana pudesse me acompanhar. A mãe dela exigiu que fosse um casamento católico e acabamos concordando em fazer uma cerimônia religiosa simples, em casa, da qual eu participaria como não católico. Meus pais não gostaram nada da ideia, mas tiveram de concordar. Fomos para o Chile no início de 1962 e, um ano depois, em outro ambiente e livre das pressões familiares, o casamento rapidamente se desfez.

Existe uma vasta literatura sobre as razões, os méritos e os deméritos da assimilação dos judeus através dos séculos. Há muitas explicações para a persistência do isolamento, que vão desde fatores religiosos e culturais até econômicos, relativos à concentração dos judeus em atividades mercantis. Uma das causas aventadas decorreria do impedimento, na Europa, de terem acesso a terras, o que justificaria seu envolvimento em atividades comerciais e financeiras e as periódicas situações de conflito com as populações locais, alimentando um modo de vida defensivo. Mas sempre houve também um ativo processo de assimilação, pouco documentado. No Brasil, estudos sobre os imigrantes italianos, alemães, japoneses, sírio-libaneses e judeus mostram sempre uma tendência inicial ao fechamento e à endogamia nas primeiras gerações e um gradual processo de assimilação nas gerações seguintes. Processo que pode ser mais ou menos intenso em diferentes comunidades, mas que sempre ocorre, inclusive entre os judeus.[15]

Quatro anos depois, em 1966, ano em que morei em Buenos Aires, tive uma experiência distinta, semelhante, acredito, à que é possível experimentar em Nova Iorque, sentindo pela primeira vez que não era diferente, mas parte da cultura local. Na capital argentina, a comunidade de imigrantes — judeus, italianos, espanhóis e tantos outros — era muito maior do que no Brasil, e as novas gerações entravam na universidade em grandes levas. Prioritariamente nas faculdades de medicina, como em outras partes do mundo, mas também nas de psicologia e nas de ciências naturais e sociais. Havia uma cultura cosmopolita que, aparentemente, envolvia a todos e na qual me integrei naturalmente, embora estivéssemos distantes tanto das elites portenhas mais tradicionais, que se sentiam invadidas pelos imigrantes e seus filhos, quanto do proletariado urbano, que formava a base do movimento peronista.

Naquele ano conheci a psicóloga argentina Carmen Lent, filha de judeus da Alemanha e da Polônia, cujo pai era cantor de sinagoga. Repetindo e invertendo a história de 1962, eu estava prestes a embarcar para fazer o doutorado nos Estados Unidos quando começamos a nos envolver. Então, para que ela pudesse me acompanhar resolvemos nos casar, agora em uma pequena cerimônia religiosa judaica. Fiz isso a contragosto, mas os pais dela ficaram felizes.

II. PRÁXIS

3. Juventude comunista

Roberto Drummond

Andando por Belo Horizonte recentemente, deparei-me, na Savassi, com uma estátua em tamanho natural de Roberto Drummond em que ele está exatamente como me lembrava dele, só faltando o cigarro. Parecia vivo. Roberto foi meu dirigente na célula de estudantes secundários da União da Juventude Comunista, nos anos 50. Devo ter entrado para a UJC com 13 ou 14 anos, recrutado por algum dos amigos progressistas de meus pais. A célula dos secundaristas tinha entre cinco e dez membros sob os cuidados de Roberto, que era mais velho e estava, como se dizia, "desligado da produção", ou seja, vivia à custa do Partido Comunista. Pagávamos mensalidades, e quando ele ficava sem dinheiro vinha perguntar se seria possível adiantarmos a nossa parte naquele dia. Ele morava em um pequeno quarto de pensão, perto do Mercado Municipal, e tinha um irmão mais novo que, talvez por pirraça, se considerava integralista. Quando não falava de política, Roberto falava entusiasmado de Jorge Amado e dizia que um dia seria um escritor como ele.

Passando por Belo Horizonte no começo de 1966 — entre o período em que estive no exílio, primeiro em Oslo e depois em Buenos Aires —, descobri que muitos de meus antigos colegas do movimento estudantil e da faculdade haviam se convertido — talvez porque a vida política tenha se tornado inviável — em apaixonados por futebol, cruzeirenses ou atleticanos. E que Roberto iniciara uma brilhante carreira de cronista esportivo na revista *Alterosa*. Depois começou a escrever pequenos contos e romances e se consagrou nacionalmente quando, em 1998, o seu *Hilda Furacão* — um livro sobre a paixão entre um padre de esquerda e uma jovem da classe média belo-horizontina que se tornara a mais cobiçada prostituta da rua Guaicurus — foi adaptado como minissérie da TV Globo.

Entrei para a Juventude Comunista no início da década de 50, época da Guerra da Coreia e da intensificação da Guerra Fria. Em 1935 o Partido Comunista tinha tentado tomar o poder e foi brutalmente reprimido pela polícia de Getulio Vargas, com seu líder, Luís Carlos Prestes, indo para a cadeia. A mulher de Prestes, a judia alemã Olga Benário, que fora enviada ao Brasil pelo Comintern para ajudar na revolução, foi entregue aos nazistas e assassinada em um campo de concentração. Em 1945, no entanto, Getulio e Prestes se reuniram no famoso comício do Campo de São Cristóvão, no Rio de Janeiro, quando o PC se juntou ao queremismo, o frustrado movimento que visava manter Getulio no poder.

Em 1947 o PC seria declarado ilegal, seus congressistas perderiam o mandato e o partido passaria a funcionar clandestinamente. Em 1950 lançaria o *Manifesto de Agosto*, em que, utilizando uma linguagem agressiva, novamente conclamava o povo à revolução, afirmando que o Brasil era dominado por um governo de traição nacional que, sob a dominação americana, preparava o país para uma guerra contra a União Soviética.[1]

O grande opositor de Getulio era o jornalista e político Carlos Lacerda, cujas ideias eu acompanhava entusiasmando lendo seus artigos no jornal *Tribuna da Imprensa* e ouvindo seus discursos pelo rádio. Tudo mudou a partir de 24 de agosto de 1954, com o suicídio de Getulio e sua carta-testamento, culpando os velhos políticos e os grupos internacionais por sua derrocada. Fomos chamados às pressas para distribuir folhetos entre a multidão que havia se reunido na Praça Sete, no Centro de Belo Horizonte. Era arriscado e alguns de meus companheiros foram presos naquela noite. Nos folhetos, acusávamos o imperialismo e os golpistas da União Democrática Nacional, a UDN, partido de Lacerda, pela morte de Getulio.

A célula se reunia periodicamente em lugares diferentes, e a cada encontro tínhamos que chegar e sair de forma escalonada para não chamar a atenção da vizinhança. Um dos locais de reunião era a casa de um dentista cujos filhos se chamavam Marx, Vladimir e semelhantes — não devia ser muito seguro, mas nos parecia que sim. Nas reuniões, tomávamos conhecimento das últimas orientações políticas estabelecidas pelo PC e planejávamos ações.

As orientações eram "baixadas" através de textos que nos eram entregues e explicados pelo próprio Roberto Drummond ou pelos dirigentes de escalão mais alto que eventualmente apareciam. Havia o Gil, que estava acima do Roberto e com quem às vezes precisávamos nos encontrar em "pontos" na rua, sempre meio escondidos. De vez em quando vinha alguém da direção nacional reunir-se conosco. Um dia me convidaram para uma reunião com o próprio Luís Carlos Prestes. Ele falou longamente sobre os perigos de uma possível guerra com a Argentina, o que me pareceu estranho e fora da realidade.

Centralismo democrático

Era possível discutir, mas era necessário seguir as orientações, por conta do princípio do centralismo democrático. Uma de nossas principais atividades era a campanha internacional pela paz, que consistia em colher assinaturas de apoio a um documento bastante genérico contra a guerra patrocinado pelo Conselho Mundial pela Paz, uma espécie de frente ampla criada pela União Soviética. Quem poderia ser contra? Tínhamos que ir de porta em porta, pelos bairros, alertando para o perigo das guerras e pedindo que as pessoas assinassem se estivessem de acordo.

Em época de eleições, fazíamos campanha para os candidatos que o partido apoiava, montando as "marmitas" de cédulas e distribuindo-as pelas casas. Os materiais às vezes eram apanhados no *Jornal do Povo*, um periódico do Partido Comunista na cidade dirigido pelo jornalista Sebastião Nery. As ações mais arriscadas eram os comícios-relâmpago em estribos de bonde, onde proclamávamos o tema da hora definido pelo partido e de onde saltávamos às pressas, muitas vezes com o bonde em movimento, para não sermos presos.

Eu não gostava do trabalho de rua, preferia as reuniões e as discussões políticas, mas precisava cumprir as tarefas que nos eram passadas. Uma vez fui recebido em um casebre e comecei a falar com o seu morador sobre a situação horrível em que ele vivia, a fim de avivar sua consciência de classe. Ele, contudo, me respondeu que, absolutamente, ele era pobre, mas digno, e que a casa dele era um bom lugar para viver. A sensação era de que, embora estivéssemos com razão, o povo não nos entendia.

Dos companheiros dessa célula lembro-me de Tita, uma menina baixinha, magrinha e muito vivaz, e Paulo Roberto, atlético e bonitão, acho que os dois chegaram a namorar. Em 1957 fui cumprir o serviço militar no Centro de Preparação de Oficiais da Reserva, o CPOR, e lá reencontrei Paulo Roberto. Eu estava na Intendência, ele na Cavalaria. Um dia Paulo me procurou dizendo que mantinha boas relações com alguns oficiais, me revelou que estava tudo pronto para tomar o quartel e me perguntou se eu queria participar. Achei aquela conversa sem sentido. "Tomar o quartel para quê?", perguntei, e o assunto morreu ali. Depois me convidaram para trabalhar na preparação da revista do CPOR, o que achei ótimo, porque me livrava das aulas chatíssimas de contabilidade militar, que era o que nos ensinavam, e das marchas de cá para lá que nos obrigavam a fazer regularmente.

Um dia o capitão responsável pela revista disse que precisávamos incluir na edição que estávamos preparando um artigo de Plínio Salgado, eram ordens superiores. Só anos depois, em 1964, me dei conta de que Paulo Roberto trabalhava para alguma organização de direita ligada aos militares e se infiltrara em nossa célula. A tal história de tomar o quartel era uma armadilha, uma espécie de teste comigo. E o artigo do Plínio Salgado era para garantir que eu não desse um tom comunista à revista, que, na verdade, era apenas um anuário com as fotografias dos alunos daquele ano.

O fim do stalinismo

Eu tinha um rádio de ondas curtas na mesinha de cabeceira e muitas vezes, à noite, antes de dormir, sintonizava o programa em português da rádio Moscou. Era um aparelho de válvulas que vivia fora da caixa, porque eu tinha feito um curso por correspondência de radiotécnica oferecido pelo Instituto Radiotécnico Monitor e ficava mexendo constantemente nas peças para ver se melhorava a sintonia. No início de 1953, a rádio Moscou começou a noticiar a existência de um complô de médicos judeus contra Stalin e outros líderes soviéticos e, mais amplamente, de uma conspiração internacional judia e sionista contra a União Soviética.

Ainda tentei acreditar que não se tratava de uma campanha antissemita. Afinal, o Exército Vermelho tinha derrotado Hitler, liquidado os campos de concentração na Europa, a União Soviética tinha apoiado a criação do Estado de Israel e muitos judeus participavam dos governos comunistas instalados na Europa Oriental depois da guerra. No entanto, já houvera um precedente perturbador no ano anterior: o antissemitismo explícito no processo de prisão e condenação à morte do dirigente comunista Rudolf Slansky e de seu grupo na Checoslováquia. Stalin morreria logo depois, em março de 1953.

Em 1956, no XX Congresso do Partido Comunista da União Soviética, o primeiro-ministro, Nikita Khrushchev, fez o famoso discurso em que denunciou as perseguições e os crimes promovidos a mando de Stalin. O discurso foi publicado primeiro pelas imprensas americana e inglesa, mas já então circulava e era discutido dentro dos próprios partidos comunistas em todo o mundo. No Brasil, o jornal *Imprensa Popular* abriu espaço para as discussões.

O tom geral era o de que os ideais socialistas continuavam valendo, mas o "socialismo real" da União Soviética precisava ser substituído por um socialismo de fato democrático.

O PC estava dividido e os dirigentes que levavam as orientações para as células de base falavam da grande renovação e da abertura pelas quais o partido e o movimento comunista estavam passando. Do Rio de Janeiro, meu tio Zumalá Bonoso, o Zuma, me mandava panfletos e outros materiais contra os stalinistas. Ele dizia haver sido colega de Prestes no Colégio Militar e ter colocado à disposição dele um carro para que ele fugisse do Brasil para a Argentina, quando perdeu o mandato de senador, em 1947. Zuma ajudava nas finanças do Partido trabalhando junto com Agildo Barata, um dos líderes históricos do PC que iniciaram a discussão sobre o discurso de Khrushchev e suas consequências. Os debates terminaram com a ocupação do jornal *Imprensa Popular* por um grupo de estivadores enviados pelo comitê central. O episódio marcou também o fim de meus tempos de militância comunista.

A debandada gerada pelas revelações do discurso de Khrushchev foi só uma de tantas crises semelhantes que abalaram os partidos comunistas e afastaram muitos de seus militantes em diversos momentos — na época dos grandes expurgos de Stalin contra a velha guarda comunista da década de 30, no pacto com Hitler pela partilha da Polônia em 1939, na adesão de Prestes a Getulio, em 1945, na invasão da Polônia e da Hungria pelas tropas soviéticas, nos anos 50.

Em cada uma dessas ocasiões, havia sempre os que diziam que se tratava de situações pontuais que precisavam ser mais bem compreendidas e que em nada diminuíam as boas qualidades da União Soviética e a sabedoria do camarada Stalin. No Brasil, ficou conhecida a declaração de Oscar Niemeyer ao ser confrontado com as revelações de Khrushchev — ele permaneceria stalinista porque estava velho demais para mudar. Eu continuei apostando, por alguns anos ainda, no marxismo como a melhor maneira de entender os vícios do capitalismo e nas virtudes de um socialismo que pudesse, um dia, ser implantado sem os vícios do "socialismo real".

4. Sociologia e Política

Criado nos anos 50, o curso de Sociologia e Política da Faculdade de Ciências Econômicas (Face) da UFMG foi inspirado no programa da Escola Livre de Sociologia e Política de São Paulo (também adotado pela Pontifícia Universidade Católica do Rio de Janeiro, a PUC-Rio). A Escola Livre havia sido inaugurada em 1933, um ano antes da Universidade de São Paulo, com o objetivo de ser um centro de formação de líderes. Seu currículo incluía matérias de direito, economia e administração, além de sociologia, antropologia, psicologia, ciência política e história. No curso da Face era possível, acrescentando uma ou duas matérias por ano, obter também um diploma de administração pública, uma espécie de seguro para quem se aventurava em uma área tão desconhecida. Havia ainda os cursos de Economia, Administração de Empresas e Contabilidade.

A Universidade de Minas Gerais foi criada em 1927 como instituição privada subsidiada pelo estado pela junção das faculdades de Medicina, Direito, Odontologia, Farmácia e Engenharia, às quais se juntaram depois as de Arquitetura e Filosofia. Foi federalizada em 1949, quando incorporou também a Faculdade de Economia, uma antiga escola privada de Contabilidade e Administração cujos professores e proprietários se viram, de um dia para outro, transformados em "catedráticos fundadores" e funcionários públicos federais. Em 1965 a universidade passou a se chamar, oficialmente, Universidade Federal de Minas Gerais, UFMG.

O título de "universidade" não significava muito. As faculdades eram independentes e controladas por suas respectivas congregações, não havia pesquisa nem professores de tempo integral e os reitores eram figuras meramente decorativas, que, em compensação, podiam usar o título de "Magnífico", inventado por Pedro Calmon, antigo reitor da Universidade do Brasil — mais tarde Universidade Federal do Rio de Janeiro (UFRJ). No Brasil, a única universidade que mantinha uma área de pesquisa estruturada, graças aos professores trazidos da Europa, era a Universidade de São Paulo (USP), fundada em 1934, além de alguns setores isolados, como o Instituto de Biofísica da Universidade do Brasil, liderado por Carlos Chagas Filho.

A Faculdade de Filosofia da UFMG também oferecia um curso de Ciências Sociais, orientado sobretudo para a formação de professores do ensino médio.[1] Mas as duas grandes novidades do curso da Face eram, primeiro, a intenção de formar líderes, seguindo o caminho da Escola Livre de Sociologia e Política de São Paulo; e, segundo, a adoção do sistema de bolsas de estudo, que garantia aos alunos selecionados um salário desde o primeiro momento e a possibilidade de se dedicarem aos estudos em tempo integral.

Tive a sorte, quando me interessei pelo curso da Face, de encontrar Theotônio dos Santos, antigo colega do Colégio Marconi, que também ia se candidatar a uma vaga e me convidou para estudarmos juntos para o exame vestibular. Ele era poucos anos mais velho, publicava artigos e poesias no memorável Suplemento Dominical do *Jornal do Brasil* e tinha escrito um livro de poesias, *A construção*, que, segundo comentário do escritor e poeta Antônio Olinto, fazia dele o Rimbaud brasileiro. Tinha uma excelente biblioteca em casa, com destaque para os famosos *Breviários* do Fondo de Cultura Económica do México, que eram uma espécie de enciclopédia de história, filosofia, ciências sociais, literatura, e tudo o mais que pudesse nos interessar.

Fizemos um plano de estudos e de leitura e nos reuníamos para conversar sobre o que tínhamos aprendido. Não duvidávamos de que passaríamos muito bem nas provas — ele, em primeiro lugar; eu, em segundo. Além dos livros de Theotônio, recorríamos à biblioteca da Faculdade de Filosofia, que funcionava no Edifício Acaiaca, e foi lá que conheci o ex-seminarista Antônio Octávio Cintra, que também se preparava para o curso. Naquele exame de vestibular de 1958, para nossa surpresa, o ex-seminarista passou em primeiro lugar; eu, em segundo; outra pessoa mais interessada no curso de Administração, em terceiro; e Theotônio, em quarto.

Os bolsistas

Pouco depois do início das aulas começou o processo de seleção de bolsistas. O diretor da Face, Yvon Leite de Magalhães Pinto, tinha criado um sistema pelo qual, a cada ano, um grupo de estudantes recebia uma bolsa de estudos e uma mesa de trabalho na faculdade para poder se dedicar aos estudos o dia inteiro. Em contrapartida, eles tinham a obrigação de tirar notas acima da média e preparar um trabalho de fôlego ao final de cada ano.

Naquele 1959, da turma de uns 20 ou 25 alunos, fomos selecionados como bolsistas Antônio Octávio Cintra, Theotônio dos Santos, Herbert José de Souza (que ficaria famoso como Betinho), Flávio Pinto Vieira e eu. Antônio Octávio, precisando de dinheiro, havia aprendido taquigrafia e acabara de conseguir um emprego na Assembleia Legislativa que pagava bem mais, mas preferiu ficar com a bolsa. No dia em que recebemos o primeiro pagamento saímos para comemorar comprando livros na Livraria Duas Cidades, que importava regularmente títulos da França.

Os bolsistas eram financiados por contratos de trabalho como monitores (meu caso); por recursos que o dr. Yvon levantava com banqueiros e empresários conhecidos seus; e com o dinheiro do aluguel de lojas no andar térreo do edifício da Face. Considerando todos os cursos oferecidos, em geral entravam de 15 a 20 bolsistas por ano, o que significava uma presença constante de 60 a 80, somando os quatro anos letivos.

Mais tarde, quando se tornou presidente da Coordenação de Aperfeiçoamento de Pessoal de Nível Superior (Capes), o ex-bolsista de Economia Claudio de Moura Castro criou um Programa de Educação Tutorial (PET), de nível nacional, com bolsas de estudo para estudantes de graduação, inspirado na experiência da Face. Mais recentemente escreveu um pequeno livro, *A mágica do dr. Yvon*, contando a história do programa e listando os ex-bolsistas que conseguiu identificar, já que, aparentemente, não existe um registro administrativo com essas informações.

A Face ficava no centro comercial de Belo Horizonte, na rua Curitiba 832, esquina com a Tamoios, em um prédio próprio de 12 andares. As salas de aula ocupavam os primeiros andares, enquanto nos outros ficavam as salas individuais de professores de tempo integral e as salas coletivas de bolsistas. A biblioteca da faculdade surpreendia com preciosidades nas áreas de história, filosofia, economia, administração e muito mais. Como bolsistas, podíamos levar quantos livros quiséssemos para nossas mesas e ficar com eles até alguém pedir.

Dr. Yvon, sempre de gravata-borboleta e paletó xadrez, costumava chamar os bolsistas, de um a um ou em pequenos grupos, para longas conversas na sala da diretoria, no quinto andar. Falava sobre como montara o programa de bolsas, sobre como queria renovar os cursos com gente jovem e bem selecionada, sobre o que esperava de nós e sobre seus grandes projetos. Queria, um dia, se separar da universidade e criar uma instituição própria, então nos mostrava, em cavaletes, as plantas dos edifícios que pretendia construir.

Ele, provavelmente, estudara direito e não tinha ideia do que era ensinado nos cursos de Sociologia e de Economia. Mas devia saber das ambições da Escola Livre de Sociologia e Política de São Paulo de criar uma nova elite para o país. Na área da administração pública, o governo americano, através do Ponto IV, um programa de cooperação dos Estados Unidos com a América Latina, estava apoiando a Escola Brasileira de Administração Pública da Fundação Getulio Vargas (FGV), no Rio de Janeiro, e havia conversações para que a Face entrasse no acordo. O dr. Yvon foi contra, temendo que a Face perdesse a autonomia.

O processo de escolha dos bolsistas era meritocrático, com provas elaboradas pelos professores. Mas o dr. Yvon tinha suas próprias ideias e preferências a respeito de quem deveria ser convidado para participar de seu projeto. Fábio Wanderley Reis, um ou dois anos à minha frente, começou a ensinar sociologia antes mesmo de se formar.[2] Na nossa turma, dr. Yvon revelava clara preferência por Antônio Octávio. Parecia não gostar nem de Betinho nem de Theotônio, talvez porque tivessem uma atuação e um perfil políticos mais marcantes. Eu ficava pelo meio. Ele me chamava muitas vezes para suas demoradas conversas, mas nunca disse diretamente o que esperava de mim.

Antigos professores

A qualidade dos professores era desigual. Havia alguns muito fracos e outros que nós, por ignorância ou arrogância de juventude, não soubemos apreciar. Talvez a maioria fosse formada em direito, e nós achávamos que direito era uma coisa antiga, que lidava com o abstrato e o formal, enquanto nós, cientistas sociais, lidávamos com as coisas reais, as classes sociais e as pessoas. Isso valia também para o estilo: a turma do direito falava de forma pomposa, com frases em latim, enquanto nós fazíamos questão de usar uma linguagem simples e objetiva.

Na lembrança meio apagada pelo tempo, alguns nomes ressaltam, outros desaparecem ou deixam uma imagem imperfeita. As buscas na internet ajudam um pouco, mas não o bastante. O professor de psicologia era Iago Pimentel, médico que havia feito a primeira tradução de Freud para o português e que trabalhara com Helena Antipoff na área de psicologia educacional. Já mais velho, dava suas aulas falando baixinho apenas para uns poucos que se aproximavam dele, ignorando os demais. Cid Rebello Horta, que fizera um trabalho sobre as famílias governamentais de Minas Gerais que se tornaria um clássico, ensinava antropologia. A disciplina de economia era dada por Simão Pedro Casassanta, e a de ciência política, por Oswaldo Herbster Gusmão.

O desembargador Edésio Fernandes ministrava um dos cursos de direito. Nunca esqueci sua aula sobre as causas da pobreza, que eram duas: voluntárias e involuntárias. José Olegário Ribeiro de Castro era mestre em instituições políticas gregas; Lincoln Prates, em instituições contemporâneas; Fábio Lucas, que depois se dedicou à crítica literária, ensinava economia; e o poeta Emilio Moura, história do pensamento econômico. Professor de sociologia, Eugênio Rossi era o único que conhecia a moderna sociologia americana, sendo substituído mais tarde por Fábio Wanderley Reis. Os destaques, no entanto, eram Francisco Iglésias e Júlio Barbosa.

Iglésias era historiador de formação. Suas aulas de história econômica e geral do Brasil eram sempre excelentes, indo das raízes portuguesas até os economistas contemporâneos, de Alexandre Herculano a Antônio Sérgio, de Roberto Simonsen a Caio Prado Júnior e Celso Furtado. Sua tese de livre-docência, sobre os governos provinciais mineiros na época do Império, havia sido publicada recentemente.[3] Por trás dos óculos e do bigode, era sempre amável e gostava de contar casos, mas era tímido e reservado. Parecia que lia e tinha opiniões sobre tudo o que saía publicado no Brasil em história, literatura e ciências sociais, e sabíamos que mantivera correspondência com Mário de Andrade.

Iglésias integrara a geração mineira de 1945, formada por Paulo Mendes Campos, Fernando Sabino, Otto Lara Resende, Murilo Rubião, Hélio Pellegrino e tantos outros — todos revolucionários à sua maneira, sobretudo através da literatura.[4] Um dia fomos, alguns colegas e eu, conversar com ele. Queríamos que nos contasse como fora seu engajamento e sua participação política quando jovem, como nós, quem sabe fazendo até mesmo uma ponte entre a geração dele e a nossa. Surpreendentemente, ele disse que não tivera maior participação nem havia nada especial para contar. Morreu em 1991 e seu acervo hoje pertence ao Instituto Moreira Salles.

O que Iglésias tinha de tímido e introvertido, Júlio Barbosa tinha de extrovertido e exuberante. Dizia que pegara meningite quando criança e que por isso nunca mais sentira dor de cabeça ou dificuldade para ler e estudar. Sua biblioteca pessoal, que um dia ele levou para a faculdade e colocou em uma sala à nossa disposição, era muito mais atualizada que a da Face, com autores americanos e europeus que só mais tarde iríamos conhecer. Sem falar nos textos em alemão de Marx e Max Weber, que Júlio jurava ter lido no original, mostrando os livros com trechos sublinhados.

Além de professor, atuava como uma espécie de tutor para os bolsistas, mantendo contato com os grupos e as instituições de ciências sociais que estavam começando a se organizar no Brasil. Era culto e inteligente e substituíra Alberto Guerreiro Ramos como professor do Instituto Superior de Estudos Brasileiros, o Iseb, no Rio de Janeiro, mas tinha um evidente quê de impostor. Falava sempre de um grande livro que estava escrevendo e que nunca apareceu, desfiava histórias que pareciam fabulações e nunca acreditei que tenha realmente lido Marx e Weber em alemão.

Theotônio dos Santos

Entre os bolsistas, Theotônio e Flávio Pinto Vieira eram os "intelectuais" — frequentavam os meios artísticos e literários e escreviam para os jornais. Eu tentava acompanhar um pouco, com inveja, mas nunca consegui realmente me integrar e muito menos frequentar as festas como as que eram realizadas ao redor da piscina da casa de João Marshner, onde fui uma vez.

Era o tempo do Teatro Experimental de João Marshner e Carlos Kroeber, que encenava *A cantora careca*, de Ionesco, e *Crime da catedral*, de T.S. Eliot; da *Revista de Cinema* e do Centro de Estudos Cinematográficos, animados por Fritz Teixeira de Salles, Cyro Siqueira, Jacques de Paulo Brandão e Mauricio Gomes Leite, onde se viam e discutiam filmes do Neorrealismo italiano e da Nouvelle Vague francesa, além de *Sindicato de ladrões*, de Elia Kazan;[5] e do início da carreira dos jovens escritores e poetas Affonso Romano de Sant'Anna, Silviano Santiago e Ivan Ângelo. Flávio Pinto Vieira escrevia críticas de cinema nos jornais. Nunca chegou realmente a se motivar pelos temas sociológicos, políticos e filosóficos que interessavam ao grupo e acabou abandonando a faculdade antes de terminá-la, seguindo uma carreira jornalística que incluiu alguns anos no Cairo. Morreria em 2008.

No final do primeiro ano da faculdade, Theotônio me propôs organizarmos um plano de estudos de filosofia, dos pré-socráticos aos dias atuais. Traçou um programa detalhado, semana a semana, e começamos. Era para lermos e discutirmos os textos originais, evidentemente que nas traduções castelhanas ou francesas, e, para ajudar a entendê-los, havia a *História da filosofia*, de Émile Bréhier, e *Lecciones preliminares de filosofia*, de Manuel Garcia Morente. Fomos razoavelmente bem até chegarmos a Kant, quando a coisa se tornou mais difícil.

Em algum momento Theotônio entrou em contato com os escritos de Eduardo Nicol, um filósofo espanhol que havia se radicado no México, e concluiu que era dele a grande síntese do pensamento filosófico de todos os tempos. Um dia visitou Belo Horizonte o filósofo francês Gilles-Gaston Granger, que havia sido professor de José Arthur Giannotti, e Theotônio entregou a ele um longo texto que escrevera sobre a obra de Nicol, pedindo sua avaliação. Tempos depois recebeu uma carta de Granger com os comentários, que todos nos reunimos para ler. Ele dizia que tinha gostado do texto, era um exercício que todos os estudantes deviam fazer a cada tanto, mas recomendava que, da próxima vez, Theotônio escolhesse um autor mais relevante.[6]

O neomarxismo francês

Interrompido nosso plano de estudos, Theotônio passou a se concentrar na leitura dos textos de Lenin, enquanto eu me voltei para os neomarxistas franceses, com destaque para Henry Lefebvre e Edgar Morin.[7] Eles estavam buscando uma alternativa para o socialismo oficial e stalinista, sem credibilidade desde as revelações de Khrushchev de 1956. Era também a época da descoberta dos textos de juventude de Marx e do clássico do húngaro Georg Lukács, *História e consciência de classe,* banido pelo stalinismo.

O jovem Marx, filósofo, se dedicara a criticar as instituições que impediam o ser humano de manifestar plenamente sua verdadeira natureza — o Estado, a religião, a economia e os sistemas filosóficos idealistas que os justificavam. Isso parecia muito mais inspirador do que o velho Marx de *O capital* — um economista preocupado em decifrar as leis de ferro do determinismo econômico e da ação política que desembocariam no evolucionismo de Engels e no autoritarismo de Lenin e Stalin.

Para entender o jovem Marx, tentei decifrar a *Fenomenologia do espírito* de Hegel, devidamente ajudado por um livro de interpretação[8] — avancei um pouco, mas não muito. Ao mesmo tempo, participava de um grupo de estudos de filosofia sobre Aristóteles e São Tomás de Aquino ministrado por Moacyr Laterza, de formação tomista. As leituras incluíam os textos políticos de Maurice Merleau-Ponty,[9] com sua crítica implacável à lógica do stalinismo, além de livros de Jean-Paul Sartre e Simone de Beauvoir.

Meu trabalho de fim de ano como bolsista em 1961 foi sobre alienação política, baseado nessas leituras.[10] Depois passei a me ocupar de Georges Gurvitch, um sociólogo russo de nascimento que durante a guerra fora para os Estados Unidos e lá editara um livro com o americano Wilbert Moore sobre a sociologia contemporânea. Acabou se tornado o personagem central da sociologia francesa até sua morte, em 1965. Formado na tradição filosófica de Johann Fichte, tinha uma forte preocupação com o tema da liberdade. Na juventude, envolvera-se com os primeiros projetos de elaboração de um sistema internacional de direitos sociais, que redundou na Declaração Universal dos Direitos Humanos do pós-guerra. Como *grand patron* da sociologia francesa, no entanto, acabou desenvolvendo uma teoria complicada e inaplicável, que ele chamava de "sociologia em profundidade" e cujo método deveria ser o do "hiperempirismo dialético".[11] Foi instrutivo ir atrás das origens e da evolução dos trabalhos de

Gurvitch, mas, quando ele saiu de cena em Paris, suas teorias também desapareceram.[12]

Betinho e Antônio Octávio Cintra

Herbert José de Souza,[13] o Betinho, que depois ficaria conhecido também como "o irmão do Henfil", o cartunista, era na época católico praticante, assim como Antônio Octávio.[14] Ambos tiveram participação importante na organização da Juventude Universitária Católica (JUC) e, posteriormente, na Ação Popular (AP). Diariamente, no fim da tarde, o grupo da AP se encontrava na igreja São José, na avenida Afonso Pena, para comungar. Todos, católicos e ateus, compartilhávamos as ideias hegelianas e marxistas de que o mundo estava evoluindo de formas mais atrasadas para formas mais avançadas de civilização, um processo inevitável, mas que precisava de nossa participação e ajuda.

"Os filósofos até agora interpretaram o mundo, mas o que importa é transformá-lo", escreveu Marx em *Teses sobre Feuerbach*, com o que todos concordávamos. E tínhamos uma palavra mágica para isto: *práxis*, o casamento indissolúvel entre pensamento, teoria e ação. Acreditávamos também que uma das causas da pobreza e da miséria, além da exploração capitalista e do imperialismo, era a ignorância e a superstição, que poderiam ser vencidas se houvesse uma universidade que oferecesse um lugar privilegiado para a ciência e a pesquisa. Ateu convicto, eu divergia dos católicos, mas tínhamos muito mais coisas em comum do que diferenças.

Todos líamos Marx através do livro do jesuíta Jean-Yves Calvez, *La pensée de Karl Marx*, uma síntese muito bem-feita que procurava mostrar que o tema central do marxismo era o desmascaramento das alienações. Calvez concluía sua obra argumentando, porém, que o cristianismo apontava para um final da história superior ao do comunismo. A grande síntese entre o cristianismo e o materialismo histórico seria proposta pelo padre e paleontólogo Theillard de Chardin, que procurava mostrar como o mundo evoluía para um "ponto ômega" que seria o nível máximo da evolução e da consciência humana. O líder e orientador da Juventude Católica era o dominicano Frei Mateus Rocha, que deve ter inspirado, anos depois, o personagem Frei Malthus, que se apaixona pela prostituta Hilda Furacão no livro de Roberto Drummond.

No Brasil, o principal representante do catolicismo hegeliano foi, possivelmente, o padre Henrique de Lima Vaz. Eu o conheci, a convite de colegas católicos, em um encontro no Colégio Anchieta de Nova Friburgo (RJ) com a presença de Jean Cardonnel, dominicano francês que se tornara conhecido pela defesa dos padres operários franceses. Tenho ainda as cartas que troquei posteriormente com padre Vaz discutindo as vantagens e as desvantagens do materialismo histórico, em contraposição à alternativa da "responsabilidade cristã" e da "consciência histórica" que ele propugnava.

Nos debates organizados nos meios católicos sobre essas novas ideias, Antônio Octávio preparava os textos conceituais e teóricos, enquanto Betinho participava ativamente da política estudantil, tendo passado por um período de descoberta do místico russo Nicolai Berdiaeff, considerado o fundador do existencialismo e do fundamentalismo cristãos. Betinho possuía enorme capacidade de falar em público. Muito magro, hemofílico, com um histórico de doenças e um braço afetado, olhos claros e um constante sorriso que também revelava tristeza, ele comovia e mobilizava as pessoas para suas causas.

Para além de Belo Horizonte, tratávamos de seguir tanto quanto possível o que acontecia na Universidade de São Paulo e no Iseb, no Rio de Janeiro. Na USP, o que mais nos fascinava era o famoso Grupo de Leitura do *Capital*, iniciado por José Arthur Giannotti, Fernando Henrique Cardoso e Fernando Novaes e que, aos poucos, foi agregando um verdadeiro "quem é quem" das ciências sociais paulistas, como Roberto Schwarz, Paul Singer, Juarez Brandão Lopes, Francisco Weffort, Michael Löwy, Bento Prado Júnior e tantos outros.[15]

A ideia de que eles estavam lendo a obra mestra de Marx na língua original, orientados por um filósofo formado na França, era o máximo a que poderíamos aspirar. Então, sempre que possível, íamos a São Paulo ou convidávamos alguns deles para palestras e eventos em Belo Horizonte. Na época ainda não nos dávamos conta de que o Marx deles, o do *Capital*, era diferente do nosso, o dos escritos da juventude, nem tampouco que o catedrático de sociologia da USP, Florestan Fernandes, de quem Cardoso e Ianni eram assistentes, não participava do grupo.

A sociologia na USP começou com o francês Roger Bastide (1898-1974), um dos professores estrangeiros contratados quando da criação da universidade.[16] Bastide trabalhava com temas de cultura e religiosidade afro-brasileiras, sendo sucedido na cátedra por Florestan Fernandes, que se dedicou, inicialmente, a estudos antropológicos sobre os índios Tupinambá. Os primeiros trabalhos dos assistentes Fernando Henrique Cardoso e Octávio Ianni seguiram a tradição monográfica e antropológica introduzida por Bastide com estudos sobre a população negra, ficando o marxismo em segundo plano.[17] Até que tentei ler o esquecido *Fundamentos empíricos da explicação sociológica*, de Florestan, mas não foi possível avançar — era um texto pretensioso, maçudo, e que parecia não dizer nada de interessante. Como afirmou um dia Júlio Barbosa, brincando, Florestan era para ser lido em voz alta em espanhol, com as palavras ressoando.

Iseb

No Rio de Janeiro, o Instituto Superior de Estudos Brasileiros foi criado em 1952 por um grupo de sociólogos, economistas e filósofos de origens diversas com a pretensão de exercer influência direta sobre a política e a sociedade brasileiras. Começou como Grupo de Itatiaia e, no governo de Juscelino, conseguiu ser incorporado ao Ministério da Educação como instituto governamental, ocupando uma casa na rua das Palmeiras, em Botafogo. O grupo era liderado por Hélio Jaguaribe e Roland Corbusier e incluía o sociólogo Alberto Guerreiro Ramos, o filósofo Álvaro Vieira Pinto e vários outros, como os economistas Ignácio Rangel, Celso Furtado e Gilberto Paim.[18]

A ideia predominante era a de que o Brasil precisava se estruturar como nação, mas, para isso, seria necessário criar uma ideologia de desenvolvimento nacional que pudesse aglutinar as pessoas e identificar os passos a serem empreendidos para se chegar lá. Mais do que isso, era preciso criar uma filosofia, sociologia e teoria econômica próprias, diferentes e melhores do que as que se faziam no resto do mundo, tal como propunha Alberto Guerreiro Ramos em *A redução sociológica*.[19] Nesse livro, Guerreiro Ramos combinou nacionalismo com fenomenologia e existencialismo, coisas que não conhecíamos e por isso precisávamos estudar Edmund Husserl e Sartre para entender.

Em uma visita a Belo Horizonte, Guerreiro Ramos nos disse que essa nova sociologia só poderia ser escrita por quem tivesse a perspectiva da periferia, como no Brasil, e a da periferia do Brasil, como nós. Claro, de Belo Horizonte para o mundo! Não à toa era necessário questionar o que eles estavam escrevendo. Meu primeiro artigo, publicado na *Revista Brasileira de Ciências Sociais*, editada por Júlio Barbosa, foi uma crítica a um livro de Hélio Jaguaribe por ele não ser suficientemente marxista. E tentei, em vão, engajar Álvaro Vieira Pinto em um debate sobre a sua monumental *Ideologia e desenvolvimento nacional* que ele acabara de publicar, escrevendo-lhe cartas que ele não se dignou a responder.[20]

A deposição do dr. Yvon

O programa de bolsas criava uma tal divisão entre os estudantes que era impossível não gerar problemas, com muitos não bolsistas sentindo que recebiam um tratamento de segunda classe. Nós, os bolsistas, tentávamos lidar com isso nos reunindo com os demais colegas para ajudá-los nas matérias que eles poderiam estar com dificuldade de acompanhar, mas havia um limite. Muitos não tinham nem interesse nem condições de seguir o ritmo mais exigente que o sistema de bolsas impunha.

Além da divisão entre bolsistas e não bolsistas, havia a divisão e o ressentimento entre os que caíam nas boas graças do dr. Yvon e os que não caíam. Foi aproveitando esse espaço que Betinho assumiu a liderança de um movimento que exigia a saída do diretor da faculdade. Acabou vitorioso, utilizando recursos que Belo Horizonte ainda não conhecia: passeatas, ocupação de prédios, cartazes, bombas e fogos de artifício. Anos depois, dr. Yvon publicou um pequeno livro em que dava sua interpretação sobre o episódio: sua saída não teria resultado, na verdade, de um movimento estudantil, mas da atuação de uns poucos esquerdistas infiltrados.[21] Seus grandes projetos foram destruídos e ele nunca entendeu bem o que o atropelou, mas o sistema de bolsas criado por ele continuou.

5. Polop

Entre 1959 e 1960 chegaram novos bolsistas no curso de Sociologia e Política da Face, entre os quais Amaury de Souza, Bolívar Lamounier, Edmundo Campos Coelho, Ivan Otero Ribeiro, José Murilo de Carvalho, Juarez Guimarães de Brito, Susana Prates, Vânia Bambirra, Vilmar Faria, Vinícius Caldeira Brant.[1] Todos, exceto talvez Edmundo, tratavam de combinar o estudo com a política, conforme Marx ensinara. Vinícius, Vilmar e José Murilo, na trilha de Antônio Octávio e Betinho, seguiram o caminho da JUC e, depois, da AP. O único comunista de carteirinha era Ivan Otero Ribeiro, que vinha de uma família de comunistas históricos. O pai, Ivan Ramos Ribeiro, militar, tinha participado tanto da Comuna de Manaus de 1924, no Amazonas, quanto da Insurreição Comunista de 1935 e passara muitos anos na cadeia. Para mim, parecia absurdo que alguém ainda continuasse comunista como nos velhos tempos, mas Ivan não aceitava conversar sobre isso. Levava nossos comentários na brincadeira e pronto.

Revista Mosaico

Apesar das divergências entre os grupos, havia muitas coisas em comum, como se pode ver no número 4 da revista *Mosaico*, publicada pelo Diretório Central dos Estudantes (DCE) da UFMG em 1961.² O editor era Vinícius Caldeira Brant e a maioria dos redatores estudava no curso de Sociologia e Política: Theotônio dos Santos, Ivan Ribeiro, Betinho, Antônio Octávio Cintra, eu. Faziam parte também o filósofo Guido Antônio de Almeida, o psicanalista Warton Monteiro, o engenheiro Gilson Assis Dayrell e Fernando Guedes de Mello, que depois escreveria vários livros sobre espiritualidade e cristianismo.

A edição tinha uma apresentação e ilustrações gráficas audaciosas, feitas pelo colega Amaury de Souza, que, além de cientista social, era um excepcional caricaturista e baterista. Na capa havia um homem do povo dentro de uma mão aberta dizendo "Basta!"; na segunda página, um negro atravessando um portão barroco com os dizeres: "Abrir as portas da universidade para o povo". O conteúdo trazia uma sequência de artigos sobre os diversos tipos de alienação que subjugavam o povo brasileiro, seguindo a leitura de Marx feita por Jean-Yves Calvez — social, agrária, econômica, técnico-científica, filosófica, religiosa e política. Os textos não eram assinados, mas o que tratava da alienação religiosa — iniciado com a frase bíblica "nem todo aquele que diz: Senhor, Senhor..." e a imagem de um bispo de costas — era de Antônio Octávio. O último, sobre alienação política e trajetória da dominação, era meu.

O movimento estudantil — do DCE da antiga Universidade de Minas Gerais para a União Estadual e depois para a União Nacional, a UNE — era um caminho natural de participação política e foi seguido com sucesso por Betinho e Vinícius. Um dos dirigentes do DCE, também formado no curso de Sociologia e Política da UFMG, era José Nilo Tavares, que faria carreira anos depois como professor da Universidade Federal Fluminense, a UFF, em Niterói (RJ). Tentei esse caminho que passava pelo movimento estudantil, mas não deu certo, pois não tinha a menor habilidade para fazer aliados, dizia coisas inconvenientes e logo me afastei após algumas experiências negativas. Além do mais, seria preciso pertencer a uma organização nacional, como o Partido Comunista ou a Ação Popular, e não era o meu caso.

Lembro que a UNE era controlada pelo chamado "grupão", cuja figura central era Modesto Justino de Oliveira, irmão mais novo do político mineiro José Aparecido.[3] Participavam José Serra, José Sepúlveda Pertence (futuro juiz do Supremo Tribunal Federal) e o próprio Betinho, entre outros, que trocavam entre si os cargos de direção e escolhiam seus sucessores. Em uma reunião estudantil, fiquei impressionadíssimo com um discurso de Pertence e entendi, pela primeira vez, a importância da oratória, um recurso de advogados e juristas que não cultivei e que nunca teria.

Política Operária

Para os que, como eu, não tinham assento nem na Igreja nem no velho Partidão, era necessário arrumar um lugar que fosse de esquerda e tivesse contato com a classe trabalhadora. Alguns tentaram se filiar ao Partido Socialista Brasileiro (PSB), sem maior expressão, e depois ao Partido Trabalhista Brasileiro (PTB), dentro do qual conseguimos criar a Mocidade Trabalhista de Belo Horizonte. A ideia era que, a partir daí, poderíamos ter acesso às bases do partido e, pouco a pouco, conquistar a direção local, livrando o PTB dos sindicalistas pelegos de Jango. Tudo parecia ir bem até o dia em que apareceu na televisão alguém que nenhum de nós conhecia anunciando ser o presidente da Mocidade Trabalhista na cidade. Depois soubemos que Jango havia entregado a San Tiago Dantas o PTB em Minas Gerais e que San Tiago distribuíra as posições disponíveis entre pessoas de sua confiança.[4]

O passo seguinte foi a fundação, em 1961, da Organização Revolucionária Marxista, que ficou conhecida como Polop, apelido inspirado no nome do seu jornal, *Política Operária*. A criação da Polop aconteceu em Jundiaí (SP) durante uma reunião de integrantes de diversas organizações de esquerda que haviam se afastado do Partido Comunista ou a ele se opunham. De Belo Horizonte, pela Mocidade Trabalhista, participamos do encontro Theotônio dos Santos, Vânia Bambirra, Juarez Guimarães de

Brito, Maria do Carmo Brito e eu.[5] Eram grupos muito diferentes entre si que incluíam desde socialistas moderados, como Paul Singer, e intelectuais marxistas, como Michael Löwy, Éder Sader e Ruy Mauro Marini, até gente ligada aos movimentos trotskistas e às suas diversas facções. O objetivo, como o próprio nome da organização indicava, era desenvolver uma política de base operária no Brasil, tal como proposto por Marx.

Tínhamos reuniões periódicas no Rio de Janeiro com Piragibe Castro Alves e Aluizio Leite Filho, o Aluizio Gordo, dono da livraria Timbre e aluno da Escola Brasileira de Administração Pública da FGV. A figura central desses encontros era Erich Sachs, que viera para o Brasil em 1939, após uma longa e complicada história de militância na Rússia, Áustria e Espanha. Erich parecia conhecer a fundo os diferentes grupos e as dissidências da esquerda na Europa do pré-guerra, e tudo o que se passava no Brasil era interpretado por ele tomando como padrão essas correntes. Suas análises me soavam inusitadas, tanto pela erudição que ele revelava quanto pela enorme distância que eu sentia entre o que ele dizia e a realidade do Brasil.

Revolução Cubana

Em 1959, o grande acontecimento foi a vitória da Revolução Cubana, que parecia uma autêntica revolução popular feita por camponeses e estudantes contra o imperialismo americano, que sustentava as piores ditaduras da América Latina, caso de Anastasio Somoza, na Nicarágua, e do próprio Fulgencio Batista, em Cuba. Quando os Estados Unidos tentaram derrubar Fidel com a fracassada invasão da Baía dos Porcos, conseguimos produzir rapidamente enormes cartazes com os dizeres "O que é a amizade americana", listando as dezenas de intervenções americanas na região, e "O que é a Revolução Cubana", com as promessas do novo governo, que colamos da noite para o dia em toda a cidade.

A Revolução Cubana gerou uma discussão profunda nas esquerdas sobre se as revoluções seguintes partiriam da classe operária, o que parecia cada vez mais improvável, ou dos camponeses. E muitos olhavam para a China de Mao Tsé-Tung e a Grande Marcha como o novo modelo a seguir. No Brasil, a maior promessa parecia vir das Ligas Camponesas de Francisco Julião, cuja linguagem mística chegava diretamente aos camponeses, tal como a de um novo Antônio Conselheiro.

O ano de 1961 foi também o do I Congresso Brasileiro de Lavradores e Trabalhadores Sem Terra, que juntou as Ligas Camponesas de Julião com a União dos Lavradores e Trabalhadores Agrícolas do Brasil. O encontro foi organizado em Belo Horizonte por José Thiago Cintra, irmão mais velho de Antônio Octávio, também ex-seminarista que, depois de 1964, asilou-se no México e lá desenvolveu uma importante carreira acadêmica e política.[6] Sob a liderança de Julião, o congresso aprovou teses radicais, exigindo reforma agrária "na lei ou na marra".

Muitos acharam que já era o caso de conseguir armas para treinar e dar início ao foco revolucionário que repetiria no Brasil a façanha de Fidel Castro e seus amigos. Foram feitos contatos com pessoas próximas de Julião e, em certo momento, apareceu um personagem misterioso, Clodomir de Morais.[7] Ele dizia ter vínculos diretos com Cuba, acesso a recursos e estar disposto a financiar o movimento. Para mim, tudo isso parecia um delírio — se não, pior — e comecei a me afastar.

O afastamento definitivo se deu, contudo, depois de uma reunião em que foi decidido, por maioria de votos, que todos os membros do grupo deveriam, uma vez por semana, visitar a casa de um operário para não perder contato com o povo. O autor da proposta era Juarez Guimarães de Brito, que havia entrado na faculdade recentemente. Juarez, amigo e colega desde o ginásio no Colégio Batista, não tinha paciência nem interesse pelas questões teóricas e conceituais que motivavam pessoas como eu. Ansiava por ações imediatas, no que era estimulado pela mulher, Maria do Carmo. Os dois faziam um forte contraste: o que Juarez tinha de grandão, meio desengonçado e calado, Maria do Carmo tinha de pequenina, falante e agitada, sem nunca demonstrar a menor dúvida sobre o que deveria ser feito.

A Polop cresceu e, depois de 1964, dividiu-se em dois grupos: a Vanguarda Armada Revolucionária Palmares, a VAR-Palmares, de Dilma Rousseff; e o Comando de Libertação Nacional, a Colina, no qual Juarez e Maria do Carmo continuaram atuando. Em 1969 o casal liderou o notório assalto ao cofre do ex-governador de São Paulo Adhemar de Barros. Pouco depois, Juarez morreria em um confronto de rua com a polícia; Maria do Carmo seria presa, torturada e banida do Brasil junto com outros militantes, em troca do embaixador alemão que havia sido sequestrado. Naquele ano eu voltava para o Brasil vindo dos Estados Unidos, onde cursara o doutorado, e tentava começar a trabalhar aqui.

Política e ciência como vocação

A curta experiência da Polop, que evoluiu para uma versão piorada da Juventude Comunista dos anos 50, confirmou o profundo equívoco do conceito de *práxis*, que tinha parecido tão fascinante quando lemos, pela primeira vez, a clássica frase de Marx sobre os filósofos (e, por extensão, sociólogos e economistas) transformando o mundo. A consequência lógica dessa tese, que Lukács defendeu em seus primeiros escritos, é que se as ideias e as ações são indissolúveis e se é o proletariado que conduz a ação, através do Partido Comunista e de seu dirigente máximo, Lenin ou Stalin, então, por definição, tudo o que eles dissessem e fizessem seria bom e correto, não importando o que pensávamos. Poderíamos ser, no máximo, como diria Antonio Gramsci, "intelectuais orgânicos". Merleau-Ponty mostrou o absurdo desse raciocínio ao examinar os depoimentos dos comunistas que foram vítimas dos expurgos ordenados por Stalin nos anos 30. Por essa lógica, eles reconheceram seus "crimes" e concordaram em ser executados.[8]

Essa mistura muitas vezes mortal entre conhecimento e política não foi uma invenção dos marxistas. Platão talvez tenha sido o primeiro a defender a ideia de que os filósofos deveriam ser reis, ou seja, que o conhecimento e a política deveriam andar juntos. Auguste Comte, fundador do positivismo, que teve tanta influência no Brasil no início da República, também pensava que a sociedade deveria ser comandada por pessoas como ele, "sociólogos" — uma palavra, aliás, que ele inventou. E não só filósofos e sociólogos. A história da modernização das cidades, do combate às epidemias, da organização dos sistemas políticos, do planejamento e da gestão da economia de guerra está recheada de exemplos de engenheiros, urbanistas, médicos sanitaristas, juristas e economistas convencidos de que são eles que sabem como as sociedades precisam ser organizadas, cabendo a eles, por seus conhecimentos superiores, exercerem o poder.[9] Para isso, precisam entrar na política, e é nesse momento que os riscos da politização do conhecimento e da ciência começam a surgir.

Não se trata de menosprezar a importância e o grande impacto, em geral positivo, que a ciência tem tido em todos os aspectos da vida nos últimos séculos, mas sim de entender melhor a natureza desse relacionamento entre ciência e política. Escrevendo na mesma época que Lukács, Max Weber, um dos principais fundadores das ciências sociais contemporâneas, buscou esclarecer o assunto em dois artigos que se tornaram clássicos.[10] Filósofos, pesquisadores e cientistas são pessoas de carne e osso que, muitas vezes, abraçam suas profissões porque estão convencidos de que elas podem ajudar a entender e melhorar o mundo em que vivem, e dedicam sua vida para isso, é sua vocação. Dificilmente se vê o cientista que se imagina um pesquisador neutro, interessado somente em suas pesquisas e pouco se importando com as consequências e o impacto de seu trabalho. Mas isso não faz nem deveria fazer do cientista um político.

Política e ciência são vocações igualmente importantes, mas distintas, e cada qual tem seus valores e sua ética. O principal compromisso dos políticos é com o resultado de suas ações, e o dos cientistas, com a validade de seus conhecimentos. Isso não significa que os que se dedicam à ciência não tenham seus valores e não procurem influenciar a sociedade, nem tampouco que os políticos não devam fazer uso de conhecimentos científicos em sua atuação. Mas o político precisa tomar decisões mesmo com informações limitadas, entre as quais as produzidas pela ciência, e, em sua ação, precisa combinar suas convicções, por um lado, com os resultados, por outro. Para dar um exemplo dos dias hoje, por mais que um político esteja convencido de que os subsídios são algo nocivo, porque desestimulam as pessoas a trabalhar e as empresas a competir, ele não pode, de um dia para outro, jogar as pessoas na miséria e fazer crescer o desemprego; nem pode, para ter o poder de fazer o que considera correto, fraudar as eleições e manipular a opinião pública.

O cientista, por outro lado, busca conhecer a realidade e, nesse caminho, deve combinar as convicções pessoais com o respeito às evidências que encontre e às opiniões e entendimentos dos outros, agindo pela lógica da argumentação e do convencimento. Seu principal compromisso não é com os resultados, mas com o esclarecimento sobre a realidade e suas possibilidades, e é a partir daí que ele exerce sua influência. Em outro exemplo muito atual, cabe aos cientistas, na pandemia gerada pelo novo coronarívus, compreender o alcance e os limites dos diversos medicamentos, das vacinas e das medidas profiláticas que estão propostas e usar esse entendimento para melhorar a qualidade dos debates sobre o que deve ou não ser feito. Mas a responsabilidade pelas políticas de saúde pública não é dele, e sim dos governantes, que são obrigados a assumir riscos e responder pelas consequências.

O argumento de Weber é mais complicado, mas a mensagem é clara: cabe a cada um decidir se quer seguir o caminho da política ou da ciência. Ambas as atividades podem ser exercidas com competência e dignidade, ambas podem ter impacto e influência, mas não podem nem devem ser confundidas. Acho que entendi a lição.

III. PELO MUNDO

6. Flacso

Em 1961, ano de minha formatura, apareceu na Face o sociólogo e professor francês Lucien Brams, da Faculdade Latino-Americana de Ciências Sociais (Flacso), no Chile. Ele estava entrevistando candidatos para um curso de dois anos em Santiago, financiado com bolsas da Organização dos Estados Americanos (OEA).

Ficamos todos interessadíssimos. Brams conhecia pessoalmente os franceses que líamos, com destaque para Edgar Morin, editor da revista *Arguments*, então o núcleo do revisionismo marxista francês, e Georges Friedmann, fundador da sociologia do trabalho na França, com quem ele havia se formado. Brams nos falou da grande novidade que era a aproximação que começava a ocorrer entre a sociologia filosófica e histórica francesa e a sociologia empírica americana. E nos mostrou uma publicação de um brasileiro da PUC do Rio de Janeiro, Gláucio Ary Dillon Soares, que nenhum de nós conhecia e que já fazia uso da análise moderna de dados.

Tampouco sabíamos da existência da Flacso, criada em 1957 pela Organização das Nações Unidas para a Educação, a Ciência e a Cultura (Unesco) através de um amplo acordo internacional com a participação de quase todos os países da América Latina. O acordo previa a instalação da faculdade em Santiago, para ensino, e do Centro Latino-Americano de Pesquisas em Ciências Sociais no Rio de Janeiro, cujo primeiro diretor seria Manuel Diegues Júnior. O Centro funcionou no Rio por algum tempo e foi extinto, mas a Flacso ainda existe, com sede em diversos países da região.

Alguns meses antes da visita de Lucien Brams, vários de nós tínhamos ido ao Rio para conversar com Darcy Ribeiro sobre a universidade que estava sendo criada em Brasília. Ficamos seduzidos pelo convite de ir para lá e sermos, aos 20 e poucos anos, os fundadores na área de ciências sociais de uma universidade inovadora que seria, tal como sonhávamos, estruturada em institutos de pesquisa e não por faculdades tradicionais. Ao mesmo tempo, sabíamos que Darcy tendia ao exagero, a Universidade de Brasília (UnB) só existia no papel e a inesperada oportunidade aberta na Flacso era tentadora demais.

Dos que fizeram as entrevistas, Brams selecionou, além de mim, Antônio Octávio Cintra, Fábio Wanderley Reis e José Maria de Carvalho, estes dois últimos à minha frente no curso da faculdade. José Maria se interessava especialmente por administração e Brams pensou que ele poderia levar diversidade para o grupo. Naquele ano de 1961, fomos os únicos brasileiros aceitos pela Flacso. Susana Prates, com quem havia me casado, também pôde fazer o curso, apesar de ainda faltar um ano para ela terminar a faculdade. Betinho e Theotônio, que não foram selecionados, acabaram aceitando o convite de Darcy Ribeiro e indo para Brasília.

Fomos para Santiago no início de 1962. Era minha primeira viagem para o exterior, e podíamos ir pelos aviões Constellation, a hélice, ou pelos novíssimos jatos Boeing 707, que estavam começando a voar — escolhemos um Boeing. A Flacso funcionava no bairro de Nunõa, dentro de um parque em que ficava a sede do antigo Instituto Pedagógico da Universidade do Chile. No começo, Susana e eu alugamos um pequeno apartamento na Calle Monjitas, perto do Parque Forestal, no Centro de Santiago, e depois nos mudamos para uma pequena casa perto da faculdade.

As aulas eram em castelhano, mas a maioria da bibliografia era em inglês, língua que eu mal dominava. No curso de Belo Horizonte só líamos os latino-americanos e os franceses. O diretor do programa, um sociólogo suíço chamado Peter Heintz, dava o curso de teoria sociológica, enquanto Lucien Brams respondia pelo de metodologia de pesquisa. O que unia os dois cursos, aparentemente, eram as ideias de Robert K. Merton, da Universidade Colúmbia, sobre teorias de alcance médio.[1]

Segundo Merton, as ciências físicas e biológicas eram ciências maduras com paradigmas consolidados (embora a expressão "paradigma científico" só tenha começado a ganhar vigência com a publicação do livro de Thomas S. Kuhn sobre a estrutura das revoluções científicas, em 1962).[2] Já as ciências sociais ainda eram imaturas, por isso os sociólogos ficavam o tempo todo revendo os clássicos (Marx, Weber, Émile Durkheim). Essa lacuna só poderia ser resolvida com a construção, tijolo a tijolo, de "teorias de alcance médio" apoiadas em dados que, um dia, seriam reunidos em um grande paradigma sociológico, quando então os sociólogos, assim como os cientistas naturais, poderiam esquecer seus fundadores e se dedicar à expansão dos limites de uma "ciência normal".[3]

Peter Heintz tinha vivido na Espanha e em Paris e escrito uma tese de doutorado com o sociólogo suíço René König sobre Pierre Joseph Proudhon, o filósofo do anarquismo e precursor do marxismo. Nos seus cursos, no entanto, o que aparecia era uma tentativa de criar uma sociologia da modernização e do desenvolvimento a partir de observações e estudos empíricos, fazendo uso sobretudo de conceitos psicológicos. Suas aulas eram difíceis de acompanhar porque, ao invés de uma estrutura lógica que pudesse ser seguida, consistiam em associações de informações e ideias que podiam fazer sentido em si mesmas, mas não se armavam de forma coerente para os alunos. De fato, anos depois, quando Heintz tentou consolidar suas teorias em um volume mais ambicioso, o projeto também se frustrou.[4]

Brams havia participado, com Alain Touraine e Torcuato Di Tella, da Argentina, de uma pesquisa comparativa no Chile entre os trabalhadores da mina de carvão de Lota e os da indústria siderúrgica de Huachipato.[5] Para isso foram usados questionários e dados quantitativos, com referências a autores americanos como

Robert K. Merton, Reinhard Bendix e Seymour Lipset. A metodologia e as referências eram novas para quem vinha da França, mas a pergunta que tratavam de responder provinha do marxismo tradicional: em que condições os operários se comportavam como Marx havia previsto, desenvolvendo sua consciência de classe, e em que condições se "aburguesavam", ou se mantinham à margem da luta política? Esse foi também o tema de meu trabalho de fim de curso, baseado em entrevistas com 40 operários de duas fábricas em Santiago e no qual combinei o tema da consciência de classe com conceitos psicológicos como anomia e personalidade autoritária, em voga na sociologia americana e abordados nos cursos de Peter Heintz.[6]

Eram os anos em que os sociólogos, especialmente nos Estados Unidos, buscavam desenvolver uma teoria da modernização a partir dos trabalhos de Talcott Parsons, em contraposição ao marxismo. Pudemos entrar em contato com essas teorias graças a um curso dado pelo parsoniano francês François Bourricaud e a outro ministrado por Alex Inkeles, que estava coordenando um grande projeto internacional comparativo sobre modernização, no Chile e outras partes.[7] Tivemos também um excelente curso sobre estratificação social dado pelo chileno Luis Ratinoff, que nos colocou em dia com a literatura e a metodologia internacionais sobre o tema, um curso sobre sociologia do trabalho com Henry Landsberger e outro com o canadense Nathan Keyfitz, um dos fundadores da moderna demografia. O mais memorável, porém, talvez tenha sido o curso de Edgar Morin sobre "os marxismos", ao longo do qual ele traçou um panorama dos grandes debates que antecederam e sucederam o marxismo soviético oficial.

Johan Galtung

A grande novidade em 1963 foi a chegada de Johan Galtung na Flacso. Com pouco mais de 30 anos, Galtung tinha sólida formação em matemática e lógica e uma história de militância em movimentos pacifistas. Chegou a ser preso na Noruega, seu país natal, por se recusar a fazer o serviço militar, quando então aproveitou para escrever um livro sobre Mahatma Gandhi e a resistência pacífica, inspirado nas ideias de seu mestre, o filósofo Arne Naess, precursor do movimento ambientalista.[8]

Depois de formado, Galtung havia ido para a Universidade Colúmbia, em Nova Iorque, onde trabalhou como assistente de Paul Lazarsfeld, considerado um dos fundadores da sociologia quantitativa americana. Além do curso de metodologia, que substituiria o de Lucien Brams, Galtung ofereceu cursos de Sociologia Matemática, Sociologia dos Conflitos, Norma, Papéis e Status e também de Funcionalismo. Aprendeu muito rapidamente o espanhol e era um professor extraordinário, com aulas muito bem estruturadas que combinavam lógica, raciocínio matemático, dados e teoria social. Suas exposições eram acrescidas de exercícios práticos que consistiam quase sempre em interpretar um conjunto de dados ou discutir os resultados de uma pesquisa.

Seu grande projeto, naquele ano, era o livro de metodologia da pesquisa que estava escrevendo à medida que o curso progredia. Eu assistia às aulas fascinado, entendendo pela primeira vez para que serviam os dados e o que significava, na prática, construir e testar hipóteses e teorias. Para analisar os dados calculando simples proporções, ele nos ensinou a utilizar réguas de cálculo e a fazer tabulações com fichas perfuradas. A metodologia que propunha era artesanal. Partia de uma ou duas variáveis e ia aumentando progressivamente a complexidade, mas sem chegar a modelos estatísticos muito sofisticados nem fazer uso da capacidade de processamento dos computadores, que estavam começando a se tornar acessíveis. As aulas mais avançadas que tivemos, além da apresentação dos conceitos básicos de amostragem, correlação e regressão, foram as que abordaram as funções latentes e manifestas, que estão na base das modernas teorias de resposta ao item aplicadas à educação. Mais amplamente, essas funções são usadas também nas análises de "big data" desenvolvidas com os recursos computacionais de inteligência artificial.

O livro de metodologia de Galtung foi publicado em 1967, mas não teve o impacto que eu imaginava,[9] talvez porque tenha nascido antigo: ele trazia uma concepção de pesquisa artesanal demais, sem incorporar o rápido desenvolvimento dos recursos computacionais que estava ocorrendo e seu uso nas análises estatísticas. A essa altura, também, seu interesse pelas metodologias de pesquisa já havia diminuído e foi sendo substituído cada vez mais pelos temas de conflito, guerra e paz, que haviam presidido a criação, em 1959, do Peace Research Institute Oslo (PRIO), por iniciativa sua.

A relação de Galtung com seus alunos latino-americanos não era fácil, pois havia diferenças de cultura difíceis de explicar e de transpor. Decerto existiam importantes afinidades nos valores políticos, na defesa da paz e na crítica à política imperialista americana do pós-guerra, e, de modo mais geral, na visão crítica sobre a hierarquia nas relações entre países centrais e dependentes (ou "feudalismo internacional", como ele preferia dizer), cerne das teorias de dependência que começavam a circular naqueles anos. Mas, como Heintz, Galtung tinha dificuldade, ou falta de interesse, em lidar com as perspectivas históricas mais estruturais, marxistas ou pós-marxistas, com que estávamos acostumados a pensar.

A descoberta da América Latina

A Flacso foi importante também para entender que havia uma coisa chamada "América Latina", que os brasileiros desconheciam. A turma tinha 22 pessoas: cinco chilenos, cinco argentinos, cinco brasileiros, dois mexicanos, dois venezuelanos, um colombiano, um equatoriano e um uruguaio. Além da língua em comum, a maioria cantava as mesmas músicas e sabia bastante da história e da cultura uns dos outros. Para os argentinos, que haviam começado a estudar na Universidade de Buenos Aires (UBA), o curso da Flacso servia também como graduação. Para os chilenos, funcionava como formação adicional para profissionais já estabelecidos.

Os dois mexicanos não tinham um perfil acadêmico e não chegaram a concluir o curso.

Entre os latino-americanos, o grupo com o qual eu tinha mais afinidade era o dos argentinos, formado por Manolo (Manuel) Mora y Araujo, Nilda Sito, Adolfo Gurrieri, Carlos Tobar e sua mulher, Margot (Marguerita) Romano. Nilda era muito culta, inteligente e tinha uma formação mais psicológica do que propriamente sociológica. No final do curso uniu-se a Manolo e foram estudar na França. Viviam em um apartamento minúsculo na rue des *Écoles*, quando os visitei algum tempo depois, e me impressionou o fato de compartilharem com os vizinhos um banheiro daqueles sem vaso, de agachar. Filho de espanhóis refugiados do regime franquista (seu pai era um jornalista esportivo conhecido), Manolo tinha sido aluno de Gino Germani e também líder estudantil, creio que da Juventude Comunista. Quando voltou para a Argentina, associou-se ao Instituto Di Tella, transformado mais tarde na Universidade Di Tella, da qual seria presidente. Esteve sempre ativo na vida pública local, escrevendo nos jornais sobre temas políticos e de comunicação de massas. Foi o criador de um dos primeiros centros de pesquisa de opinião pública no país, adquirido posteriormente pelo Instituto Ipsos.

Com a ditadura militar de Pinochet a partir de 1973, os cursos da Flacso foram interrompidos e a instituição se desmembrou em uma rede de sedes regionais em 15 países, entre os quais Argentina, Equador, México, Brasil e Cuba. A Flacso Chile continuou existindo, mas de forma precária, como centro de pesquisas. As sedes regionais, embora pudessem se valer da vantagem de serem instituições internacionais, livres, portanto, dos controles e eventuais intervenções dos governos locais, precisavam buscar seus próprios recursos.

Em 2004 coordenei, junto com Juan Carlos Tedesco, da Argentina, e a colaboração de outros colegas (Victor Bulmes-Thomas, da Inglaterra; Carmen Garcia Guadilla, da Venezuela; e Giovanna Valiente, do México), uma avaliação do sistema Flacso, a pedido de sua Secretaria-Geral, sediada em Costa Rica. Foi quando constatamos que a Flacso — que havia sido criada com o objetivo de trazer para a América Latina as ciências sociais mais avançadas, tal como estavam sendo desenvolvidas nos Estados Unidos e na Europa Ocidental — havia se transformado, meio século depois, em uma instituição em busca de um objetivo.

Em alguns países, com instituições acadêmicas mais precárias, a Flacso funcionava como uma conveniência administrativo-burocrática que permitia que alguns grupos de cientistas sociais continuassem trabalhando, cada um à sua maneira. Em outros, como México, Cuba e Equador, foi incorporada ao sistema de educação superior nacional. Na Argentina, ela saiu à frente na formulação de programas de pós-graduação em ciências sociais. No Brasil, manteve por certo tempo uma parceria com a UnB, mas nunca adquiriu maior expressão. Chegamos a fazer recomendações para que se desenvolvessem projetos reunindo as diferentes sedes e se criasse algum mecanismo de controle de qualidade para os usuários da "marca", mas, na falta de recursos para a Secretaria-Geral, nada foi feito.

Ciências sociais e teoria da dependência

A Flacso não inaugurou as ciências sociais na América Latina, que já existiam em centros de ensino e pesquisa como as universidades de São Paulo, Buenos Aires, México e Chile, e em instituições como El Colegio de México. Em todos esses centros vinham sendo desenvolvidos trabalhos importantes sobre temas como relações raciais, culturas indígenas, populismo, pobreza, marginalidade social, desenvolvimento econômico. E havia também a teoria da dependência, que ganharia fama, em particular a partir do livro *Dependência e desenvolvimento na América Latina*, de Fernando Henrique Cardoso e Enzo Falleto.

O primeiro a usar o conceito de dependência parece ter sido o sociólogo francês Georges Balandier,[10] ao escrever, em 1951, sobre o colonialismo na África, mas as ideias remontam ao livro de Lenin sobre imperialismo publicado no início do século 20: *Impe-

rialismo, estágio superior do capitalismo. Na América Latina, o tema foi introduzido pelo sociólogo alemão André Gunder Frank, que conheci no início dos anos 60 quando ele esteve no Brasil, seguindo depois para o Chile.[11]

Entre os economistas latino-americanos, a teoria da dependência começou, sem esse nome, com os trabalhos do argentino Raúl Prebisch, que dirigiu a Comissão Econômica para a América Latina das Nações Unidas (Cepal), no Chile, e lançou a tese sobre a "deterioração dos termos de troca", segundo a qual países que produzem produtos primários sempre acabam se saindo pior do que aqueles que contam com indústrias, daí a necessidade de se industrializar.[12] De acordo com a versão marxista mais extrema, a teoria era a de que os países ricos mantinham com os mais pobres uma relação de exploração semelhante à que os patrões mantinham com seus operários. Assim, para poder haver desenvolvimento da economia nos países dependentes, seria necessário, primeiro, desencadear em seu interior uma luta política contra o imperialismo e seus aliados.

Nesse balaio entravam algumas ideias que faziam sentido, outras não. De fato, nos países que dependem muito de poucos produtos exportáveis e nos quais a indústria não se desenvolve, a renda fica concentrada e a pobreza não se reduz. Nos tempos da Guerra Fria, os Estados Unidos e seus aliados europeus tentaram tanto quanto possível manter os países do Sul sob controle, estimulando até mesmo golpes e sustentando ditaduras muitas vezes sanguinárias. Em certos casos havia interesses econômicos envolvidos, sobretudo em relação ao petróleo, ou de empresas americanas locais, como a notória United Fruit Company na América Central.

Mas se a ideia de que a riqueza dos países ricos dependia da exploração das colônias e dos países mais pobres foi parcialmente verdade para os impérios coloniais até a Segunda Guerra, deixou de ser quando a maior parte da economia do mundo passou a girar no interior das regiões e dos países mais desenvolvidos, colocando as antigas colônias e os países menos desenvolvidos em situação marginal. A industrialização forçada tentada em nossos países, com investimentos públicos e proteção comercial, acabou não dando muito certo por inúmeras razões, mas não porque os países ricos não permitiram — tanto que alguns, caso da Coreia do Sul, fizeram isso muito bem.

A consequência mais negativa da teoria da dependência, me parece, era a conclusão de que éramos eternas vítimas, ou seja, tudo de ruim que acontecia em nosso país, ou em nossa região, era por culpa dos outros. Nessa visão, temas como democracia, equidade, sistema partidário, educação, sociedade civil, mercado, ordenamento jurídico, meio ambiente, tudo isso ficava de fora, como se fossem questões menores a serem resolvidas quando a dependência externa fosse superada.

Uma das falhas importantes do curso da Flacso, que talvez tenha sido corrigida nos anos seguintes, foi não ter dado importância nem lugar a esse acervo de estudos e temas que mobilizavam os cientistas sociais da região. Mas era somente um mestrado de dois anos, ao qual os alunos chegavam com formação muito desigual, e havia um mundo lá fora de temas e métodos de trabalho que precisavam ser conhecidos, não se podia fazer tudo. Para mim, e creio que para quase todos os que passaram por lá, foi uma oportunidade única de viver em outro país, poder ver o Brasil de longe, conviver com colegas de outras nacionalidades, ter aulas com professores de diferentes orientações e lugares, entender para que serviam os dados e as estatísticas e conhecer melhor a riqueza e a diversidade das ciências sociais como área de estudo e de pesquisa.

Chile

Os anos na Flacso foram também uma oportunidade única para ver mais de perto o Chile, com suas grandes virtudes e dificuldades. Cheguei a Santiago no início de 1962 e a cidade me deu boa impressão. Parecia tranquila em um país estável e democrático. Diziam que o presidente Jorge Alessandri, que morava em um apartamento no Centro, ia a pé todos os dias para o Palácio de La Moneda, sede do governo, sendo cumprimentado pelas ruas — "Buenos dias, señor presidente!" —, e que as pessoas acertavam os relógios pela hora em que ele passava. Comparada com a provinciana Belo Horizonte, Santiago me parecia moderna, com as mulheres independentes e ativas e com um comportamento mais livre. Santiago era também uma versão latino-americana de Genebra, sede de várias organizações internacionais, como a Cepal, o Centro Latinoamericano de Demografía, a Escuela Latinoamericana de Economia e o Escritório Regional de Educação da Unesco, além, claro da própria Flacso.

Os chilenos, que viviam em disputa com os argentinos e cultivavam uma rivalidade histórica com o Peru desde a Guerra do Pacífico, no século 19, viam o Brasil, com o qual tinham pouco contato, com uma simpatia que me parecia ocultar certa condescendência (e provavelmente preconceito) para com nossa população mestiça e exuberante, que contrastava com a formalidade com que se vestiam e se comportavam. Nas ruas de Santiago, para quem chegava de fora chamava a atenção o contraste entre a elite europeizada e as feições indígenas da população mais pobre.

Na época, Manolo Mora y Araujo e eu fizemos uma pesquisa em que perguntávamos a estudantes chilenos como era a distribuição da população do país entre pessoas de origem europeia, indígena ou mestiça, e comparamos as respostas com os dados existentes. Verificamos, então, que os entrevistados chilenos se consideravam muito mais brancos e europeus do que os dados estatísticos disponíveis indicavam.[13] Essa diferença entre o país imaginado e o país real se manifestava claramente na geografia da cidade. A população mais rica vivia na parte norte, em direção aos Andes, em ruas arborizadas com casas de estilo europeu. Os mais pobres chegavam em número cada vez maior do interior do país e iam se aglomerando em habitações improvisadas nas *poblaciones* e *callampas*, ao sul. Do alto do Cerro San Cristóbal, no Centro, era possível ver, à noite, o lado rico e iluminado da cidade, ao norte, em contraposição às luzes amareladas e esmaecidas, ao sul. Com cerca de 2 milhões de habitantes (um quarto da população do Chile), Santiago já era um centro urbano moderno com uma grande periferia empobrecida, o que se tornaria cada vez mais um padrão em toda a América Latina.

Setembro é o mês do Dieciocho, a comemoração da independência chilena, um importante momento de afirmação da *chilenidad*. Naquele 1962, fui assistir à parada militar e me espantei ao ver a tropa marchando a passo de ganso com capacetes nazistas e desfilando armamentos da Primeira Guerra Mundial. Depois soube que, enquanto o Exército brasileiro havia sido organizado e treinado nas primeiras décadas do século 20 por missões militares francesas, havia no Exército chileno uma forte tradição prussiana que datava do final do século 19.[14] Comparado com o brasileiro, o Exército do Chile era mais profissional, provavelmente mais eficiente, e foi com essa eficiência germânica que os militares tomaram o poder e implantaram a ditadura de Augusto Pinochet, a mais cruenta da América Latina daqueles anos.

Em junho fui com outros brasileiros assistir ao final da Copa do Mundo, que, naquela sétima edição, estava sediada no Chile. O Brasil foi campeão ganhando de 3 a 1 da Checoslováquia, que ficou em segundo lugar. Mas, antes, na semifinal, o Brasil derrotou por 4 a 2 o próprio Chile (lesionado, Pelé, infelizmente, não foi escalado, mas pudemos ver a atuação de Garrincha). Com o Chile fora do páreo, ficamos sem entender por que o povo saiu às ruas comemorando o final da Copa como se a vitória tivesse sido deles. Sem muita tradição em futebol, o país tinha ficado em terceiro lugar, o que não era pouco. Mas restou, de qualquer maneira, a sensação de que algo estranho acontecia no país: parecia mais uma explosão de sentimentos do que propriamente uma comemoração.

Retomei o vínculo com o Chile no início dos anos 90, quando trabalhei, junto com o sociólogo e intelectual chileno José Joaquín Brunner, em uma pesquisa comparativa sobre as políticas de educação superior na América Latina. Desde então mantive contato com os chilenos, participando inclusive das equipes de duas avaliações do sistema educacional do país feitas pela OCDE.[15] Voltei a Santiago em setembro de 2019 a convite de Brunner, pouco antes das manifestações de rua que abalaram o país, iniciadas, como no Brasil em 2013, com protestos contra um pequeno aumento no preço dos transportes públicos que rapidamente atingiram grandes proporções. O convite era para colaborar em um projeto sobre o "capitalismo acadêmico" que ele vinha desenvolvendo na Faculdade de Educação da Universidade Diego Portales.

Brunner teve uma atuação importante no movimento pelo plebiscito que levou à saída de Pinochet, e, entre muitas outras funções públicas, foi secretário de Governo de um dos presidentes da Concertación, a aliança entre socialistas e democratas cristãos que governou o Chile depois da ditadura. Escreve constantemente nos jornais e é uma das maiores autoridades locais em temas de cultura e educação superior.

A Faculdade de Educação era dirigida pela brasileira Paula Louzano, que conheci em 2004, quando dei um curso em Harvard. Casada com um chileno, ela terminava o doutorado em educação. Depois foi para São Paulo, onde ficou anos em uma posição precária na Faculdade de Educação da USP, sem jamais ter sua competência reconhecida e aproveitada. Quando a Universidade Diego Portales abriu um processo seletivo para preencher a vaga de diretor da Faculdade de Educação, ela foi selecionada e se mudou com a família para Santiago. A universidade fica perto do Centro, entre os bairros República e Dieciocho, uma antiga área residencial de casarões que se transformou em um grande centro de universidades e instituições privadas de ensino superior, combinando prédios antigos recuperados com construções modernas.

A maior preocupação de Paula como diretora da faculdade naquele momento era que os prédios das universidades vinham sendo ocupados por movimentos feministas radicais de classe média com reivindicações extremadas e genéricas, impossíveis de serem atendidas e impedindo que a maioria dos alunos, que muitas vezes saíam de longe para assistir às aulas, pudessem estudar. Algumas pessoas com as quais conversei falavam de um forte sentimento, prestes a explodir, de insatisfação com a economia e a sociedade chilenas que eu não conseguia entender, pelo que sabia dos avanços que o país tinha logrado nas últimas décadas.

Uma das explicações que se ouvem para as grandes manifestações de 2019 é que tudo seria culpa do "neoliberalismo" de Pinochet, que, ao ser mantido pelos governos de centro-esquerda que governaram o país a partir de 1990, teria tornado a população mais pobre e desamparada do que antes, além de aumentar a desigualdade. Os dados não mostram isso. Ao contrário, os indicadores chilenos de pobreza e desigualdade social têm melhorado bastante desde que começaram a ser implantadas as políticas sociais da Concertación, e são bem melhores do que os de Brasil, Argentina, Peru e Colômbia, por exemplo.

Na educação existe o mito de que a desigualdade aumentou e a qualidade piorou com a adoção do sistema de *vouchers* e a abertura da educação superior ao setor privado, introduzidos na época de Pinochet e mantidos pela Concertación, mas os dados, novamente, não indicam isso.[16] Por outro lado, com a abertura da economia, o Chile se tornou mais competitivo, com uma economia de mercado que aumentou a insegurança dos empregos e políticas sociais que, mesmo melhores que a de outros países da região, não foram suficientes para atender às aspirações crescentes. Existem problemas importantes — com destaque para a falência do sistema de previdência por capitalização, que diluiu as aposentadorias da classe média, e os altos custos da atenção médica, sem falar na influência do catolicismo tradicional — que ajudam a entender, pelo menos em parte, a força dos movimentos feministas locais.

Em 2008 participei de uma pesquisa que mostrava que os chilenos tinham grande preocupação com o aumento da criminalidade e da violência urbana,[17] embora os dados revelassem que Santiago, comparada à grande maioria das cidades da América Latina, era bastante segura, com baixa criminalidade e uma polícia, os *carabineros*, de excelente reputação. Creio que o que explica, pelo menos em parte, a explosão popular que houve no Chile é o que Robert K. Merton chamou de "privação relativa" nas pesquisas feitas sobre os militares americanos dos anos 40. Entre eles, os mais insatisfeitos quanto às suas perspectivas de promoção eram os que tinham mais chances e não eram promovidos, e não os que tinham pouca chance ou nenhuma. A explicação é que o sentimento de frustração depende muito mais da expectativa que as pessoas têm do que da condição real em que vivem.[18] Desde as manifestações conhecidas como "revolução dos pinguins" (uma referência ao uniforme preto e branco dos secundaristas que iam para os protestos de rua em Santiago, em 2006), são os jovens de classe média, mais do que os pobres das periferias, que têm saído às ruas em manifestações extremamente violentas, seja contra governos de esquerda, como o de Michelle Bachelet, seja contra os de direita, caso de Sebastián Piñera.

Mas talvez haja no Chile uma forte tensão entre o aparente e o mais profundo — que às vezes explode de forma inesperada e brutal, como na inusitada truculência do regime Pinochet, na fúria das mobilizações estudantis e nas recentes grandes manifestações — que ainda não consegui entender.

7. O GOLPE DE 1964

Voltei de Santiago para Belo Horizonte em janeiro de 1964, após a conclusão do curso da Flacso. Meu casamento com Susana havia acabado no ano anterior, estava solteiro e fui para a casa de meus pais. A Faculdade de Ciências Econômicas, a Face, à qual continuei vinculado desde que era bolsista monitor, encarregou-me de dar a matéria de ciência política no curso de Sociologia e Política. Na época não havia concurso para professor e acumulei os cargos de professor e pesquisador na instituição, o que me permitia trabalhar em tempo integral. Devo ter dado uma ou duas aulas, veio o golpe de 31 de março e a universidade fechou.

Eu já vinha acompanhando com apreensão a situação política do país, pois me parecia claro que o governo de João Goulart não se sustentaria e logo haveria um desfecho mais ou menos violento. Existem muitas explicações para o golpe, onde se incluem o medo das oligarquias brasileiras das reformas de base que o governo queria implementar, o aventureirismo e a irresponsabilidade de Jango e seu grupo, as teorias conspiratórias sobre o papel da Agência Central de Inteligência dos Estados Unidos, a CIA. Existem ainda análises mais sofisticadas sobre a fragmentação do sistema político partidário que até então vinha mantendo no poder a aliança entre os dois partidos criados por Getulio Vargas: o Partido Social Democrático (PSD) e o Partido Trabalhista Brasileiro

(PTB). Tudo isso de fato existiu, mas houve dois fatores mais gerais que afetaram não só o Brasil como também outros países que passaram por processos políticos semelhantes, como Argentina, Chile e Uruguai.

O primeiro fator, de ordem interna, refere-se ao crescimento das demandas e dos padrões de consumo da população urbana, que iam sendo atendidos pelos governos pela emissão inflacionária de dinheiro e distribuição de benefícios, à custa de uma deterioração progressiva da capacidade do setor público e da economia de sustentá-los. No Brasil, esse processo começou com a construção de Brasília e se agravou nos anos seguintes, tornando o governo central, a partir de Jânio Quadros, totalmente disfuncional. O segundo fator foi a Guerra Fria, que fez com que os Estados Unidos apoiassem golpes de Estado em países diversos, com receio de que novas e maiores Cubas surgissem.

No Dops

Com o golpe, permaneci na casa de meus pais, aguardando. Achei que os dois anos em que vivi como bolsista da OEA no Chile garantiriam que eu não seria considerado um militante esquerdista perigoso, conforme eram vistos pelos militares os meus colegas que tinham ficado no Brasil e trataram de se esconder, caso de Theotônio dos Santos, Betinho, Ivan Ribeiro, José Nilo Tavares, Juarez Guimarães de Brito. Mas, cerca de um mês depois, às vésperas de a Face reabrir, foram em casa me buscar. Nelson Sarmento, velho conhecido nosso que militava em um grupo de extrema direita e era agente do Centro de Informações da Marinha, bateu na porta com uma metralhadora na mão, acompanhado de um ou dois militares.

Fui levado para dentro de uma caminhonete, onde tentei me desfazer de um livrinho de endereços que carregava comigo, mas em vão. Eles o encontraram e fui conduzido primeiro para um quartel e depois para a sede do Departamento de Ordem Política e Social, o Dops, na avenida Afonso Pena, onde me colocaram em uma cela com outros presos, talvez uns dez. Alguém — creio que o próprio Sarmento — me agrediu com alguns tapas, mas nada além disso. Um ou dois dias depois apareceu o *good cop*, o delegado David Hazan, um judeu relacionado com a comunidade israelita que levou a mim e outros professores, além de alguns presos ilustres, para uma sala convertida em dormitório na qual convivemos por pouco mais de um mês.

Na sala ficamos o padre Francisco Lage, o arquiteto Sylvio de Vasconcellos, os professores de filosofia Moacyr Laterza e José Anchieta Correia, o líder sindical João Firmino Luzia e o professor de antropologia Marcos Rubinger, meu colega no curso de Sociologia e Política. Sete pessoas. Enquanto estive preso, minha mãe me mandava marmitas diariamente e nos víamos de longe, no corredor do Dops. O delegado vinha conversar conosco regularmente. Tratava de se mostrar razoável, dizendo não ter nada a ver com aquilo e não saber qual seria nosso futuro, porque eram os militares que mandavam e os direitos políticos já não valiam.

Eu havia conhecido Luzia nos meus tempos de política estudantil. Negro, extremamente afável e inteligente, ele, de certa forma, fazia a ponte entre os estudantes de esquerda e a "classe operária", em nome da qual militávamos. Muitos anos depois li em um jornal que ele havia se empregado como motorista em uma família em Petrópolis que, aos poucos, foi descobrindo que ele era culto, viajado, falava várias línguas e que tratava de se esconder. Não sei se Luzia havia sido do Partido Comunista, possivelmente sim. Vi na internet que hoje ele é nome de rua em Belo Horizonte, mas não é dito na placa quem ele foi. Padre Lage era o pároco da igreja Nossa Senhora das Dores, conhecida como igreja da Floresta por ficar nesse bairro. Moacyr e Anchieta eram ligados ao movimento católico da Ação Popular. Sylvio de Vasconcellos, oriundo da classe alta belo-horizontina e diretor da Faculdade de Arquitetura, parecia estar preso por engano, ou por alguma intriga.

Criamos um grupo simpático. Luzia tocava violão, e era uma delícia ouvir as histórias do padre Lage e conversar com os filósofos, Moacyr e Anchieta. Quem mais sofria com a prisão era Rubinger.

Na Face, ele não fizera parte do nosso grupo de bolsistas do início dos anos 60, que militávamos nos diferentes grupos e nos achávamos destinados a ser a próxima e melhor geração das ciências sociais brasileiras. Mas, nas aulas de antropologia, desbancava os temas ainda tabus em torno de religião, família tradicional e virgindade, mostrando como tudo era relativo e dependente de cada cultura. Os alunos, especialmente as alunas, adoravam. Descobriram uma foto dele ao lado de um chinês em uma praia do Rio de Janeiro e o acusaram de ligação com um grupo de chineses presos pelos militares.

Um dia me levaram para um interrogatório. Foi quando entendi que não tinham quase nada contra mim e que por isso mesmo achavam que eu devia ser perigoso, tanto que não deixava pistas. A principal informação que conseguiram a meu respeito foi o fato de ter participado de uma manifestação de rua em 1960 ou 1961 contra a invasão do jornal O Binômio, Sombra e Água Fresca por um grupo de militares, sob as ordens do general João Punaro Bley, comandante da 4ª Região Militar, em Belo Horizonte. O *Binômio* havia sido fundado pelos jornalistas Euro Arantes e José Maria Rabelo em 1952, quando Juscelino Kubitschek governava Minas Gerais. O nome do jornal parodiava o mote político do governo estadual, que era "Binômio, Energia e Transporte". Lembro-me bem de uma das manchetes, "Juscelino vai pôr Rolla na Praça Raul Soares" — um escândalo na enrustida Belo Horizonte. A notícia referia-se à incorporação pelo empresário Joaquim Rolla do que se tornaria depois o Conjunto JK, ao lado da Praça Raul Soares. O *Binômio* foi um precursor de *O Pasquim*, o jornal mais irreverente e crítico dos anos do governo militar.

A dura reportagem que motivou a invasão acusava Punaro Bley, que havia sido interventor do Estado Novo no Espírito Santo, de comportamento violento e fascista, se não pior. O general foi tomar satisfações com os jornalistas, houve briga e, então, ele reuniu um grupo de militares que entrou pelo jornal quebrando tudo — um "empastelamento", como se dizia então, com referência às antigas letras tipográficas que eram misturadas para impedir que as matrizes dos jornais fossem compostas. No dia seguinte, com cartazes, organizamos uma passeata de protesto contra a violência do general e fomos devidamente fotografados pelos espiões do Dops que sempre nos seguiam.

Depois de uns 40 dias preso, fui solto com o compromisso de não sair de Belo Horizonte sem autorização, o que foi afiançado por uma carta do poeta Emilio Moura, nosso improvável professor de história do pensamento econômico. Emilio Moura era um poeta modernista da geração de Carlos Drummond de Andrade. De obra pequena, mas de grande sensibilidade, era um "catedrático fundador" da Face. Não sei como foi parar lá, mas tratava-se para ele, evidentemente, de uma sinecura que o deixava incomodado. Nunca tivemos muito contato, ele vinha de outra geração, mas lembro-me bem de sua figura, magro, cigarrinho de palha, me dizendo que eu não precisava ir às suas aulas, que eu sabia melhor que ele aquelas coisas todas que ele ensinava. De vez em quando, na sala de aula, ele ia até a janela e ficava olhando para fora. Os alunos se levantavam também para espiar, mas não era nada, ele é que havia se distraído, com o pensamento nas nuvens, e perdera o fio da meada. Não sei quem teve a ideia de pedir-lhe a tal carta de fiança, o que o obrigou a ir entregá-la pessoalmente no Dops.

Abriram um processo na Justiça Militar contra mim, sob a acusação de "perverter a mente da juventude" como professor, e eu teria que aguardar em Belo Horizonte o fim do processo sem poder ensinar. O Inquérito Policial-Militar (IPM, como ficaram conhecidos esses procedimentos) correria na Justiça Militar de Juiz de Fora e acabaria arquivado anos depois. Padre Lage, que depois se exilou no México, e Luzia continuaram presos e creio que foram torturados. Rubinger foi enviado à penitenciária de Ribeirão das Neves, município na Região Metropolitana de Belo Horizonte, de onde acabou fugindo no Natal, ajudado pelos próprios militares. Conseguiu asilo na embaixada da Bolívia, viajando depois por vários países. Voltaria a Belo Horizonte no início dos anos 70, mas não permitiriam sua reintegração à universidade. Morreria pouco depois, aos 41 anos.

Ainda que não pudesse sair da cidade, eu estava livre e apresentei-me na Face, então dirigida pelo professor Rodolpho de Abreu Bhering. Fui, porém, surpreendido com a notícia de que estava sendo processado pela faculdade por abandono de emprego, já que me ausentara por mais de 30 dias. O comandante direto da repressão militar em Belo Horizonte era um general que ocupava um escritório em um edifício comercial. Procurei-o e pedi que me dessem uma carta confirmando que eu estivera preso e por isso não pudera comparecer ao trabalho. Fui gentilmente atendido. Alguns meses depois, precisei ir ao Rio de Janeiro por alguma razão e voltei novamente ao escritório dele para solicitar uma autorização de viagem, o que também me foi concedido. Mas a faculdade tinha claramente recebido ordens para não me deixar dar aulas e, de fato, não me aceitou de volta.

Exílio

Nesse meio-tempo, a notícia da minha prisão se espalhou e recebi um convite de Johan Galtung, que fora meu professor na Flacso, em Santiago, para fazer um estágio de um ano em seu Peace Research Institute Oslo, recebendo uma pequena bolsa. Mas como sair do Brasil, estando preso sob palavra em Belo Horizonte? Decidi partir, mas não podia avisar de meu plano a Emilio Moura para que ele não se tornasse meu cúmplice, caso concordasse com minha partida; e para que não me impedisse de ir, caso discordasse. Ao final, quando consegui sair do país, mandei-lhe uma carta explicando isso, agradecendo e pedindo desculpas. Ele não me respondeu e nunca mais nos vimos.

Naquele início do governo militar, o Exército em São Paulo, sob o comando do general Amaury Kruel, parecia funcionar com autonomia em relação ao resto do país, e foi por lá que acabei saindo do Brasil. O primeiro passo que dei em busca de um caminho de fuga foi viajar até o Rio para conversar com Raimundo Wanderley Reis, o Dico, que trabalhava no Banco Nacional, de propriedade de José de Magalhães Pinto, e era o irmão mais velho de meu colega Fábio Wanderley Reis. Dico era uma espécie de mecenas para intelectuais e artistas brasileiros — no dia em que conversamos, Glauber Rocha estava em seu escritório, no banco.

Dico me pôs em contato com o jornalista Jânio de Freitas, em São Paulo, que me encaminhou para Maurício Segall, filho do pintor Lasar Segall, que, por sua vez, me fez chegar a quem poderia resolver o assunto. Essa pessoa me levou para tirar uma nova carteira de identidade na polícia do estado e, com ela, consegui que a Polícia Federal emitisse um novo passaporte. Aquele deve ter sido, imagino, um esquema armado por membros ou simpatizantes do Partido Comunista, mas ninguém nunca me disse isso.[1]

O meu voo, no final de dezembro de 1964, iria de São Paulo para Paris, mas o avião fazia escala no Rio de Janeiro e eu temia ser reconhecido e detido por lá. Meu tio Zumalá Bonoso, que vivia na cidade, foi ao Aeroporto do Galeão para se certificar de que tudo correria bem e creio que nos vimos de longe. Não houve problema. Viajei ao lado de Milton Santos, geógrafo baiano que recentemente sofrera um enfarte e também ia para o exílio. Em Paris, ficamos no Hotel du Levant, na rue de la Harpe, próximo ao Boulevard St. Michel, que funcionava como ponto de chegada dos exilados brasileiros.

Na cidade, encontrei-me com Vinícius Caldeira Brant, que estava de viagem pela União Soviética quando veio o golpe e ficou pelo caminho. Vinícius tinha sido nosso colega no curso de Sociologia e Política da Face, na turma um ou dois anos depois de mim. Muito inteligente e culto, fez o curso sem grande esforço, passando em todas as provas com seus textos elegantes. Na Ação Popular, aos 22 anos sucedeu a Aldo Arantes na presidência da UNE, levado por Betinho.[2] Em nossa conversa, falei sobre o futuro e a oportunidade que teríamos, no exílio, de completar nossos estudos. Mas ele disse que não, que precisava voltar ao Brasil para ajudar a derrubar o governo militar. De fato, voltou clandestinamente pouco depois e ajudou a criar uma dissidência mais radical da Ação Popular, o Partido Revolucionário dos Trabalhadores.

Acabou sendo preso e barbaramente torturado. Voltei a me encontrar com Vinícius nos anos 70 no Centro Brasileiro de Análise e Planejamento, o Cebrap, criado por Fernando Henrique Cardoso e seus colegas da USP com apoio da Fundação Ford. Parecia muito envelhecido, mas continuava ativo. Em 1980 participou da fundação do Partido dos Trabalhadores (PT) e, no início dos anos 90, voltou para Belo Horizonte. Lecionou na UFMG até a morte, em 1999, aos 58 anos.

Esse relato é só um exemplo do ciclo de repressão e violência desencadeado com o golpe de 1964. É provável que nem o banqueiro José de Magalhães Pinto, governador de Minas Gerais, nem o marechal Castelo Branco, primeiro presidente do governo militar, tivessem a intenção de fechar universidades e prender professores indiscriminadamente. Mas a quebra da ordem jurídica, aliada à retórica anticomunista que ambos estimularam, criou condições para que os grupos de extrema direita partissem para o ataque. Nesse ambiente, proliferaram intrigas e vendetas pessoais que depois se manifestariam nos expurgos do Instituto Oswaldo Cruz e das universidades de São Paulo e da federal do Rio de Janeiro, entre outras cidades.

Some-se a isso a atuação nem sempre discreta das agências de inteligência americanas, que ficaria evidente em 1966 no episódio da prisão de Bolívar Lamounier à porta do consulado americano, em Belo Horizonte, onde ele foi pedir um visto para continuar seus estudos de doutorado na Universidade da Califórnia de Los Angeles.[3] Com o surgimento dos movimentos armados contra o regime militar, a repressão também se intensificou, atingindo o ápice a partir de dezembro de 1968 com o Ato Institucional nº 5, que fechou o Congresso e suspendeu as garantias constitucionais. Em geral, a intervenção do governo militar nas universidades e instituições científicas foi menos brutal do que se temia, quando comparada com o que ocorreria depois no Chile e na Argentina, mas foi suficiente para afastar um número significativo de professores e pesquisadores e criar um clima de medo e insegurança entre os estudantes.

8. Oslo e Buenos Aires

Oslo

Cheguei a Oslo em dezembro de 1964, partindo de Paris. Era noite e a neve nas ruas refletia as luzes amareladas dos postes. Os Galtung me convidaram para um jantar de Natal na casa deles que terminou com um passeio de trenó pelo bosque. Fiquei alojado na Studentby, um conjunto de prédios para estudantes em uma colina. Cada prédio tinha sete quartos, um para cada aluno, enquanto a cozinha e os banheiros eram compartilhados. Contávamos ainda com uma lavanderia central onde, a cada tanto, trocávamos as roupas de cama usadas por outras limpas. A bolsa era pequena, menos de 200 dólares mensais, o que mal dava para pagar o aluguel, comer e comprar os caríssimos cigarros ingleses, Benson & Hedges, que eram os que havia à venda. Os estudantes, em geral, compravam papel e fumo e enrolavam seus próprios cigarros; tentei, mas nunca consegui fazer direito. Faziam também sua própria cerveja, morna e sem espuma, que mais parecia xixi.

O Peace Research Institute, criado por Galtung alguns anos antes, funcionava no prédio do Instituto de Ciências Sociais, mas pouco depois foi transferido para um espaço próprio. Para chegar lá, eu pegava um trem que parava na estação a cada 15 minutos, a uns dois quilômetros de distância. No inverno era preciso calcular bem a hora de sair de casa, para nem perder o trem nem ter que ficar esperando do lado de fora da estação, no ar gelado. Os noruegueses desciam deslizando os sapatos pela colina nevada onde ficava a Studentby, já eu ia bem devagar para não cair.

Na Páscoa, os Galtung me convidaram para passar uns dias na casa de campo, e quando chegamos me entregaram um esqui para ir do carro até a casa, em meio à neve. Não imaginavam que eu nunca havia posto um esqui nos pés. Não havia outro caminho e mal consegui ir me arrastando e caindo, sem parar, até alcançar a casa. Com o tempo, fui aprendendo a me movimentar mais ou menos com os esquis de *cross-country* que usavam, a ponto de ir esquiando para o Instituto quando nevava e participar de passeios curtos pelo campo. Oslo era uma cidade pequena, mas espalhada por uma grande área, com muitos espaços abertos e poucos edifícios de porte. Parecia bastante igualitária, não se viam pobres nem ricos pelas ruas e a impressão era de que todos haviam acabado de chegar do campo.

A equipe do Instituto era enxuta: Johan Galtung, quando estava, Ingrid, sua mulher, Mari Holmboe Ruge, uma das fundadoras, e mais alguns. Havia também o jovem Nils Petter Gleditsch, que, como Johan, anos antes, se recusara a cumprir o serviço militar por razões de consciência. Em troca, foi designado para trabalhar no Instituto em atividades administrativas, sob a responsabilidade do próprio Johan, e proibido de usar o tempo para estudar ou fazer o que fosse que trouxesse alguma vantagem em relação aos jovens que serviam o Exército. Ao longo do ano, chegaram a Oslo estudantes de outros países, como Birgit Elvang, da Dinamarca, e Naomi Shapiro, dos Estados Unidos. Manolo Mora y Araujo e Nilda Sito, ex-colegas da Flacso que haviam ido estudar na França, também foram para o Instituto, onde permaneceram por um curto período. Eu sentia que existia certa expectativa de que eu, como refugiado político, vestisse a camisa dos revolucionários latino-americanos e certa frustração, por eu não encarnar esse papel.

Inicialmente, além do português, a única língua que eu falava era o castelhano, que aprendi no Chile. Meu francês era suficiente para ler o jornal *Le Monde,* que comprava atrasado nas bancas de jornal, mas não para falar. E eu só tinha começado a ler inglês com alguma fluência na Flacso. Antes de ir para a Noruega, ainda no Brasil, comecei a participar de aulas de conversação em inglês. Em Oslo contratei uma professora particular para continuar estudando inglês, uma vez que aprender norueguês estava muito além de minha possibilidade. Em pouco tempo já estava conversando em inglês com certa desenvoltura, idioma que praticamente todos os noruegueses falavam. Como o Instituto era internacional, os eventos eram realizados em inglês, ainda que eu fosse o único estrangeiro na sala. Nos encontros sociais, tudo começava também em inglês, mas, à medida que a *akvavit* ia rolando, o norueguês ia tomando conta, e eu sobrava.

Entre os noruegueses, sem problemas políticos internos significativos, os temas que mobilizavam eram a Campanha pelo Desarmamento Nuclear e o boicote às frutas importadas da África do Sul, por causa do *apartheid*. Um sul-africano foi eleito presidente da associação estudantil, mas, a meu ver, seu principal interesse era aproveitar a oportunidade para se aproximar das belas norueguesas. Sexo, na Noruega, era perfeitamente natural e descomplicado, mas o puritanismo se manifestava no controle rígido do álcool, que só podia ser vendido nas lojas do governo e consumido junto com a refeição em alguns restaurantes. Assim, quando podiam beber, os noruegueses embriagavam-se facilmente.

Na residência estudantil, convivi principalmente com o chileno Pedro Sáinz, que tinha ido para lá estudar com o economista Ragnar Frisch e que tornei a encontrar muitos anos depois — eu, como presidente do Instituto Brasileiro de Geografia e Estatística, o IBGE; ele, como diretor de Estatística da Cepal. Um de nossos companheiros era um húngaro que se refugiara na Noruega após a deposição de Imre Nagy e que vivia o tempo todo se escondendo, temendo estar sendo vigiado pelos russos.

Pode ter sido de Galtung a invenção do termo Peace Research (pesquisa para a paz). Ele dizia ser inconcebível que houvesse tantas pesquisas sobre guerras e conflitos e quase nada sobre a paz. Para ajudar a criar essa área de estudos, fundou o *Journal of Peace Research*, até hoje editado pelo Instituto. Uma fonte inspiradora era o casal de *quakers* Kenneth e Elise Boulding, com a vida dedicada aos temas da paz: ele, economista, era autor de importantes trabalhos sobre a teoria de sistemas e de conflitos; ela era socióloga.[1]

Apesar da Guerra Fria, e por causa da preocupação com um possível conflito nuclear, criara-se uma ponte informal de comunicação entre cientistas russos e ocidentais, sobretudo físicos, cuja motivação inicial havia sido um manifesto, publicado em 1955 por Albert Einstein e Bertrand Russell, sobre os perigos das armas nucleares. A rede ficou conhecida como Movimento Pugwash, nome de uma pequena cidade no Canadá onde se realizou a primeira de uma série de conferências internacionais sobre ciência e política internacional. Fazendo uso de teorias dos jogos, esses cientistas desenvolveram os conceitos que serviriam de base para o Tratado de Não Proliferação de Armas Nucleares, assinado entre as grandes potências mundiais em 1968.

A ideia de Galtung era contribuir para esse esforço na perspectiva das ciências sociais, estudando as redes de relacionamento entre países, desenvolvendo modelos de solução de conflitos, o uso da não violência e da resistência pacífica nas disputas internas, além de outros temas. Uma das ideias era lidar com dados de países e de suas relações, da mesma forma que a sociologia lidava com dados de pessoas e de suas redes. Isso estava se tornando possível com o surgimento de dados comparáveis de tipo demográfico e econômico e de dados políticos e institucionais, que começavam a ser organizados em diversas partes.[2] Foi nisso que trabalhei ao longo do ano de 1965, que passei na Noruega.

Em 1979 cheguei a participar de uma dessas conferências Pugwash, na Cidade do México. Ao lado dos problemas da Guerra Fria entre as grandes potências, o "terceiro mundo" crescia de importância e o objetivo da reunião era envolver os cientistas com as questões do desenvolvimento social e econômico. Escrevi na época um artigo para *O Estado de S. Paulo* sobre o movimento ressaltando o importante papel que os cientistas, como comunidade profissional internacionalizada, poderiam desempenhar por um mundo melhor.[3] No Brasil, totalmente voltado para seus problemas internos, o que acontecia no mundo lá fora era quase totalmente ignorado.

Mas, voltando a 1965: no início daquele ano, Galtung retornou para o Chile e foi de lá que provocou uma celeuma ao denunciar o famoso "projeto Camelot", que acompanhei pelas cartas que ele enviava para Oslo. Tratava-se de um projeto concebido pelo governo americano, com recursos saídos do Pentágono, para estudar as sociedades e os sistemas políticos da América Latina. Pode ter sido uma iniciativa dos militares ou, mais provavelmente, de cientistas sociais interessados em estudar a região que conseguiram que o Pentágono os financiasse sob o argumento de que seria uma maneira de prevenir mais revoluções como a de Cuba.

O fato é que o dinheiro envolvido nesse projeto era muito maior do que o despendido para estudos à época por fontes civis, permitindo contratar pesquisadores latino-americanos por valores bem acima dos oferecidos nos mercados da região. Nos contatos iniciais com pesquisadores locais, a origem militar dos recursos não aparecia, mas Galtung descobriu, escreveu uma carta de denúncia, publicada nos jornais chilenos, e foi acusado pelos proponentes do projeto, entre eles figuras respeitáveis do *establishment* das ciências sociais americanas, de tentar impedir o mais importante estudo já desenvolvido sobre a região.

Também nos Estados Unidos o projeto foi percebido pelo Departamento de Estado, equivalente ao nosso Ministério das Relações Exteriores, como uma intrusão do Pentágono em sua área de atuação, e acabou cancelado certo tempo depois.[4] Após alguns anos, Galtung começou uma nova carreira associada ao que ficaria conhecido como "a nova esquerda", que o levou a diversas partes do mundo. Deixou o próprio Instituto e, sempre publicando e ocupando diferentes posições, culminou seu trabalho com a criação da Transcend International, uma rede destinada à divulgação de suas ideias e a propostas de paz.[5]

Ainda em 1965, aproveitando um dinheiro extra que ganhei para dar aulas em um curso de verão em Aarhus, na Dinamarca, dentro de um programa de cooperação internacional, viajei um pouco pela Europa e voltei à França. No curso de Aarhus havia estudantes de diversos países em desenvolvimento, e só então me dei conta do grande esforço que os escandinavos tinham de fazer, mesmo com toda a sua boa vontade, para entender e de fato ajudar outros países. Viviam em países pequenos, igualitários, com populações homogêneas e educadas, onde tudo podia ser resolvido com boas ideias e bons argumentos. Assim, tinham enorme dificuldade de entender as sociedades complexas em que as pessoas vivem em mundos mentais distintos e onde os conflitos vão muito além da simples disputa racional por interesses.

O fim da inocência para esses países começaria, acredito, em 1986, quando o primeiro-ministro social-democrata da Suécia, Olof Palme, foi assassinado ao sair de um cinema com a mulher, e quando, em 2011, quase 80 noruegueses que participavam de um acampamento de uma associação social-democrata, jovens em sua maioria, foram massacrados por um terrorista de extrema direita.

***

Saí de Oslo no início de 1966 e só voltei à cidade 40 anos depois, em 2006, para trabalhar por alguns meses como professor visitante de um curso sobre educação superior do programa europeu Erasmus Mundus, com alunos de diversos continentes. A Noruega se transformara em um dos países mais ricos do mundo, graças ao dinheiro obtido com petróleo que soube tão bem administrar. Oslo não havia mudado muito, era a mesma cidade tranquila e pacata, exceto pela renovação de sua área portuária e pelo desenvolvimento de um novo bairro em que se concentravam imigrantes da Ásia e da África, mais vivo e desordenado do que o resto da cidade.

Dos meus tempos do PRIO, reencontrei Ingrid Eide, ex-mulher de Galtung, que fizera uma importante carreira política como ministra de Estado e atuara nas Nações Unidas, e Nils Petter Gleditsch, nosso antigo estagiário e motorista, que havia permanecido no Instituto como um de seus principais pesquisadores. Nesse retorno a Oslo, pude constatar que o PRIO se tornara uma grande instituição, muito bem instalada, que se preparava para comemorar seus 40 anos sabendo que o seu fundador, Johan Galtung, não compareceria. No final dos anos 70, ele havia trocado a Noruega por uma carreira internacional mais militante, que o afastou tanto de seu país quanto do mundo acadêmico mais convencional.

Em um jantar organizado por Ingrid com alguns antigos colegas do PRIO, falamos dos velhos tempos e ela se lembrou com saudades de antes, quando só havia uma televisão pública na Noruega. Todos viam os mesmos programas, liam os mesmos jornais e falavam sobre os mesmos assuntos. Já em 2006, com a fragmentação dos meios de comunicação, cada um via e lia as coisas que bem entendia e parecia não haver mais temas em comum a partilhar. Além disso, com tudo funcionando tão bem, não havia mesmo muito o que discutir. Pelo que me disseram, o grande tema que a imprensa norueguesa debatia por aqueles dias era se a casa de campo que o príncipe herdeiro estava construindo não seria luxuosa demais para os padrões que convinham à família real em uma sociedade igualitária e democrática.

Alguns anos depois estive em Copenhagen para outro evento e reencontrei Birgit Elvang, amiga do tempo em que ela havia estagiado em Oslo. Birgit me levou para conhecer Christiania, o bairro hippie da capital. Soube então que o governo da Dinamarca havia feito um acordo com a comunidade de Christiania garantindo certos direitos, como o uso e a comercialização do haxixe, em troca de algumas exigências, sobretudo em relação a normas de saúde e higiene. Parecia uma convivência pacífica, bastava cruzar uma ponte para se chegar a uma outra sociedade, onde as pessoas viviam do artesanato, tinham sua própria bandeira e mantinham uma cultura alternativa. Também visitei, nessa viagem, a universidade de Aarhus, cujo reitor era Lauritz Holm-Nielsen, que eu conhecia desde os tempos em que ele trabalhava no Banco Mundial com projetos ligados à educação superior, ciência e tecnologia.

Lauritz ficou 13 anos como reitor, dando à universidade uma forte orientação para a pesquisa e inovação, de padrão internacional.

O curso do Erasmus Mundus também era dado na Finlândia, e fui mais de uma vez a Helsinque para me encontrar com os alunos e professores de lá. Aproveitei para tentar saciar uma curiosidade, perguntando como a Finlândia, que poucos anos antes era um país com uma economia tradicional e dependente da União Soviética, havia se transformado em líder mundial das novas tecnologias, sobretudo através da Nokia, que, por um bom tempo, dominou o mercado mundial de telefones celulares. Explicaram-me que, com o fim da União Soviética, a economia tradicional entrara em crise, então eles conversaram sobre o que fazer e resolveram criar uma indústria de base tecnológica moderna.

Insisti. Quis saber como tinham conseguido fazer isso, quis ouvir mais detalhes, mas não entenderam minha pergunta. Os países escandinavos conseguiram criar sociedades extraordinárias e têm uma grande preocupação em fortalecer a cooperação internacional e levar seus conhecimentos e experiências para o resto do mundo. Mas, pelo que percebo, parece que encontram uma grande barreira para explicar o que fazem e o resto do mundo não consegue imitá-los.

Fundación Bariloche e Instituto Di Tella

Concluída a bolsa em Oslo, no início de 1966 segui para Buenos Aires, a convite de Manolo Mora y Araujo, para participar do programa de sociologia que estava sendo implantado na Fundación Bariloche. A primeira parada foi em Lisboa, onde um dia primaveril contrastava com o frio intenso de poucas horas atrás, na Noruega. Dei adeus ao capote que havia comprado em Santiago quatro anos antes e o deixei em um banco de praça. Em seguida, fui a um restaurante em busca de uma bacalhoada de verdade, com bastante azeite, nada a ver com o bacalhau cozido, barato e enjoativo que era o único que eu conseguia comer em Olso. Custou-me uma diarreia, mas valeu a pena.

O avião da companhia SAS que ia de Lisboa para o Rio de Janeiro, onde eu deveria embarcar para a Argentina, fazia escala na Libéria, na África, e nossa parada ali acabou se prolongando por um problema técnico. O aeroporto era uma antiga pista construída pela empresa Firestone, que explorava uma plantação de seringueiras no país, e nos levaram de ônibus para pernoitar em um hotel de luxo para estrangeiros. No caminho, passamos por uma cidade de casebres onde vivia parte da população local.

Já no Rio de Janeiro, como eu tinha um passaporte legal, ainda que obtido às escondidas em São Paulo, achei que podia ir de ônibus até Belo Horizonte para ver minha família, passando despercebido. Cheguei lá e, no dia seguinte, alguém apareceu na loja de meu pai dizendo que era um amigo, que tinha ouvido em uma conversa que eu estava na cidade, que eu seria preso e que seria bom que eu fosse embora logo. Segui o conselho, voltei de ônibus para o Rio e embarquei logo que pude para Buenos Aires.

A Fundación Bariloche era um ambicioso projeto de cientistas ligados à Comissão Nacional de Energia Atômica argentina, com apoio da Fundação Di Tella e grupos empresariais. Tratava-se de montar um centro de pesquisa de alto nível nas ciências naturais e sociais, tendo como base o Centro Atômico que estava sendo estabelecido em Bariloche, no sul do país. Parte importante dos recursos que bancariam a fundação viria da venda, para a Ford Motors Company, da SIAM Di Tella, fábrica de eletrodomésticos e automóveis criada pelo imigrante italiano Torcuato Di Tella.

O velho Di Tella falecera nos anos 50 e o grupo passara a ser controlado pelos filhos. O mais velho, também Torcuato, era sociólogo, havia feito doutorado na França participando da pesquisa desenvolvida no Chile, ao lado de Alain Touraine e Lucien Brams, sobre os operários de Lota e Huachipato. O irmão, Guido, era economista. Para a área de sociologia da Fundación Bariloche, contrataram, entre outros, Manolo, Nilda e o ex-diretor da Flacso Peter Heintz, então na Universidade de Zurique, que coordenaria os trabalhos.

Nilda foi me buscar no terminal do ônibus do aeroporto e me disse logo que me levava uma má notícia. A negociação da venda da fábrica de automóveis não tinha dado certo e não se sabia se o projeto da fundação teria continuidade. Eles estavam dispostos a manter meu salário por um ano, mas, ao invés de irmos para Bariloche, trabalharíamos na sede do Instituto Di Tella, no bairro de Belgrano, em Buenos Aires, onde se concentrava também o grupo de economia.

O Instituto Di Tella havia sido criado pouco antes para administrar sobretudo a coleção de arte da família. Com o tempo, evoluiria e se tornaria um importante centro de música, teatro e artes visuais modernas em um edifício renovado na Calle Florida, no Centro de Buenos Aires. Muito mais tarde, em 1991, a família fundaria a Universidad Torcuato Di Tella, ano em que Guido foi nomeado ministro das Relações Exteriores do governo de Carlos Menem, ganhando notoriedade ao declarar que a Argentina deveria desenvolver uma "relação carnal" com os Estados Unidos.[6] Apesar de não ter conseguido o grande aporte de recursos que viria da venda da fábrica de automóveis, a fundação continuou existindo.

Nosso projeto consistia em trabalhar com um amplo conjunto de dados econômicos, políticos e sociais sobre países diversos que estavam se tornando disponíveis, seguindo a mesma linha do trabalho que eu havia desenvolvido em Oslo. Fazendo uso de análise fatorial, conseguimos estabelecer algumas relações significativas entre características socioeconômicas de países e instabilidade política, as quais descrevi em um artigo publicado mais tarde em um livro organizado por Peter Heintz.[7]

A metodologia de análise fatorial não era nova, já vinha sendo adotada havia décadas em psicologia, mas seu emprego na sociologia e nas ciências políticas não era comum. Para divulgar a novidade, cheguei a organizar um livro sobre técnicas avançadas nas ciências sociais, publicado vários anos depois.[8] Contudo, nossa formação em matemática e estatística era limitada e a disponibilidade e qualidade dos dados não eram satisfatórias. Só muito mais tarde o uso de dados de países para análises comparativas, sobretudo entre economistas, se tornaria habitual.

A Argentina e o peronismo

Buenos Aires era uma cidade segura e encantadora, a Paris da América Latina, com cafés lotados abertos até a madrugada, as ruas cheias de gente indo a cinemas e teatros, e restaurantes e livrarias sempre movimentados. Aluguei um apartamento na avenida Santa Fé, no Palermo, de onde se podia ir para toda parte de Subte, o metrô. A psicanálise estava na moda, todos se analisavam, muitas moças iam para os cursos de psicologia na Universidade de Buenos Aires para se tornarem terapeutas, embora a profissão continuasse monopolizada por médicos, principalmente homens, da Associação Psicanalítica Argentina.[9] Entre os sociólogos havia homens e mulheres, mas as psicólogas eram mulheres em sua grande maioria. Formavam o mesmo grupo social, todos alunos ou ex-alunos da UBA. Era com eles que eu convivia e foi nesse meio que conheci Carmen Lent, psicóloga e professora assistente da UBA, com quem me casei.

Tive uma experiência como paciente de psicanálise que não deu certo. O analista seguia a linha da austríaca-inglesa Melanie Klein, cujas teorias remontavam à relação das crianças com o seio materno, e nunca consegui entender direito suas interpretações. De todo modo, o trabalho analítico exigia anos de dedicação e eu só tinha alguns meses pela frente em Buenos Aires.

Anos mais tarde, no Rio de Janeiro, tentei de novo. A esta altura não acreditava mais nas teorias nem nas terapias psicanalíticas, que, se por um lado tiveram papel inicial importante no estudo dos processos mentais inconscientes e do impacto dos relacionamentos primordiais na formação das pessoas, por outro, não incorporaram a metodologia científica que havia se tornado padrão na medicina e giravam em torno das disputas das diferentes versões de seus gurus. Ainda assim, em um momento mais complicado de vida, achei que poderia me beneficiar de um diálogo mais íntimo com uma pessoa inteligente e sensível, independentemente das teorias com que trabalhasse. Meu analista, no entanto, resolveu discutir a teoria comigo e interpretar minhas críticas como resistência. Perdi logo a paciência e fui embora.

Nos seminários e discussões no Instituto Di Tella, os temas centrais, tipicamente argentinos, eram a instabilidade política, o populismo e o peronismo.[10] O país vivia sob a presidência precária de Arturo Illia, do Partido Radical, eleito depois que os militares limitaram a participação política dos peronistas. Illia acabou sendo deposto em junho de 1966 pelos militares, quando deu mostras de estar permitindo que os peronistas voltassem.

A maioria da população de Buenos Aires, no início do século, era estrangeira e formada, sobretudo, por italianos e espanhóis, mas também por judeus, alemães, russos, franceses e outros. Depois de Nova Iorque, era a maior cidade de imigrantes do mundo. Desde a Lei Sáenz Peña, de 1912, havia sufrágio universal na Argentina (o voto feminino, no entanto, só seria permitido em 1947), e, nos anos 60, a população já estava praticamente toda alfabetizada, enquanto no Brasil metade ainda era analfabeta. O poder político, no entanto, permanecia nas mãos da antiga oligarquia com fortes raízes no interior.

A principal riqueza vinha da pecuária e da agricultura, que, desde o final do século 19, tornara a Argentina um dos países mais ricos do mundo. Os argentinos se mantiveram neutros na Segunda Guerra Mundial, mas havia muita simpatia e aproximação entre os militares e os países do Eixo. Foi desse grupo que surgiu Juan Domingo Perón. O peronismo, combinando o populismo com as oligarquias regionais, conquistando o apoio da população mais pobre, que migrava das províncias para Buenos Aires, e dos aguerridos sindicatos portenhos, formados basicamente por imigrantes e seus descendentes, virou uma força política imbatível que até hoje, décadas depois de Perón, continua decisiva na vida política argentina.

A oposição a Perón vinha da antiga União Cívica Radical, apoiada pelas classes médias urbanas de Buenos Aires e, pela esquerda, do Partido Comunista, que, nos anos 20, através de Rodolfo Ghioldi, foi responsável pela conversão de Luís Carlos

Prestes ao comunismo. Os militares se afastaram logo de Perón, conforme ele se aproximava mais dos sindicatos e confrontava a Igreja Católica. Com o crescimento do peronismo no meio operário, o PC foi perdendo espaço. Assim, um tema constante entre os intelectuais da esquerda argentina nos anos 60 era se eles deviam apoiar o peronismo, para ficar ao lado dos trabalhadores, se deviam se manter fiéis ao velho Partidão, ou se deviam apoiar o partido radical, colocando-se, mesmo sem desejar, ao lado das antigas oligarquias e dos setores militares mais conservadores.

Universidade de Buenos Aires

No dia seguinte ao golpe que derrubou Illia, os militares invadiram a universidade para desalojar os professores e os estudantes que haviam ocupado os prédios, no que ficou conhecido como "la noche de los bastones largos", com a violência concentrada nas faculdades de Ciências Exatas e de Filosofia, as mais politizadas. Ao longo das semanas seguintes, os jornais publicariam, todos os dias, extensas listas de nomes de professores que pediam demissão, na esperança de que isso pudesse sustar a intervenção. A universidade perdeu muita gente, mas os militares não cederam e, nos anos seguintes, nos regimes militares e peronistas que se sucederam, a Argentina passou por um período sombrio de terrorismo político em que pessoas, em grande parte intelectuais e judeus, eram sequestradas e desapareciam. Milhares se refugiaram no México, no Brasil, nos Estados Unidos e em outros países, para não voltar.
    A Universidade de Buenos Aires, tal como a Universidad Nacional Autónoma de México e a Universidad de la República do Uruguai, era gratuita e de livre acesso para quem completava a educação secundária. Devia ter mais de 100 mil alunos (hoje tem mais de 300 mil). Estava organizada nos moldes do Movimento da Reforma de Córdoba de 1918, ou seja, como instituição autônoma governada por colegiados de professores, alunos e ex-alunos. Se, por um lado, era fácil entrar, era difícil sair — os cursos se prolongavam e menos de um quarto dos estudantes

conseguia obter o diploma. A maioria dos professores trabalhava em tempo parcial e não existiam programas de pós-graduação organizados. Ainda assim, havia núcleos de qualidade, com destaque para a área de medicina, de onde saíram dois Prêmios Nobel: Bernardo Houssay, 1947, em fisiologia; e seu aluno, Luis Federico Leloir, 1970, em química.

O diretor da Faculdade de Ciências Exatas era o físico de formação Rolando Garcia, responsável pelo que se chamou de "época de ouro" da pesquisa científica argentina, que terminou após sua deposição do cargo pelos militares. Na sociologia, a principal referência era Gino Germani, intelectual antifascista e autor de estudos importantes sobre marginalidade social, autoritarismo e populismo. Germani fora professor e mentor de praticamente toda a geração de sociólogos argentinos formados nos anos 50 e 60, entre os quais Celia Durruty, Eliseo Verón, Elizabeth Jelin, José "Pepe" Nun, Jorge Balán, Juan Carlos Torre, Manolo Mora y Araujo, Miguel Murmis, Silva Sigal e Torcuato Di Tella. Germani não esperou o golpe militar. Foi para Harvard no ano anterior.

Partida

Pouco depois de chegar à Argentina, candidatei-me a uma vaga no doutorado para o curso de Sociologia da Universidade Colúmbia, que contava em seus quadros com Robert K. Merton, Paul Lazarsfeld, Herbert Hyman e tantos outros nomes de peso. Era onde Galtung tinha estado antes de ir para a Flacso. Logo após a Segunda Guerra, a enorme quantidade de dados sobre as atitudes e o comportamento dos militares americanos e o impacto da propaganda de guerra nas populações dos países inimigos serviu de base para uma verdadeira revolução na sociologia, registrada na série de quatro volumes de *The American Soldier*, organizada por Samuel S. Stouffer e continuada pelo grupo da Universidade Colúmbia. Ao mesmo tempo, na Universidade da Califórnia de Berkeley, outro grupo, formado em grande parte por intelectuais de origem europeia, fazia uma pesquisa também monumental, de natureza psicológica e psicanalítica, sobre as raízes da personalidade autoritária que havia se manifestado com tanta violência com o advento do nazismo.[11]

Para minha alegria, não só fui aceito em Colúmbia, como me ofereceram a posição de *faculty fellow* (que não sei exatamente em que implicava), além de uma pequena bolsa, que deveria ser suficiente para sobreviver. A decisão já estava tomada quando fui procurado por um dos representantes da Fundação Ford em Buenos Aires, Reynold Carlson, com outra proposta. A Ford estava apoiando a criação do programa de Ciências Políticas da UFMG, liderado pelos meus colegas dos tempos da Flacso Fábio Wanderley Reis e Antônio Octávio Cintra. Eles se dispunham a financiar meu doutorado nos Estados Unidos desde que fosse em ciências políticas e eu me comprometesse a, depois de formado, ir para Belo Horizonte e me integrar ao programa.

Eu não tinha ideia da diferença entre ciência política e sociologia — para mim eram a mesma coisa — então isso não era problema, e me juntar ao novo programa com Fábio e Antônio Octávio em Belo Horizonte era tudo o que queria. Mas deixei claro que eu tinha saído do Brasil por causa do governo militar, havia um processo contra mim na UFMG e talvez eu não pudesse voltar. Ficou entendido que eu tentaria e, se não fosse possível, de qualquer forma teria me beneficiado do doutorado. Fiquei na dúvida, porque já tinha aceitado o convite da Universidade Colúmbia. A bolsa da Ford, porém, era duas vezes maior e Colúmbia se negou a me dar recursos adicionais ou permitir que eu trabalhasse enquanto estudava. E eu ia precisar de mais dinheiro, porque já estava de casamento marcado. Seríamos dois.

Fui conversar com David Apter, professor de ciência política da Universidade da Califórnia de Berkeley, sobre a qual nunca tinha ouvido falar, e que estava passando um período no Instituto Di Tella. Ele me falou da universidade, do programa do curso, das relações que estavam desenvolvendo com os países da América Latina, e se dispôs a apoiar minha candidatura e se tornar meu orientador. Com isso, decidi aceitar a oferta da Ford e, em janeiro de 1967, Carmen e eu embarcamos para a baía de São Francisco.

9. Berkeley

A revolução dos anos 60

Em janeiro de 1967, saindo do Aeroporto de São Francisco a caminho de Berkeley, o motorista do táxi nos contou que a cidade estava passando por uma profunda revolução que transformaria completamente o país. Carmen e eu alugamos um pequeno apartamento perto do campus e bastaram alguns dias para entendermos o que ele queria dizer. E entendemos andando pela Telegraph Avenue, ocupada por hippies e lojas cheias de cartazes psicodélicos, vendo a entrada do campus coberta de mesas oferecendo todo tipo de panfleto revolucionário, assistindo aos frequentes comícios dos ativistas do Students for a Democratic Society e a concertos do Grateful Dead nas escadarias do Sproul Hall.[1] O tema recorrente era a oposição à Guerra do Vietnam, com grandes manifestações em Berkeley e São Francisco, que ficava do outro lado da baía, cruzando a Bay Bridge. Mas era muito mais que isso.

Os jovens de classe média abandonavam as famílias e o comportamento convencional para entrar na nova cultura de "paz e amor", simbolizada pelas drogas, as barbas e os cabelos compridos, os vestidos soltos, a nova música e a nova estética. Não era só em Berkeley. O ano de 1968 ficaria na história como o marco de uma revolução de valores e costumes no mundo ocidental, descrita em detalhes no livro *Postwar*, de Tony Judt, sobre a Europa no pós-guerra, com a explosão dos Beatles, as novas maneiras de se vestir, a liberdade sexual, o uso de drogas alucinógenas e os grandes movimentos estudantis não só na Califórnia, mas também em Paris, Checoslováquia, Polônia e muitas outras partes, incluindo o México, onde o processo culminou com o massacre dos estudantes na Praça de Tlatelolco.

O movimento negro pelos direitos civis era mais antigo e tinha a marca da religiosidade e da resistência passiva preconizada por Martin Luther King. Em Berkeley, porém, o que mais mobilizava os estudantes era a ala mais radical dos Black Panthers de Bobby Seale, Huey Newton, Eldridge Cleaver, Stokely Carmichael. E havia ainda o movimento dos camponeses de origem mexicana, liderados por César Chávez. Era um clima de festa, com os hippies oferecendo flores à polícia nas passeatas, e não tanto de confrontação e violência, o que só começou a aparecer depois. A Bay Area — que incluía São Francisco, Berkeley, Oakland, Palo Alto, Napa Valley e outras localidades —, com seu clima ameno, o mar, as montanhas, os parques, a Golden Gate e a Bay Bridge, parecia um lugar paradisíaco. Depois de algum tempo em Berkeley, nós nos mudamos para uma região agradável na cidade vizinha de Oakland, perto de um lago e longe das áreas mais pobres, onde vivia a população negra.

Tudo isso era fascinante, mas eu olhava meio de longe, em parte pela timidez em me aproximar das tentações da nova cultura, em parte porque me sentia mais velho. Estava chegando aos 30 anos e tinha vivido meus tempos de revolucionário dez anos antes, enquanto aqueles estudantes andavam pelos 20 ou até menos. Eles começavam a descobrir os intelectuais franceses, quando eu já os tinha abandonado e buscava conhecer melhor as ciências sociais americanas. Ficamos amigos de Fredda e Ken Cohen, um simpático casal americano que fumava maconha quase todo o tempo, um ritual que às vezes eu compartilhava, mas eles pareciam não ter outro objetivo na vida além deste.

Nosso relacionamento, porém, era principalmente com latino-americanos, em especial argentinos, vários deles associados ao

Instituto de Estudos Internacionais, dirigido por David Apter. Uma presença constante era Magali Sarfatti, meio argentina, meio italiana, neta de Margherita Sarfatti, fiquei sabendo depois, a intelectual judia amante e mentora de Mussolini. Profundamente envolvida em todos os movimentos reivindicatórios, Magali escreveria um livro clássico sobre sociologia das profissões.[2]

Outros do grupo eram Torcuato Di Tella, que fora com a família passar uma temporada na Califórnia; Susana, que tinha sido casada com o escritor e poeta Dario Cantón e decidira continuar em Berkeley após a separação; Cloé Madanes, que fez carreira em psicologia familiar, colega de Carmen desde Buenos Aires; meus dois colegas do curso de Ciência Política, Marcelo Cavarozzi e Oscar Ozlack, que tiveram papel importante na institucionalização da ciência política na Argentina;[3] e o uruguaio Ruben Kaztman, companheiro de churrascos e pescarias que se dedicou aos temas urbanos e de pobreza. Éramos próximos também de Philippe C. Schmitter, um pouco à minha frente no programa de doutorado, assistente de Ernst Haas, professor de relações internacionais. Schmitter estava escrevendo sua tese sobre o Brasil e sempre me procurava para conversar sobre o tema. Carmen também aproveitou para fazer cursos na área de psicologia comunitária e, no fim de 1968, quando estávamos prestes a voltar para o Brasil, nasceu nosso filho Michel.

Universidade da Califórnia

A perspectiva era ficar dois anos em Berkeley, frequentando as aulas do curso de doutorado. Nesse período eu precisava completar os créditos, passar nos exames de qualificação e ter meu projeto de tese aprovado. Uma primeira dificuldade, contudo, foi entender o sistema americano, suas regras e sua cultura.

A Universidade da Califórnia, com seus *campi* espalhados pelo estado, com destaque para os de Berkeley e Los Angeles, era só o topo do sistema público de educação superior no estado, que incluía a rede da California State University, com dezenas de sedes, dedicada à formação profissional e de professores. Havia ainda um grande número de *community colleges* em todas as partes que ofereciam cursos curtos e vocacionais. Só a Universidade da Califórnia tinha autoridade para conceder títulos de doutorado (exceto em certas áreas, caso da educação). O acesso dos estudantes a um desses três sistemas dependia basicamente de seu desempenho no ensino médio e de sua aprovação em um processo seletivo, mas havia mecanismos que permitiam que estudantes de bom desempenho pudessem transitar de um sistema para outro. Os cursos profissionais e de pós-graduação eram pagos, mas o custo era menor para residentes e existiam vários mecanismos disponíveis de bolsas e créditos estudantis.

Os cursos de doutorado faziam parte da *graduate school*, um setor separado do *college*, de pré-graduação (*undergraduate*), para os estudantes que saíam do ensino médio. O *college* seguia mais ou menos a tradição inglesa, com a escolha de algumas áreas de concentração em um curso de quatro anos. Depois, os estudantes podiam completar a formação profissional em alguns anos mais, fazendo um mestrado ou cursando a Faculdade de Direito, por exemplo, ou ainda entrando para um doutorado, que durava mais uns quatro anos. A *graduate school* era uma inovação americana segundo a qual os estudantes de pós-graduação não podiam começar a trabalhar em suas teses com seus orientadores tão logo eram aceitos no curso, como na Europa. Precisavam, primeiro, completar os créditos, passar por exames e só depois iniciar a redação.

Com o sistema de créditos, não havia turmas fixas, eram sempre pessoas diferentes nas aulas e ficava difícil estabelecer relações mais permanentes. Cedo descobri que, embora o curso fosse estruturado, com requisitos de créditos que todos deveriam obter, cada professor era uma ilha, ou melhor, uma estrela, e os alunos tinham que achar seus próprios caminhos. Como orientador, Apter me dispensou de vários cursos obrigatórios, entre os quais os de metodologia de pesquisa por causa de meu mestrado na Flacso. Assim, já em meados do segundo ano, comecei a me preparar para os exames de qualificação.

Nesse ínterim, Apter já estava deixando Berkeley e se transferindo para Yale, na cidade de New Haven, em Connecticut, mas continuou como meu orientador. Mantínhamos uma relação cordial, mas nunca entendi exatamente o que ele escrevia e de onde vinha o prestígio que possuía na área de estudos sobre desenvolvimento na América Latina. Talvez sua notoriedade decorresse do fato de ter sido um dos primeiros a se ocupar do tema da modernização política, a partir dos casos de Ghana e Uganda.[4] O Instituto de Estudos Internacionais, que ele dirigia em Berkeley, não era realmente um instituto com linhas estruturadas de pesquisa, como o Institute for Social Research, em Michigan, onde se desenvolviam os principais trabalhos sobre participação política e eleições. Era simplesmente uma pequena casa perto do campus, com uma pequena sala de reuniões e algum espaço para professores e eventuais visitantes.

Os cursos

O Departamento de Ciência Política estava rachado entre os que se dedicavam à teoria política, liderados por Sheldon Wolin e John Schaar, supostamente mais à esquerda, e os que faziam ciência política propriamente dita, com destaque para Aaron Wildavsky, Nelson Polsby, Herbert McClosky e Ernst Haas. Fiz o curso de Schaar de Teoria Política, mas, por ignorância e por preferir ficar em terreno mais familiar, não fiz os de Wildavsky e Polsby, que estavam produzindo trabalhos extremamente inovadores sobre a política americana. Fiz os de Apter e o de McClosky, este fortemente baseado nos resultados de pesquisas, através do qual me familiarizei com os temas de comportamento político e eleitoral. Fiz também o de Haas, autor de um clássico sobre a formação da Comunidade Europeia que me pareceu muito confuso, mas era em relações internacionais, assunto que eu, ainda motivado pelos meus tempos de Oslo, havia escolhido como uma das áreas de concentração. As outras duas áreas eram de comportamento político e política comparada, que me levaram a fazer um curso de Warren Ilchman sobre análise comparada de burocracias públicas.

Fiz também dois cursos no Departamento de Sociologia. Um deles com Neil Smelser, que havia trabalhado com Talcott Parsons e pretendia ser seu sucessor, desenvolvendo uma teoria extremamente ambiciosa sobre comportamento coletivo que não teve seguimento, e Reinhard Bendix, o grande biógrafo de Max Weber e autor de obras clássicas sobre cidadania, desenvolvimento político, poder e liberdade. O outro curso foi sobre o negro e a escravidão nas Américas, com Herbert S. Klein, que trabalhava na Universidade de Chicago e esteve em Berkeley como professor visitante. Conheci Herb em 1966, em Buenos Aires, e desde então somos amigos. Estávamos juntos por acaso na Plaza de Mayo, em frente à Casa Rosada, no dia do golpe de Juan Carlos Onganía, em 1966.

Para os exames de qualificação, os alunos se juntavam, tentavam adivinhar o que ia ser perguntado, organizavam listas de leitura e trocavam resumos. Havia muita competição entre eles, mas também cooperação. No dia da prova, recebíamos alguns temas e tínhamos várias horas para dissertar sobre eles. Não me saí muito bem, fiquei entre B e B+, nota suficiente para ser aprovado. Fiquei chocado com o resultado, que achei baixo, mas não poderia ter sido diferente. Meu inglês não era muito bom e eu conhecia pouco a literatura de ciência política americana, com a qual só tinha entrado em contato recentemente. Vencida essa etapa, apresentei a Apter um projeto de tese sobre padrões de participação política no Brasil que ele aprovou sem ler, dizendo que, de qualquer maneira, eu modificaria tudo quando fosse escrever a tese — o que de fato aconteceu. Convidei para minha banca o historiador argentino Tulio Halperín Donghi e Robert Ayres, que iniciava carreira em Berkeley e depois iria trabalhar no Banco Mundial.

Os brasileiros nos Estados Unidos e a Fundação Ford

Enquanto estudava em Berkeley, outros brasileiros, a maioria com bolsas da Fundação Ford, também faziam seus doutorados nos Estados Unidos: Fábio Wanderley Reis, em Harvard; Antônio Octávio Cintra, no Instituto de Tecnologia de Massachusetts

(MIT, na sigla em inglês); José Murilo de Carvalho, em Stanford; Wanderley Guilherme dos Santos, em Madison; Amaury de Souza, em Michigan; Bolívar Lamounier, na Universidade da Califórnia de Los Angeles, e outros mais. A Ford financiou alguns encontros dos bolsistas brasileiros nos Estados Unidos. Num deles, combinamos que todos enviariam para mim os textos que quisessem fazer circular e eu me encarregaria de fazer cópias e distribuir por correio para o grupo, usando para isso uma pequena verba liberada pela Fundação, o que funcionou por algum tempo.

Quem me ajudava nessa tarefa era David Nasatir, professor visitante do Departamento de Sociologia de Berkeley que havia se envolvido em um movimento de criar bibliotecas de dados quantitativos — hoje diríamos microdados —, os quais, depois de utilizados nas pesquisas originais, poderiam ser reutilizados em análises posteriores. Várias instituições se juntaram em torno do tema e montaram um consórcio que foi o precursor do Inter-University Consortium for Political and Social Research, sediado na Universidade de Michigan, que hoje inclui quase mil instituições em todo o mundo. Cheguei a colocar no papel um projeto para criar um banco de dados desse tipo no Departamento de Ciência Política da UFMG, mas a ideia não prosperou.

O fato de estarmos sendo financiados por uma instituição americana no contexto da Guerra Fria, sabendo dos antecedentes do projeto Camelot e da forte participação do governo americano no golpe de Estado no Brasil em 1964, levantava dúvidas sobre se não estaríamos sendo comprados pelo imperialismo americano. Alguns tinham certeza de que sim. Certamente, se as coisas fossem tão simples. Mas não havia a opção de estudar ciências sociais na União Soviética ou em Cuba, porque as ciências sociais simplesmente não existiam no mundo comunista, sufocadas pelo marxismo oficial. Havia a possibilidade de estudar na França ou na Inglaterra, o que muitos fizeram, no entanto as chances de financiamento eram menores, e as ciências sociais nesses países e nos Estados Unidos estavam cada vez mais se interligando.

As controvérsias, a agitação política e o pluralismo que havia em Berkeley e em outras universidades americanas, assim como na França, e que explodiriam em Paris e em muitas outras partes do mundo em maio de 1968, deixavam claro que havia espaço, no mundo ocidental, para dissenso, liberdade de opinião e participação política, o que não havia do outro lado da "Cortina de Ferro". Além do mais, a Fundação Ford era uma instituição independente, com políticas próprias, e não um simples braço da política externa americana. Nos anos 60 e 70, a instituição não só apoiou a criação de importantes programas de pesquisa e formação nas ciências sociais da América Latina, como teve uma atuação direta na proteção de pessoas perseguidas pelas ditaduras no Brasil e no Chile, mobilizando apoio internacional e oferecendo bolsas de estudo para que essas pessoas pudessem sair de seus países.[5]

O que não significa que o governo americano, por meio de diversas agências, não continuasse financiando projetos, professores, associações e eventos acadêmicos que considerava úteis para a implementação de sua política externa. Professor de Harvard, Samuel Huntington foi também, além de autor de obras relevantes sobre desenvolvimento político e sobre militares, consultor do governo americano na Guerra do Vietnam. Ele manteve contatos com o governo militar brasileiro, como contarei mais adiante. Lucien Pye, professor de destaque no MIT em política internacional comparada, era também consultor do Departamento de Estado e do Conselho de Segurança Nacional americano em temas relacionados à China. Muitos intelectuais americanos proeminentes, como Seymour Martin Lipset e Edward Shils, que se juntaram à esquerda no início da carreira fazendo resistência às perseguições ideológicas geradas pelo macarthismo, mais tarde se tornaram ideologicamente conservadores.

Durante meus dois anos em Berkeley, não conheci um americano sequer que pertencesse ou apoiasse o Partido Republicano. Mas Ronald Reagan foi eleito governador da Califórnia em 1967, e é dele a assinatura que tenho em meu diploma de doutorado, como presidente do Conselho de Regentes da Universidade. Em

1968 acompanhei pela televisão, horrorizado, as notícias sobre os assassinatos de Martin Luther King e Robert Kennedy, este quando se preparava para tentar derrotar Richard Nixon nas eleições presidenciais do ano seguinte. O mundo é complicado, e não como gostaríamos.

No fim de 1968, estava tudo pronto para voltarmos ao Brasil, onde eu deveria me integrar ao Departamento de Ciência Política da UFMG e redigir minha tese. Foi quando o governo brasileiro decretou o AI-5, interrompendo o que parecia ser um processo de melhora do clima político no Brasil. A repressão recrudesceu e fiquei sem saber o que fazer. Apter sugeriu que eu permanecesse por mais tempo em Berkeley, mas Carmen e eu acabamos tomando uma decisão esquizofrênica: despachamos o contêiner com nossa mudança para Buenos Aires e tomamos o avião para o Brasil, a caminho de Belo Horizonte, com Michel, nosso filho recém-nascido, no colo.

IV. POLÍTICA E GOVERNO

10. DCP, Iuperj e Ebap

Nos últimos meses de meu doutorado nos Estados Unidos, comecei a me comunicar com Júlio Barbosa, diretor do Departamento de Ciência Política (DCP) da UFMG, para onde eu deveria voltar. Eu queria saber como ficara a questão do meu contrato de trabalho. Em 1964, quando estive preso, a Face abriu um processo contra mim por abandono de emprego e eu não sabia se o vínculo que eu mantinha com a universidade, desde meus tempos de monitor, ainda existia. Júlio me respondia que não me preocupasse, que estava tudo certo, mas não entrava em detalhes.

Departamento de Ciência Política da UFMG

Cheguei a Belo Horizonte no início de 1969 e alojei-me, com Carmen e Michel, na casa dos meus pais. Logo entendi que não havia nada resolvido quanto ao meu contrato, embora Júlio continuasse a me garantir não haver problema. Essa incerteza deve ter durado algumas semanas, até eu ser chamado para uma reunião com o reitor, Gerson Boson, que confirmou estar tudo acertado e me liberou para começar a trabalhar. Voltei satisfeito para casa no fim do dia. Mas, à noite, recebi um telefonema do professor Orlando de Carvalho, da Faculdade de Direito, perguntando se eu poderia ir ao escritório dele na manhã seguinte, pois precisava falar comigo com urgência.

Orlando de Carvalho era o fundador e editor da *Revista Brasileira de Estudos Políticos*, pioneira no país na publicação de artigos sobre eleições, sistemas eleitorais e temas similares. Ele tinha ficado frustrado quando viu que fora excluído do programa de ciência política que estava sendo implantado na UFMG com apoio da Fundação Ford. Em Berkeley, eu havia recebido mais de uma carta dele dizendo que eu não deveria voltar para a universidade, que o programa de lá era medíocre e eu deveria aspirar a coisas maiores.

Bati em seu escritório às oito da manhã, como combinado. Ele me recebeu e disse saber que o reitor confirmara o meu contrato de professor na véspera, mas que ele, Orlando, como meu amigo, queria me avisar que, na verdade, eu não poderia dar aulas, os militares não permitiriam. Perguntei de onde vinha essa informação, o que ele achava que aconteceria comigo, e ele respondeu que não poderia me adiantar mais nada. Só estava me dizendo aquilo por amizade e caberia a mim decidir o que fazer. Saí da conversa preocupado. Orlando de Carvalho era conservador e suspeitava-se que mantivesse boas relações com os militares. Além disso, era surpreendente que tivesse sabido da minha conversa com o reitor no mesmo dia em que ela ocorrera. Ou tinha inventado aquela história toda e estava blefando ou, de fato, sabia de algo. Discuti a situação com Carmen e meus pais e resolvi não pagar para ver. Partimos para o Rio de Janeiro.

Pouco depois de chegar ao Rio recebi um chamado para uma reunião na Fundação Ford, com a presença de Frank Bonilla, sociólogo porto-riquenho bastante conhecido. Eles insistiram para que eu voltasse para Belo Horizonte, não deram importância ou não acreditaram no que lhes contei sobre a conversa com Orlando de Carvalho, e Bonilla me acusou de má-fé, de ter enganado a Ford para ficar com a bolsa. Fui convocado formalmente pela UFMG para assumir meu posto e respondi que não tinha condições de atender à convocação. Continuei no Rio e consegui trazer de volta a bagagem que havia ido para Buenos Aires. Alguns meses depois, o governo militar expulsou da universidade o reitor Gerson Boson, Júlio Barbosa e outros professores, o que era chamado na época de "cassação", ou aposentadoria compulsória. Se eu estivesse lá, seguramente estaria na lista.

Iuperj

No Rio procurei Bolívar Lamounier, então diretor do Instituto Universitário de Pesquisas do Rio de Janeiro, o Iuperj, que prontamente me convidou para ensinar no Mestrado de Ciências Políticas e Sociologia que estava sendo aberto com apoio também da Fundação Ford. O Iuperj, que começou a funcionar naquele ano de 1969 como curso de mestrado, tinha como origem um pequeno grupo de pesquisas que já trabalhava havia alguns anos dentro da Faculdade Candido Mendes, no Centro do Rio de Janeiro. O grupo incluía Wanderley Guilherme dos Santos, Carlos Estevam Martins, César Guimarães e Amaury de Souza, todos oriundos do movimento estudantil. Wanderley e Carlos Estevam haviam sido assistentes de Álvaro Vieira Pinto no Iseb, Amaury tinha participando dos primeiros anos da Polop, em Belo Horizonte, e César havia sido editor de *O Metropolitano*, jornal da União Metropolitana de Estudantes que circulou no Rio de Janeiro no início dos anos 60, reunindo um grupo importante de intelectuais da literatura e do cinema e que teve grande impacto naqueles anos. Todos haviam ido para o exterior para cursos de pós-graduação, deixando a gestão do Instituto nas mãos de Bolívar. Eu me senti em casa, afinal, eram meus colegas e amigos, e o programa era irmão do de Belo Horizonte. Só mais tarde descobri que o convite tinha causado mal-estar no grupo fundador, conforme me explicaria Amaury em uma carta, aparentemente por minha admissão no Instituto não ter passado por um processo formal de consulta.

Bolívar também foi incluído na lista de professores cassados e aposentados da UFMG, ainda que não pertencesse à universidade nem tivesse cargo público. No fim do ano decidiu mudar-se para São Paulo para trabalhar no recém-criado Centro Brasileiro de Análise e Planejamento (Cebrap), também com apoio da Fundação Ford. O Cebrap, onde Vilmar Faria, seu colega de faculdade, já se encontrava, fora concebido principalmente para dar abrigo a Fernando Henrique Cardoso e outros cientistas sociais expulsos da USP pelo governo militar.

Trabalhei no Iuperj de 1969 a 1987. Nesse intervalo de tempo, trabalhei também na Fundação Getulio Vargas e, por alguns anos, na Financiadora de Estudos e Projetos (Finep), uma agência governamental de apoio à ciência e tecnologia, como relato mais adiante. Nos anos de Iuperj, vi passar por lá, como professores, parte significativa da então nova geração de cientistas sociais do país e ainda alguns que vieram do exterior. De cada um eu teria lembranças e impressões, certamente imprecisas, e talvez injustas, para contar.[1]

No Rio, além da convivência social com os colegas do Iuperj, muitos deles mineiros, eu participava de um círculo de psicologia que conheci através de Carmen. A psicologia e a psicanálise eram menos desenvolvidas no Brasil do que na Argentina, e havia um movimento crescente de brasileiros indo para Buenos Aires e de argentinos vindo para o Brasil. Aqui os argentinos davam seminários e orientações e conduziam grupos terapêuticos de um ou dois dias, fazendo uso das teorias de Gestalt de Fritz Perls e outras que estavam em voga. Psicóloga argentina, Carmen ajudava a fazer a ponte entre os dois países.

Eram os tempos da chamada "guerra suja" na Argentina, quando intelectuais, judeus e ativistas políticos — qualidades muitas vezes reunidas na mesma pessoa — eram sequestrados no meio da noite e assassinados. Não à toa tantos procuraram refúgio no Brasil, no Chile, no México ou em outros países. Entre os que vieram para o Brasil, cito Mauricio Knobel, psiquiatra que fez carreira na Universidade de Campinas (Unicamp), no interior de São Paulo, e cujo filho, Marcelo, formou-se em física e foi eleito reitor da universidade em 2017; Gregório Baremblitt, que se tornaria, mais tarde, um dos fundadores do Instituto Brasileiro de Psicanálise, Grupos e Instituições (Ibrapsi), no Rio de Janeiro; Emilio Rodrigué, uma das principais personalidades da psicanálise argentina, radicado na Bahia; e Amílcar Herrera, geólogo que fundou, na Unicamp, o Instituto de Geociências e o Departamento de Política Científica e Tecnológica. Eram todos de uma geração mais velha e não cheguei a conhecê-los pessoalmente. Mas havia também os mais jovens, entre eles Susana Balán, amiga desde os tempos de Buenos Aires. Foi Susana, junto com sua colega Estela Troya, que trouxe para o Rio de Janeiro a experiência dos grupos terapêuticos, dos quais participei.[2]

Alguns anos depois, meu casamento com Carmen terminou e, em 1976, comecei minha vida com Inez Farah, também psicóloga. Inez vinha de uma família de árabes cristãos, originários do Líbano e da Síria, mas dessa vez não houve cerimônia religiosa nem festa de casamento. Só formalizamos nossa relação em 1985, já com três filhos — Luisa, Isabel e Felipe —, às vésperas de uma viagem nossa aos Estados Unidos, quando fui dar um curso na Universidade Colúmbia (Michel, sempre que podia, também nos acompanhava nas viagens que fazíamos). Foi uma cerimônia civil simples, tendo um casal de amigos, Edna e Marcos Soter, como testemunhas.[3]

O Iuperj e o Departamento de Ciência Política da UFMG representaram uma revolução nas ciências sociais brasileiras, introduzindo novos temas e metodologias e colocando-se sempre em dia com a literatura internacional. Criou-se uma certa imagem de que a principal novidade teria sido a introdução dos métodos quantitativos nas ciências sociais do país, mas não creio que isso tenha sido o mais importante. É verdade que os primeiros estudos mais sistemáticos sobre comportamento político e sistema eleitoral brasileiro foram desenvolvidos por uma rede de pesquisadores dessas instituições, aos quais se juntaram outros de São Paulo e do Rio Grande do Sul, sem ignorar os estudos pioneiros de Gláucio Ary Dillon Soares.[4] Mas era restrito o número de pesquisadores que fazia uso de métodos quantitativos e foram poucos os alunos formados nos cursos do Iuperj e da UFMG que saíram com uma formação metodológica mais sólida. A inovação mais significativa, me parece, foi a abertura para temas e autores da sociologia e da ciência política de língua inglesa, um universo intelectual muito mais amplo do que o dos autores franceses e hispano-americanos, que até então predominavam.

Mesmo o meu doutorado tendo sido em ciência política, fiquei na área de sociologia do Iuperj, ao lado de Elisa Pereira Reis, Edmundo Campos Coelho, Carlos Hasenbalg, Lícia Valadares, Neuma Aguiar, Luiz Antônio Machado da Silva. Os estudos quantitativos de eleições, comportamento político e mobilidade social eram liderados por Nelson do Valle Silva, que trabalhara com Carlos Hasenbalg nas questões de estratificação e raça,[5] e por Amaury de Souza e Peter McDonough, que conduziram pesquisas sobre atitudes políticas da população brasileira, sob a orientação de Philip Converse, da Universidade de Michigan.[6] A *Dados: Revista de Ciências Sociais*, fundada em 1966 e da qual me tornei editor junto com Charles Pessanha, é até hoje uma das principais publicações de ciências sociais brasileiras.

Eram anos difíceis. O Decreto-Lei nº 477, de 26 de novembro de 1969, colocara todas as universidades, com seus professores e alunos, sob suspeita de subversão, e tanto a resistência aos militares quanto a repressão comandada por eles chegariam ao auge nos anos seguintes. O Iuperj quase não foi atingido, apesar de vários de seus professores, e muitos de seus alunos, terem uma história passada e presente de participação em movimentos políticos e estudantis. Muitos de nós completáramos os estudos nos Estados Unidos, o Instituto tinha apoio financeiro da Fundação Ford e, a partir dos anos 70, também passou a contar com recursos da Finep, o que dificultava que fôssemos tachados de "subversivos". Lembro-me de um momento em que os militares bateram no Iuperj atrás de Luiz Werneck Vianna, que fazia o mestrado em sociologia — ele trazia um histórico de militância no Partido Comunista e teve de fugir.[7] Mas, em geral, tínhamos liberdade para escolher nossos alunos, organizar nossos programas e publicar o que quiséssemos.

Candido Mendes

No regime militar, com as universidades públicas vigiadas pelo governo, as instituições privadas e de menor porte podiam ter mais liberdade e autonomia para funcionar. Mas estavam sujeitas ao arbítrio e à confusão entre os interesses privados de seus donos, envolvendo familiares e dirigentes, e os interesses da instituição, que poderiam justificar o recebimento de recursos de fundações privadas e de agências governamentais. Candido Mendes de Almeida era o dono da faculdade que levava o nome de seu avô. Ostentava o título de Conde Papal, dado pela Igreja à família Candido Mendes em gratidão à defesa do bispo dom Vital feita pelo primeiro Candido Mendes durante uma contenda com o imperador dom Pedro II, no século 19.[8]

Candido Mendes de Almeida era irmão do jesuíta dom Luciano de Almeida, personagem influente na Igreja Católica brasileira, consagrado como bispo em 1976 e, mais tarde, presidente da Conferência Nacional dos Bispos do Brasil (CNBB). Com a radicalização política de diversos setores ligados à Igreja, a influência crescente da Teologia da Libertação e os pronunciamentos da CNBB em favor da democracia e dos direitos humanos, as relações entre a Igreja e o governo militar se tornaram cada vez mais tensas. Ainda assim, os vínculos de Candido Mendes com a Igreja lhe garantiam certa imunidade que era útil para dar cobertura às suas instituições e a vítimas de perseguição política.

A relação de Candido Mendes com o Iuperj sempre foi complicada. Graças a ele o Instituto foi criado, mas, à medida que este crescia, Candido se tornava um estorvo. Como o Iuperj não tinha personalidade jurídica própria, todos os recursos passavam pelas mãos dele, que não fazia distinção entre o que era dinheiro institucional, público ou pessoal. Vi isso de perto quando Antônio Octávio Cintra estava no Ministério da Educação, trabalhando com o então ministro Marco Maciel, e entrou em contato comigo, dizendo que havia um recurso disponível que poderíamos solicitar, bastando enviar uma proposta. Na época, na condição de diretor de pesquisa do Iuperj, enviei a proposta, que foi aceita, mas só metade do dinheiro que saiu do ministério foi, de fato, para o Instituto. Na hora de prestar contas, era sempre uma dificuldade. Não havia documentação nem comprovação de gastos e cabia a Almir de Castro, assessor de Candido que desenvolvera uma importante carreira pública na área de educação e de saúde pública, tendo sido inclusive vice-reitor da Universidade de Brasília, ajeitar as coisas.

Além do tratamento, digamos, pouco ortodoxo dos recursos, Candido se valeu do Iuperj para desenvolver uma carreira internacional como cientista político, chegando a assumir a presidência da Associação Internacional de Ciência Política (IPSA, na sigla em inglês) sem nunca ter publicado nada significativo.[9] Os poucos textos de Candido e as apresentações que fazia eram praticamente ininteligíveis. Sua linguagem pomposa e enfática, que sugeria erudição e podia até intimidar a audiência, era rala de conteúdo. Nos meios intelectuais e profissionais mais sérios, no Brasil e no exterior, Candido era um constrangimento que o Iuperj, de alguma maneira, tinha de administrar.

Samuel Huntington

Como empresário cultural, Candido foi um sucesso, testemunhado pelos eventos que promovia e pelo financiamento que conseguiu para construir duas torres de 49 andares no valorizado terreno tombado da rua da Assembleia, no Centro Histórico do Rio de Janeiro, onde fica a Faculdade Candido Mendes. Em 1969, ele pensou que tinha chegado a oportunidade de se colocar no epicentro de um grande circuito que conectaria o Iuperj à Universidade Harvard. A ponte seria estabelecida por Samuel Huntington. Diretor do Harvard Center for International Affairs, Huntington tinha assinado um contrato com a Agência de Cooperação Internacional dos Estados Unidos (Usaid, na sigla em inglês) para realizar uma série de estudos ao redor do mundo sobre processos políticos em países que viabilizassem a implantação de regimes democráticos, tais como entendidos pelo governo americano.

Estive com Huntington em uma de suas vindas ao Brasil, falamos do projeto e, pouco depois, recebi uma carta dele pedindo que eu encaminhasse meu projeto de pesquisa. Na carta, ele me assegurava que eu teria toda a liberdade e que não haveria ligação direta entre o projeto e a política externa americana. Fiquei apreensivo e escrevi a Candido explicando que, se por um lado me parecia tentadora a possibilidade de trabalhar em parceria com Harvard, por outro, me preocupava o fato de se tratar de um contrato de prestação de serviços para o governo dos Estados Unidos. Ou seja, como não era uma doação nem um financiamento, ficaríamos, necessariamente, na posição de estar trabalhando para eles, por mais independentes que fôssemos.

Eu sabia da elevada reputação de Huntington como cientista político. Mas sabia também de sua reputação como consultor do governo americano na Guerra do Vietnam, pelo qual havia recebido o apelido de "Mad Dog" (Cachorro Raivoso).[10] E estava bem fresca em minha memória a história do projeto Camelot, de dez anos antes. Pouco depois Candido me procurou dizendo que Huntington estava inquieto porque soube que eu estaria preparando uma denúncia pública do projeto, o que não era fato. Com isso terminou a relação de Huntington comigo, mas não com Candido Mendes.

Em 1973, Huntington voltaria ao Brasil para conversar com o general Golbery do Couto e Silva e apresentar um projeto para a gradual liberalização e descompressão política no país. Desse encontro resultaram dois textos, disponíveis nos chamados "Arquivos da ditadura", organizados pelo jornalista Elio Gaspari:[11] um deles trazia um plano detalhado de como deveria ser a transição do regime militar para um regime civil; o outro era uma carta endereçada ao general detalhando as atividades de pesquisa que deveriam ser desenvolvidas por cientistas sociais no país para apoiar o processo de abertura.

A principal proposta do projeto de descompressão política era a criação de um grande partido inspirado no Partido Revolucionário Institucional (PRI), do México, que governou o país de 1929 a 2000, sem interrupção, como partido único. Além de inúmeras referências às experiências positivas e negativas de outros países, como Paquistão, Turquia, Japão e China, a carta de Huntington fazia uso de várias expressões locais, como "continuísmo" e "linha dura", o que indicava que o cientista político contara com ajuda brasileira para redigi-la.

Para implementar o projeto, ele propunha a criação de um grupo de trabalho responsável por quatro linhas de ação: fazer pesquisas sobre o possível impacto de ações específicas do processo de descompressão, caso da reforma do sistema eleitoral e da reforma da Constituição Federal; estudar as implicações políticas de longo prazo do desenvolvimento econômico e social; desenvolver mecanismos para manter o governo informado sobre possíveis respostas de diferentes grupos na sociedade às políticas do governo; formular um novo modelo para o sistema político brasileiro.

Tudo isso deveria culminar, em dois anos, com uma grande conferência internacional baseada nos textos produzidos pelo grupo de trabalho. Não sei que papel exatamente Candido teve em viabilizar esse contato de Huntington com Golbery, mas era óbvia a expectativa de que tais pesquisas fossem realizadas pelo Iuperj. Wanderley Guilherme, como mostrou o brasilianista Thomas Skidmore,[12] acompanhou de perto boa parte dessa história, publicando depois vários textos sobre o processo de descompressão política que, de uma forma ou de outra, acabou sendo conduzido pelos presidentes Ernesto Geisel e João Figueiredo.

Apogeu e declínio

À medida que o Iuperj crescia e se tornava mais conhecido, aumentava sua capacidade de obter recursos próprios. Foi no fim da década de 70, quando o caixa da Fundação Ford foi minguando, que o Instituto passou a receber apoio também da Finep, que tinha como um de seus diretores o cientista político Mário Machado, formado pelo Departamento de Ciência Política da UFMG. Nessa época o Iuperj começava a desenvolver um significativo setor de consultoria, coordenado por Edson de Oliveira Nunes, então aluno de mestrado e orientando de Wanderley Guilherme. Com a sede principal do Instituto em Botafogo sendo transferida para uma casa na rua da Matriz, a parte de consultoria passou a ocupar a antiga sede, na rua Paulino Fernandes, também no bairro de Botafogo. O Instituto se preparava para oferecer cursos de doutorado, o que seria feito a partir de 1980. Parecia que as condições estavam maduras para que se tornasse independente e alçasse voo próprio.

Parte desse caminho se fechou, contudo, quando os pesquisadores que trabalhavam nas atividades de consultoria — que estava gerando recursos substanciais — demandaram uma participação maior na direção da casa, exercida por um conselho diretor formado apenas por professores permanentes. Era esse estafe que indicava, periodicamente, o nome do diretor executivo e o dos diretores de ensino e pesquisa, que deveriam ser ratificados por Candido Mendes. Diante da demanda dos pesquisadores, a decisão foi de acabar com a consultoria, ao invés de abrir para ela um espaço adequado na instituição.

Edson Nunes terminou seu mestrado e partiu para um doutorado em Berkeley. Voltou ao Brasil em 1984 na expectativa de se tornar membro permanente do Instituto como professor. Para sua surpresa, foi vetado e acabou indo trabalhar no Ministério do Planejamento, em Brasília, a convite do economista João Sayad. Ocuparia depois, entre outros cargos de destaque, o de presidente do Instituto de Pesquisa Econômica Aplicada (Ipea) e também do IBGE, além de integrar o Conselho Nacional de Educação. Desenvolveu sua carreira de professor junto às faculdades Candido Mendes sem nunca se integrar ao Iuperj.

Em 1978 propus ao Instituto a criação de uma nova área de estudos e pesquisas em políticas públicas e em educação superior, ciência e tecnologia, para a qual convidaria algumas pessoas e contrataria alguns assistentes. A ideia era abrir um caminho semelhante ao que os economistas do grupo de pesquisas da Finep seguiram ao fundar o Instituto de Economia Industrial da UFRJ. Três anos antes, como detalho mais adiante, eu havia ido trabalhar na Finep, agência do governo que estava tendo um papel extremamente importante na organização do sistema brasileiro de ciência, tecnologia e estudos de pós-graduação. Com a experiência que havia adquirido e os trabalhos que tinha publicado sobre os temas de ciência e tecnologia, eu estava convencido de que conseguiria apoio nacional e internacional para a área, que se tornaria uma aquisição valiosa para o Iuperj. Para minha surpresa e decepção, a proposta foi formalmente recusada. Levei certo tempo para perceber que se tratava de um veto a mim, e não necessariamente à proposta que fizera.

Em 1986 houve nova eleição para a direção do Instituto e vários colegas acharam que era o momento para eu assumir a direção executiva. Fui conversar com Wanderley Guilherme, que concordou, mesmo sem entusiasmo. Fui eleito, mas como na época recebi um convite para passar um semestre na Universidade da Califórnia de Berkeley, no Centro de Estudos de Educação Superior, ficou combinado que eu assumiria a direção apenas quando voltasse. Já em Berkeley, aproveitei o tempo no exterior para fazer planos e contatos em nome do Instituto e, quando retornei ao Rio, Werneck Vianna veio me dizer, constrangido, que houvera uma mudança e o diretor seria ele.

Minha posição quanto à necessidade de transformar o Instituto em uma entidade independente era clara e o veto partira de Wanderley Guilherme, certamente em combinação com Candido Mendes. Com isso, entendi, finalmente, que não havia mais clima para mim na casa e decidi sair. Tinha recebido um convite de Eunice Durham, antropóloga e professora da USP, para participar da criação do Núcleo de Pesquisas sobre Educação Superior (Nupes) que estava sendo formado na universidade por iniciativa do reitor, José Goldemberg, e resolvi aceitar, passando a frequentar com assiduidade a ponte aérea.

Nos anos seguintes, a primeira geração de professores do Iuperj foi se afastando e a dependência em relação a Candido foi aumentando. Sem um mínimo de profissionalismo gerencial, a Faculdade Candido Mendes, que só em 1997 seria reconhecida como universidade, aos poucos se tornou incapaz de pagar os salários. Por isso os professores do Iuperj, único programa de pós-graduação de prestígio que a instituição possuía, começaram a procurar alternativas de trabalho. O problema veio a público e, em algum momento, publiquei um texto em que dizia que o Iuperj ainda tinha todas as condições de vir a ser uma instituição privada autônoma e independente.

A preferência da direção do Instituto, contudo, era conseguir um guarda-chuva com dinheiro público, e a solução encontrada para isso foi fechar um acordo com o governo Sérgio Cabral para incorporar a equipe à Universidade Estadual do Rio de Janeiro, a Uerj. Os cursos continuaram a ser ministrados na casa alugada da rua da Matriz, agora como Instituto de Estudos Sociais e Políticos (Iesp), já que Candido Mendes reteve o nome "Iuperj", que se tornara uma marca de qualidade no mundo acadêmico.

***

Em 2001, o Iuperj sentiu a perda de Edmundo Campos Coelho, colega desde os tempos do curso de Sociologia e Política, em Belo Horizonte. Edmundo era uma espécie de lobo solitário, de relacionamento difícil com os colegas, mas, ao mesmo tempo, muito envolvido com os alunos e dedicado. Escrevi na época um pequeno texto em sua memória[13] em que dizia que uma faceta de Edmundo que sempre me impressionara era seu profundo e intransigente radicalismo, no sentido mais fundamental do termo, que é o da fidelidade a si mesmo e ao que ele entendia como sendo a verdade das coisas.

Era um radicalismo que lembrava os personagens de J.D. Salinger, que começava pela rejeição às formalidades e gentilezas da vida cotidiana e terminava pela recusa a participar das liturgias da vida acadêmica. Ao longo de quase meio século de convivência, desde as salas e os corredores da Face, aprendi a respeitar seus silêncios, que repentinamente se transformavam em diálogo vivo, por vezes ferino, quando o que se dizia lhe parecia interessante, importante ou absurdo. Depois de passar pelo estudo e pelo uso das metodologias quantitativas, Edmundo se tornou adepto de metodologias mais densas de significados e vivências, como a etnometodologia e a sociologia fenomenológica. Formou uma geração de discípulos em Minas Gerais, entre os quais Antônio Luiz Paixão, também falecido prematuramente. Publicou uma série de livros originais sobre a vida nos presídios, os militares na política, o mundo universitário e o das profissões, onde nossos interesses se encontravam.[14]

Administração pública

Em 1969, ano em que entrei para o Iuperj, comecei a trabalhar também no Centro de Pesquisa da Escola Brasileira de Administração Pública (Ebap), da Fundação Getulio Vargas — um segundo emprego era necessário, pois o que eu ganhava no Iuperj não era suficiente. Estava lá Noracy Ruiz de Souza, que conheci em 1964, em Belo Horizonte, como aluna do curso de Sociologia e Política. Ela retornara de um mestrado na Universidade de Michigan e trabalhava no Centro de Pesquisa com dois assistentes: Wellington Moreira Franco (depois governador do Rio de Janeiro) e Clóvis Brigagão, ambos alunos do Iuperj. Através desse grupo conheci o diretor do Centro de Pesquisa, Aluízio Loureiro Pinto, que havia se doutorado em administração pública pela Universidade do Sul da Califórnia (USC). Depois de algum tempo como pesquisador, comecei a dar aulas no curso de Administração Pública da Ebap. Desempenhei várias funções na escola, inclusive a de coordenador do programa de pós-graduação, que ajudei a reformular.

A FGV foi fundada em 1944, no fim do Estado Novo. Instituição peculiar, meio pública e meio privada, contava com recursos orçamentários do governo federal e a participação de governos estaduais, empresas privadas e pessoas físicas. Sua finalidade era servir de estrutura permanente para abrigar e dar continuidade ao trabalho desenvolvido pela equipe do Departamento de Administração do Serviço Público (Dasp). Criado em 1938 pelo engenheiro Luís Simões Lopes, do círculo pessoal de Vargas, o Dasp funcionou como um instrumento de fortalecimento do poder presidencial e representou a primeira tentativa de formar um funcionalismo público no país que atuasse de acordo com o que se supunha, então, fossem os princípios da administração científica e racional.[15] O próprio Simões Lopes presidiria a FGV, desde sua fundação até 1992.

Para dar continuidade aos objetivos do Dasp, a FGV concebeu a Ebap, que se tornou, no início, a principal escola de formação de quadros para a administração pública brasileira.[16] Inaugurada em 1952, entre seus primeiros professores estavam Benedicto Silva, Themístocles Cavalcanti, Alberto Guerreiro Ramos, Beatriz Wahrlich, Belmiro Siqueira e Diogo Lordello de Mello, que tinham sido funcionários do Dasp ou haviam ensinado em seus antigos cursos. Em 1959 a FGV assinou com a International Cooperation Administration, dos Estados Unidos, precursora da Usaid, um projeto que envolvia mandar oito professores da Ebap para a Universidade do Sul da Califórnia a fim de que se aprofundassem em estudos avançados em administração pública.[17]

Pelo projeto inicial, a Ebap deveria ser o setor mais importante da FGV, mas, quando cheguei, 17 anos após sua inauguração, as unidades que mais se destacavam eram o Instituto Brasileiro de Economia, no Rio de Janeiro, e a Escola de Administração de Empresas de São Paulo. Entre os professores da Ebap, persistiam alguns remanescentes do Dasp, como a então diretora, Beatriz Wahrlich, e outros que haviam participado do programa da USC. Ainda que contratada em tempo integral, a maioria só aparecia para dar aula, não existindo uma cultura acadêmica de fato. Além de ensinar, eles prestavam consultoria ao governo federal, como por ocasião do grande projeto de reforma administrativa contratado pela então Secretaria de Modernização (Semor), do qual cheguei a participar, sob a coordenação de Smil Ochs.[18]

A intenção inicial era que os alunos da Ebap fossem diretamente contratados para trabalhar no serviço público, mecanismo adotado, por exemplo, no Instituto Rio Branco, de formação de diplomatas. Mas isso nunca aconteceu. No currículo de graduação havia dois tipos de matéria: de conteúdo mais geral, como economia e ciências sociais; e de administração propriamente dita, como administração de pessoal, cargos e salários e organização e método. Mas não havia disciplinas de políticas públicas nem de práticas gerenciais mais modernas.

Uma das razões para o declínio da Ebap foi o predomínio crescente da economia como a formação preferida para o exercício de funções públicas (ao lado do direito, que sempre manteve seu lugar). Tal tendência ficou evidente na FGV com o destaque dado ao Instituto Brasileiro de Economia, fundado em 1951 com a participação de Eugênio Gudin e Alexandre Kafka, e à Escola de Pós-Graduação em Economia, hoje Escola Brasileira de Economia e Finanças (Epge), liderada por Mário Henrique Simonsen.[19] Esse declínio se explica também pela descrença na capacidade de a "administração científica" modernizar o Estado brasileiro, como pretendia o Dasp. Na Ebap, como em outras escolas de administração, cultuava-se o mito de que existiria uma "ciência da administração", equivalente à engenharia, e que bastaria contratar administradores devidamente formados no setor público ou privado para que tudo funcionasse bem, independentemente das idas e vindas da política e da economia.

Na verdade, a administração é, sobretudo, uma prática profissional que faz uso de conhecimentos derivados de outras disciplinas. O sucesso ou fracasso das administrações depende em grande parte de fatores institucionais e externos, de natureza política, econômica e mesmo psicológica, que têm pouco a ver com as técnicas administrativas. Os melhores administradores são os que possuem uma formação sólida em economia, engenharia, ciência política ou psicologia, além da capacidade de liderança e sensibilidade política. Fiz, na época, uma pesquisa com ex-alunos da Ebap, comparando as notas escolares nas disciplinas mais acadêmicas ou mais técnicas do curso com o respectivo sucesso de cada um na carreira profissional. Ficou claro então que os que se saíram melhor profissionalmente eram os que haviam se saído melhor também nas matérias acadêmicas, que proporcionavam uma formação ampla, e não nas mais técnicas.

O Centro de Pesquisa da Ebap nunca funcionou, na prática, como tal, todavia me permitiu executar, em 1970, uma extensa pesquisa sobre o tema do *"brain drain"* — a chamada "fuga de cérebros" que poderia estar ocorrendo com pessoas bem formadas que estariam deixando o país para ir viver no exterior. Esse estudo, que recebeu o nome de "Projeto Retorno", nasceu no prédio existente nos fundos do terreno em que se erguem hoje a Torre Oscar Niemeyer e o Centro Cultural da FGV, na praia do Botafogo. Ali funcionava o Instituto Brasileiro de Relações Internacionais, dirigido por Cleantho de Paiva Leite, que havia feito parte da Assessoria Econômica do segundo governo Vargas e foi um dos primeiros diretores do Banco Nacional de Desenvolvimento Econômico (BNDE).

Cleantho havia conseguido para o Instituto um recurso importante proveniente de uma agência federal vinculada ao Ministério das Relações Exteriores, mas precisava justificar seu uso com um projeto de pesquisa. Procurou a Ebap para isso e chegou até mim. Na época, o Instituto das Nações Unidas para Formação e Pesquisa (Unitar) estava coordenando um amplo estudo dirigido por um professor da Universidade Colúmbia, William Glaser, sobre o fluxo internacional de pessoas altamente qualificadas, e buscava uma parceria no Brasil. Conversamos e acabamos decidindo que eu cuidaria da parte brasileira do projeto, usando metade dos recursos obtidos. Com as universidades vigiadas e os professores e estudantes sendo afastados ou presos pelo governo militar, havia a impressão de que essa perda era grande, mas não se tinha confirmação. O objetivo era identificar o maior número possível de brasileiros que haviam optado por estudar fora do país e saber de suas intenções de voltar ou não, a partir do preenchimento de um questionário padronizado para todos os países participantes.

Formei um grupo de trabalho com alguns de meus alunos do Iuperj[20] e implantamos um processo de bola de neve: a cada pessoa contatada, pedíamos a indicação de outras que também tivessem estudado fora, estando no Brasil ou não, e assim chegamos a uma amostra de cerca de 600 pessoas. Para processar os dados, usávamos o novíssimo computador IBM 1130, instalado no 11º andar da FGV, com 16k de memória, no qual instalei um pacote de programas de tabulação de dados cedido por uma universidade americana. Os dados e as instruções de processamento eram codificados em pacotes de cartões perfurados e as tabulações demoravam horas para completar.

O estudo só foi publicado na forma de documentos de trabalho, mas seus resultados ajudaram a compor um livro publicado por Glaser.[21] A principal conclusão da pesquisa foi que, ao contrário do que se pensava, o Brasil, mesmo com o tenso clima político que havia forçado tantos a se exilar, era um dos países com mais alto nível de retorno. A economia estava se desenvolvendo, a educação superior estava se expandindo e as questões políticas não atingiam a maioria das pessoas que ia estudar fora. No mundo, os que mais tendiam a não retornar ao país de origem eram pessoas de minorias mais educadas em determinados países, como judeus na Argentina e cristãos em países muçulmanos.

Sem cobrar matrícula e com muitos professores recebendo por tempo integral e trabalhando em tempo parcial, a Ebap precisava se tornar menos deficitária e se modernizar. Kleber Nascimento, que em 1970 substituiu Beatriz Wahrlich na direção, obteve apoio de Simões Lopes para um projeto de reforma da escola que ajudei a elaborar. O quadro de professores foi reduzido aos que efetivamente poderiam permanecer em tempo integral, o curso de pós-graduação foi fortalecido e o curso de graduação, extinto. Assumi a coordenação da pós-graduação e propus que ela se transformasse em um curso orientado para políticas públicas, e não mais para administração geral, o que foi aceito. Além de mim, a Ebap só tinha um professor com formação em ciência política, Paulo Roberto Motta. Assim, consegui que contratassem dois de meus colegas do Iuperj: Elisa Pereira Reis e Wanderley Guilherme dos Santos. Kleber não ficou muito tempo mais na FGV e em 1975 fui trabalhar na Finep, continuando, paralelamente, como professor do Iuperj.

Em 1986 o Ministério da Economia criaria, em Brasília, a Escola Nacional de Administração Pública (Enap), com o objetivo de retomar a antiga função que seria da Ebap, ou seja, de formar quadros para a administração pública federal. A Ebap, em 2002, acrescentou um "e" de "empresas" no final de seu nome e reabriu o curso de graduação, agora pago e caro, dentro de uma estratégia mais geral da FGV de ocupar o nicho de escolas superiores privadas de elite, o que incluiu a criação de escolas de direito e de ciências sociais aplicadas. Na prática, a nova Ebape se transformou em uma escola de negócios e a administração pública passou para segundo plano.

Adeus FGV

Fiquei quatro anos na Finep e só retornei à FGV em 1979, indo dessa vez para o Centro de Pesquisa e Documentação em História Contemporânea (Cpdoc), quando trabalhei no arquivo de Gustavo Capanema. Em 1989, paralelamente ao trabalho no Núcleo de Pesquisas sobre Educação Superior da USP, o Nupes, dei aulas também na Escola da Administração de Empresas da FGV, em São Paulo. Em 1994 tirei licença da FGV ao ser nomeado presidente do IBGE, como relato mais adiante.

Saí do IBGE em 1998 e completei meus 60 anos desempregado. Enquanto estive lá, recebia pela função, considerada cargo de confiança, mas sem fazer parte do funcionalismo público. Felizmente, depois de mais de 30 anos, o processo que a UFMG havia aberto contra mim por "abandono de emprego", por ter sido preso pelos militares em 1964, foi encerrado — graças em grande parte ao empenho de meu parceiro de jogos de xadrez na infância, o advogado Jayme Tobias Blay, que trabalhava no setor jurídico da universidade. Fui reintegrado, recebi parte dos salários retidos e me aposentei logo em seguida. É o pé-de-meia com que conto agora na velhice.

Em 1998 a UFRJ abriu inscrições para um concurso de professor titular de ciência política no Instituto de Filosofia e Ciências Sociais (Ifics). Resolvi me candidatar, seguindo o caminho de alguns companheiros do Iuperj, como José Murilo de Carvalho,

Elisa Pereira Reis e Charles Pessanha, e de outros colegas e amigos que também estiveram no Ifics em diversos momentos, como Bernardo Sorj, Celi Scalon e Maria Helena de Magalhães Castro, a Nena. Entreguei os documentos, mas a universidade só marcou o concurso anos depois. A essa altura eu já estava envolvido com outras coisas. Além disso, teria de disputar a vaga com uma ex-aluna querida que já era professora, Isabel Ribeiro de Oliveira. Como os títulos pesavam muito, havia boa chance de eu ser escolhido numa disputa injusta, o que me deixaria mal. Acabei desistindo. Instalado no antigo prédio nunca restaurado da Escola Politécnica no Largo do São Francisco, no Centro do Rio, o Ifics, apesar da qualidade de muitos de seus professores, jamais conseguiu se firmar como instituição moderna de ensino e pesquisa, vítima da burocratização e da politização crônica da UFRJ. Não me arrependi da minha decisão.

Meu vínculo com a FGV ainda existia e depois que saí do IBGE fui conversar sobre minha situação com o seu presidente, Carlos Ivan Simonsen Leal, sobrinho do economista Mário Henrique Simonsen. Carlos Ivan assumira a presidência da FGV em uma disputa com Celina Vargas do Amaral Peixoto, neta de Getulio, que parecia ser a sucessora natural de Luís Simões Lopes mas que jamais presidiria a Fundação. Com a nova direção, e já não contando com recursos orçamentários do governo federal, a FGV passou a trabalhar com uma lógica empresarial extremamente forte, ampliando os cursos de graduação pagos e expandindo os de especialização, os MBA e as atividades de consultoria.

Carlos Ivan me pediu que fizesse um trabalho de *benchmarking*, uma espécie de avaliação do Cpdoc, comparando esse centro de pesquisa a outras instituições similares. Ofereceu-me uma mesa no Instituto Brasileiro de Economia da Fundação, onde eu poderia me alojar e levar para lá projetos que cobrissem meus custos. Aceitei fazer o trabalho e sondei também as chances de retornar para a Ebap ou para o Cpdoc, mas não havia espaço nem interesse. Existia ainda a possibilidade de voltar para a USP, mas o Nupes tinha se desfeito e eu não teria condições para ficar na ponte aérea, como antes, nem de me mudar para São Paulo. Em um ou dois meses, fiz o trabalho solicitado e voltei para conversar, dizendo que estava achando melhor encerrar meu vínculo com a FGV. Carlos Ivan concordou secamente, mandou fazer as contas e, no início de 2000, minha história de 30 anos na FGV chegou ao fim. Era o que devia ser feito, mas deixou um sentimento de frustração. O fato é que, ao longo das três décadas em que trabalhei na Fundação, nunca me senti nem creio que fui reconhecido como parte dela, exceto talvez no tempo em que estive no Cpdoc. Tenho algumas hipóteses que talvez expliquem isso, mas basta aqui o registro.

No texto que preparei sobre o Cpdoc, chamei a atenção para a sua importância única como centro de documentação histórica que precisava ser preservado. Disse que, ao mesmo tempo, o Cpdoc deveria evoluir no sentido de obter financiamentos mais significativos e de longo prazo, a partir sobretudo de produtos orientados para o amplo atendimento dos diversos segmentos do setor educacional, além de manter uma carteira ativa de projetos e de atividades de mais curta duração. Não sei que destino teve esse documento, mas ele apontava para o único caminho possível para que aquele centro de pesquisas pudesse sobreviver num novo ambiente empresarial e sem subsídios públicos regulares.

Nos anos seguintes, o Cpdoc estabeleceu um programa de pós-graduação em História, Política e Bens Culturais e, a partir de 2006, criou a Escola Superior de Ciências Sociais. A transição para um novo formato e para uma nova geração foi, em certos momentos, traumática, com pesquisadoras que haviam dedicado décadas de suas vidas ao Cpdoc sendo sumariamente demitidas, gerando decepções que foram, certamente, muito maiores do que as minhas.

11. Representação e cooptação

Estado e sociedade

Meu primeiro curso no Iuperj, em 1969, foi sobre o Estado e a política na história brasileira. A ideia era buscar entender como o sistema político se formava a partir da interação entre o Estado, por um lado, e a sociedade, por outro. Fiz uma lista de temas que distribuí entre os alunos e o resultado foi consolidado em uma síntese minha e em cinco artigos dos alunos publicados no número 7 da revista *Dados* de 1970, material que serviu de base para a minha tese de doutorado.[1] Concluí uma primeira versão da tese em 1972 e mandei-a para os membros da banca em Berkeley para que comentassem e, se possível, aprovassem. Não era preciso defender a tese em pessoa, bastava que a banca estivesse de acordo com seu conteúdo.

Meu orientador, David Apter, mandou-me uma carta com alguns comentários dizendo que, a princípio, não havia entendido bem a proposta, mas que depois gostou. Os outros dois membros da banca, com quem eu nunca tinha trabalhado — o historiador argentino Tulio Halperín Donghi e o cientista político Robert Ayres — se mantiveram em silêncio. Pedi a Apter que conversasse com eles, precisava saber a opinião de todos para fazer os ajustes necessários, mas foi em vão. Depois soube que Halperín tinha achado a parte histórica "pouco densa" e que Ayres nunca se interessara pelo tema. Mesmo assim, suponho que por deferência a Apter, ambos acabaram aprovando tudo e com isso recebi meu diploma de doutor.[2]

A etapa seguinte foi traduzir e publicar a tese no Brasil, que acabou sendo editada com o título de *São Paulo e o Estado nacional* pela Difusão Europeia do Livro (Difel), dentro da coleção Corpo e Alma do Brasil, organizada por Fernando Henrique Cardoso. Quando o livro saiu, fui a São Paulo fazer uma apresentação no Cebrap, então presidido por José Arthur Giannotti, que me recebeu, meio sério, meio brincando, dizendo "hoje vamos jantar Simon em picadinho". Giannotti era o filósofo que, diziam, lia Hegel e Marx em alemão, tinha estudado na França com Gilles Gaston-Granger e era um personagem central no famoso grupo paulista de leitura de *O capital*. Sua opinião importava muito para mim. No livro eu fazia uso de trechos do jovem Marx, que eu lera em francês, e Giannotti disse que eu tinha entendido mal aquelas passagens porque a tradução francesa de Marx estava errada, não era assim no original. Não sei se convenci a plateia, mas acho que não me saí mal no debate. Depois pedi a Giannotti que me mandasse as traduções corretas dos trechos, mas ele nunca as mandou.

Em 1982 publiquei uma versão revista do livro com um novo título, *Bases do autoritarismo brasileiro*, republicada várias vezes até a edição mais recente, de 2015, lançada pela editora da Unicamp. Quando escrevi a tese, estávamos sob um regime autoritário e a intenção era deixar claro que se tratava de uma tentativa de entender por que no Brasil a democracia era tão débil. A publicação de 1982 teve mais repercussão do que a primeira, recebendo uma elogiosa resenha de José Guilherme Merquior no *Jornal do Brasil*. Por outro lado, Gabriel Cohn, professor da USP, fez uma crítica bastante agressiva no *Leia Livros* em que dizia que publicar um livro como aquele era uma coisa autoritária que não deveria ser permitida. Olhando no Google Scholar, que funciona como medida do impacto de uma publicação, vejo que o livro, em suas diversas versões, foi citado cerca de 1.200 vezes por outros autores, o que indica não ter sido escrito em vão.

A razão pela qual *Bases do autoritarismo brasileiro* provocou tanta resistência, mas também tanto interesse, residiu no fato de eu criticar a maneira como o desenvolvimento do Estado brasileiro e seu relacionamento com a sociedade costumavam ser interpretados e propor um olhar alternativo sobre o tema. O que predominava era uma visão de inspiração marxista relativamente simples, segundo a qual o Brasil, como todos os demais países, tinha evoluído de uma fase feudal para uma fase capitalista e, eventualmente, poderia chegar a uma fase socialista. De acordo com essa visão, havia uma classe dominante, a dos latifundiários e empresários, que comandava o Estado e, através dele, mantinha a classe operária explorada e submissa. Assim, por exemplo, a Revolução de 30 tinha sido nossa revolução burguesa, e nossos sindicatos e movimentos políticos populares seriam formas embrionárias de organização do proletariado.

A grande pergunta era por que a política brasileira não evoluía "como devia". A resposta habitual era que consistíamos num país anômalo, porque tínhamos um passado de escravidão, uma grande população nas cidades vivendo de forma precária, sem emprego regular, e uma economia apoiada principalmente na agricultura. Além disso, éramos um país semicolonial, dependente das grandes potências, que tratavam os países dependentes de forma semelhante à que a burguesia tratava o proletariado. Para que o país se desenvolvesse e cumprisse seu destino, seria necessário que se industrializasse, que se livrasse da dominação imperialista e que toda a população de ex-escravos, de camponeses e de favelados se tornasse consciente de seus interesses e se organizasse politicamente como classe. Esta é, evidentemente, uma caricatura, mas, à medida que fui ampliando a leitura de diferentes autores, fui vendo que, em sua grande maioria, o que os textos apresentavam se encaixava em uma das diversas variantes dessa narrativa.

O que busquei mostrar é que o sistema político não era mero instrumento dos interesses dos ricos e poderosos, tendo uma dinâmica própria que precisava ser mais bem entendida. A chave para essa interpretação vinha da leitura dos textos de Max Weber sobre as diferentes formas de dominação política legítima: uma "de baixo para cima", em que o Estado representava os interesses dos setores que conseguiam ganhar as disputas eleitorais; e outra "de cima para baixo", em que o Estado organizava e comandava a sociedade civil e a economia com autonomia.

No primeiro caso, os governantes exercem o poder em nome daqueles que representavam, com regras e mandatos bem definidos — era a dominação racional-legal. No segundo caso, o Estado funcionava como um patrimônio dos governantes, que se utilizavam de sua autoridade e de seu poder para extrair e controlar a riqueza do país — era o Estado patrimonial. Conforme Weber, havia ainda uma terceira forma de dominação à qual, na época, não dei a importância devida. Tratava-se da dominação carismática, que é quando os poderes constituídos são atropelados por líderes considerados portadores de qualidades extraordinárias e, por isso, são apoiados por grande parte da população.

A existência ou predomínio de uma ou de outra forma de dominação — ou seja: "de baixo para cima" ou "de cima para baixo" — resultava da maneira pela qual os Estados modernos haviam se constituído e evoluído. Se pelo desenvolvimento do sistema racional-legal, a partir de um poder fragmentado entre feudos autônomos, que colocavam limites ao poder dos monarcas; ou se pela evolução do sistema patrimonial, a partir do poder militar ou comercial do estamento dominante, que não permitia o surgimento de grupos ou setores que contestassem seu poder.

Assim, a espinha dorsal de meu livro era a de que no Brasil coexistiam duas formas de dominação: uma de tipo patrimonial, herdada da Coroa portuguesa e que nunca dependeu de poderes feudais para existir, consolidando-se na capital do país, o Rio de Janeiro; e outra, de tipo mais contratual, originada da parte mais dinâmica e autônoma da economia, baseada sobretudo em São Paulo. Daí o fato de uma das teses mais controvertidas e questionadas do livro ser a de que, no Brasil, o centro do poder econômico sempre teve uma posição relativamente subordinada, e por isso conflituosa, com o centro político.

As primeiras manifestações desse conflito surgiram já nos tempos da Colônia, quando bandeirantes paulistas saíam para o interior em busca de ouro e indígenas para escravizar e se chocavam com os portugueses em lutas sangrentas, como na Guerra dos Emboabas, pelo controle da exploração do ouro em Minas Gerais. Mais tarde, os "barões do café" paulistas seriam uma força decisiva na derrubada do Império, entrando, depois, em um longo período de conflito e acomodações com os militares e os políticos republicanos do Rio de Janeiro e de outras partes pelo controle do novo regime.

A República Velha, iniciada em 1930 e descrita como a "República do Café com Leite", em referência à hegemonia política de São Paulo e Minas Gerais, foi também um período de insurreições militares que terminou com os cavalos do gaúcho Getulio amarrados no obelisco do Centro do Rio de Janeiro. Derrotados, os paulistas tentaram uma insurreição em 1932, perderam novamente, e muitas décadas passariam antes que um paulista chegasse à Presidência da República.

À medida que o sistema político foi se abrindo, duas formas predominantes de participação política foram se estabilizando: a de representação, em que os grupos na sociedade se juntavam para, de baixo para cima, defender seus interesses e chegar ao governo; e a de cooptação, em que o estamento político dominante arrebanhava os eleitores e distribuía favores e benefícios para se manter no poder. São Paulo, com uma agricultura moderna e uma indústria em expansão, tinha o modelo que mais se assemelhava, no Brasil, a um sistema político típico das democracias ocidentais, em que os diferentes interesses se mobilizavam para disputar o poder.

Na maior parte do país, o que prevalecia era a tradicional política dos "coronéis", em que os políticos locais trocavam favores com o governo central por meio de votos obedientes e submissos, quando não fraudados, nas eleições. Escrevendo sobre os conflitos entre a elite política paulista e as elites dos demais estados nos anos 20, um autor da época disse que, "para os paulistas, a política era uma forma de melhorar seus negócios; para quase todos os outros, a política era o seu negócio".[3]

Claro que o contraste entre São Paulo e outras regiões era uma simplificação, já que as diferentes maneiras de fazer política ocorriam em todas as partes, mas era em relação a São Paulo que essa oposição se manifestava de modo mais agudo. Na década de 70, minha interpretação era a de que o regime militar representava o predomínio do estamento patrimonial burocrático, herdeiro do antigo Estado patrimonial português, enquanto em São Paulo surgia o embrião de uma política mais autônoma, apoiada em uma sociedade mais organizada, que acabaria por preponderar.

Outro fato decorrente dessa interpretação era a existência de culturas políticas muito distintas em regiões diversas do país, com os paulistas organizando seus próprios partidos e olhando o território brasileiro como se este fosse mera extensão de São Paulo, os cariocas tendo dificuldade para reconhecer que São Paulo existia com identidade própria, os gaúchos de fronteira cultivando suas tradições bélicas de caudilhos, maragatos e chimangos, e as elites mineiras e nordestinas especializadas em trocar votos por favores políticos, na tradição coronelista tão bem descrita por Victor Nunes Leal no seu *Coronelismo, enxada e voto*. A Amazônia ainda não tinha expressão política nessa época.

Outras pessoas, antes de mim, já vinham trabalhando com essas ideias. *Os donos do poder*, de Raymundo Faoro, saiu em Porto Alegre em 1958 e era uma referência para o nosso grupo em Belo Horizonte muito antes de se tornar um clássico. Faoro fazia amplo uso das ideias de Weber, autor que também tinha servido de inspiração para o livro de Sérgio Buarque de Holanda *Raízes do Brasil*, de 1936, e depois para Alberto Guerreiro Ramos, em seu texto de 1946 sobre a sociologia de Max Weber.[4] Mas existiam diferenças importantes. Sérgio Buarque pensou em Weber do ponto de vista da cultura; Guerreiro Ramos, do ponto de vista administrativo; e Faoro, do ponto de vista institucional e jurídico. O que tentei fazer, certamente influenciado pelo curso de Reinhard Bendix a que assisti em Berkeley, foi me valer das ideias de Weber como sociólogo e historiador, ou seja, com o foco na dinâmica, nas transições e nas tensões entre os vários tipos ideais de dominação.

A tese de doutorado de Philippe Schmitter, publicada em 1971 como *Interest Conflict and Political Change in Brazil*, que, infelizmente, não foi traduzida nem muito comentada no Brasil, representou um extraordinário esforço para descrever e interpretar a política brasileira como um sistema corporativo, ou seja, de cooptação. Alguns anos depois, Schmitter publicaria um artigo sobre o corporativismo em suas diversas modalidades, intitulado "Still the century of corporatism", que se tornaria referência. E, trabalhando independentemente ou em colaboração com Schmitter, Guillermo O'Donnell ficaria internacionalmente conhecido por seus textos sobre os regimes burocrático-autoritários na América Latina e a questão da transição para a democracia.[5]

Alguns anos depois da apresentação no Cebrap, publiquei na *Dados: Revista de Ciências Sociais* uma troca de comentários e críticas com Fernando Henrique Cardoso e Fábio Wanderley Reis sobre desenvolvimento político e classes sociais, nos quais eu criticava Cardoso por ainda manter a visão tradicional marxista. Ele não concordou, mas acho que foi a partir daí que passou a incorporar em seus textos os temas do patrimonialismo e do Estado burocrático. Fábio, por seu lado, achava e continuou achando que minhas teorias sobre "representação e cooptação política" não acrescentavam nada.[6]

Populismo, instituições e formação do Estado

O Brasil mudou muito deste então, mas os paulistas continuam comemorando o 9 de julho de 1932, dia da fracassada Revolução Constitucionalista, que, em outras partes do país, mal se sabe o que foi. Esse tema da diferenciação regional destacou-se em minha tese de doutorado — cuja tradução do título em inglês era "As divisões regionais e o patrimonialismo político no Brasil" — e continuou presente na primeira edição do livro, que acentuava o contraste entre São Paulo e o Estado nacional. Mas ficou em segundo plano quando mudei o título para *Bases do autoritarismo*.

Minha expectativa era que o sistema de representação política acabasse prevalecendo sobre o de cooptação e que o Brasil pudesse evoluir para uma democracia representativa moderna estável. O patrimonialismo burocrático, herdeiro do velho patriarcalismo, não é incompatível com a racionalidade e a modernização. Mas, como indicado na tese de doutorado de Elisa Pereira Reis,[7] entre outros estudos, trata-se de uma modernização autoritária, que encontra seus limites na desigualdade que perpetua e nas ineficiências que gera, se comparada com a riqueza das sociedades abertas e pluralistas.

Três pontos importantes ficaram faltando nesse trabalho, os quais deveriam ser levados em consideração se eu fosse retomá-lo 50 anos depois. O primeiro é um tratamento melhor do fenômeno do populismo. Na época, eu achava que o populismo era somente uma forma de cooptação política. Mas a história brasileira — com Adhemar de Barros, Jânio Quadros, Collor, Lula e Jair Bolsonaro — mostrou que o populismo inclui também um forte componente de carisma, já apontado por Weber como uma das três formas de dominação política. O segundo ponto envolve um tratamento mais específico das instituições centrais da democracia — o presidencialismo, o parlamento, o judiciário e o sistema partidário — e a capacidade que tais instituições têm ou não de desempenhar a função central de mediação de conflitos em contextos diversos. E de permitir, ou não, que as políticas públicas sejam implementadas com um mínimo de racionalidade, temas analisados posteriormente por Bolívar Lamounier, Sérgio Abranches e outros.[8]

O terceiro ponto, finalmente, seria um tratamento mais amplo e atualizado da questão da formação do Estado, ou *state building*, na expressão inglesa. Ou seja, um aprofundamento sobre como os Estados nacionais desenvolvem ou não a capacidade de controlar seu território, garantir o monopólio do uso legítimo da força e manter em funcionamento suas instituições, além de assegurar que as atividades econômicas se desenvolvam. Tratei um pouco desse tema quando contrastei, usando os conceitos de Weber, o patrimonialismo e o corporativismo, que têm origem em uma história de poder centralizado, e a dominação racional legal, que expressa um pacto entre diferentes setores da sociedade que impõe limites ao poder do governo central. Mais do que um simples modelo formal, os Estados patrimoniais se formam a partir da concentração de poder econômico e militar, começando, no mundo antigo, pelas "sociedades hidráulicas", como no Egito e na Mesopotâmia, ou pelos impérios erguidos pela força das armas, como os da China e da Turquia.

Os Estados democráticos modernos, como Inglaterra, França e Estados Unidos, se formaram não somente pela ampliação das forças organizadas da sociedade civil em contraposição ao poder real, mas também pela construção de vastos impérios e guerras sangrentas, como as de Napoleão e a Guerra Civil Americana. No Brasil, no início, o alcance do poder patrimonial dos portugueses e depois do Império ia pouco além do controle da capital e dos principais portos, e o Estado só começou a ganhar mais envergadura com a profissionalização das Forças Armadas, na Guerra do Paraguai. Os processos de formação e construção do Estado são diferentes e podem ser conflitantes com os de consolidação da democracia. Nos últimos anos, tem havido uma preocupação cada vez maior com a existência de Estados fracassados, seja porque não conseguiram se consolidar, seja por se tornarem disfuncionais.[9]

V. CIÊNCIA E TECNOLOGIA

12. Finep

Em meados dos anos 70, recebi um convite de Isaac Kerstenetzky,[1] presidente do Instituto Brasileiro de Geografia e Estatística, para conversar. Ele havia criado uma área de pesquisa social no Instituto, que até então só lidara com temas de geografia, demografia e economia, e me convidou para participar desse trabalho. Respondi que gostaria muito, mas que tinha sido preso, havia um processo contra mim na Justiça Militar e, seguramente, meu nome não seria aprovado pelo Serviço Nacional de Informações, o que de fato aconteceu.

Pouco tempo depois recebi um convite parecido de José Pelúcio Ferreira,[2] presidente da Financiadora de Estudos e Projetos, a Finep, e, na conversa, mencionei o veto do governo em relação ao IBGE, que, como a Finep, pertencia ao Ministério do Planejamento. Pelúcio então teve a ideia de, em vez de me contratar, propor um acordo à FGV para que me cedesse, com a Finep assumindo o pagamento do meu salário. Dessa forma, não seria preciso submeter meu nome a Brasília. Deu certo e comecei a trabalhar, sem deixar de lado minha atividade de professor no Iuperj.

Tanto Isaac, do IBGE, quanto Pelúcio, da Finep, haviam sido nomeados pelo ministro do Planejamento, João Paulo dos Reis Velloso, que fundara o Instituto de Pesquisas Econômicas Aplicadas, o Ipea (então chamado de Epea), no governo Castelo Branco por indicação do economista Roberto Campos. Graças à liderança de Velloso, o Ministério do Planejamento se transformou em um espaço aberto a estudos e pesquisas independentes, mantendo contatos e diálogos com pessoas e instituições que não se alinhavam, necessariamente, ao regime militar.

No Ipea foram feitos, com a participação de Albert Fishlow, Pedro Malan e Regis Bonelli, os primeiros trabalhos sobre desigualdade de renda no país questionando a política econômica adotada pelos militares.[3] Velloso e equipe eram nacionalistas, acreditavam em números e na força do planejamento, mas também achavam que era importante pensar no "social", na pobreza e na cultura. Assim, Isaac contratou um grupo de antropólogas para a nova área de pesquisa social do IBGE,[4] enquanto eu fui encarregado por Pelúcio de cuidar, na Finep, de um novo programa de apoio à cultura, o Pró-Cultura.

A Finep havia sido criada em 1967, a partir do BNDE, como uma empresa de direito privado para administrar um fundo de financiamento de estudos e projetos na área econômica. Em 1971, acabou assumindo a Secretaria Executiva do Fundo Nacional de Desenvolvimento Científico e Tecnológico (FNDCT), criado dois anos antes. Ao contrário da FGV no Rio de Janeiro, que, mesmo sendo uma entidade privada, era administrada segundo as rígidas regras do serviço público, que em geral tolhiam as iniciativas, na Finep havia a sensação de que tudo era possível.[5] A Finep talvez tenha sido a primeira empresa pública no Brasil com um formato institucional, idealizado por um de seus diretores, Bruno da Silveira, que permitia flexibilidade para agir. Um dia perguntei a Bruno, meu diretor direto, de quanto dinheiro a Finep dispunha e fiquei espantado quando ele me respondeu "depende", dando em seguida uma explicação tão complicada que não consigo reproduzir. Na prática, contudo, a impressão era de que os recursos eram ilimitados.

O FNDCT reunia um conjunto de recursos do orçamento federal destinado a projetos listados no Plano Nacional de Desenvolvimento Científico e Tecnológico, que a Finep cobrava para administrar. Dessa forma, a empresa tinha recursos para emprestar ou financiar projetos desde que os achasse interessantes, funcionando simultaneamente, portanto, como banco e como agência de fomento. Com a crise do petróleo em 1974, o "milagre econômico" dos anos anteriores ficou seriamente abalado, mas o ambicioso projeto de tornar o Brasil uma grande potência econômica e militar persistiu ao longo do governo Geisel. Assim, os técnicos da Finep viajavam pelo país buscando projetos inovadores e possíveis tomadores de recursos, fosse na forma de empréstimos subsidiados para empresas, fosse na forma de doações ("a fundo perdido", como aprendi a dizer) para instituições públicas e privadas não lucrativas.

As portas da sala de Pelúcio pareciam estar sempre abertas, mas, claro, eu era júnior demais para entrar sem ser chamado. Quando era convocado pela secretária e chegava ali, ele invariavelmente estava acompanhado de uma ou mais pessoas que podiam ser cientistas, empresários, funcionários do governo ou técnicos da própria Finep, todos entretidos em uma conversa aparentemente descontraída e interminável. Ele me fazia entrar no papo, em que se falava sobre alguns projetos em curso, contavam-se piadas, discutia-se futebol e, como quem não quer nada, ia me passando os recados e as orientações que queria me dar. Uma presença frequente na sala era a do físico-químico José Israel Vargas, que fazia a ponte entre a agência e a comunidade científica. Formado em Cambridge e ex-pesquisador do Centro de Pesquisas Nucleares de Grenoble, na França, era mineiro como Pelúcio, tinha um passado de militância de esquerda e seria, nos anos 90, ministro da Ciência e Tecnologia nas gestões de Itamar Franco e Fernando Henrique Cardoso. Eu ficava impressionado como Pelúcio, e também os outros diretores e técnicos, eram capazes de entender detalhes de áreas tão diferentes e falar sobre elas com desenvoltura.

Os projetos

Na Finep circulavam projetos militares, universitários, empresariais, de computação, tecnologia agrícola, indústria de armamentos, energia nuclear, indústria farmacêutica, entre outros.[6] Além de financiar universidades e órgãos públicos, havia empenho em estimular a criação de empresas nacionais que pudessem atuar com tecnologias de ponta na área de computação — eram os anos da política nacional de reserva de mercado de informática, liderada pela Finep. Uma das áreas de interesse era a de produção de sementes agrícolas, outra era a de criação de consultorias capazes de desenvolver os tais "estudos e projetos" anunciados no próprio nome da Finep.

Os cursos de administração de empresa da FGV em São Paulo (Easp), do Instituto de Pós-Graduação e Pesquisa em Administração (Coppead), da UFRJ, e da Fundação João Pinheiro, em Belo Horizonte, receberam apoio para fortalecer os quadros de professores em tempo integral e de pesquisadores nas áreas de finanças, operações e marketing. O Programa de Treinamento em Administração de Pesquisas (Protap), coordenado por João Batista Araujo e Oliveira, promovia seminários tendo em vista justamente aumentar a capacidade gerencial das instituições de pesquisa para elaborar e acompanhar projetos e formar equipes.

Uma vez identificado e aprovado um projeto, o dinheiro ia para a pessoa responsável da maneira mais simples e descomplicada possível. Ficou conhecido o caso de Alberto Luiz Coimbra, que fundou a Coordenação de Programa de Pós-Graduação em Engenharia (Coppe) na Faculdade de Engenharia da UFRJ. Os recursos da Finep iam diretamente para ele, sem passar pela burocracia da universidade, e ele tinha toda a liberdade para decidir quem contrataria, quanto pagaria, que cursos seriam dados, quem iria estudar no exterior, que tipo de cooperação seria estabelecida com as universidades estrangeiras, quanto gastaria com professores visitantes, equipamentos, instalações etc. A Coppe se firmou como um dos principais casos de sucesso da Finep, mas anos depois Coimbra sofreu processos complicados, sendo acusado — e posteriormente inocentado — de uso indevido de recursos públicos. Hoje, em uma justa homenagem, o nome oficial da Coppe é Instituto Alberto Luiz Coimbra de Pós-Graduação e Pesquisa em Engenharia.

A reorganização do sistema nacional de ciência e tecnologia

Pelúcio tratou de reorganizar as instituições brasileiras de ciência e tecnologia, levando o antigo Conselho Nacional de Pesquisas, que estava praticamente desativado e era subordinado à Presidência da República, para o Ministério do Planejamento, agora com o nome de Conselho Nacional de Desenvolvimento Científico e Tecnológico (que continuou a usar a sigla CNPq). Uma inovação importante foi abrir o conselho para a área de ciências sociais, até então excluída. A ideia era juntar o CNPq com a Finep e os recursos do FNDCT, formando o embrião de um futuro Ministério da Ciência e Tecnologia. No final, a presidência do CNPq foi dada a José Dion de Mello Teles, engenheiro formado pelo Instituto Tecnológico de Aeronáutica que não era da confiança de Pelúcio, que ficou na vice-presidência, acumulando o cargo com a presidência da Finep.

Mais importante do que a mudança no organograma foi a institucionalização do sistema de avaliação por pares, através de comitês assessores criados para selecionar os projetos que receberiam recursos do CNPq. Além de melhorar a qualidade dos projetos, esse sistema oferecia a grande vantagem de fazer com que os pesquisadores se sentissem parte das instituições das quais participavam e corresponsáveis por elas. Integrei o primeiro comitê na área de ciências sociais e, mais adiante, um comitê específico dedicado a apoiar publicações científicas. Em 1979 o sistema de avaliação por pares também foi adotado pela Capes, a agência de coordenação dos programas de pós-graduação, na gestão de Claudio de Moura Castro, em um formato que, em linhas gerais, perdura até hoje.[7]

O grande salto à frente

Na edição revista do livro que resultou de uma pesquisa que coordenei na Finep, *Formação da comunidade científica*, refiro-me a esse período em que lá trabalhei como tendo sido o do "grande salto à frente", em alusão intencional à fracassada tentativa da China de saltar de uma economia agrícola para uma economia socialista em poucos anos, o que foi um grande desastre. No Brasil, na área de educação superior, ciência e tecnologia, a tentativa do "grande salto" incluiu, além da atuação da Finep, a reforma da educação superior de 1968, com a criação de institutos de pesquisa e cursos de pós-graduação; a criação de novas instituições, como a Unicamp, em Campinas, e a Coppe, no Rio de Janeiro; a implantação da política de reserva de mercado na área de informática; e projetos civis e militares de envergadura nas áreas nuclear, espacial, aeronáutica e de armamentos.

A expectativa dos economistas da Finep de vincular a política de ciência e tecnologia à política econômica e industrial nunca se concretizou, na prática. Embora se falasse muito de planejamento naqueles anos, na realidade a economia era comandada pelo Ministério da Fazenda, primeiro por Delfim Netto e, depois, por Mario Henrique Simonsen, muito mais focados nas questões financeiras e no fortalecimento do mercado. O Ministério do Planejamento, através sobretudo do Banco Nacional de Desenvolvimento Econômico, era responsável pela implementação das ações de política industrial previstas nos planos nacionais de desenvolvimento (PND I, 1972-1974; e PND II, 1975-1979).

A política industrial era conduzida à parte pelo Ministério da Indústria e Comércio, comandado por Severo Gomes, que atuava independentemente, preocupado em defender a indústria nacional da competição internacional. Dentro desse ministério havia a Secretaria de Tecnologia Industrial, dirigida pelo baiano José Bautista Vidal, responsável por dar início ao Programa Nacional do Álcool (Proálcool) e por um projeto de industrialização do nióbio. Mas Vidal não atuava de forma coordenada com a Finep, que tinha seu próprio Programa de Apoio ao Desenvolvimento Tecnológico da Empresa Nacional (Adten).[8]

Os eventuais desacertos entre as políticas econômicas, de ciência e tecnologia e de desenvolvimento industrial nos anos 70, e suas consequências, são temas a serem aprofundados pelos historiadores econômicos. Fato é que, em 1979, com uma nova crise do petróleo e o aumento das taxas de juros internacionais, o país praticamente foi à falência, enterrando definitivamente o projeto de Brasil Grande. Boa parte dos recursos para o financiamento de pesquisa e de pós-graduação desapareceu e o regime militar começou a implementar sua estratégia de retirada, devolvendo o poder aos civis.

Mas as instituições criadas e os vários projetos de porte iniciados nos poucos anos de ouro da Finep continuaram existindo como se nada tivesse acontecido. No início do governo Sarney, em 1985, a política de reserva de mercado foi transformada em lei e o Congresso aprovou a criação do Ministério da Ciência e Tecnologia, entregue a Renato Archer, ex-militar que fizera carreira política no Maranhão tendo como secretário executivo Luciano Coutinho, economista da Unicamp.

O número de pessoas, agências, universidades e outras instituições envolvidas com ciência, tecnologia e inovação cresceu enormemente nos anos 70 e 80, demandando sempre mais recursos, que já não existiam na mesma escala. A Finep também continuou existindo, mas perdeu a agilidade dos tempos de Pelúcio Ferreira. Há críticas ao fato de o FNDCT ser administrado por técnicos da empresa e não por um sistema consolidado de avaliação por pares, como ocorre no CNPq, na Capes e na Fundação de Amparo à Pesquisa do Estado de São Paulo (Fapesp). Que eu saiba, realmente nunca houve uma avaliação robusta do impacto dos financiamentos subsidiados pela Finep para empresas tendo em vista a melhoria da capacidade de inovação no país.

Cultura e história da ciência

Minha missão inicial na Finep era criar um portfólio e avaliar propostas na área da cultura que poderiam abranger a área social. Um dos projetos que financiamos foi o da Discos Marcus Pereira, gravadora que se dedicava à produção de discos de música popular brasileira folclórica e de qualidade, em contraposição à invasão do mercado fonográfico por música americana. Os long-plays com as músicas de Cartola e da Banda de Pífanos de Caruaru eram preciosos, mas a empresa não conseguiu se viabilizar. Houve também projetos de apoio ao Arquivo Nacional e à Biblioteca Nacional.

Chegavam ainda pedidos de instituições de pesquisa social, e Mário Brockman Machado, que havia se formado no Departamento de Ciência Política da UFMG, foi convidado a integrar a diretoria da Finep, ficando responsável pela área. Mário era filho do general Bina Machado, muito respeitado no meio militar, o que deve ter contribuído para a sua nomeação. No início, meu relacionamento com ele foi difícil porque eu, como técnico, tendia a reprovar a maioria das propostas referentes a ciências sociais enviadas para nós por considerá-las ruins. Já Mário, como diretor, tendia a aprová-las, porque queria fortalecer o setor.

O problema se resolveu quando deixei a área operacional e passei a trabalhar com o Grupo de Pesquisas da Finep, dirigido por Fábio Erber e José Tavares de Araujo, o qual, soube mais tarde, foi quem sugerira a Pelúcio me chamar para a Finep. Formado por economistas, entre os quais Ricardo Bielschowsky, Eduardo Augusto Guimarães e Sulamis Dain, o grupo se dedicava aos temas de política industrial e de inovação em uma perspectiva desenvolvimentista e nacionalista. Algum tempo depois a economista Maria da Conceição Tavares saiu de Campinas e veio para o Rio de Janeiro, a fim de integrar a equipe.

Com o início do governo Figueiredo, em março de 1979, a presidência da Finep passou para Alfredo Baumgarten, e Pelúcio se afastou. Baumgarten nomeou o economista Marcelo de Paiva Abreu como um dos diretores, ao qual fiquei subordinado. Quando publiquei um artigo em jornal comentando a transição, fui repreendido por ele, que me disse que eu, como funcionário, não poderia publicar coisas daquele tipo sem autorização. Com isso, achei que era hora de sair da Finep e voltar para a FGV, dessa vez para o Centro de Pesquisa e Documentação em História Contemporânea, o Cpdoc, criado por Celina Vargas Amaral Peixoto.

Depois que Pelúcio se afastou, a equipe do Grupo de Pesquisas se transferiu para a UFRJ, onde fundou o Instituto de Economia Industrial, que mais tarde passou a integrar o atual Instituto de Economia da universidade. Tentei também criar um setor de estudos e pesquisa dedicado à sociologia e política de ciência e tecnologia no Iuperj que, provavelmente, teria tido apoio da Finep, mas não consegui.

13. A COMUNIDADE CIENTÍFICA

História da ciência

Foi de José Pelúcio Ferreira a ideia de fazer um estudo sobre a história da ciência e da tecnologia no Brasil. Ele já havia conversado sobre isso com Isaac Kerstenetzky e o economista Annibal Villela, autor de vários trabalhos sobre a história da industrialização. Villela chegou a esboçar um projeto, mas não teve condições de tocar o trabalho, que caiu nas minhas mãos. Pelo que entendi, o objetivo era mostrar como a tecnologia foi importante nas diversas etapas do desenvolvimento econômico do país e, assim, reforçar a tese de que era necessário continuar a investir em tecnologia para continuar desenvolvendo. Eu não teria como fazer isso por não ser economista e por não acreditar que fosse factível, mas Pelúcio tinha interesse e curiosidade também sobre as pessoas que haviam contribuído para a ciência e a tecnologia do país. Concordamos, então, em criar um grande projeto para registrar o depoimento do maior número possível de cientistas e pessoas que tivessem tido esse papel e, dessa forma, escrever a história do desenvolvimento da ciência brasileira.

A partir daí, como era de seu estilo, Pelúcio me forneceu todos os recursos que pedi e me deu total carta branca. Tomamos desde o início a decisão — hoje acho que errada — de nos concentrarmos nas ciências naturais, excluindo as áreas aplicadas (como medicina e engenharia), a matemática (por não ser uma ciência empírica) e as ciências sociais. Isso era bem diferente do que Pelúcio e Villela tinham imaginado, mas não houve objeção. Tínhamos um plano de trabalho bem concreto, mas diferente do que poderia ter sido traçar a história da tecnologia em um país em que ela ainda era incipiente.

Fizemos um acordo de cooperação com o Cpdoc, que estava desenvolvendo um programa de história oral coordenado pela socióloga Aspásia Camargo, e formei uma equipe com estudantes de pós-graduação no Iuperj, pesquisadores do Cpdoc e técnicos da Finep.[1] O objetivo era levantar tudo o que já havia sido publicado sobre o tema, preparar uma cronologia detalhada da ciência no Brasil, definir quem seriam os entrevistados e realizar as entrevistas. Não estávamos começando do zero. Em 1954, por ocasião dos 400 anos de fundação da cidade de São Paulo, o jornal *O Estado de S. Paulo* publicara uma série de textos sobre a história das ciências no Brasil, em parte reunidos em 1955 no livro *As ciências no Brasil*, organizado por Fernando de Azevedo e reeditado recentemente pela UFRJ.

Fizemos cerca de 70 entrevistas, algumas bastante longas, devidamente gravadas e transcritas, e que hoje estão no acervo do Cpdoc. Para transcrevê-las, passando da linguagem informal para textos gramaticalmente limpos, contratamos uma equipe de gente de literatura coordenada pelo escritor Marcílio Moraes. A grande maioria dos cientistas que convidamos para dar depoimento nos recebeu bem, ainda que com algumas frustrações. Foi o caso de Gleb Wataghin, que trouxe a física de partículas para o Brasil e emprestou seu nome para o Instituto de Física da Unicamp. Conseguimos conversar com ele, todavia ele não quis gravar entrevista. Felizmente tínhamos o texto de um depoimento seu dado ao físico Cylon Gonçalves da Silva e o usamos. O astrônomo e matemático Lélio Gama, ex-diretor do Observatório Nacional, com mais de 90 anos, também nos atendeu amavelmente, mas preferiu nos mandar um texto escrito.

Um nome que aparecia várias vezes nas entrevistas com pesquisadores da área de genética e biologia era o de Harry S. Miller, funcionário da Fundação Rockefeller. Ele trabalhou no Brasil nos anos 40 e foi responsável por identificar e enviar muitos desses pesquisadores para estudos avançados nos Estados Unidos. Conseguimos localizá-lo e trazê-lo ao Brasil, promovendo seu reencontro com antigos bolsistas. Contudo, com mais de 90 anos, ele já não tinha muito a acrescentar sobre o importante apoio da Fundação Rockefeller à ciência brasileira daqueles anos.

O fato de nossa pesquisa estar sendo realizada por uma agência governamental em pleno regime militar gerou desconfiança entre alguns entrevistados, em especial os que haviam sido atingidos diretamente pela repressão. Foi ótimo quando conseguimos aproveitar a ida de um de nossos pesquisadores à Europa e ele entrevistou o físico José Leite Lopes, que estava exilado. No Brasil, não foi fácil convencer o também físico Mário Schenberg de nossas boas intenções, mas, finalmente, ele se deixou entrevistar.

Em 1978 passei um semestre como visitante no Woodrow Wilson Center, que ocupava o último andar do castelo do Smithsonian Institute, na Esplanada dos Museus, em Washington D.C. Lá pude completar o principal produto do projeto que me coubera coordenar na Finep: a organização do livro *Formação da comunidade científica no Brasil*. Lançado em 1979, esse livro depois foi revisto e publicado em inglês com novas edições em português. A partir da segunda edição, introduzi um epílogo para acrescentar os desenvolvimentos mais recentes.[2]

O Wilson Center, criado pelo Congresso americano, pretende ser um lugar de encontro entre as ciências sociais e políticas e o mundo dos políticos e governantes. A única obrigação dos visitantes, como eu, era fazer uma apresentação de seu trabalho para uma plateia de convidados. No meu dia, a sala estava cheia, não por minha causa, mas pela presença da minha então colega Gloria Steinem, escritora feminista bastante conhecida. Falei de meu projeto sobre o desenvolvimento da ciência no Brasil e fiquei sem saber o que responder quando o diretor do Centro, James H. Billington, autor de um clássico sobre a cultura russa, me perguntou que interesse um estudo sobre a ciência no Brasil poderia ter para um leitor americano. A noite era, definitivamente, de Gloria Steinem.

O livro *Formação da comunidade científica no Brasil* narra a história da comunidade científica brasileira e de suas instituições, do Império aos anos 70. Começa com a descrição do mito de Sísifo, condenado a carregar eternamente uma pedra morro acima, e termina com uma referência ao que dizia Max Weber sobre o "demônio" que temos dentro de nós — essa compulsão que nos leva a trabalhar pela ciência e pelo conhecimento mesmo sem saber até onde conseguiremos chegar. Diferentemente dos espanhóis, que implantaram universidades em suas colônias na América Latina já no século 16, os portugueses só criaram as primeiras escolas superiores no Brasil com a chegada da família real, no século 19. E nossas primeiras universidades só surgiriam no século 20. Nossos primeiros pesquisadores eram estrangeiros contratados pelo Império para dirigir instituições como o Museu Nacional, o Observatório Nacional e o Museu Goeldi, este último no Pará.

No fim do século 19 e começo do século 20 apareceram os primeiros grupos de pesquisa em agricultura, medicina e saúde pública, que já incluíam brasileiros formados no exterior. Mas a ideia de que o governo federal deveria se empenhar no desenvolvimento da ciência e da tecnologia só adquiriu forma nos anos 50, com a institucionalização do Conselho Nacional de Pesquisas (o antigo CNPq), liderado pelo almirante Álvaro Alberto, que sonhava desenvolver no Brasil a energia nuclear. A tentativa fracassou, assim como o projeto de Brasil Potência do tempo áureo da Finep, nos anos 70. Em ambos os casos, porém, ficaram pessoas e instituições que, de uma forma ou de outra, seguiram adiante.

Além do livro sobre a comunidade científica, publicamos um outro sobre a história da Escola de Minas de Ouro Preto, escrito a nosso convite por José Murilo de Carvalho; organizamos um livro sobre as instituições de pesquisa do Rio de Janeiro; João Batista Araujo e Oliveira escreveu outro livro sobre as carreiras científicas e os novos centros de excelência em pesquisa que estavam sendo instituídos no Brasil; e Ricardo Guedes, que cursara graduação em física, redigiu sua dissertação de mestrado em ciência política sobre a formação da comunidade de físicos no Brasil, que ficou inédita.[3] Desde então, os estudos sobre a história e o desenvolvimento da pesquisa no Brasil se multiplicaram e em 1983 foi criada a Sociedade Brasileira de História da Ciência (SBHC), que agrupa os que se dedicam ao tema.

Sociologia da ciência

A partir do projeto sobre a formação da comunidade científica no Brasil, comecei a procurar entender as diferentes abordagens e perspectivas que existiam no campo da ciência e da tecnologia, frequentando, por exemplo, as reuniões do Comitê de Pesquisa de Sociologia da Ciência e da Tecnologia, pertencente à Associação Internacional de Sociologia, que cheguei a presidir.

Minha premissa era a de que a ciência era boa e necessária para que o país pudesse se modernizar e se desenvolver. A partir daí, no entanto, surgiam várias questões, algumas mais filosóficas, outras bem mais práticas. O que é a ciência, comparada com outras formas de conhecimento? Quais as diferenças e quais as relações entre ciência, tecnologia e inovação? Por que em algumas sociedades as ciências se desenvolvem mais e em outras menos? Quem financia a ciência? Como os cientistas se organizam em seu trabalho? Qual a relação da ciência com as universidades, as empresas e o Estado? Em que medida esse relacionamento afeta a maneira pela qual a ciência e a tecnologia se desenvolvem e a priorização de certos temas? O que se deve fazer para que a ciência se fortaleça e produza os resultados que se espera em termos de aplicações e desenvolvimento econômico e social?

Salta aos olhos que não existe uma coisa chamada "Ciência" (com "C" maiúsculo), e sim atividades diferentes desenvolvidas por grupos de pessoas que se denominam cientistas. Esses grupos se organizam em departamentos universitários, publicam artigos em revistas especializadas, se encontram em congressos, se filiam a academias e são financiados por agências de pesquisa. Mas será que, além desse comportamento e dessas formas de organização semelhantes, existe algo em comum relativo à maneira como trabalham que justifique afirmar que todos eles fazem "ciência"? Existiria um método de desenvolver conhecimento científico que seria claramente identificável e que o distinguiria do conhecimento do sentido comum? Afinal, o que os físicos fazem em um centro de pesquisas de altas energias é muito diferente do que fazem, em seu cotidiano de trabalho, um químico ou arqueólogo, um economista, um biólogo, um pedagogo ou um historiador.

Há séculos os filósofos da ciência tentam responder a essas perguntas, e uma resposta simples é a de que a ciência é um processo racional e cumulativo de busca da verdade baseado na observação dos fatos. Já o conhecimento comum fundamenta-se nas experiências de cada um e em crenças e interpretações que herdamos de nossos pais, professores e líderes religiosos, ou que ouvimos de pessoas de nosso convívio, sem maiores verificações e comprovações. Todavia, basta pensar um pouco em palavras como "racional", "cumulativo" e "verdade" para constatar como tudo é bem mais complicado. O que é considerado método "racional" para um físico, com o uso intensivo de modelos matemáticos, pode não significar o mesmo para um biólogo, que trabalha muito mais com descrições, experimentos, aproximações e análises estatísticas. As revoluções científicas quebram as sequências de acumulação de conhecimentos, e o que é "verdade" hoje pode se transformar em equívoco amanhã, ao surgirem novas evidências e entendimentos.

Uma resposta menos ingênua é que não existe um método científico único e sim alguns consensos bastante amplos sobre como proceder, além de métodos e abordagens específicos para diferentes áreas de conhecimento. As ciências físicas avançaram extraordinariamente no uso de modelos matemáticos, combinados com observações sistemáticas e controladas da natureza, estabelecendo um padrão que tem sido proposto como ideal para outras áreas, mas que nem sempre pode ou deve ser replicado.

Na área social existe uma divisão nem sempre clara entre as "ciências sociais" — que utilizam dados e métodos de observação semelhantes aos empregados nas ciências naturais, com destaque para a economia — e as "humanidades" — em especial a filosofia e a literatura, que se baseiam sobretudo na interpretação (ou exegese) de textos e nas narrativas históricas. Existem inúmeras tentativas de classificar as diversas áreas de conhecimento em grandes famílias, a exemplo do que os biólogos usam para classificar os seres vivos. Essas classificações acabam sendo adotadas na organização das universidades e nos livros didáticos, mas muitas vezes não funcionam bem.

Filósofos, economistas e sociólogos lidam com o tema da ciência de forma bastante distinta. Os filósofos tratam de entender o que distingue a ciência de outras formas de conhecimento, como dito acima, e de delimitar o que pode ser compreendido como "verdade" (tema central da epistemologia). Para os economistas, a ciência e a tecnologia tendem a ser vistas como dois lados da mesma moeda e a serem interpretadas como um fator de produção, como capital, trabalho, terra e recursos humanos. As perguntas centrais que se fazem é quanto se investe em ciência e tecnologia e qual a produtividade, ou os benefícios, que tais investimentos produzem. Claro que os economistas sabem a diferença entre ciência básica e aplicada, universitária e empresarial, no entanto tendem a priorizar o lado mais prático, o da rentabilidade dos diferentes tipos de investimentos.

Os sociólogos abordam o tema de duas perspectivas: uma mais institucional e outra conhecida como sendo o "programa forte" da sociologia do conhecimento. Na primeira perspectiva, mais antiga, eles não entram na caixa-preta da atividade científica, aceitando simplesmente que ciência é aquilo que os cientistas dizem que fazem. Procuram entender como as instituições de pesquisa se formam, evoluem, se organizam (em universidades, academias, empresas, setor público, governos) e se relacionam com a sociedade mais ampla, recebendo ou não reconhecimento e apoio para suas atividades. Na segunda perspectiva, os sociólogos, assim como os antropólogos, observam o trabalho dos cientistas em seus laboratórios e na vida profissional, buscando relacionar os produtos desse trabalho às condições e ao contexto social em que foram produzidos. Ou seja, como interagem, que coisas produzem, como vão dando forma a seus produtos, como as controvérsias se desenrolam e se resolvem e como os conhecimentos, inicialmente tentativos, passam, a partir de certo momento, a ser considerados "verdadeiros".

A construção do conhecimento

A pesquisa sobre a história da ciência no Brasil foi feita na perspectiva institucional, entre outras razões porque os principais desenvolvimentos do "programa forte" só ocorreriam a partir do final da década de 70. Grande parte dos autores que vêm escrevendo seguindo essa linha mais recente têm formação em ciências naturais, em especial David Bloor, Bruno Latour, Karin Knorr-Cetina.[4] Lendo David Bloor, consegui entender um pouco das ideias do enigmático Ludwig Wittgenstein, que teve duas vidas. Em uma, foi o autor do monumental *Tratado lógico filosófico*, uma tentativa de, pela lógica, identificar as relações entre linguagem e realidade e estabelecer os limites da ciência. Na segunda vida, ele renegou esse trabalho e se dedicou a escrever uma série de frases ou aforismas, aparentemente desconectados, que foram reunidos postumamente como "investigações filosóficas" e tiveram grande impacto, sendo estudados e interpretados até hoje pelos filósofos.[5]

O que Bloor tomou de Wittgenstein foi a ideia central de que o conhecimento é inseparável da linguagem. Segundo Wittgenstein, a linguagem se forma nos relacionamentos das pessoas, através do que ele chama de "jogos de linguagem", e vai sendo estruturada e estabilizada à medida que esses relacionamentos também se estabilizam. Bruno Latour deu um passo adiante e incluiu os próprios objetos e instrumentos do conhecimento — mapas, microscópios — como atores nesses relacionamentos. Assim, a linguagem e o conhecimento que surgem nas relações sociais não são arbitrários, dependendo também do que os objetos levam para a conversação — a dureza de uma pedra, a balança que mede o peso dela e a observação de que ela tem peso e cai quando largada.

Em outras palavras: o conhecimento se forma pela construção social de consensos, mas não há consenso social possível que possa ser construído em torno da ideia de que as pedras caem para cima. No entanto, somente pela experiência prática, sem a mediação de conhecimentos e observações anteriores, é muito fácil chegar ao consenso de que a Terra é plana. Wittgenstein compara a linguagem a uma cidade com grandes avenidas, organizadas de forma lógica e sistemática, e bairros distantes, com ruelas e becos sem saída, conhecidos apenas por quem vive lá. O conhecimento também seria assim, com partes sobre as quais se têm mais certezas e partes mais confusas sobre as quais sabemos menos.

Outro autor importante nesse grupo, o inglês Tony Becher mostrou como as diferentes disciplinas científicas se organizam em "tribos" distintas, cada qual com sua cultura, a ponto de o que é considerado prova em uma área não ser em outra. Além disso, não existe uma lógica ou método científico único aplicável a todas as áreas.[6] São conhecidos os escritos de C.P. Snow sobre as "duas culturas" que separam o mundo das ciências do mundo das "artes", que seria também o das humanidades. E o que Becher fez foi indicar que não existem somente duas culturas, e sim inúmeras, características das diferentes áreas de conhecimento, e que muitas vezes não se entendem.

Em interpretações radicais, o "programa forte" pode levar a um relativismo extremo, por exemplo, por parte dos que argumentam que a linguagem técnica que separa os especialistas do público leigo é só uma cortina de fumaça para defender os interesses dos cientistas, e que não existe diferença entre conhecimento científico e conhecimento leigo — seria tudo uma questão de poder. E há também os que defendem a ideia de que existiria uma "ciência ocidental", diferente da "ciência oriental", uma "ciência socialista", diferente da "ciência burguesa", ou uma ciência "masculina", diferente da "feminina".

Não há dúvida de que em várias ocasiões o argumento da autoridade científica é usado para defender determinados interesses, incluindo os dos próprios cientistas, que muitas vezes guardam para si as incertezas existentes em seus campos de estudo. Mas isso é diferente de dizer que ciência, ideologia e sentido comum são a mesma coisa. Por causa desses extremos, a sociologia da ciência tem sido criticada — creio que por não ser bem compreendida — por alguns cientistas naturais, gerando polêmicas que ficaram conhecidas como "science wars".[7] Mas essas teses têm mais a ver com as ideologias irracionalistas, anti-intelectuais e anticientíficas que vicejam em determinados setores do que propriamente com a sociologia da ciência.

A sociologia da ciência mais clássica, que busca entender como a ciência se organiza e se desenvolve, sem entrar na análise de seus conteúdos, tem como uma de suas principais referências os trabalhos de Robert K. Merton, da Universidade Colúmbia. Em um texto publicado em 1942, "The normative structure of science", ele propôs um modelo do que seriam as normas que governariam a atividade científica: *comunismo* (os resultados das pesquisas não têm dono, são de uso comum); *universalismo* (os conhecimentos científicos são válidos independentemente do lugar e das pessoas que os produziram); *desinteresse* (os cientistas não têm interesse pessoal nos resultados de suas pesquisas, a não ser o prestígio e o reconhecimento que recebem por seu trabalho); e *ceticismo organizado* (argumentos de autoridade não valem, a ciência precisa estar sempre exposta ao exame crítico de outros cientistas).[8]

Merton não dizia que todas as ciências funcionam seguindo esse modelo, e sim que esse seria o modelo ideal da atividade científica, observável nos sistemas de pesquisa mais dinâmicos, que tenderiam a se prejudicar quando tais normas não são seguidas. Publicado inicialmente durante a Segunda Guerra, o trabalho foi também uma defesa da liberdade e da autonomia da pesquisa dos cientistas e acadêmicos, contra as tentativas dos governos da época de manter a ciência a reboque de suas políticas.

Ciência e universidades

É fácil ver que essas normas são típicas das ciências acadêmicas e das universidades, não se aplicando à pesquisa de interesse militar ou comercial. Para Merton e seus seguidores, estas últimas seriam pesquisa aplicada, derivada das pesquisas básicas. No mundo real, numerosos pesquisadores desenvolvem em universidades pesquisas de interesse prático e aplicado; por outro lado, muitas contribuições à ciência básica ocorrem em ambientes de pesquisa militar e comercial. Enquanto Merton escrevia seu artigo, os militares americanos mobilizavam vultosos recursos e seus melhores cientistas para produzir a bomba atômica e vencer a corrida armamentista mantida com a Alemanha. Isso não tira o valor desse modelo, mas delimita seu alcance.

Merton descreve bastante bem a cultura das ciências universitárias, onde o que mais vale é publicar e onde não se valoriza tanto a pesquisa de interesse prático e comercial. Essa separação entre o mundo da ciência básica e o da ciência aplicada tem ficado cada vez menos marcada, conforme apontamos em um livro que publiquei em colaboração com outros autores nos anos 90.[9] Uma questão central que motivou essa pesquisa sobre a história da ciência no Brasil foi justamente tentar dimensionar o espaço de que a ciência mais acadêmica necessita para florescer.

Outro autor importante nessa perspectiva institucional foi Joseph Ben-David, da Universidade Hebraica de Jerusalém, que buscou entender a ciência não em si mesma, mas em relação ao contexto social e intelectual em que ela se dá e como ela se altera ao longo da história. Em seu livro mais conhecido, *The Scientist's Role in Society: a Comparative Study*, ele procura mostrar como, no Renascimento europeu, surgiu uma nova categoria social, a do cientista, que não existia.[10]

Não é que não existissem descobertas nem conhecimentos científicos antes — a história da ciência da China data de milênios —, mas foi a partir do Renascimento que, pela primeira vez, os cientistas se organizaram como grupo social distinto, desenvolvendo uma visão de mundo (ou ideologia) que Ben-David chamou de "cientismo". Segundo essa visão, os conhecimentos deveriam derivar da observação e do uso da razão, e não do poder da política e da religião. A conhecida história dos conflitos entre Galileu e a Igreja Católica talvez seja a melhor ilustração do surgimento e da progressiva afirmação dessa nova forma de apreender o mundo, que dava aos cientistas uma posição de prestígio e autoridade que até então não possuíam.

Em outro livro, Ben-David descreve o surgimento das universidades modernas a partir de quatro modelos principais: o alemão, o francês, o inglês e o americano.[11] No início, as universidades europeias, ainda na Idade Média, eram centros de estudo e formação em teologia, medicina e direito, e a pesquisa que começava a ganhar corpo era desenvolvida ou em academias ou em outras instituições, separadamente. A Universidade de Berlim é considerada a primeira a levar, no início do século 19, a ciência para dentro da academia e proclamar o princípio de integração entre ensino e pesquisa. Tal desenho seria copiado por outros países e está inclusive registrado na Constituição brasileira, com a proclamação da "indissolubilidade" entre ensino, pesquisa e extensão.

Na própria Alemanha, no entanto, o que se entendia por ciência 200 anos atrás era, principalmente, o trabalho intelectual de teólogos, filósofos e juristas, embora as universidades tivessem aberto espaço também para a química e a biologia, entre outras ciências — um casamento que não durou muito. À medida que as ciências se tornaram mais complexas e de maior valor comercial, caso da química, elas se abrigaram em institutos independentes. Mas a ideia de que os professores deveriam ter formação científica e liderar o trabalho intelectual das universidades persistiu. E, apesar da importância dada à autonomia intelectual dos professores e à pesquisa, a universidade prussiana sempre foi muito próxima do governo e por ele administrada.

A França tem uma história diferente. A Revolução Francesa fechou as universidades tradicionais, substituídas por escolas profissionais de alto prestígio, as chamadas Grandes Écoles, enquanto a pesquisa se organizava de forma separada. Muitos anos depois as universidades voltaram a funcionar como instituições de ensino, mas sem o prestígio das Grandes *Écoles*, como a École Polytechnique, a École National d'Administration e a École Normale. Essa dualidade subsiste até hoje e a pesquisa francesa continua se desenvolvendo principalmente nos institutos do Centre National de la Recherche Scientifique (CNRS), paralelamente a outras formas de colaboração entre os diferentes setores.

A Inglaterra tem uma tradição totalmente distinta, com suas universidades organizadas a partir de colégios independentes — Oxford, Cambridge —, ainda que em relação harmoniosa com a Coroa e a Igreja. No início, esses colégios dedicavam-se à formação religiosa e filosófica, porém, aos poucos, foram incorporando as ciências naturais. Os Estados Unidos seguiram em grande parte o modelo inglês, mas também desenvolveram, a partir do século 19, uma ampla rede de universidades estaduais públicas financeiramente autônomas. Eram os *land grant colleges*, que tornaram os Estados Unidos, já no século 19, o país que mais expandia a educação superior. No século 20, os americanos foram também os primeiros a organizar a formação de pesquisadores em programas estruturados de doutorado, a chamada *graduate school*.

Essa visão ampla do tema foi importante para que pudéssemos entender, em nossa pesquisa, alguns dos aspectos centrais da história das ciências e do ensino superior no Brasil. Nunca tivemos nada parecido com o "cientismo", ou seja, a valorização do conhecimento científico e da pesquisa que servira de base ao desenvolvimento da ciência na Europa. O mais próximo que tivemos disso, na passagem do século 19 para o 20, materializou-se na atuação dos positivistas que, embora proclamassem o valor da ciência, se opunham às ideias de liberdade de pesquisa e à existência de universidades autônomas.

Portugal não participou da revolução intelectual e religiosa do Renascimento europeu. Quando, no início do século 19, dom João VI criou no Brasil as primeiras instituições de ensino superior, a inspiração veio das Grandes Écoles. A Politécnica do Rio de Janeiro foi copiada da École Polytechnique, e a Escola de Minas de Ouro Preto seguiu, em parte, o padrão da École de Mines. São também dessa época o Jardim Botânico e o Museu Real, ambos no Rio de Janeiro, capital do Império. O Museu Real, que se transformou mais tarde no Museu Nacional pela reunião de várias coleções de amostras minerais, de pássaros empalhados e objetos indígenas, abrigou um centro de pesquisa em história natural graças à liderança de vários cientistas de origem germânica, como Ludwig Riedel, Friedrich Sellow, Fritz Müller. A outra instituição científica imperial mais significativa, o Observatório Nacional, consolidou-se sob a liderança de um cientista francês, Emmanuel Liais.

No início da República, foram inauguradas algumas instituições de pesquisa aplicada na área agrícola e no combate a doenças tropicais, com destaque para o Instituto Manguinhos, hoje Fundação Oswaldo Cruz, no Rio de Janeiro, que seguiu o padrão francês, mas depois, cada vez mais, ficou sob a influência da Fundação Rockefeller. Quando o governo brasileiro resolveu criar um Ministério da Educação e estabelecer as primeiras universidades públicas, em 1931, o modelo foi trazido da Itália, combinando as antigas faculdades profissionais com uma nova faculdade de educação, ciências e letras, para a formação de professores.

Na primeira universidade pública brasileira, a USP, ao invés de uma Faculdade de Educação criou-se uma Faculdade de Filosofia, Ciências e Letras, da qual a educação fazia parte, seguindo a ideia de que não seria somente um lugar para a formação de professores, mas também de pesquisa. Os primeiros professores da Faculdade de Filosofia foram contratados na Europa e deram origem às principais tradições de pesquisa no Brasil nas áreas de física e química, entre outras. A reforma seguinte seria a de 1968, que buscou copiar o modelo americano de universidade, com programas de pós-graduação e pesquisa, departamentos e institutos organizados por áreas de conhecimento.

Ciência e poder

O tema da relação entre ciência e poder, implícito no texto "The normative structure of science", em que Robert K. Merton defende a autonomia da ciência, apareceu em nossa pesquisa em diversos momentos, começando pela influência dos positivistas nas questões educacionais brasileiras, desde o fim do Império, e culminando com a relação entre os cientistas e o governo, seja como colaboradores, seja como opositores, nos anos mais recentes. A ideia de que o mundo deveria ser governado pelos cientistas, porque eles seriam os mais competentes e saberiam o que precisa ser feito, defendida por Auguste Comte, o fundador do positivismo (muito antes dele Platão já propunha que os países deveriam ser governados por reis filósofos), ainda é muito forte nos extremos tanto da esquerda quanto da direita. No Brasil, como se sabe, o positivismo teve grande influência desde o fim do Império e ficou consagrado com o lema de Comte — "Ordem e Progresso" — inscrito na bandeira nacional republicana.

A pesquisa na Finep sobre a história da ciência já estava encaminhada quando Antonio Paim, levado por Pelúcio, começou a participar de nossa equipe. Paim havia sido um comunista profissional, enviado para a Rússia pelo Partidão para se formar em Moscou, onde se casou com uma russa e teve uma filha. A experiência foi um desastre e, quando retornou ao Brasil, sozinho, trazendo escondida uma cópia do famoso "discurso secreto" de Nikita Khrushchev sobre os crimes de Stalin, tornou-se um ardente conservador. Na volta, começou uma carreira como filósofo, pesquisando sobre a história das ideias políticas e filosóficas no Brasil e em Portugal.[12]

Paim se alinhava com o que era chamado de "filosofia culturalista", em oposição ao materialismo que abraçara anteriormente. Os maiores representantes dessa filosofia no Brasil foram Tobias Barreto e, no século 20, o jurista Miguel Reale, que, nos anos 30, foi o principal intelectual do movimento integralista. Pelo que entendo, a tese central do culturalismo, que busca suas raízes em

Immanuel Kant, é a de que existe um mundo de valores e culturas com vida própria que se forma a partir de imperativos éticos e morais, os quais não derivam simplesmente das condições materiais, isto é, não são meras "superestruturas", no linguajar marxista.

Na prática, Paim trabalhava como historiador, buscando descrever como as diferentes ideologias e correntes filosóficas se desenvolviam no Brasil. Ele tinha um interesse especial pelo positivismo, que acreditava ser, creio que com razão, o precursor do marxismo brasileiro. Sua contribuição para nosso projeto consistiu em um texto extenso em que traçou um painel da história da "ideia da universidade" no Brasil. Aí incluiu, entre outras coisas, um resumo dos debates ocorridos nas Conferências Nacionais de Educação dos anos 20, organizadas pela Sociedade Brasileira de Educação. Nessas conferências, os católicos confrontavam os liberais, os positivistas e os esquerdistas sobre os conteúdos da educação e o papel do Estado, e também sobre os projetos de criação de universidades em São Paulo e no Rio de Janeiro.[13]

Os positivistas se opunham à Igreja Católica e seus ideólogos, que se reuniam no Centro Dom Vital, dirigido por Jackson de Figueiredo e, depois, Alceu Amoroso Lima. Tinham sua própria religião, que pregava a ditadura baseada na ciência, tal como entendida por Auguste Comte. Eram contra as universidades (Comte as chamava de "pedantocracia"), contra a teoria da relatividade (considerada uma "ciência imaginária") e contra a pesquisa em geral, porque Comte já havia resolvido tudo, agora bastava aplicar. Além disso, eram contra a democracia e a favor da ditadura.

Na prática, a educação e a ciência brasileiras não ficaram totalmente nem de um lado nem de outro nessa disputa ideológica, que, no entanto, deixou rastros importantes. Em 1930, Getulio Vargas fez um pacto com a Igreja Católica para entregar a ela o controle da educação brasileira. Esse projeto não se consumou completamente, mas levou, em 1935, ao fechamento da recém-criada Universidade do Distrito Federal, liderada por Anísio Teixeira, e ao filtro ideológico dos professores a serem contratados para a Universidade do Brasil, também no Rio de Janeiro. Influenciou ainda a organização do ensino médio, copiada da Itália fascista.

Na Segunda Guerra, e depois na Guerra Fria, as grandes potências trataram de vincular a ciência aos seus respectivos governos, com alguns resultados de grande impacto, como o desenvolvimento acelerado da tecnologia de guerra nazista, o programa nuclear americano e o programa espacial soviético. Por outro lado, o uso das teorias de eugenia para justificar o genocídio dos judeus na Alemanha, o terror da bomba nuclear americana e o célebre caso Lysenko na União Soviética[14] mostraram com clareza os riscos dessa simbiose.

No Brasil, muitos cientistas notáveis, ansiosos por tornar sua ciência socialmente relevante, filiaram-se ao Partido Comunista, caso do físico Mario Schenberg e do parasitologista Samuel Pessoa. Tiveram inúmeros seguidores. Outros, como o almirante Álvaro Alberto, criador do CNPq, e o brigadeiro Aldo Vieira da Rosa, um dos fundadores do Instituto de Tecnologia da Aeronáutica, o ITA, fizeram a carreira na área militar. Apesar das ideologias radicalmente opostas, essa busca de eficácia ajuda a compreender como o projeto nacionalista de Brasil Potência, que Pelúcio tentava implementar, conseguiu transitar bem dos dois lados — ainda que existisse um conflito entre o governo militar e setores importantes da comunidade científica desde 1964, com as cassações e os expurgos em universidades e instituições de pesquisa, e o exílio.

Como parte de nosso projeto, a Finep convidou Joseph Ben-David a vir ao Brasil para se encontrar com pesquisadores em diversas instituições e dizer o que pensava sobre o desenvolvimento da ciência brasileira. Ele veio e, depois de algumas semanas, já de volta a Israel, enviou-nos um texto extremamente interessante, em que elogiava a vitalidade e o otimismo percebido por ele em vários dos centros que visitou, caso da Finep, da Unicamp e da Fundação João Pinheiro, mas também da obsolescência que já podia ser entrevista em diversas instituições pela ausência de uma consolidação institucional e científica mais firme. Sem que Ben-David soubesse, ele dizia algo parecido com o que Claude Lévi-Strauss observou 40 anos antes e relatou depois em *Tristes tropiques*, a respeito de como as cidades brasileiras passavam rapidamente da juventude para o envelhecimento, sem conhecer a maturidade.[15]

O mundo da ciência e da tecnologia é muito maior do que o da comunidade científica autônoma idealizada por Robert K. Merton, mas os temas da liberdade de pesquisa, da autonomia intelectual, do compartilhamento livre do conhecimento, do ceticismo organizado e do universalismo continuam presentes. Hoje o Brasil tem um sistema de ciência e tecnologia de grande porte, com cerca de 200 mil pesquisadores em mais de 500 instituições, mas a qualidade da ciência brasileira ainda é bastante desigual. E sua contribuição para a economia e a sociedade e a própria educação superior no país é menor do que seria desejável. Mesmo com todas as suas limitações, os cientistas são um elo insubstituível entre o Brasil e o mundo que existe lá fora — muito mais amplo de conhecimentos, tecnologias e inovação — e o principal recurso com que o país pode contar para renovar suas instituições e suas políticas públicas. É um patrimônio precioso que precisa ser aprimorado e cuidado.

A política do conhecimento

Em 1981 reuni vários pequenos textos que havia escrito depois do trabalho sobre a comunidade científica brasileira em um pequeno livro, *Ciência, universidade e ideologia*. Conforme já indicava seu subtítulo, *A política do conhecimento*, esses temas seriam ali analisados em uma perspectiva institucional e política, de jogo e de conflito de interesses, e não somente de forma técnica e administrativa.

O primeiro artigo, de 1980, abordava uma questão que se tornou muito mais aguda recentemente, que é a da tensão entre a concentração de conhecimentos técnicos, científicos e profissionais em uma pequena elite de pessoas, mais bem formadas, e as possibilidades de incorporação e participação da população mais ampla em uma sociedade democrática. Falava-se, na época em que o artigo foi escrito, de *small is beautiful*,[16] quer dizer, a possibilidade de os grandes sistemas tecnológicos serem substituídos por tecnologias mais simples e largamente compartilhadas; a possibilidade de se substituir a ciência tecnocrática, concentrada nos departamentos universitários e nas corporações civis e militares, por uma ciência popular, acessível a todos; e ainda a possibilidade de se substituir a ciência internacional por ciências nacionais e locais, baseadas nos conhecimentos tradicionais de diferentes populações e culturas.

Tudo isso me parecia tão utópico quanto o ideal oposto, de uma sociedade governada de forma virtuosa por "reis filósofos", como acreditavam, implicitamente, nossos cientistas. Dizia o artigo: "Se é ilusório acreditar que a ciência e a tecnologia, graças a seu crescimento, podem salvar a sociedade, é também ilusório supor que a volta à pequena escala, à tecnologia humanizada e 'maleável', poderia produzir o mesmo resultado." E concluía: "O poder da ciência na sociedade é muito mais limitado do que muitos cientistas gostariam que fosse; o poder dos cientistas sociais é ainda menor sobretudo quando comparado com suas aspirações, ainda maiores. Uma coisa que os cientistas sociais podem fazer, todavia, é tentar eliminar os mitos tecnocráticos do imperialismo científico que herdamos do século 19. Isso tornaria a política uma atividade mais digna, legitimaria a diversidade e o pluralismo e eliminaria uma das mais importantes justificativas ideológicas para o domínio tecnocrático. Como subproduto, isso poderia até mesmo resultar em melhor ciência."[17]

Os demais artigos, sobre política científica, universidades, liberdade acadêmica, ideologia (e creio que também muito do que pesquisei e escrevi a partir daí sobre educação), forem uma tentativa de contribuir para a formação de uma agenda política iluminista e cosmopolita, de valorização da ciência, da liberdade de pesquisa e da universidade voltada para o ensino e a pesquisa de qualidade, combinada com um sistema educativo abrangente e também de qualidade. Essa agenda se contrapunha a duas tendências opostas: a tentação de fazer da pesquisa e da educação um instrumento de poder; e a pretensão, à qual se poderia chamar de "populismo científico e pedagógico", de substituir a ciência e a educação pelos interesses dos diferentes grupos que se mobilizam para conquistar privilégios e posições de poder.

A expectativa, talvez ingênua, era que a educação de qualidade pudesse gerar não somente melhores condições de vida para as pessoas, mas também mais democracia e melhor apreciação da contribuição que a ciência e a tecnologia poderiam oferecer para atingir esse objetivo. Infelizmente, o que temos hoje parece ser uma exacerbação dessas tendências negativas. Por um lado, há a consolidação de grandes sistemas empresariais e tecnológicos e de potências industriais e militares, com poder praticamente ilimitado. Por outro, há uma generalização do populismo cultural e pseudocientífico, no mundo disperso e fragmentado das *fake news*, de movimentos identitários e de explosões inesperadas de grandes manifestações de protesto.

14. Pesquisando a pesquisa

Foi graças ao projeto sobre a história da comunidade científica e seu relacionamento com as universidades que descobri a existência de uma pequena comunidade internacional de cientistas sociais que lidavam com essas questões e deram origem a dois campos especializados de estudo e pesquisa: o dos estudos sociais de ciência, tecnologia e sociedade; e o da educação superior. Além do contato inicial com Joseph Ben-David, o semestre que passei em 1978 no Wilson Center, em Washington D.C., contribuiu para ampliar minha aproximação dos membros dessa comunidade. E foi então que decidi preparar um artigo em inglês resumindo as ideias principais daquele meu trabalho para tentar publicá-lo na revista *Minerva*, editada na Inglaterra.

O editor da revista era Edward E. Shils, sociólogo que combinava a posição de professor da Universidade de Chicago e da Universidade de Cambridge. Shils, vim a saber mais tarde, fazia parte do Committe of Social Thought, um programa de doutorado da Universidade de Chicago fundado em 1941 que ainda existe. O comitê unia economistas, sociólogos, filósofos, antropólogos e escritores, como Hannah Arendt e Saul Bellow, entre os mais notáveis. Seu objetivo era proporcionar aos estudantes de doutorado em ciências sociais e nas humanidades uma ampla base cultural que deveria servir de fundamento para seus estudos especializados.

Ao contrário das revistas acadêmicas atuais, em que os artigos passam pelo exame de especialistas anônimos, na *Minerva* todo o trabalho era feito pessoalmente por Shils, com a ajuda de uma assistente. Ele leu meu artigo, achou que valia ser publicado, mas observou que havia problemas que precisariam ser corrigidos antes e reescreveu grande parte do texto, em inglês correto. Durante meses trocamos cartas — ele escrevendo com tinta verde em bloco de notas amarelo, em um tom de professor irritado com um aluno promissor, mas teimoso — e os temas que abordávamos iam além de meu artigo.

Em uma dessas cartas ele falou sobre o papel das ciências sociais na sociedade, que, para ele, seriam dois. O primeiro seria um papel "tecnocrático", no qual as ciências sociais funcionariam como uma espécie de engenharia social. O outro seria um papel "crítico", "iluminador". Na verdade, conforme Shils explicava, nenhuma dessas funções poderia ser totalmente desempenhada. Isso porque, felizmente, ainda segundo ele, as tecnologias sociais não cumprem seus objetivos declarados. "Podemos ter — sempre tivemos, é claro — controle social em diferentes graus, sem a necessidade de uma engenharia social sofisticada, científica e técnica; e o papel crítico é prejudicado pelo fato de as fronteiras entre o conhecimento crítico e as ideologias serem em geral confusas", escreveu ele. "Outra maneira de dizer o mesmo", prosseguia, "é afirmar que a sociedade humana nunca é e nunca pode ser totalmente racionalizada. E isso coloca sérios limites tanto para o lado crítico quanto para o lado da engenharia das ciências sociais. Mas há algum espaço para a crítica social, para a engenharia social, no mau sentido, a de controle social, e no bom sentido, a de construção de arranjos sociais adequados."

Para Shils, um papel importante para as ciências sociais seria continuar testando e verificando os próprios limites em diferentes sociedades. "Eu penso que é importante manter vivos os ideais do Iluminismo, mesmo sabendo que são limitados no que podem realizar, ou melhor, exatamente por causa desses limites", escreveu. É o que penso também. E hoje é difícil saber se eu já tinha essa clareza sobre o tema na época ou se ela é fruto do quanto guardei da lição de Shils.

A principal crítica a meu artigo era, pelo que me lembro, quanto ao fato de eu falar da necessidade de o Brasil ter uma comunidade científica autônoma que não fosse, simplesmente, parte das redes científicas internacionais. Em sua última carta, Shils a termina dizendo que sentia muito que eu não tivesse concordado com todas as suas críticas, mas que, afinal, quem tinha escrito o artigo era eu, e não ele, a responsabilidade era minha. E o artigo foi finalmente publicado. Fiquei contente.[1]

A partir daí afastei-me dos temas de ciência política e passei a me dedicar cada vez mais aos de ciência, tecnologia e educação. Não que a política tivesse deixado de me interessar, mas eu sentia que não teria muito a acrescentar ao já dito em minha tese de doutorado. Mais ainda, sentia que os temas da ciência política giravam no vazio quando não se levava em conta o contexto mais amplo da sociedade, na qual as questões da educação e do conhecimento tinham lugar fundamental. Nos anos seguintes, me envolvi em vários outros projetos sobre o mundo da pesquisa e das universidades que me ajudaram a entender melhor como é o mundo real da ciência e da tecnologia, independentemente do que gostaríamos que fosse.

A história do Instituto Nacional de Tecnologia

Um dos meus primeiros trabalhos depois da Finep foi o estudo sobre a história do Instituto Nacional de Tecnologia (INT), realizado a pedido de Carlos Lopes Pereira, que havia trabalhado na Finep e assumira a direção do Instituto no início dos anos 80. Para mim, representou uma janela aberta para os temas de tecnologia e de suas relações com a economia, que haviam sido relegados durante o estudo sobre a história da ciência.

Criado em 1921 como uma Estação Experimental de Combustíveis e Minérios, o INT foi pioneiro nas pesquisas sobre o uso do álcool como combustível, o que permitiu a implantação do Proálcool no país em 1975. Nena Castro aceitou meu convite para trabalhar no projeto e, quando chegamos, encontramos uma instituição praticamente paralisada, sem recursos e amarrada pela burocracia do serviço público, embora ainda com alguns pesquisadores bastante experientes. À medida que fomos nos inteirando da documentação da casa, dos relatos que ouvíamos e dos documentos de época que íamos encontrando, começamos a desvendar uma história muito interessante e pouco conhecida sobre como haviam sido as discussões e os debates sobre as pesquisas e o desenvolvimento da tecnologia agrícola, mineral e industrial no Brasil nos anos 20 e 30.

Havia então uma forte disputa entre uma corrente estatizante, que queria manter as pesquisas e a própria produção mineral sob o controle do Estado — representada em boa parte por geólogos provenientes da Escola de Minas de Ouro Preto —, e uma corrente que buscava um caminho mais empresarial, entre os quais Fonseca Costa, fundador do INT, e Othon Leonardos, um dos pioneiros dos estudos e das pesquisas geológicas no Brasil. Fazia parte do segundo grupo o escritor Monteiro Lobato, que fez várias tentativas frustradas de criar a própria petroleira e que, curiosamente, foi alçado depois a patrono do monopólio estatal do petróleo, contra o qual brigou a ponto de ir para a cadeia. Nos anos 30, tendo ficado do lado perdedor dessa disputa, o INT foi também perdendo relevância. A situação piorou a partir de 1952, na gestão de Silvio Froes Abreu, e a instituição chegou a ficar à margem do movimento de modernização da ciência brasileira dos anos 70, ainda que seus técnicos tenham contribuído para a criação do Proálcool.

Quando terminamos a pesquisa, tínhamos em mãos um livro pronto e uma boa história para contar. Mas a direção do INT já havia mudado e a nova chefia não demonstrou interesse em editar nosso trabalho, que, na verdade, mostrava um quadro bem deprimente de decadência institucional. Resumimos as conclusões principais do estudo em um artigo, chamando a atenção para as tensões entre o nacionalismo estatal e a abertura da economia para a iniciativa privada. O livro só seria publicado anos mais tarde, em formato digital.[2]

Desempenho dos grupos de pesquisa

O projeto seguinte foi cuidar da parte brasileira da segunda rodada de um estudo internacional comparado sobre o desempenho de equipes de pesquisa, que estava sendo coordenado pela Unesco. A Finep havia sido convidada a participar e, através de uma de suas técnicas, Eva Stal fui chamado para desenvolver o trabalho a partir do Iuperj, no início dos anos 80. Era o "Estudo internacional comparado sobre desempenho das unidades de pesquisa", denominado Icsopru, pelo título em inglês. Juntei-me a Amaury de Souza, que ajudou na preparação de uma amostra de cerca de 300 unidades de pesquisa em universidades, agências governamentais e empresas, e a Patrícia Suzzi, que também havia trabalhado na Finep e organizou a aplicação de um questionário detalhado a ser encaminhado aos pesquisadores da amostra sobre seus recursos, atividades, produtos etc.

A ideia central do estudo era a de que a pesquisa científica e tecnológica não era uma atividade de pessoas isoladas, mas de grupos formais ou informais, e eram esses grupos que nosso estudo procurava identificar e compreender. Os resultados da primeira rodada já haviam sido publicados.[3] A preocupação do autor, Frank Andrews, era sobretudo com as características e as formas de atuação dos líderes dos grupos de pesquisa — capacidade de liderança, comunicação, especialização, idade etc. — e seu impacto na produtividade das equipes. A produtividade era medida por publicações, patentes, relatórios, entre outros itens.

Participando de algumas reuniões internacionais do projeto, logo me dei conta de que, na Unesco, ele havia se transformado em uma atividade burocrática e administrativa já bastante distante de sua motivação acadêmica original. O Icsopru era administrado por duas funcionárias cujo emprego, em Paris, dependia de sua continuidade, que, por sua vez, dependia do apoio que recebesse dos países-membros. Um dos mais fortes defensores do Icsopru era Genady M. Dobrov, da Academia de Ciências da Ucrânia, que também dependia daquele projeto para manter suas constantes viagens a Paris e dar legitimidade à sua posição na Ucrânia como pesquisador na área de políticas de ciência e tecnologia. A maior parte do trabalho da Unesco consistia em verificar se todos os países estavam usando os mesmos questionários e organizar as informações em um banco de dados que seria, posteriormente, tornado público.[4]

Para nós, no entanto, o tema era novo, e uma das consequências indiretas do projeto foi a atenção que o CNPq passou a dar diretamente aos grupos de pesquisa, que são os que efetivamente, na maioria dos casos, levam as pesquisas à frente, e não mais aos pesquisadores individuais, por um lado, ou às suas instituições, por outro. O trabalho resultou em um relatório detalhado que entreguei à Finep e inspirou o artigo "Desempenho das unidades de pesquisa", publicado em 1985 na *Revista Brasileira de Tecnologia*. Nele aponto, entre outras coisas, que a pesquisa universitária — na qual os líderes dos projetos devem competir por recursos com mais liberdade de iniciativa — era muito mais produtiva do que a realizada no interior de agências governamentais, financiada com recursos orçamentários e submetida a controles administrativos mais rígidos.

Tal conclusão confirmava o que eu já havia visto na pesquisa sobre a formação da comunidade científica brasileira, e não se alterou desde então. Os dados mais recentes, de publicações da base internacional de dados Scopus,[5] indicam que, das 20 instituições com mais publicações científicas no Brasil, e mais citadas na literatura internacional, 18 são universidades. E somente duas, a Fundação Oswaldo Cruz e a Embrapa, são institutos governamentais — claro que muitas instituições públicas e privadas podem produzir inovações tecnológicas importantes que não resultam em publicações científicas nem patentes registradas, mas, em geral, não é o que ocorre no Brasil.

A nova produção do conhecimento

Em 1989 passei um semestre no Swedish Collegium for the Advanced Study in the Social Sciences (SCAS), em Uppsala, na Suécia, a convite de Bjorn Wittrock, professor de ciência política na Universidade de Estocolmo e diretor do Collegium, que também se dedicava aos temas da ciência e da educação superior. O SCAS era, e ainda é, um *think tank* em que um número pequeno de pessoas é convidado a cada semestre sem nenhuma outra obrigação além de ali desenvolver os próprios projetos, interagir com os colegas e fazer uma ou duas apresentações de seus trabalhos. Eu continuava envolvido com os temas de história da ciência e publiquei depois um texto em um livro organizado por Bjorn e Peter Wagner em que discorri sobre como os "novos conhecimentos" da engenharia, da saúde e, mais tarde, da economia foram sendo introduzidos no Brasil, a partir do século 19, e como influenciaram as instituições e as políticas públicas que se queria implementar.[6]

Fui para Uppsala com Inez e as crianças ainda pequenas, na expectativa de aproveitar a neve que, naquele ano, infelizmente pouco apareceu. Quem organizou a viagem, providenciando as passagens, buscando um apartamento em que pudéssemos ficar e indo nos apanhar no aeroporto, foi Roger Svensson, que trabalhava como consultor para o Collegium. Svensson logo depois se tornou diretor executivo da Fundação Sueca para Cooperação Internacional em Pesquisa e Educação Superior. Nessa condição convidou um grupo de seis pessoas, entre as quais fui incluído, para nos reunirmos periodicamente com o intuito de elaborarmos um livro sobre as transformações que estavam ocorrendo na área da educação superior e da pesquisa científica no mundo.

O grupo era coordenado por Michael Gibbons, professor da área de administração de empresas na Universidade de Manchester, na Inglaterra, e mais tarde diretor do Science Policy Research Unit, da Universidade de Sussex. Os outros eram Camile Limoges, da Universidade do Quebec, que havia sido ministro de Ciência e Tecnologia do Quebec; Helga Nowotny, professora de sociologia da Universidade de Viena, nomeada mais tarde presidente do Conselho Europeu de Pesquisas; Peter Scott, ex-editor do *Times Higher Education Supplement*, que fez uma carreira importante na área de administração universitária na Inglaterra; e Martin Trow, da Universidade da Califórnia em Berkeley. A primeira reunião do grupo foi em um hotel muito conhecido da Escócia, Gleneagles, que acabou emprestando seu nome ao grupo. Nos dois anos seguintes, nós nos reunimos a cada seis meses em diversos pontos da Europa e da América do Norte para apresentar propostas e discutir o conteúdo e o formato que o livro deveria ter.

Eu achava que, uma vez definidos os temas, cada participante deveria escrever um capítulo a partir da própria experiência. Martin Trow era o autor de um trabalho que se tornara referência no mundo todo sobre a transição das universidades de elite para a educação superior de massa. Ele acompanhara de perto, de forma crítica, o impacto das reformas de Margaret Thatcher nas universidades inglesas. Peter Scott tinha interesse especial na repercussão dos movimentos políticos que, desde os anos 60, estavam afetando as universidades tradicionais e transformando as ciências sociais e as humanidades.

Helga Nowotny, socióloga, pesquisava o tema das controvérsias científicas, sobretudo na área nuclear. Camile Limoges tinha trabalhado com história da ciência e vinha de uma experiência de governo na província do Quebec. E eu, presumivelmente, deveria contribuir com a perspectiva da ciência no "resto do mundo", além da Europa e da América do Norte. Michael Gibbons era o único que, aparentemente, não provinha da área de ciência, tecnologia e educação superior, sendo mais ligado à administração financeira. Fui voto vencido e ficou decidido que Gibbons receberia as contribuições de cada integrante do grupo e prepararia um livro assinado por todos. Publicado em 1994 com o título *The New*

Production of Knowledge, o livro até hoje repercute em inúmeros países, tendo quase 20 mil citações acumuladas no Google Scholar.

A ideia central é que haveria um modo tradicional de organizar a produção do conhecimento, chamado no livro de "modo 1", e outro mais atual, chamado de "modo 2". No "modo 1", a ciência é organizada por disciplinas, o conhecimento começa na pesquisa básica, em organizações homogêneas (universidades, empresas e institutos) e depois é transferido para a pesquisa aplicada. Os pesquisadores trabalham de forma autônoma e o controle de qualidade é feito por seus pares, na academia. No "modo 2", o conhecimento é produzido no contexto das aplicações, impera a transdisciplinaridade, as organizações são heterogêneas, os pesquisadores são avaliados por critérios de impacto econômico e social de seu trabalho e o controle de qualidade é feito por diferentes atores e não somente por pares.

O que explica o grande impacto do livro é o fato de ter conseguido sistematizar e defender, de forma contundente, uma transição que vinha afetando fortemente as universidades, especialmente as europeias, e tocando um nervo exposto. Submetidas a novas exigências de avaliação pelos benefícios que poderiam aportar à sociedade e à economia, elas estavam sendo estimuladas a fazer pontes com o setor produtivo, buscar novas formas de financiamento e quebrar os muros entre as disciplinas. A repercussão foi menor nos Estados Unidos, onde essas pontes entre universidades, empresas e governo já existiam há mais tempo; e no "resto do mundo", incluindo o Brasil, onde a ciência era precária e as universidades mal conseguiam funcionar no formato tradicional. Apesar de ter me esforçado, o texto final incorporou muito pouco da perspectiva do mundo científico e universitário do "terceiro mundo", além de ignorar o que ocorria na União Soviética e na Ásia, fazendo, no máximo, umas poucas referências ao Japão.

A par do sucesso, não faltaram críticas ao livro, sob o argumento de que o "modo 1", o das disciplinas acadêmicas e das universidades autônomas, não poderia ser simplesmente abandonado como obsoleto, e que o "modo 2" não trazia nada de novo. A prova disso foi Louis Pasteur, que, no século 19, trouxe contribuições imensas para a ciência e a tecnologia, na química e na medicina, trabalhando no desenvolvimento de vacinas e na esterilização do leite e de outros alimentos, entre outras coisas. A orientação ao mesmo tempo teórica e prática da pesquisa de Pasteur era muito diferente, por um lado, da pesquisa básica em física, como nos trabalhos de Niels Bohr sobre a estrutura do átomo e a teoria quântica, que não tinham nenhum objetivo prático e, no entanto, serviram de base para todo o desenvolvimento posterior da energia nuclear; e, por outro, das pesquisas eminentemente práticas e sem maiores contribuições científicas de um Thomas Edison, que ficou no imaginário popular como o modelo do cientista inventor, o "Professor Pardal" das histórias em quadrinhos.[7]

O fato é que não existe uma única maneira de desenvolver ciência e produzir conhecimento, mas diferentes modos, e não somente dois, como, aliás, eu já tinha apontado em um pequeno artigo anos antes.[8] Na perspectiva do tempo, ainda acho que o livro teria saído melhor se cada autor pudesse ter redigido o próprio texto, mas seguramente não teria gerado tanto impacto nem tanta controvérsia.

A profissão acadêmica

Alguns anos depois participei de outro projeto internacional, dessa vez sobre a profissão acadêmica, idealizado pela Carnegie Foundation, sob a coordenação de Philip Altbach. Fiz a parte brasileira, com a colaboração de Elizabeth Balbachevsky, então minha orientanda de doutorado na USP.[9] A Carnegie Foundation for the Advancement of Teaching é uma importante fundação americana com atuação na área de educação superior, responsável, entre outras coisas, pelo conhecido *Relatório Flexner*, que revolucionou a educação médica nos Estados Unidos do início do século 20.[10]

A tese do estudo era a de que cientistas e professores universitários de diversos países faziam parte de uma profissão acadêmica internacional que compartilhava um conjunto de valores e perspectivas profissionais que superariam as barreiras institucionais e nacionais. De fato, os dados mostram que essa comunidade existe em certa medida, mas limitada basicamente ao circuito das *research universities* dos Estados Unidos e da Europa Ocidental.

No estudo brasileiro, identificamos quatro tipos de profissionais no mundo acadêmico: um pequeno grupo com formação científica de alto nível, obtida geralmente em universidades estrangeiras, com valores e atitudes próximas do ideal de profissão acadêmica postulado pelo estudo, que prioriza a sua identidade de pesquisador de orientação internacional (o "alto clero"); uma antiga elite de professores, em extinção, oriunda das profissões tradicionais, como medicina e engenharia, cuja identidade é dada principalmente por sua vida profissional, e não acadêmica; um grupo de professores e sobretudo professoras de tempo integral das universidades públicas, de formação intermediária — mestrados ou doutorados locais —, cuja identidade profissional se dá, em sua maioria, pela participação em entidades associativas e sindicais (o "baixo clero"); e um amplo grupo de professores horistas e de tempo parcial, trabalhando em geral em universidades privadas e sem uma identidade ou formas de participação profissional bem definidas.

Muito da dinâmica política e institucional dentro das universidades se dá pelo relacionamento desses grupos entre si, com o governo e com a própria administração das instituições. Depois da primeira rodada, patrocinada pela Carnegie Foundation, o estudo comparado sobre a profissão acadêmica contou com outras rodadas, com o nome de Changing Academic Profession. Envolveu mais países e ampliou os temas dos primeiros questionários, mas já sem ligação com a Carnegie Foundation. No Brasil, passou a ser liderado por Beth Balbachevsky, com quem colaborei por um tempo.

Pesquisa científica e interesse público

Em 2001, o Conselho Nacional de Desenvolvimento Científico, CNPq, completou 50 anos e eu consegui apoio de seus dirigentes — o engenheiro Evandro Mirra e a socióloga Alice de Paiva

Abreu — para realizar um trabalho que me propus a fazer para explorar o tema das relações entre a pesquisa científica e o interesse público. A ideia era reunir um grupo, não necessariamente de sociólogos, para elaborar estudos de caso sobre diferentes áreas de pesquisa científica no Brasil, que seriam apresentados e discutidos em um seminário e depois publicados.

Convidei Paulo Rodrigues, médico e professor da Universidade Federal Fluminense, para trabalhar no tema da saúde; Marilia Coutinho, com formação em biologia e doutorado na USP com minha orientação, para o tema de agricultura e meio ambiente; e Nena Castro, com quem eu já trabalhara em vários outros projetos e que tinha um doutorado em ciência política pela Duke University, para o tema social, incluindo educação. A parte de tecnologia deveria ser desenvolvida inicialmente por Antônio Botelho, doutor pelo MIT na área de estudos sobre ciência e tecnologia, mas ele acabou não participando.

Trabalhamos vários meses definindo melhor os temas, levantando dados e, finalmente, organizando um seminário aberto na Academia de Ciências para apresentar e discutir os primeiros resultados, com comentadores convidados.[11] A proposta inicial de produzir um livro comemorativo reunindo os diversos trabalhos acabou se frustrando, mas as conclusões principais constam de um artigo publicado na *Revista Brasileira de Inovação*.[12]

O que observamos foi que, ao contrário do que normalmente se pensava, o Brasil, apesar de ter a grande maioria de seus pesquisadores em instituições acadêmicas, gastava muito mais recursos em pesquisa aplicada do que em pesquisa básica, mas os resultados não eram utilizados nem apareciam como deveriam. Grande parte da pesquisa aplicada, que ocorria em instituições como Embrapa, Instituto Nacional de Tecnologia, Instituto Manguinhos, institutos militares e, na área social, no Instituto Nacional de Estudos e Pesquisas Educacionais Anísio Teixeira (Inep), no Ipea e no IBGE, estava submetida a uma cultura burocrática e administrativa que dificultava a autonomia e a iniciativa dos pesquisadores, assim como a publicação de resultados na literatura internacional.

Parte do aparente paradoxo que encontramos tinha a ver com o próprio entendimento do que seja pesquisa básica ou aplicada. Como ficou claro em nosso livro sobre a "nova produção de conhecimento" e toda a discussão que ele abriu, no mundo real essa distinção não é fácil de ser feita e pode acabar complicando o entendimento do que de fato acontece. Não é difícil perceber a diferença entre uma pesquisa em cosmologia, sobre a formação do universo, ou nas humanidades sobre a filosofia medieval, claramente básicas (no sentido de que buscam conhecimentos novos mas não têm objetivos práticos), e pesquisas sobre um novo remédio ou um projeto de transportes urbanos que buscam resultados imediatos. Pasteur, no entanto, e toda a pesquisa que hoje se desenvolve nos laboratórios farmacêuticos e nas grandes empresas de tecnologia, fazia as duas coisas.

As diferenças que mais importam não residem no conteúdo das pesquisas, mas nas intenções dos pesquisadores e de seus financiadores e nos vínculos efetivos que possam existir entre o mundo da pesquisa e o mundo das aplicações práticas de suas conclusões. Basta conversar com qualquer professor pesquisador numa universidade para ver que ele listará fortes argumentos para mostrar que sua pesquisa tem grande interesse prático, embora seu principal objetivo, e sua única possibilidade, seja publicar suas conclusões em uma boa revista acadêmica.

Como os financiadores também se preocupam com resultados práticos, também dão preferência a projetos que prometem aplicações úteis. A consequência é a proliferação de pesquisas que são nominalmente práticas, mas que acabam sendo "básicas", ou acadêmicas, porque nunca se transformam em aplicações efetivas. Seja porque não era essa a intenção dos pesquisadores, seja porque não existem pontes concretas entre o mundo universitário e o da produção tecnológica.

Existe ainda a situação inversa, em que cientistas, genuinamente interessados em buscar conhecimentos básicos sem se preocupar com suas aplicações, vestem seus projetos com uma roupagem prática e aplicada para conseguir financiamento. São conhecidas, na área biomédica, a estratégia de "fazer a pesquisa básica no bicho aplicado" e a anedota de que existiria mais gente vivendo da doença de Chagas, graças aos financiamentos que existem para pesquisá-la, do que propriamente morrendo por ela.

Nossa conclusão era que o Brasil precisava avançar muito na reorganização de seu sistema de pesquisa, tornando mais fluidas e naturais as relações entre o mundo da pesquisa acadêmica, das universidades e da pesquisa governamental, e o mundo da pesquisa empresarial. A análise das novas formas de organização da atividade científica no mundo atual, dizíamos, com a redução ou o desaparecimento das barreiras entre ciência pura e ciência aplicada, em conjunção com a análise do papel central do setor público não somente no financiamento, mas, principalmente, no uso dos resultados da pesquisa científica, levava à necessidade de reorganizar de maneira bastante profunda o sistema de pesquisa científica no país.

O sentido geral dessa reorganização deveria ser abrir as instituições, cada vez mais, para a sociedade, tornando-as mais flexíveis, mais capazes de estabelecer parcerias com diferentes setores da sociedade e sujeitas a novos procedimentos de avaliação, que considerassem não somente a excelência acadêmica dos trabalhos nem somente suas aplicações, mas que combinassem ambos os critérios.

Contribuição das universidades para o desenvolvimento

O último trabalho nessa linha, realizado em 2006, foi uma pesquisa sobre as universidades de ponta na América Latina e sua contribuição para o desenvolvimento sustentável da região.[13] Formamos uma equipe composta por Sylvie Didou Aupetit, do México, Ana Fanelli, da Argentina, Andrés Bernasconi, do Chile, e Antônio Botelho, no Brasil, com o objetivo de identificar e fazer estudos de caso sobre instituições de pesquisa em seus países que pudessem servir de exemplo de qualidade acadêmica e de impacto social ou econômico significativo.

Em cada país, identificamos quatro centros de pesquisa ou instituições — nas áreas de biologia, tecnologia, ciências agrícolas e ciências sociais —, cujas experiências foram analisadas através de entrevistas e levantamento de dados sobre suas atividades. Os resultados foram reunidos depois em um livro — publicado em inglês, castelhano e em versão digital em português — que incluiu não somente os estudos de caso, mas também uma parte geral sobre empreendedorismo acadêmico, relações universidade--indústria e propriedade intelectual.[14]

Apesar das grandes diferenças, todos os 16 centros de pesquisa estudados tinham em comum o fato de constituírem exceções em seus países, por serem capazes de sair do isolamento que tende a ser a regra na pesquisa universitária. Além disso, eles compartilhavam quatro características. Primeiro, por virtude ou necessidade, todos tiveram de se afastar do padrão convencional de financiamento da pesquisa acadêmica e se voltar para a sociedade e o setor privado em busca de apoio e recursos adicionais. Segundo, todos tiveram de enfrentar dificuldades derivadas das normas e dos regulamentos de suas instituições, que, geralmente, não previam nem permitiam formas inovadoras de organização do trabalho, de políticas de pessoal, de administração de recursos próprios e de outros itens essenciais para o bom funcionamento de centros inovadores. Terceiro, havia sempre um líder que corporificava um sentido de missão, conseguindo estabelecer, ao mesmo tempo, um alto padrão de qualidade no trabalho e vínculos efetivos com setores do mundo governamental e empresarial que iam muito além do âmbito de suas organizações. Finalmente, todos eles tinham múltiplos clientes externos, permitindo que não dependessem de uma fonte única de financiamento, que poderia um dia faltar — o que ocorreu com muitos centros de pesquisa brasileiros na área de telecomunicações, que desapareceram quando a Telebras foi privatizada.

★★★

Vistos em conjunto, todos esses trabalhos apontam para uma mesma conclusão. Se, por um lado, o sistema brasileiro de ciência e tecnologia cresceu, desenvolvendo uma importante massa crítica de pessoas, instituições e programas de ensino e pesquisa de qualidade, por outro, permaneceu isolado, pouco eficiente e com pouco dinamismo, sem conseguir contribuir de forma mais significativa para a sociedade e para a economia.

A culpa não é só de um lado. Existem razões que explicam a baixa demanda do setor produtivo brasileiro por inovações e que limitam a disposição do setor público de se valer mais da colaboração que a comunidade científica poderia proporcionar em áreas cruciais, como desenvolvimento tecnológico, saúde, meio ambiente, combate à pobreza. Mas deve ser possível — e é necessário — avançar dotando a área científica de mais estímulos e flexibilidade para buscar novos espaços, sem os quais ela corre o risco de perder o apoio de que precisa para existir.

15. Uma nova ciência para um mundo global

Uma nova política de ciência e tecnologia

Em 1985 o governo brasileiro assinou um amplo acordo com o Banco Mundial para o financiamento do Programa de Apoio ao Desenvolvimento Científico e Tecnológico (PADCT), que reorganizou o sistema de pesquisa científica e tecnológica no país.[1] Na primeira fase do programa (de 1984 a 1991), foram investidos cerca de 170 milhões de dólares, entre recursos do banco e a contrapartida brasileira. Na segunda fase (entre 1991 e 1994), foram 300 milhões de dólares. Na terceira (de 1997 a 2002), 360 milhões de dólares. Nas negociações entre a primeira e a segunda fase, o banco impôs, entre outras condições, que o Brasil tornasse explícita sua política para o setor, para que os recursos não se dispersassem em um sem-número de projetos desconexos.

Fui convidado, certamente indicado por José Goldemberg, então à frente da Secretaria de Ciência e Tecnologia (que substituiu por pouco tempo o ministério do setor), para coordenar a elaboração do documento com a definição dessa política. Para isso foi assinado um convênio entre a Secretaria e a Escola de Administração de Empresas (Eaesp-FGV), em São Paulo, com a qual eu estava associado desde minha ida para a USP, e que ficou responsável pela administração dos recursos para pagar os trabalhos que contratamos.

Para cumprir a tarefa, formei uma equipe com Eduardo Moacyr Krieger, professor da USP na área de fisiologia e então vice-presidente da Academia Brasileira de Ciências; Fernando Galembeck, professor de química da Unicamp; Carlos Osmar Bertero, professor de administração da Eaesp; e José Roberto Ferro, também da Eaesp, na posição de coordenador administrativo. No final, resumimos nossas recomendações e conclusões, junto com os trabalhos encomendados a cerca de 30 autores, em três volumes editados pela FGV: um em inglês, com a contribuição de alguns especialistas internacionais, dando o contexto global da questão; outro sobre a capacidade brasileira nas diversas áreas de ciência e tecnologia; e um terceiro, sobre mercado de trabalho, política industrial e instituições de apoio à ciência e tecnologia no Brasil.[2]

Fiquei com a responsabilidade de redigir o documento de síntese, que foi revisto pelos outros coordenadores. Nossa principal conclusão era a de que havia uma clara necessidade de sair do modelo anterior de desenvolvimento científico e tecnológico e partir para um equacionamento inteiramente novo, mais adequado às realidades presentes e futuras do país. "A nova política", dizíamos, "deve evitar tanto os excessos *do laissez-faire* quanto os do planejamento centralizado. Uma política liberal convencional de desenvolvimento científico e tecnológico não produzirá capacitação na escala e na qualidade necessárias. Projetos tecnológicos de grande porte, altamente sofisticados e concentrados, não terão condições de gerar impactos suficientemente amplos no sistema educacional e industrial. Tentativas de planejar e coordenar centralizadamente todos os campos da ciência e da tecnologia correm o risco de expandir burocracias ineficientes e sufocar a iniciativa e a criatividade dos pesquisadores."[3]

E concluíamos: "A nova política de C&T deve implementar tarefas aparentemente contraditórias: estimular a liberdade, a iniciativa e a criatividade dos pesquisadores e, ao mesmo tempo, estabelecer um forte vínculo entre o que eles fazem e as necessidades da economia, do sistema educacional e da sociedade como um todo. Deve também tornar a ciência e a tecnologia brasileira verdadeiramente internacionais e fortalecer a capacidade educacional e de C&T interna ao país."

Um dos convidados internacionais da equipe foi Michael Gibbons, que havia coordenado a produção do livro *The New Production of Knowledg*, sobre o novo modo de produção científica, do qual eu havia participado. Nas discussões que tivemos, ele insistiu que devíamos abandonar de vez a ideia de uma comunidade científica autônoma e independente, do "modo 1", e passarmos resolutamente para o "modo 2", o que nos pareceu demasiado radical. Para levar à frente essa proposta, propúnhamos que o Ministério da Educação criasse um grupo de trabalho de alto nível para analisar as conclusões deste e de outros estudos em andamento a fim de propor medidas concretas, inclusive com nova legislação, para uma reorganização profunda do sistema de C&T no país — o que nunca chegou a ser feito.

Além do que aprendemos sobre ciência e tecnologia, esse trabalho trouxe duas lições de ordem mais geral: uma sobre o governo e outra sobre o Banco Mundial. É fácil para o governo contratar estudos e pesquisas, mas é muito difícil usar seus resultados para desenvolver políticas efetivas. A razão é que quase sempre acabam prevalecendo as prioridades e as circunstâncias do momento e a preocupação em não desagradar a setores capazes de protestar se forem contrariados. Pude ver isso diretamente em três ocasiões: em 1985, com a Comissão Nacional de Avaliação da Educação Superior; em 1985 e 1986, com esse estudo sobre políticas de ciência e tecnologia; e em 2019, quando o Ministério da Educação, por iniciativa na qual estive envolvido, contratou a OCDE para rever o sistema de avaliação da educação superior no Brasil. Para que não seja assim, parece ser necessário que a agência ou o ministério contem com uma estrutura técnica e profissional muito bem constituída e com poder de decisão — e não basta uma, tem de ter as duas coisas. Talvez apenas a área econômica no Brasil tenha conseguido, em algum momento, aproximar-se mais dessas condições.

O Banco Mundial não é uma simples agência de financiamento, seu papel é apoiar projetos relevantes para os países do ponto de vista econômico e social. Isso é definido na fase de negociação dos empréstimos e fixado, em cada caso, por acordos assinados entre o banco e os governos que recebem os recursos, geralmente na forma de empréstimos subsidiados e de longo prazo. Se o governo não estiver cumprindo o combinado, os acordos devem ser interrompidos. Mas, na prática, o que pude observar é que o banco, embora reúna excelentes técnicos, capazes de desenvolver estudos de alta qualidade e estabelecer acordos de financiamento bastante elaborados, tem baixa capacidade de fazer cumprir o combinado quando tais acordos são assinados. No caso, a continuação do apoio à área de ciência e tecnologia foi condicionada à realização de propostas de políticas mais adequadas para o setor. As propostas foram feitas, o empréstimo foi concedido. O governo desconsiderou as recomendações e tudo ficou por isso mesmo.

Política industrial

Os "outros estudos em andamento" paralelamente ao nosso, a que me referi acima, eram, na verdade, um só: o "Estudo sobre a competitividade da indústria brasileira", coordenado por Luciano Coutinho a partir da Unicamp num consórcio que incluía o Instituto de Economia Industrial da UFRJ, entre outras instituições. Minha indicação para coordenar a preparação do documento principal do PADCT não foi bem recebida pelo grupo de economistas envolvidos com o tema da inovação industrial. Eles então se mobilizaram para que o Ministério da Ciência e Tecnologia os contratasse para um trabalho paralelo ao nosso e foram atendidos. Coutinho havia sido secretário executivo do ministério na gestão de Renato Archer, em 1985, tinha fortes ligações com a área empresarial e conseguiu muito mais recursos para seu projeto do que nós. Boa parte do trabalho que fizeram consistiu em análises específicas, setor a setor, da indústria brasileira. As recomendações do grupo foram no sentido de se adotar uma política detalhada de desenvolvimento industrial a partir da seleção, por parte do governo, de setores prioritários para investimentos públicos e políticas protecionistas.

Nos termos do relatório final do estudo coordenado por Coutinho, "a implementação da estratégia de seletividade por segmentos exige políticas convergentes de fomento ao mercado das linhas de produtos selecionadas e de apoio à reestruturação setorial visando uma maior especialização produtiva. Prioridade em financiamentos, uso do poder de compra preferencial, proteção tarifária mais elevada e fomento a exportações de linhas de produtos selecionadas necessitam ser competentemente conectados com iniciativas visando o reforço à estrutura patrimonial das empresas, à desverticalização produtiva e ao aumento da cooperação. O sucesso dessa estratégia implica forte coordenação dos instrumentos de política utilizados e permanente acompanhamento, condicionando a concessão de incentivos a contrapartidas e comprometimento das empresas com investimentos".[4]

A maior diferença entre o nosso estudo e o da Unicamp, me parece, é que nós defendíamos um sistema científico complexo, construído em grande parte de baixo para cima, com o envolvimento da comunidade científica e do setor universitário. E priorizávamos temas mais recorrentes, em áreas como saúde, educação, serviço social e meio ambiente, com os quais os cientistas lidavam em suas atividades cotidianas. Já o estudo da Unicamp se concentrava na inovação industrial, pressupondo uma economia de comando, de cima para baixo, e combinando os lobbies da indústria com a burocracia do Estado e dos bancos oficiais.

O Banco Mundial não esperou que os estudos se completassem para assinar a renovação do PADCT, em 1991, com o governo brasileiro. No ano seguinte, em abril, a Secretaria de Ciência e Tecnologia voltou a ganhar o status de ministério e Goldemberg foi substituído por Hélio Jaguaribe, que ficou à frente da pasta apenas por seis meses. Ele foi sucedido por José Israel Vargas, ainda no governo Collor, e ficou até o fim do primeiro mandato de Fernando Henrique Cardoso, em 1º de janeiro de 1999. Cheguei a ir a Brasília para conversar com Jaguaribe sobre o projeto. Ele me recebeu amavelmente e, quase se desculpando por estar sentado na cadeira de ministro, disse que seu interesse era conseguir financiamento para um instituto de pesquisas que estava criando, e que não tinha a menor familiaridade com o tema que eu levava até ele. Israel Vargas, por outro lado, tinha certeza de que sabia tudo, e acredito que nunca tenha se dado ao trabalho de ler os documentos.

Em maio de 1995, o Banco Mundial organizou, junto com o Ministério da Ciência e Tecnologia, um seminário de dois dias em Washington sobre a política brasileira para o setor. No evento, Luciano Coutinho e eu tivemos meia hora cada para apresentar os respectivos estudos. No fim das contas, o que coordenei ficou como mais um trabalho acadêmico publicado internacionalmente, e é impossível saber se chegou a ter alguma influência nas políticas governamentais — provavelmente não.[5] Já Coutinho, teve a oportunidade de colocar suas ideias em prática a partir de 2007, quando assumiu a presidência do Banco Nacional de Desenvolvimento Econômico e Social (BNDES), cargo em que ficou por nove anos. Foi um dos responsáveis pela política conhecida como "nova matriz econômica", instituída no governo Dilma, que incluía forte intervenção governamental na economia, e pela política de financiamento privilegiado a empresas conhecidas como "campeões nacionais". Tais políticas, combinadas a um contexto internacional desfavorável e ao agravamento do desequilíbrio fiscal interno, levou o país à pior crise econômica de sua história.

O objetivo do sistema de ciência e tecnologia impulsionado pela Finep nos anos 70 era fazer o que tanto o estudo da Unicamp quanto o nosso propugnavam: vincular a pesquisa mais fortemente ao setor produtivo e à sociedade, ideia defendida pela esquerda e pela direita. Entretanto, como a história e a sociologia da ciência nos mostram, não há como desenvolver pesquisas sem uma comunidade científica ativa, independente e atuante. Os sistemas científicos e tecnológicos de maior sucesso são justamente aqueles que têm a complexidade, a diversificação e os fluxos internos necessários para acomodar as diversas vertentes das atividades de pesquisa, ensino e aplicações.

Com o fracasso do "grande salto à frente" do regime militar no Brasil, as instituições de pesquisa e tecnologia criadas ou fortalecidas naqueles anos se fecharam em si mesmas. O sistema de revisão por pares na avaliação de projetos, instituído na Capes e no CNPq, se, por um lado, procurou garantir que os projetos fossem aprovados por seu mérito — e não por suas intenções nem pelo arbítrio do burocrata de plantão —, por outro lado fez com que diferentes áreas de pesquisa fossem capturadas pelos respectivos grupos de interesse, uma vez que inexistiam outros mecanismos de controle de qualidade e relevância. Isso se deu com muita clareza na Capes, que combina a avaliação por pares, indicados pelos próprios interessados, com um sistema aparentemente objetivo de indicadores de publicações acadêmicas, o Qualis, que, no fundo, também reflete as preferências dos pesquisadores por determinadas revistas científicas.

O problema não reside no uso de comitês assessores ou de indicadores sobre publicações, mas na forma como são utilizados, voltados para si mesmos. Isso faz com que o país mantenha um sistema obsoleto de "mestrados acadêmicos" e reconheça, oficialmente, o título de "pós-doutor", que só existe no Brasil e é dado a professores e pesquisadores que passam algum tempo em instituições no exterior, como visitantes ou bolsistas. Escrevi um texto sobre a questão que saiu em um volume publicado pela própria Capes em 2010. Mais recentemente, a Capes iniciou um importante processo de revisão de suas práticas, procurando incluir em suas avaliações a relevância das atividades que apoia.[6]

Prioridades da pesquisa

Em 2008, provoquei celeuma no meio acadêmico ao dizer, em uma entrevista para as "Páginas Amarelas" da revista *Veja*,[7] o que, a meu ver, seria necessário para tomar decisões sobre prioridades de investimentos em ciência no Brasil — decisões que, na prática, ocorrem todo o tempo e nunca são explicitadas. Dei como exemplo a física de partículas, que requer investimentos bilionários os quais, me parecia, o Brasil não deveria fazer. O artigo provocou uma forte reação do professor Ronald Shellard, do Centro Brasileiro de Pesquisas Físicas, no Rio de Janeiro, que procurou mostrar que a física de partículas no Brasil era importante, tinha resultados significativos e não requeria os altos investimentos que eu imaginava.

Shellard, certamente, entende mais do assunto do que eu, e eu talvez tenha sido leviano ao usar essa área como exemplo. Mas, com isso, o tema fundamental, que era a necessidade de discutir abertamente as prioridades, ficou de lado. A física, por contar com uma comunidade científica consolidada e atuante, sempre conseguiu mais recursos para sua área do que outras, igualmente prioritárias, ou até mais, para o país. Na outra ponta, alguns grandes projetos, como o espacial e o do submarino nuclear, foram capturados por suas respectivas agências e se arrastam ao longo dos anos, consumindo recursos elevados sem revelar resultados à altura.

Um caso pouco estudado é o da Empresa Brasileira de Pesquisa Agropecuária (Embrapa). Suas pesquisas, em parceria com algumas instituições universitárias de alto nível, como a Escola Superior de Agricultura Luiz de Queiroz (da USP), impactaram a ampliação e a modernização da agricultura brasileira nos anos 70 e 80. De lá para cá, porém, a Embrapa se transformou em uma grande burocracia pública, com 50 unidades de pesquisa, quase 10 mil funcionários e um orçamento perto de 3 bilhões de reais (bem mais polpudo, por exemplo, que o do CNPq), embora a pesquisa agropecuária tenha passado a ser feita, em geral, pelas multinacionais do setor. Nesse novo cenário, o lugar de uma empresa estatal de pesquisa com essa dimensão precisa ser reavaliado. E não está claro que a Embrapa tenha conseguido se readaptar em relação à atualização de sua base científica, aos usuários de seus serviços, a seu porte e a seu financiamento, ainda que possa continuar exibindo resultados significativos em alguns setores.[8]

Os institutos do milênio

Voltei ao tema da ciência e tecnologia em 2001, quando passei um semestre como professor visitante na Universidade Stanford, na Califórnia, dando um curso sobre políticas sociais na América Latina. Nessa época, recebi um convite do Banco Mundial para integrar o painel chamado Millennium Science Initiative, formado por sete pessoas com o objetivo de avaliar uma nova iniciativa do banco: a criação de um número seleto de institutos de pesquisa de padrão internacional em vários países em desenvolvimento. Na prática, devíamos participar de uma reunião de dois dias em Genebra, assistir a uma apresentação do projeto e dar nossa opinião.

A essa altura, Chile e Venezuela já haviam feito empréstimos de 15 milhões de dólares por três anos para esse fim, o Brasil havia se comprometido a participar e havia a intenção de investir também em alguns países africanos. Era uma iniciativa pequena para o Banco Mundial, que então apostava cerca de 500 milhões de dólares ao ano em projetos diversos na área de ciência e tecnologia mundo afora. Mesmo sendo pequena, a expectativa era de que uma injeção concentrada de recursos em poucos centros de excelência poderia causar forte impacto nos países participantes. A principal conclusão do painel foi que a iniciativa poderia ser interessante, mas que havia o risco de tais centros se tornarem ilhas isoladas em seus países. Seria crucial, então, que eles não se limitassem à pesquisa nas ciências básicas, envolvendo-se também na formação de novos cientistas e em aplicações de interesse econômico e social.

Pelo que consegui entender, essa iniciativa vinha de um determinado setor no banco que não contava com total apoio de outros setores. Assim, a opinião de um grupo de pessoas de fora poderia ser útil para legitimar o que, na verdade, já estava em andamento. Fato é que, naquele mesmo ano, o Ministério da Ciência e Tecnologia brasileiro criou o Programa de Institutos do Milênio e eu fui convidado a fazer parte do comitê científico responsável pela avaliação das propostas, composto por cientistas estrangeiros e alguns brasileiros. Além das propostas que surgiram em resposta ao anúncio do programa, o próprio ministério tomou a iniciativa de convidar algumas instituições a apresentar projetos de criação de centros em áreas e temas considerados prioritários, como os relacionados à Amazônia. Entre quase 60 propostas enviadas, 17 foram aprovadas.

Houve uma segunda rodada de projetos, em 2005, da qual já não participei. Minha impressão é de que a ideia inicial, de fazer investimentos concentrados em um número pequeno de centros de alta qualidade, acabou sendo substituída pela de organizar os institutos como redes, modelo consagrado no Programa de Centros de Excelência (Pronex), que substituiu os Institutos do Milênio. Não sei se existe uma avaliação rigorosa desse programa, mas acho que, pelo que vi em um deles, os recursos se diluíam, a coordenação entre os participantes era meramente formal e o objetivo se frustrava.

Por outro lado, desde 2014 tenho participado da comissão internacional de avaliação do programa de Institutos do Milênio do Chile. Existem duas comissões, uma para as ciências naturais e outra para as ciências sociais, ambas com total autonomia para decidir, sem interferência das autoridades chilenas. São dois tipos de apoio: um para centros, com duração de três anos; e outro para institutos, com financiamento de dez anos. Todos os avaliadores são estrangeiros e todas as propostas devem ser apresentadas e defendidas em inglês. Na minha opinião, o Chile leva muito mais a sério a necessidade de colocar sua ciência em um padrão internacional de qualidade do que o Brasil.

Dilemas da ciência, tecnologia e inovação

Em meados dos anos 80, quando a política de reserva de mercado para computadores estava no auge, procurei ver como outros países estavam lidando com o tema. Aprendi, por exemplo, que na Dinamarca a prioridade era preparar a população para usar os computadores, cada vez mais acessíveis. Já no Brasil, a ênfase era a produção das máquinas e de seus programas, fechando para isso o acesso às tecnologias de microcomputadores que estavam sendo desenvolvidas rapidamente em outras partes do mundo e estimulando o contrabando. Impressionado por esse contraste, escrevi um trabalho sobre o tema e o apresentei em um seminário no MIT, dizendo que o Brasil deveria trocar a prioridade dada aos interesses dos produtores pela dos usuários.[9]

Esse é só um exemplo de uma questão mais geral que surgiu ao longo de todos os meus trabalhos, não só sobre os temas de ciência e tecnologia, mas também sobre o sistema político e as políticas sociais: o do papel das políticas centralizadas, em contraste com as políticas de estímulo à pluralidade e diversidade. O Brasil herdou e ainda mantém a ideia dos regimes autoritários de que tudo — a economia, a ciência, a educação — precisa ser planejado. Mesmo com a experiência de tantos planos que não saíram do papel e a explicação, quase unânime entre os estudiosos, de que o fracasso da União Soviética não se deveu aos "erros" de Stalin e sim à rigidez criada pela economia de comando que implantaram. É possível organizar um país para produzir tanques e mobilizar a população para a guerra. Contudo, não é possível reconstruir de cima para baixo a infinidade de decisões e iniciativas que, em uma sociedade aberta, fazem com que produtos e serviços de qualidade cheguem de forma adequada à população, com interesses e necessidades também muito variados.

Não compartilho com os liberais extremos a ideia de que tudo estaria perfeito se não houvesse Estado e se cada qual educasse os próprios filhos em casa, sem escola, e tivesse armas para se defender. Objetivos de longo prazo e investimentos públicos focados em áreas estratégicas são necessários, mas isso é muito diferente de elaborar planos supostamente meticulosos que viram lei e nunca são cumpridos, como os planos de ciência, tecnologia e educação. Em 1976, publiquei na revista do Ipea, *Pesquisa e Planejamento*, a resenha de um livro que tratava justamente das falácias dos sistemas de planejamento centralizado que estavam sendo introduzidos nos países em desenvolvimento e sugeria, como melhor alternativa, a administração cuidadosa e incremental dos recursos orçamentários. Não creio que tenha conseguido chamar a atenção para o livro nem para essas ideias.[10]

Na área de ciência e tecnologia, o tema aparece sobretudo no dilema entre colocar a ciência como um instrumento da política industrial, assim como de políticas na área militar, ou como uma atividade desenvolvida por uma comunidade autônoma que precisa de espaço e apoio para chegar a resultados. De novo: não se trata de cair em um ou outro extremo, e em diversas ocasiões defendi posições aparentemente opostas, quando sentia que o pêndulo parecia se inclinar demasiadamente para um lado ou outro.

Assim como é importante abrir espaço para a pesquisa autônoma e independente, aplicada ou não, é essencial abrir espaço para a inovação. Além da inovação de produtos e processos, o que ocorre regularmente nas grandes empresas que atuam na fronteira dos mercados competitivos — em áreas como petróleo e gás, siderurgia, fármacos e computação —, existe toda uma literatura recente focada na inovação tecnológica que se dá no dia a dia, seja nas casas, seja em pequenas empresas. E estas tendem a passar despercebidas, correndo o risco de serem sufocadas se toda a ênfase das políticas de inovação for colocada nos grandes institutos governamentais ou no financiamento subsidiado às empresas de porte.[11] Quando, nos anos 80, os dinamarqueses decidiram que a melhor política de informática era aquela que facilitava seu uso, e não o controle de sua produção, estavam, clara ou intuitivamente, pensando nisso.

O outro lado da moeda é quando, em nome de estimular a criatividade e a diversidade, os escassos recursos para ciência, tecnologia e inovação são distribuídos por critérios regionais ou institucionais, sem que a qualidade, a pertinência e a viabilidade dos projetos sejam consideradas. Boas políticas de estímulo à inovação têm muito mais a ver com melhorar o ensino de ciências, difundir informação, facilitar a circulação de ideias e o registro de patentes do que criar um balcão de pequenos subsídios a pesquisadores e inventores potenciais.

O tema de se os recursos públicos para a pesquisa devem ser concentrados nos centros mais capacitados ou mais viáveis, ou se, ao contrário, devem ser distribuídos por critérios de equidade, volta sempre à pauta. Lembro-me de ter ouvido o argumento de que projetos de universidades em regiões mais pobres não deveriam ser submetidos aos mesmos critérios de avaliação que os das regiões centrais, em uma espécie de política de ação afirmativa. Fato é que, apoiados por recursos públicos, os grupos de pesquisa de baixa qualidade se perpetuam e pressionam por políticas que os favoreçam. É um tema difícil de lidar e as entidades representativas da comunidade científica, como a Academia Brasileira de Ciências e a Sociedade Brasileira para o Progresso da Ciência, tentam evitá-lo, sobretudo quando os recursos escasseiam. Da mesma maneira, não reconhecem a necessidade de se estabelecerem prioridades para os investimentos em ciência e tecnologia (que acabam ocorrendo de acordo com os lobbies dos diferentes setores), limitando-se a falar da importância de políticas gerais de apoio ao setor.

O professor de Harvard Lewis Branscomb, um dos consultores que colaboraram com o trabalho sobre política de ciência e tecnologia dos anos 90, dizia que um cientista em ação nas ciências naturais necessita de um "enxoval" que ele estimava ser da ordem de 200 a 300 mil dólares. Sem esse valor para gastar com equipamentos, assistentes, materiais, viagens de trabalho etc., era quase impossível que seu trabalho fosse significativo. Seria interessante ver quanto dos centros de pesquisa existentes hoje no Brasil atendem a esse critério. Claro que, nas ciências sociais, não são necessários tantos recursos, mas, nas ciências naturais, podem ser necessários até mais. A proliferação de grupos de pesquisa no Brasil sem condições mínimas de atuação, tanto pela falta de recursos quanto pela má formação de seus professores, é uma consequência da norma constitucional de que o ensino superior é "indissociável da pesquisa", combinada a políticas populistas de apoio a centros de pesquisa por critérios regionais ou políticos.

Em seu texto, Branscomb enfatizava o papel das instituições governamentais das áreas de saúde e de defesa nacional no financiamento da pesquisa americana. Destacava também a necessidade de se fortalecer a pesquisa universitária, considerada por ele um celeiro de ideias, inovação e difusão.[12] Visto na perspectiva de hoje, chama a atenção o pouco espaço que Branscomb dedicou às grandes empresas do setor privado que, recentemente, assumiram a liderança nas pesquisas de áreas como medicamentos e computação, e até espacial. Os Estados Unidos não são um país em que a pesquisa se desenvolva de forma espontânea, sem participação do governo. Muito pelo contrário. O que dá força ao sistema americano é a complexidade e o diferencial com que atua, permitindo tanto projetos maiores, de iniciativa central, quanto uma infinidade de empreendimentos e ações locais.

VI. POLÍTICA SOCIAL

16. IBGE

O Plano Real e a inflação

O convite para dirigir o IBGE, em abril de 1994, veio de Edmar Bacha, um dos responsáveis pelo Plano Real, de estabilização da economia. O presidente anterior havia saído e o Instituto estava sendo dirigido interinamente por Sérgio Bruni, diretor da área de geociências. Nos planos de estabilização anteriores, havia sempre o problema de como o IBGE deveria calcular as taxas de inflação na passagem de uma moeda para outra, com muita gente se sentindo prejudicada, entrando na justiça e pedindo compensação. Ao aceitar o convite, minha primeira tarefa foi assistir em Brasília a uma aula particular, dada por Edmar Bacha, sobre como fazer o tal cálculo corretamente.

Eu nunca tinha tido uma experiência administrativa de porte e conhecia pouco o trabalho que o Instituto desenvolvia, mas resolvi enfrentar o desafio e nunca me arrependi. O IBGE foi uma das poucas agências federais cuja sede permaneceu no Rio de Janeiro após a transferência da capital do país para Brasília, o que significava que, embora eu precisasse ir até lá com certa frequência, poderia continuar morando no Rio, após tantos anos de ponte aérea para São Paulo. O ministro do Planejamento, ao qual eu ficaria subordinado, era Beni Veras, do grupo de Tasso Jereissati, do PSDB do Ceará. Ele me recebeu muito gentilmente e pediu que eu comparecesse às reuniões mensais de planejamento do segundo escalão do ministério, realizadas na capital federal e coordenadas por Aspásia Camargo, mas elas nunca se materializaram.

Assumi o IBGE no dia 5 de maio, em meio a uma greve de funcionários que, felizmente, não durou muito. Logo vi que havia enormes pilhas de processos que eu precisava assinar diariamente, sobre os quais nada sabia nem havia tempo para me inteirar de seu conteúdo. Quem me ajudava nisso era o chefe de gabinete, Mauro Pereira de Melo, veterano da área de cartografia e geociências que me explicava cada caso, sucintamente, e eu ia assinando, confiando no que ouvia. Para me familiarizar com o Instituto e as pessoas, comecei a conversar com os diretores e os principais técnicos que fui identificando, me reuni com equipes de trabalho e criei um canal direto de comunicação com os funcionários via internet. Aos poucos, estabeleceu-se um clima de confiança.

Na época o Instituto estava com uma péssima imagem. Paralisado por greves e manifestações que interrompiam o trânsito no Centro da cidade, ainda não tinha conseguido publicar os resultados do Censo Demográfico de três anos antes. O problema com o Censo era que os resultados em alguns municípios do Pará haviam sido fraudados e os técnicos não sabiam como lidar com isso. Resolvemos a situação tornando público o problema, estimando os dados que faltavam nas poucas localidades afetadas, divulgando os resultados e abrindo processos contra os possíveis fraudadores.

A relação com o sindicato, no entanto, nunca foi boa. Assim que fui nomeado, seus dirigentes me procuraram dizendo estar interessados em manter uma relação construtiva comigo. Tivemos uma primeira reunião que, de fato, me pareceu produtiva. Mas o sindicato, formado sobretudo por funcionários administrativos, era politicamente alinhado ao Partido dos Trabalhadores e fazia oposição sistemática, obtendo apoio de muitos técnicos quando se tratava de reivindicação salarial. O clima de diálogo que tentei estabelecer foi interrompido quando eles partiram para agressões pessoais, mas houve intermediários. Durante minha gestão tentaram várias vezes paralisar o Instituto, sem nunca conseguirem.

O cálculo da inflação na passagem para o real, a partir de 1º de julho de 1994, foi relativamente simples. Como já em fevereiro o governo havia introduzido a Unidade Real de Valor (URV) — que se mantinha próxima do dólar, enquanto a inflação em cruzeiros galopava —, bastava que o cálculo da inflação do mês anterior fosse feito em termos da URV e não mais em cruzeiros. Com a moeda estabilizada, decidimos suspender a publicação das prévias quinzenais sobre a inflação, que, no entanto, continuavam sendo enviadas para o governo. Foi isso que gerou a frase infeliz do então ministro da Fazenda, Rubens Ricupero, divulgada casualmente pela antena parabólica da Rede Globo, de que o IBGE estava escondendo as boas notícias sobre o fim da inflação porque era um antro de petistas, e que as más notícias a gente esconde, mas as boas a gente deve mostrar.

Embaixador de carreira de grande prestígio, Ricupero assumira o cargo no lugar de Fernando Henrique Cardoso, que havia deixado a pasta para se candidatar à Presidência da República. Em meio ao escândalo, teve que se demitir, sendo substituído pelo então governador do Ceará, Ciro Gomes. Mandei para os jornais um artigo dizendo que não estávamos escondendo nada e explicando como era feito o cálculo da inflação. Quase fui demitido pelo presidente Itamar Franco, que entendeu que eu estava atacando Ricupero. Fui salvo, aparentemente, por Beni Veras.

No governo de FHC

Com a vitória de Fernando Henrique Cardoso nas eleições de outubro daquele ano, o cientista político Luciano Martins, que havia convivido com ele em Paris, decidiu que participaria da montagem do governo e me chamou para ajudar na transição do Ministério da Ciência e Tecnologia. Agendamos uma conversa com o ministro José Israel Vargas, preparei uma nota sobre o que me parecia deveriam ser os principais pontos da futura gestão da pasta e fomos para Brasília.

Hospedei-me em um hotel e Luciano, na casa de FHC. Estávamos a poucos dias da posse, que ocorreria em 1º de janeiro de 1995, trocamos ideias sobre as últimas especulações em torno da composição do novo ministério e Luciano me contou que, pelas conversas que mantivera no dia anterior, o então deputado federal José Serra não ficaria no governo. No dia seguinte, porém, os jornais anunciaram que Serra seria o ministro do Planejamento, o que me fez duvidar da suposta intimidade que Luciano tinha com o futuro presidente.

Fomos para o encontro com Israel Vargas, que, para minha surpresa, chamara a Brasília todos os diretores de institutos associados ao ministério para que se reunissem conosco e, diante de todos, colocou o cargo à disposição. Fiquei totalmente constrangido, disse que não se tratava disso, e logo Vargas foi oficialmente reconfirmado no cargo. Algum tempo depois, Luciano me procurou no IBGE para dizer que estava formando uma assessoria especial para o presidente (o Grupo de Análise e Pesquisa), que havia convidado Elisa Pereira Reis para trabalhar com ele e queria que eu colocasse os dados do IBGE à disposição do grupo. Respondi que ajudaria no que fosse possível e ele chegou a fazer alguns pedidos de informação — nada que não fosse de domínio público. Mais tarde foi nomeado embaixador do Brasil em Cuba, onde ficou vários anos.

Empossado ministro do Planejamento, Serra se tornou meu chefe imediato e passei a depender dele para saber se continuava ou não no IBGE no novo governo, já que eu fora nomeado por Itamar Franco. Pouco antes de assumir, Serra me chamou para uma conversa, ocorrida à noite em um lugar discreto, porque ele não queria que soubessem que estava em Brasília naquele dia. Serra perguntou quem havia me nomeado para o IBGE e quis saber também como fora a indicação dos diretores. Contei que fui indicado por Edmar Bacha, no contexto do Plano Real, e que eu estava por enquanto mantendo os diretores que encontrara nos cargos. A conversa terminou aí e voltei para o Rio de Janeiro sem saber o que aconteceria.

Esse suspense continuou por uns dois meses, até que um jornalista publicou uma nota dizendo que eu estava no limbo, sem saber se continuaria ou não no IBGE. Achei que a situação estava se tornando insustentável e disse a Andrea Calabi, secretário executivo do ministério, que ou ele me confirmava ou eu sairia. Logo Calabi me informou que eu permaneceria no cargo, mas nada ouvi diretamente de Serra. No período em que ele comandou o Planejamento, deve ter falado comigo umas duas ou três vezes, sempre para pedir alguma coisa específica de interesse dele. Essa animosidade, acho, não existia apenas em relação a mim, mas a todos os que, de alguma maneira, participaram do Plano Real, do qual ele se sentia excluído. Edmar Bacha havia sido nomeado presidente do BNDES, também subordinado ao Ministério do Planejamento, e um dia comentei com ele o estranho comportamento de Serra, que não falava comigo, e ele achou graça. Pouco depois Edmar se demitiu do banco, mas eu continuei.

Pesquisa e disseminação

Já conhecendo melhor o IBGE, pude dar continuidade a diferentes projetos de modernização e reforma do Instituto, apoiado por uma equipe de diretores com os quais tinha mais afinidade e que, depois de algumas idas e vindas, consegui formar. Eram eles: Nuno Bittencourt, funcionário de carreira que estava afastado, na direção executiva; Lenildo Fernandes Silva, do BNDES, na diretoria de pesquisas, cargo que já ocupara anteriormente; Fernando Nasser, professor da Universidade Federal de Itajubá (MG), na diretoria de informática; e dois outros funcionários de carreira, Trento Natali, para a diretoria de geociências, e David Wu Tai, para a coordenação da área de disseminação e informação.[1]

Com o funcionamento do dia a dia estabilizado, passei a me dedicar sobretudo aos contatos em Brasília, quando necessários, e a uma tentativa mais ambiciosa de reformular a própria estrutura institucional, administrativa, de recursos humanos e gerencial do Instituto, o que não deu certo. Não tive problemas com os ministros do Planejamento que sucederam a Serra — Antônio Kandir, Paulo Paiva, Martus Tavares —, mas meu contato principal no governo era com Vilmar Faria, colega de faculdade dos tempos de Belo Horizonte e principal assessor de FHC na área social.

Os técnicos veteranos diziam que o problema do IBGE era que o Instituto deveria ser a fonte de dados para o planejamento da economia do país, mas, como o país estava sem planejamento, o órgão fora abandonado. Participei em algum momento de uma discussão pública com funcionários do IBGE em Curitiba e fiquei impressionado ao ver como líderes sindicais do PT falavam com saudade dos tempos do governo militar, em que, então sim, a economia era planejada. Tentando entender melhor, procurei ler textos de Isaac Kerstenetzky, meu antecessor nos anos 70, e vi que ele também, apesar de ser pessoalmente liberal e preocupado com os temas sociais, tinha uma visão totalitária a respeito de como a economia deveria ser planejada e comandada desde o topo.

Claro que, no mundo real, nada disso acontecera. Como sabia desde os tempos da Finep, o Ministério do Planejamento daqueles anos fazia de tudo, menos planejar a economia. A partir daí, comecei a insistir e a inserir nos documentos do Instituto que sua função era atender à sociedade como um todo, com informações confiáveis e de qualidade, e que o governo era tão somente um dos usuários de seus dados.

As quatro grandes áreas de atuação do Instituto — pesquisas econômicas e sociais, geografia e cartografia, computação e comunicações — estavam emperradas e busquei encaminhar soluções para cada uma delas, com graus diferentes de êxito. Para a área de pesquisa, responsável pelos levantamentos econômicos, sociais e demográficos, fizemos um acordo de cooperação com o Statistics Canada, que nos ajudou a rever e modernizar as estatísticas econômicas e sociais, inclusive cancelando o antigo Censo Econômico, substituído por um cadastro permanente de empresas e pesquisas amostrais. Eles também ajudaram, com bastante sucesso, a conectar mais o IBGE com a Escola Nacional de Ciências Estatísticas (Ence), que o IBGE mantinha por meio de programas de treinamento de funcionários do Instituto por professores da Escola.[2]

Restabeleci a participação do IBGE na Comissão de Estatística das Nações Unidas, coordenando, em algum momento, o grupo de trabalho sobre estatísticas da pobreza, e começamos a publicar, de forma sistemática, estatísticas sobre desigualdade e pobreza conforme um padrão internacional estabelecido pelas Nações Unidas. Passamos a atender regularmente, e de forma organizada, os pedidos de dados que nos chegavam de agências internacionais e colocamos em circulação o *Brasil em Números*. A publicação, compacta e bilíngue, trazia os principais dados sobre a economia e a sociedade brasileira, com textos interpretativos de autores convidados, para ser usada inclusive pelas embaixadas brasileiras no exterior.

A área de geociências era um grande problema que, creio, nunca foi resolvido. O IBGE, junto com o Instituto Nacional de Estadística, Geografía y Informática, no México, é o único Instituto de estatísticas públicas no mundo que inclui a área de geografia. A geografia, que pretendia ser para o espaço o que a história é para o tempo, não chegou a se consolidar no Brasil como área científica ou intelectual consistente, ficando restrita basicamente a textos descritivos e materiais escolares. Ainda encontrei no IBGE alguns de seus antigos geógrafos, caso de Speridião Faissol, que fazia um uso bem simples de análises estatísticas de dados territoriais,[3] e do grupo que se dedicava ao zoneamento territorial da Amazônia, que tinha Bertha Becker, com suas teorias geopolíticas, como referência.[4]

Mas a geografia havia sido substituída, por um lado, pela cartografia e, por outro, por disciplinas específicas, como economia regional, demografia e ecologia, enquanto o conteúdo dos cursos de geografia nas universidades brasileiras havia sido tomado por teorias marxistas simplificadas, tendo Milton Santos como um dos nomes mais citados.[5] Não havia muito o que fazer para revitalizar a geografia como área de pesquisa, a não ser em duas direções: a da cartografia e a do meio ambiente.

Na cartografia, o IBGE ainda não completara o processamento das imagens do Projeto Radam, dos anos 60. Investimos nas tecnologias de digitalização de dados de satélite para a elaboração de mapas, assim como em tecnologias que permitissem visualizar as informações estatísticas no território. O Instituto, no entanto, havia sido totalmente superado pelas novas tecnologias de imagens por satélites, as quais não tinha conseguido absorver, e suas antigas funções de demarcação do território se tornaram em boa parte obsoletas com o surgimento do GPS.

Na área ambiental, o grupo dedicado aos estudos sobre a Amazônia apresentava resultados interessantes, mas artesanais, e seu trabalho foi suplantado pelo do Instituto Nacional de Pesquisas Espaciais, o Inpe. Tentei que um grupo externo fizesse uma avaliação da área de geociências, mas não deu muito certo. Depois de mim, outros presidentes do IBGE também buscaram fortalecer a área de estudos ambientais, todavia com resultados modestos. O IBGE é ainda o depositário legal das informações sobre os limites territoriais dos estados e municípios, e uma área de desenvolvimento recente foi a da elaboração das malhas digitais de municípios e censitários para a operação e posterior divulgação dos dados dos censos demográficos.

Na área de disseminação, finalmente, o IBGE tinha um excelente, porém antiquado, parque gráfico nos subúrbios do Rio de Janeiro, com linotipos para a composição de textos em chumbo, grandes escâneres e impressoras capazes de imprimir mapas multicoloridos de porte e produzir milhares de exemplares dos censos, pesquisas amostrais e livros de divulgação que terminavam muitas vezes encalhados. Substituímos os equipamentos antigos por novos, que podiam imprimir os volumes à medida que fossem solicitados, criamos o site do IBGE e começamos a distribuir os microdados da Pesquisa Nacional por Amostra de Domicílio (Pnad) e de outras pesquisas quantitativas em CD-ROM ou via internet.

Assim, os dados do Instituto podiam ser utilizados por pesquisadores além dos do Ipea, que mantinha até então acesso exclusivo às bases de dados digitais do IBGE. Essa transformação foi liderada pelo economista David Wu Tai, que também conduziu o processo de modernização dos censos demográficos e permaneceu na casa até ser vitimado pela epidemia de covid-19, em 2020, quando ocupava a posição de diretor de informática.

Modernização administrativa

Por trás de tudo isso, havia uma estrutura administrativa pesada e ultrapassada e uma legislação de serviço público na qual o que importava era a forma e não os resultados da gestão, o que tornava tudo muito difícil. Um dia vieram me dizer que havia verba para comprar várias centenas de veículos e que eu precisava autorizar logo a transação. Pedi um levantamento da frota existente, seu uso e estado, e nunca consegui essa informação. Acabei autorizando, no entanto jamais soube se era realmente necessário.

Na área de computação, havia um computador de grande porte refrigerado a água gelada instalado em um prédio na Mangueira, na Zona Central da cidade, enquanto o único microcomputador disponível, instalado na sala da presidência, era pior do que o que eu tinha em casa. Em suas sedes regionais, o IBGE dispunha de antigos computadores Cobra, da época da reserva de mercado de informática, inferiores aos IBM XT disponíveis no comércio e de alto custo de manutenção. O aluguel do equipamento e do software e a manutenção e a operação do computador central eram contratados pela IBM a um custo estimado, na época, de um milhão de dólares por mês.

Conseguimos alugar vários andares de um edifício moderno na avenida Chile, no Centro, e levamos para lá o pessoal e os equipamentos que estavam no prédio da Mangueira, uma região favelizada que havia se tornado insegura para os funcionários (e que me custou um processo no Tribunal de Contas). Trocamos o computador antigo por outro muito menor e colocamos microcomputadores na mesa dos técnicos a um custo bem mais baixo.[6] Mesmo assim, a área de computação sempre foi um problema e não consegui evitar que a análise dos dados do Censo Agropecuário de 1995 fosse contratada a uma empresa formada por ex-funcionários do IBGE que — me garantiram — eram os únicos que tinham um sistema adequado para fazer esse processamento.

Persistia na cultura da casa a ideia antiga de que o IBGE deveria ter uma agência em cada município para a coleta regular de dados. Nunca se chegou a tanto, mas, quando assumi o IBGE, havia 500 agências municipais, várias coordenações regionais e 10 mil funcionários públicos com estabilidade, em sua grande maioria de nível médio. Com os novos recursos de computação, muitas dessas agências e escritórios regionais foram perdendo a função, sendo fechados e reduzindo seu pessoal à medida que os funcionários iam se aposentando. Então as pesquisas de campo, como a Pnad, passaram a ser feitas por pessoas com as quais fechávamos contratos temporários.

Havia, além disso, um problema aparentemente insolúvel relacionado a cargos e salários. Em algum momento o governo federal criou uma carreira de ciência e tecnologia que reunia o IBGE, a Fundação Oswaldo Cruz, a Comissão de Energia Nuclear e outras agências. A proposta inicial era a de que as carreiras fossem reservadas aos técnicos, mas elas acabaram abrangendo os funcionários administrativos. A consequência foi que, com tanta gente envolvida, o governo não podia equiparar os salários, por exemplo, aos do Ipea, órgão que estava no mesmo ministério que o IBGE, mas cujos técnicos ganhavam muito mais. Com isso o Instituto não tinha condições de contratar profissionais de alto nível nem de reter os poucos que tinha.

A área jurídica era um pesadelo. Havia centenas ou milhares de processos trabalhistas e disciplinares que se arrastavam, com o Instituto perdendo litígios por decurso de prazo. Nunca consegui que fizessem um levantamento do tamanho do contencioso. Os papéis acumulados ao longo de mais de 50 anos estavam amontoados em um grande depósito situado em uma reserva ambiental perto de Brasília, que, por razões que jamais entendi, também era administrada pelo IBGE. Houve um dia em que quase fui preso por desacato a um juiz de um estado do Sul que deu uma liminar obrigando o IBGE a readmitir um funcionário que, depois de um longo processo, fora demitido por improbidade por ato do presidente da República, fato que a área jurídica da região se esquecera de me avisar. O funcionário foi readmitido às pressas — e com isso escapei da prisão — e deve ter ficado no cargo até se aposentar.

Por duas ocasiões tomei decisões baseadas em pareceres jurídicos que depois foram contestadas pelo Tribunal de Contas, gerando processos que levaram anos para serem arquivados, embora eu já tivesse saído do IBGE. A procuradoria nunca se considerou responsável por me defender. Nosso melhor procurador era um senhor de meia-idade que chegava ao trabalho perto da hora do almoço, resolvia as questões mais urgentes e, em seguida, ia para um clube onde bebia até o fim da noite.

Foi por tudo isso que fiquei muito interessado na proposta de Luiz Carlos Bresser-Pereira, então ministro da Administração e Reforma do Estado, cuja diretora executiva era Claudia Costin, de transformar o IBGE em uma organização social, recuperando a condição de instituição autônoma que havia tido desde a reforma administrativa de Hélio Beltrão. Mas não obtive apoio dos técnicos do Instituto nem do governo e a ideia não prosperou. Tentei negociar com o Ministério do Planejamento a troca de vários cargos de menor nível por um menor número de outros de nível mais alto, para reforçar o quadro de técnicos mais qualificados, mas não aceitaram.

Tentei também descentralizar o trabalho de pesquisa fortalecendo parcerias entre o IBGE e os órgãos de pesquisa regionais, sem sucesso. A Fundação Seade, em São Paulo, principal agência regional de pesquisa do país, tinha desenvolvido, com recursos do Fundo de Assistência aos Trabalhadores, um levantamento sobre desemprego junto com o Departamento Intersindical de Estatística e Estudos Socioeconômicos (Dieese), órgão de pesquisa ligado aos sindicatos. O levantamento era utilizado por vários estados e competia com o do IBGE, divulgando números completamente diferentes dos nossos. Por iniciativa do Ministério do Trabalho, entramos em uma grande negociação para unificar as duas pesquisas, com a colaboração técnica de Ricardo Paes e Barros. Na última hora, a Seade decidiu não participar por entender que estaria perdendo poder.

Em um encontro casual com Ruth Cardoso, com quem mantinha uma relação cordial, ela me disse que o presidente FHC sabia que eu estava me queixando da falta de apoio dele para com o IBGE e que ele queria conversar comigo a respeito. Combinamos então que eu iria ao Palácio da Alvorada para um almoço. Reunião marcada, preparei uma pasta com algumas propostas sobre como o IBGE deveria ser reorganizado, a partir da experiência das principais agências de estatísticas públicas de outros países, e entreguei-a em mãos ao presidente. Ainda que eu não fosse de seu grupo mais próximo, éramos conhecidos de muitos anos e foi um almoço agradável, com a simpatia de sempre.

Algumas semanas depois o Ministério do Planejamento me enviou a pasta que eu havia deixado com o presidente com um despacho em que o ministro me pedia "para opinar". FHC havia enviado meus documentos ao ministro, que os encaminhou para mim e com isso o círculo se fechava. Entendi que, por mais boa vontade que houvesse por parte da Presidência, o IBGE não deixaria de ser uma parte pequena dentro de um conjunto muito mais amplo de preocupações. E que não mereceria a atenção especial que eu achava que deveria ter.

Com a reeleição de FHC, Vilmar Faria me perguntou se eu gostaria de continuar no IBGE no segundo mandato ou se preferia ir para outra função no governo à minha escolha, exceto as de nível ministerial. Agradeci, achando que já tinha ido até onde poderia ir, e pouco depois transmiti o cargo a Sérgio Besserman Vianna, meu sucessor.

O papel das estatísticas públicas

A experiência desses anos me fez pensar e tentar compreender melhor o papel das estatísticas públicas em um país como o Brasil. Percebi, desde o início, que duas características que se supunha que o IBGE tinha eram, na verdade, ilusórias. A primeira era a de que o Instituto deveria ser o grande alimentador de dados para o planejamento detalhado da economia brasileira e da sociedade, um planejamento que nunca existiu nem deveria existir em uma sociedade democrática e de economia aberta. A segunda ilusão era a de que o IBGE deveria manter o monopólio e o comando das informações estatísticas e geográficas produzidas no país. No entanto, elas são, cada vez mais, produzidas também por outras agências públicas e privadas.

O que, sim, confere uma posição especial ao IBGE é que muitas de suas estatísticas, apesar de serem fruto de pesquisas que, inevitavelmente, estão sujeitas a erro, têm valor legal, tendo que ser, assim, constantemente "traduzidas" do universo da incerteza probabilística para o universo da certeza legal.[7] Todos os meses eu recebia uma portaria para assinar em que se lia que a taxa de inflação no mês era de tanto. Um dia eu disse brincando a meu chefe de gabinete, para seu espanto, que estava pensando em mudar esse número que aparecia no papel, já que ele não me agradava. Legalmente, nada me impedia de fazer isso. Uma vez assinado, o dado, produzido por um processo cujos detalhes eram mantidos em sigilo pela equipe técnica, afetava a vida de milhões de pessoas, da mesma maneira que os dados demográficos afetavam a distribuição de recursos públicos para estados e municípios.

Essa transformação de dados estatísticos, necessariamente probabilísticos e sujeitos a incerteza, em dados precisos com força de lei precisava se apoiar em dois alicerces: a competência técnica do Instituto e sua credibilidade. Quando, em 2007, o governo Kirchner resolveu intervir nas estatísticas de inflação produzidas pelo Instituto de Estatística da Argentina, o Indec, os dados do país perderam credibilidade, abalando a confiança no próprio governo como um todo e afetando gravemente sua economia.

A Colômbia passou por um grave problema com seu Censo Demográfico de 2015, porque houve vários deslizes técnicos durante a execução dos trabalhos, conduzidos por uma equipe sem experiência. Foram publicados dados contraditórios e, no final, ninguém sabia quantos habitantes o país realmente tinha, para fins oficiais. Para resolver o assunto, o Instituto de Estatística da Colômbia contratou uma equipe formada por Jacob Ryten, que tinha coordenado a assistência técnica do Statistics Canada ao IBGE, Pedro Sáinz, chileno que havia sido diretor de estatística da Cepal, e eu. O que fizemos foi criar um processo para, ao mesmo tempo, recuperar a credibilidade do Instituto de Estatística e, envolvendo os principais especialistas de demografia do país, fazer a melhor estimativa possível dos resultados do Censo para que pudessem ser adotadas oficialmente.

É por essa exigência de credibilidade e qualidade técnica que sempre defendi que o IBGE deixasse de ser tratado como uma repartição do Ministério do Planejamento ou da Fazenda e que tivesse um presidente com mandato aprovado pelo Senado, um forte conselho superior, que servisse de anteparo a eventuais influências externas e internas, e um corpo técnico de alto nível, garantindo a confiabilidade das estatísticas do país.

Na minha gestão, o IBGE nunca sofreu interferência nos dados que produzia, mas houve um momento em que um ministro criticou o Instituto porque não gostou dos dados que publicamos. Respondi em nota que os dados eram bons, ruim era o que eles mostravam. Em seu primeiro ano no governo, o presidente Jair Bolsonaro também resolveu criticar as estatísticas de emprego fornecidas pelo Instituto sem maior conhecimento de causa, criando o temor de uma interferência semelhante à de Kirchner na Argentina que, felizmente, não se consumou. Mas o IBGE ainda está longe de ter garantida a autonomia necessária para que sua credibilidade, e a do país, repousem em uma base mais firme.

17. AIR e IETS

AirBrasil

Pouco depois de sair do IBGE, em 1999, Alcyone Vasconcelos, brasileira que trabalhara no Banco Mundial, apresentou-me a Jay Moskowitz, do American Institutes for Research (AIR), instituição da qual eu nada sabia. O AIR estava interessado em abrir um escritório ou filial no Brasil e queria me contratar para isso. Fui me informar e vi que se tratava de uma grande consultoria americana na área de educação, recursos humanos e avaliação que havia começado preparando pilotos para a Força Aérea americana nos anos 40. Com milhares de funcionários, o AIR tinha desenvolvido, entre outras coisas, o sistema de classificação das ocupações nos Estados Unidos, conhecido como O'Net, e administrava a participação do país no Programa Internacional de Avaliação de Alunos (Pisa), da OCDE. Além disso, mantinha um sem-número de contratos com governos estaduais e locais nas áreas de avaliação e certificação profissional.

Tecnicamente, o AIR era uma organização sem fins lucrativos, uma ONG, mas, na prática, funcionava como empresa, embora não distribuísse lucros. Sua atuação internacional era pequena e consistia, principalmente, na execução de contratos de implementação de projetos ou acordos de cooperação internacional do governo americano, do Banco Mundial e de algumas fundações. No Brasil, o AIR já havia trabalhado com a Secretaria de Educação de Minas Gerais na gestão de Walfrido Mares Guia, no início dos anos 90, com resultados bastante significativos.

Quando o AIR me procurou, o Banco Mundial estava negociando ou já tinha assinado um acordo com o governo brasileiro para fortalecer o Inep como centro de pesquisa e avaliação educacional, e haveria uma concorrência internacional para escolher uma instituição que desse apoio ao projeto. O AIR acreditava que tinha chances de ganhar a licitação, daí seu interesse em estabelecer uma base no Brasil. A forma inicial que encontramos para viabilizar o AIR no país foi por meio de um acordo com a Fundação Brasileira para o Desenvolvimento Sustentável (FBDS), dirigida por Israel Klabin, pelo qual o AIR ficaria como uma linha de atuação da fundação.

Eu havia conhecido Israel Klabin alguns anos antes por causa de um convênio firmado entre o IBGE e a FBDS para implementar um projeto de diagnóstico ambiental da Amazônia Legal. Então procurei-o e perguntei se teria interesse em estabelecer a parceria. Ele disse que sim, e assim foi feito. Bem antes disso já tínhamos nos encontrado em um memorável jantar informal no Hotel Sheraton, que ele organizou para o secretário de Estado dos Estados Unidos, Henry Kissinger, na visita que ele fez ao Rio de Janeiro em 1976. O jantar só terminou de madrugada, após uma visita ao museu particular na casa em que vivera uma tia de Israel, Eva Klabin Rappaport, na Lagoa Rodrigo de Freitas.[1]

Durante um tempo convivi com Israel e sua pequena equipe em seu escritório em São Conrado, no Rio de Janeiro, e pude conhecê-lo um pouco mais. Israel é um dos descendentes da família Lafer-Klabin, proprietária da principal indústria de papel e celulose do Brasil. Seus fundadores eram judeus da Lituânia que chegaram aqui no fim do século 19, e um dos membros da família, Horácio Lafer, foi ministro da Fazenda de Getulio Vargas nos anos 50 e, depois, ministro das Relações Exteriores de Juscelino Kubitschek. Sobrinho de Horácio, Celso Lafer, da geração mais jovem, formou-se em direito e ciência política, escreveu sua tese de doutorado sobre o programa de metas de Juscelino e foi ministro das Relações Exteriores nos governos de Fernando Collor e de Fernando Henrique Cardoso.

Israel dedicou-se ao tema ambiental como atividade filantrópica e, depois da Rio 92, sediada no Rio de Janeiro, entendeu que teria condições de criar uma instituição que apoiasse as políticas ambientais brasileiras valendo-se de seus vínculos com a comunidade ambientalista internacional, o mundo empresarial e o setor público. Assim, criou a FBDS, que nunca chegou a ganhar porte, provavelmente porque a fundação ficou demasiado presa à pessoa de seu fundador. Os principais projetos que desenvolveu na área ambiental, enquanto estive por perto, foram conduzidos pelo professor Enéas Salati.

Estando na FBDS, comecei a me inteirar das conversas sobre o projeto de Israel de mobilizar recursos internacionais para reformar e modernizar o Museu Nacional no Rio de Janeiro, na Quinta da Boa Vista, na Zona Norte carioca. Minha lembrança é que o projeto não foi adiante porque, para isso, seria necessário retirar o museu da tutela da UFRJ e transformá-lo em uma fundação independente de direito privado, proposta com a qual a universidade não concordou. Quando o museu foi destruído por um incêndio, em setembro de 2018, lembrei-me dessas conversas e as divulguei, criando uma onda de desmentidos e confirmações.

Algum tempo depois decidimos desfazer a relação com a fundação de Israel e criei uma instituição própria, com o nome de Instituto de Estudos Sociais e Políticas Públicas. Sua única função era operar o convênio de cooperação com o AIR, criando a marca de fantasia AirBrasil. Durante esse tempo, minha fiel colaboradora era Micheline Christophe, amiga dos tempos em que nossos filhos estudavam juntos na Escola Alemã Corcovado, e com quem eu já havia trabalhado no IBGE na área de comunicações. Ela tocava a parte administrativa e financeira de nosso pequeno instituto.

Ao contrário do que o AIR esperava, perdemos a licitação para o projeto com o Inep para um consórcio formado por pessoas que já vinham colaborando com o Ministério da Educação. Não posso dizer que perdemos injustamente porque o real tinha se desvalorizado e os nossos preços, baseados nos valores de consultoria praticados em dólares nos Estados Unidos, ficaram muito altos. Mas o AIR certamente era visto como uma ameaça aos parceiros usuais com que o Inep em geral trabalhava.

Em 2001, o AirBrasil participou de uma segunda concorrência para desenvolver um estudo longitudinal de acompanhamento de dois programas do Ministério da Educação: o Plano de Desenvolvimento da Escola (PDE) e o Projeto Escola Ativa (AE). Ambos também eram apoiados pelo Banco Mundial e o financiamento tinha como pré-condição a abertura de uma licitação para contratar uma instituição independente que fizesse o acompanhamento dos projetos. Dessa vez ganhamos. Fomos a única instituição classificada no mérito, mas, na hora de assinar o contato, Maria Helena Guimarães de Castro, presidente do Inep, me chamou para dizer que não assinaria, porque os valores estavam acima dos recursos disponíveis. Além disso, o Inep havia decidido fazer internamente o acompanhamento. Nunca vi uma avaliação adequada desses projetos, que se prolongaram no governo Lula, embora existam vários estudos a respeito.[2] Nem sei se o estudo longitudinal foi efetivamente realizado.

Sem contratos com o governo federal, desenvolvemos dois projetos principais: um com a Secretaria de Educação da Bahia, para criar um sistema de certificação de diretores de escola, e outro com a Secretaria de Educação do Paraná, para, entre outras coisas, desenvolver um sistema de avaliação continuada dos alunos. Mas o AirBrasil perdeu a capacidade de se financiar e, em 2003, a parceria foi desfeita. Fechamos o escritório. Eu achava que era possível continuar com nosso trabalho no Brasil e criar uma instituição de porte que se beneficiasse da competência técnica do AIR, desde que pudéssemos atuar de forma autônoma, sem amarras às regras burocráticas e aos preços de consultoria praticados nos Estados Unidos. Mas a máquina burocrática do AIR era grande e pesada demais para permitir isso.

Instituto de Estudos do Trabalho e Sociedade

Novamente sem vínculo profissional, aceitei o convite para fazer parte do Instituto de Estudos do Trabalho e Sociedade (IETS), criado em 1999 por um grupo de economistas: André Urani, ex-secretário municipal do Trabalho no Rio de Janeiro (de 1997 a 2000); Ricardo Henriques, recém-chegado de estudos de doutorado na França; Ricardo Paes e Barros, do Ipea; Manuel Thedim, que havia trabalhado com André Urani na prefeitura; e Jaílson de Souza e Silva, com doutorado em sociologia da educação e experiência em temas ligados a políticas sociais, favelas e violência urbana.

Em 2001, o IETS participou da elaboração de um documento que ficou conhecido como *A agenda perdida*, assinado pelos economistas Marcos Lisboa e José Alexandre Scheinkman.[3] Esse documento serviu de base para estabelecer as diretrizes de política social adotadas pelo Ministério da Economia no início do governo Lula, em 2003, tendo Lisboa como secretário de Política Econômica. Tais diretrizes foram objeto de um violento ataque da economista Maria da Conceição Tavares, sobretudo pela proposta de focar os gastos sociais na população em situação mais crítica, o que foi entendido como um posicionamento "neoliberal".

O Instituto continuou envolvido com o tema de políticas sociais, mas sem alinhamento com o Partido dos Trabalhadores nem com o governo federal. A proposta era trabalhar itens como habitação, emprego, transportes, violência e educação voltados, sobretudo, para a cidade do Rio de Janeiro, combinando pesquisa, consultoria e atividades de disseminação. Formalmente, o IETS era uma organização social de interesse público, o que significava que poderia fazer contratos e remunerar livremente seu pessoal de acordo com a legislação trabalhista, mas não poderia distribuir lucros entre os sócios, que eram várias dezenas de pessoas que periodicamente aprovavam a eleição dos dirigentes do Instituto.

O IETS me oferecia uma sala, uma referência institucional e, em algum momento, fui seu presidente. Mas eu não recebia salário, o que ganhava dependia de projetos que conseguisse atrair. Nesse período, entre outros trabalhos, passei a me interessar cada vez mais pelos temas de política social e, em educação, pelas questões relacionadas ao ensino médio e à educação profissional e técnica. André Urani dizia que o IETS era uma instituição em forma de rede que conseguia articular e mobilizar atividades de muitas pessoas a partir de uma estrutura administrativa mínima. De fato, a entidade tinha grande capacidade de atrair projetos e organizar eventos, fazendo com que parecesse maior do que era. No dia a dia, os trabalhos eram realizados por consultores e por pesquisadores juniores.[4] Mas o Instituto também abrigava projetos de pessoas que não faziam parte do seu cotidiano, gerando *overheads* administrativos que ajudavam a pagar as contas. Manuel Thedim, com o apoio administrativo de Elizabeth Galvani, mantinha as contas e os papéis em ordem.

O modelo de rede pode ter dado certo para André Urani, mas a verdade é que o IETS nunca funcionou realmente como uma instituição. A par da grande flexibilidade, era tudo muito personalizado, não havia processos regulares de aprovação de projetos nem regras claras de remuneração e de uso de recursos, além de nunca se ter conseguido formar um quadro estável de pesquisadores. Em 2011, quando André morreu repentinamente, aos 51 anos, em decorrência de um câncer, o Instituto entrou em decadência, apesar dos esforços meus e de algumas outras pessoas para reerguê-lo em outras bases.

18. MODERNIDADE, CULTURA E POBREZA

Focado na reorganização do Estado e na estabilização da economia, o governo de Fernando Henrique Cardoso, eleito pela primeira vez em 1994, não deu maior prioridade aos temas sociais, apesar das boas intenções de Vilmar Faria, seu assessor para a área social, e de algumas iniciativas como o Bolsa Escola, o programa Comunidade Solidária, liderado por Ruth Cardoso, e a criação da Secretaria Nacional de Direitos Humanos. A grande exceção foi na área da educação, com a implantação em 1996 do Fundo de Manutenção e Desenvolvimento do Ensino Fundamental e de Valorização do Magistério (Fundef), que ordenou o financiamento da educação no país e permitiu que, ao final do segundo mandato de FHC, a quase totalidade das crianças até 10 ou 11 anos estivesse matriculada em uma escola. Em 2006 o Fundef foi ampliado para incluir também a educação infantil e a média, mudando o nome para Fundeb.

Ainda na área da educação, o governo FHC fez reviver o Instituto Nacional de Estudos e Pesquisas Educacionais, o Inep, que montou um amplo sistema de estatísticas e avaliação da educação permitindo, pela primeira vez em nossa história, desenhar um quadro mais nítido do estado da educação brasileira. A expectativa era de que, com o fim da inflação, a economia adquirisse dinamismo e os problemas mais graves de desemprego e pobreza fossem sendo reduzidos. Com as crises econômicas externas que se sucederam, a estabilização não trouxe os benefícios esperados e o tema social foi capturado pelo Partido dos Trabalhadores, levando à vitória de Lula nas eleições de 2002.

Com Lula, o tema da pobreza passou ao primeiro plano da política nacional e, também, dos cientistas sociais. Em 2004 publiquei dois livros: *As causas da pobreza*; e *Pobreza, exclusão social e modernidade: uma introdução ao mundo contemporâneo*. Vistos em conjunto e combinados com outros dois anteriores — *Ciência, universidade e ideologia: a política do conhecimento* (1981); e *A redescoberta da cultura* (de 1997) —, talvez sirvam para delinear o meu entendimento a respeito das ciências sociais. E também minha possível contribuição ao longo destes anos, ao lado de meus textos mais históricos e da participação em debates públicos sobre temas específicos de política social e educacional.

Cultura

Os ensaios reunidos em *A redescoberta da cultura*, coletânea publicada pela editora da USP, são possivelmente o melhor que consegui fazer em termos de teoria social, mas este é também um de meus livros menos conhecidos, provavelmente pela própria dificuldade dos assuntos ali abordados. O título se refere ao fato de que tanto na sociologia quanto na economia o tema da cultura geralmente permanece em segundo plano, relegado à antropologia, que tende a ficar fechada em seu próprio mundo.

Em um dos ensaios, trato especificamente de uma proposta de levar a cultura de volta para as ciências sociais, não como um fator exógeno e inexplicável (como a "cultura latina", ou "brasileira", ou "luso-tropical", em contraste com a cultura ocidental, europeia, asiática etc.), mas como uma "estratégia" de ação derivada da combinação de duas dimensões centrais de toda análise social: a vertical (hierarquia) e a horizontal (coesão social), tal como proposto pela antropóloga Mary Douglas.[1]

Essa combinação permite pensar em quatro tipos principais de cultura: a das sociedades hierárquicas, em que existe uma estrutura forte de poder e grande coesão social, com as pessoas ancoradas em grupos sociais distribuídos ao longo de uma hierarquia de poder, como nas sociedades de casta; a das sociedades burocráticas, em que existe um poder concentrado mas a coesão social entre as pessoas é débil; a das sociedades coletivistas, em que a coesão social é forte mas o poder central é débil; e a das sociedades individualistas, em que a autonomia dos indivíduos prevalece tanto em relação ao poder quanto em relação ao grupo social em que vivem.

A ideia de "estratégia" é importante para sinalizar que a cultura não é algo fixo e imutável, que condena as sociedades a determinados destinos, e sim que existe um leque de possibilidades que podem ou não ser adotadas e aproveitadas. Há hoje uma vasta literatura na área de sociologia da cultura, com destaque para a questão do "capital cultural", muito difundido a partir dos textos de Pierre Bourdieu. As duas ideias principais, que, acredito, permanecem válidas, são: primeiro, não se pode entender o que ocorre em uma sociedade sem entender também sua cultura; e, segundo, essa cultura não é um destino, mas algo que pode ser mudado.

Além desse ensaio, o livro apresenta uma discussão ampla sobre a sociologia da ciência, com ênfase nas ideias de Bruno Latour e outros sobre a "construção social do conhecimento" (o que é muito diferente de dizer que os conhecimentos científicos são meramente construções sociais arbitrárias). Inclui ainda uma seção final sobre o tema da educação e da modernidade, na qual reproduzo as observações que fiz sobre um livro de Richard Morse, *O espelho de Próspero*, questionando o ataque do autor à agenda iluminista, identificada por ele com a decadência da cultura ocidental, na linha de Adorno e Horkheimer de anos atrás, que discuto mais adiante.[2]

Pobreza

Em *As causas da pobreza*, também reuni ensaios escritos em momentos diferentes. O primeiro capítulo examina como o conceito de pobreza tem sido tratado em diferentes momentos na literatura, com interpretações fatalistas ("sempre haverá pobres"), moralistas ("os pobres são preguiçosos"), caridosas ("precisamos ajudar os pobrezinhos") ou revolucionárias ("os pobres são explorados e precisam se organizar e lutar"); e como, no Brasil, o tema tem sido abordado nas interpretações sobre a escravidão e sobre nossa versão de Estado de bem-estar social, implantada a partir dos anos 30.

Sobre a escravidão, um dos temas é como o predomínio das interpretações de cunho marxista, que tendem a ver o sistema escravocrata como análogo ao sistema capitalista, acaba deixando de lado a história de exclusão social e marginalidade que sempre existiu no país, vista como uma espécie de "defeito" do capitalismo brasileiro a ser, eventualmente, superado por seu amadurecimento. Esses temas, em suas vertentes mais recentes, reaparecem no ensaio sobre pobreza e exclusão social que escrevi com Elisa Pereira Reis, inserido no livro. E também no capítulo em que discuto mais diretamente o tema de raça e etnia e as políticas raciais que começavam a ganhar corpo.

No início, procuro ver historicamente o tema da pobreza, ou seja, desde o tempo em que era considerada algo natural e inevitável e associada a uma "cultura" própria dos despossuídos. Essa visão remonta às teorias formuladas no século 18 por Thomas Malthus, sobre a catástrofe do crescimento desordenado das populações, e remete a uma tese retomada em um livro que se tornou muito popular na década de 60, sobre a pobreza no México.[3] O entendimento atual não descarta o fato de que populações pobres e ricas possam ter valores, atitudes e comportamentos diferentes, mas o foco central é que a pobreza não é um destino, é um desafio a ser superado pelas políticas públicas dos Estados modernos. O livro lida ainda com dois temas centrais para a compreensão e a implementação de políticas públicas de combate à pobreza: o do trabalho infantil e o da educação básica. E traz um texto sobre como medir a pobreza na perspectiva do trabalho que vínhamos desenvolvendo no IBGE, em colaboração com a Comissão de Estatística das Nações Unidas.

Faço também uma discussão, baseada em Michael Ignatieff,[4] sobre a tendência a tratar a pobreza exclusivamente como um tema de direitos humanos, e não como um fenômeno que precisa ser entendido em termos políticos, sociais e econômicos. Quando a preocupação com a carência de direitos suplanta a preocupação com o entendimento de suas causas, perde-se a capacidade de perceber efetivamente o que está acontecendo e o que se pode fazer para melhorar a situação. Como diz Ignatieff, os direitos humanos são usados como "trunfos" em um jogo de cartas e sempre ganham sobre outras considerações ao serem apresentados. Quando introduzidos em uma discussão política, tenderiam a resolver a discussão por sua superioridade moral. Na prática, como os direitos são muitas vezes contraditórios, as tentativas de pensar esses valores como direitos positivos e inalienáveis eliminam a possibilidade de compromisso e negociação, levando a confrontos inconciliáveis.

Retomei essa questão do predomínio da perspectiva dos direitos sobre a da análise social e política no trabalho que fiz sobre as transformações da cooperação internacional na área das ciências sociais desde os anos 60 e 70, aproveitando uma bolsa da Comissão Fulbright que recebi em 2009.[5] O mais notável que pude observar foi justamente como os estudos comparativos e sobre processos de desenvolvimento político e social, que sobressaíam no início, haviam cedido lugar aos temas de direitos humanos. E basta olhar os programas dos cursos de ciências sociais na maioria das universidades brasileiras, e também a temática das dissertações de mestrado e das teses de doutorado defendidas, para ver como a questão dos direitos passou a dominar quase totalmente o campo.

Essa tendência, combinada a uma fraca formação em estatística e métodos quantitativos nos cursos de ciências sociais, fez com que a economia saísse à frente em muitas áreas que eram tradicionalmente das demais ciências sociais. Não só em relação ao tema da pobreza e da desigualdade social, mas também quanto às questões de educação, saúde, criminalidade, mobilidade social e tantas outras.

Exclusão social e modernidade

O livro *Pobreza, exclusão social e modernidade* resume as aulas que dei em um curso na Universidade Harvard em 2003. Eu havia me candidatado a uma bolsa de pesquisa do Centro de Estudos Latino-Americanos de lá e me convidaram para ocupar a cátedra Robert Kennedy de professor visitante naquele ano, com o objetivo de ministrar um curso de graduação no Departamento de Sociologia. Aceitei e aquele deve ter sido o melhor grupo de alunos que já tive. Eles faziam todas as leituras programadas e iam preparadíssimos para as aulas. No fim, achei que havia material suficiente para um livro. Na época, Bolívar Lamounier tinha uma editora, a Augurium, e se dispôs a publicá-lo, ajudando com a leitura e dando sugestões para melhorar o texto.

O livro divide-se em três partes, abrangendo: os primórdios das pesquisas e as discussões sobre os temas da modernidade e da pobreza; o processo de globalização; políticas públicas, direitos humanos e agendas de reforma. Creio que é uma boa apresentação do que consegui compreender, ao longo dos anos, lidando com os problemas que envolvem pobreza, desenvolvimento econômico e social, modernidade, colonialismo, trabalho, emprego, sociedade do conhecimento, cultura e políticas sociais. Dediquei o livro a minha filha Luisa, que, apesar de minhas objeções, decidiu ser socióloga também.

19. Sociologia, profissão pública

Além das diferenças de métodos e conteúdo, o que mais distingue as ciências sociais francesas, que estudei nos meus tempos de faculdade em Belo Horizonte, das ciências sociais anglo-saxãs, que passei a incorporar a partir do mestrado na Flacso, é que os franceses não conversam e não escrevem somente para seus colegas de profissão. Eles têm um público mais amplo e levantam questões de interesse geral, debatendo e participando da vida pública. Isso também ocorre nos Estados Unidos e na Inglaterra, mas muito menos, e eles até criaram uma expressão, *public intellectuals*, para descrever essa forma mais rara de atuação.

A profissão do sociólogo

No Brasil, à medida que as ciências políticas e sociais foram se expandindo e se institucionalizando, com a criação de programas de pós-graduação e a organização de sociedades científicas — como a Associação Nacional de Programas de Pós-Graduação e Pesquisa em Ciências Sociais (Anpocs), a Sociedade Brasileira de Sociologia e a Associação Brasileira de Ciência Política —, elas foram se aproximando do modelo americano, embora geralmente com conteúdos distintos. Nunca me encaixei direito nesse formato, continuei sempre com um pé no mundo da academia e outro na vida pública. Creio que dei uma contribuição significativa na área das ciências sociais brasileiras, seja ajudando a abrir uma nova maneira de entender a relação entre Estado, sociedade e desenvolvimento político no país, seja participando da criação da área de estudos de história e sociologia da ciência e tecnologia, seja buscando compreender melhor o período de organização do sistema educativo brasileiro e sua evolução.

Após a tese de doutorado, sempre trabalhei com colegas mais jovens que muito colaboraram na preparação e publicação dos projetos que dirigi e depois seguiram adiante, com suas próprias carreiras. E, ao lidar com temas de interesse amplo, escrevendo em jornais, participando de eventos e debates, fugindo do jargão e usando uma linguagem clara e direta, acabei tendo muitas oportunidades de entrar em contato com pessoas de outras áreas, sem ficar limitado ao mundo mais fechado de meus colegas sociólogos.

Esses contatos se tornaram cada vez mais fáceis à medida que avançavam os meios de comunicação eletrônica. Devo ter sido um dos primeiros de minha geração a usar a internet e, já no começo dos anos 80, comecei a participar das redes BBS, discadas, que surgiam no Brasil. Pouco depois vieram as redes automatizadas de discussão (os *Listservs*), nas quais qualquer pessoa podia entrar e colocar mensagens que todos viam. Cheguei a manter uma por algum tempo, que logo se degenerou com a entrada de pessoas que nada tinham a ver com o propósito inicial da lista.

Nos últimos anos vieram os blogs e as redes sociais do Twitter, Linkedin e Facebook. Participo de todos desde o início, tenho um número grande de seguidores e uso esses instrumentos sobretudo para difundir textos meus ou de outros que acho interessantes, sem entrar nos bate-bocas que tendem a se multiplicar. Também utilizei muitas vezes a possibilidade de lançar livros eletrônicos de forma simples e descomplicada, como as *Crônicas da crise: política, sociedade e educação no Brasil*, coleção de artigos que editei em três volumes pela Amazon em 2017.

Por outro lado, sempre me opus a duas bandeiras defendidas por diversos colegas ao longo do tempo: a regulamentação da profissão e a obrigatoriedade do ensino da sociologia no ensino médio. Acredito que o Brasil conta com um excesso de profissões regulamentadas que serve somente para criar um mercado de trabalho protegido para determinados grupos em detrimento do bem comum, e eu não seria a favor da criação de mais uma. Algumas profissões, como engenharia, medicina e direito, precisam ser regulamentadas porque lidam com a vida e a propriedade dos clientes, da mesma maneira que aviadores e soldadores, que precisam ser profissionalmente certificados.

Mas, mesmo nessas profissões, existem exageros que criam dificuldades desnecessárias para a atividade de outros profissionais. Em outros países, atendimentos simples como receitar grau de lente para óculos ou tratar de uma gripe são feitos por optometristas e enfermeiros, mas, no Brasil, tais procedimentos requerem uma consulta médica. O tema ficou evidente quando da votação da lei do "ato médico" de 2006, que, em sua primeira versão, chegava ao extremo de reservar aos médicos o direito de aplicar injeções. Além disso, existe uma diferença clara entre profissões propriamente ditas, que se caracterizam por serviços profissionais prestados a clientes, e áreas de estudo e pesquisa, como a sociologia, a fisiologia e a física, que não teriam por que serem regulamentadas. No Brasil, porém, todas são.[1] Durante muito tempo hesitei quando indagavam qual era a minha profissão, pois quando eu respondia "sociólogo" às vezes me perguntavam o que era isso e para que servia. Só deixaram de perguntar e passaram a fingir saber depois que Fernando Henrique Cardoso foi eleito presidente.

Quanto à obrigatoriedade do ensino da sociologia no nível médio, minhas objeções são duas. Primeiro, não é que a sociologia e a filosofia (também tornada obrigatória) não tenham conteúdos importantes, se bem dados; mas elas não são mais importantes do que a economia e o direito, por exemplo, que, no entanto, não são disciplinas obrigatórias, uma vez que os advogados e economistas não se mobilizaram para isso. A segunda objeção é mais geral e tem a ver com a compartimentalização do ensino médio, onde as disciplinas são dadas de forma isolada umas das outras, tornando os currículos escolares burocratizados e demasiado extensos, o que se tentou resolver com a reforma de 2018, que ficou muito aquém do desejável.

Justamente para fugir da rigidez das regulamentações profissionais, o IBGE nunca abre concurso para estatísticos, já que, nesse caso, só poderia concorrer quem apresentasse a carteirinha da "profissão". Os concursos do Instituto abrangem cargos com definições mais genéricas que possam incluir, por exemplo, sociólogos e economistas, que também usam estatísticas, e, claro, os estatísticos. Os conselhos e sindicatos de estatísticos costumam entrar na justiça protestando, mas até agora não ganharam.

Apesar do pouco envolvimento com as associações profissionais, cheguei a ser eleito, em 1990, quando estava na Universidade de São Paulo, presidente da Sociedade Brasileira de Sociologia, tendo como secretário executivo Sadi Hirano, também da USP. As eleições para esses cargos são geralmente conduzidas por articulações entre pessoas mais envolvidas com o dia a dia das instituições e, depois, sancionadas nas reuniões anuais da sociedade. Como eu não participava dessas articulações, nunca soube exatamente por que fui indicado naquele ano. Mas tentei aproveitar a oportunidade para organizar uma enciclopédia brasileira de ciências sociais, que não conseguiu ganhar corpo e, naquele ano, nada mais significativo foi feito. Nunca mais me envolvi com a SBS, apesar de ter participado de alguns de seus eventos. Tampouco voltei a integrar os comitês de avaliação de agências como Capes e CNPq, cujos membros são indicados pelas respectivas corporações.

A miséria da ideologia

Em 1979, depois da publicação de *São Paulo e o Estado nacional* e de *Formação da comunidade científica no Brasil*, que me deram maior visibilidade, comecei a escrever regularmente para o jornal *O Estado de S. Paulo* e também para as revistas *Veja* e *IstoÉ*, ao mesmo tempo que entrava em contato com um número muito maior de pesquisadores e de instituições de outros países. Em 1981 publiquei, pela editora Zahar, *Ciência, universidade e ideologia: a política do conhecimento*, reunindo vários desses artigos. O que mais criou polêmica foi "Miséria da ideologia", uma paráfrase do famoso "Miséria da filosofia" de Karl Marx, em que eu dizia que um dos resultados paradoxais do regime militar foi levar ao fracasso das ideologias de direita e ao sucesso das ideologias de esquerda.

Nos anos 50, nos meus tempos de estudante, ser de esquerda implicava defender ideias novas e revolucionárias, enfrentando ideologias e costumes conservadores e um ambiente político hostil. Na política brasileira, até as primeiras vitórias eleitorais do Partido dos Trabalhadores quase ninguém se dizia de esquerda, fora em alguns redutos intelectuais e dentro dos partidos comunistas. Por outro lado, também ninguém se dizia de direita, nem mesmo os grupos mais extremados do antigo movimento integralista e da Igreja conservadora. Todos eram de centro, ou a favor do "povo", e o nome dos partidos políticos nada significava.

A partir dos anos 60, as ideologias de esquerda foram ganhando espaço cada vez maior entre estudantes, intelectuais e nos meios políticos, e continuaram crescendo depois do golpe militar de 1964. A censura na cultura — a jornais, livros, música, teatro, cinema —, o ensino obrigatório de "educação moral e cívica" nas escolas, a prisão e o exílio de muitos intelectuais, nada disso conseguiu impedir esse avanço. Afinal, o mundo parecia simples: de um lado, o governo militar, repressor, conservador, defensor dos ricos e alinhado ao imperialismo americano. De outro, o povo, os estudantes, os intelectuais e os artistas, reprimidos por suas ideias e manifestações e defensores da nova sociedade que parecia estar ganhando vida em Cuba.

Meu artigo não era uma crítica aos ideais de liberdade e justiça social que mobilizavam a esquerda, e muito menos uma defesa do regime militar. Era uma crítica ao pensamento ideológico, que tem, entre suas características, a de traduzir questões complexas e específicas em interpretações simplificadas do mundo, polarizadas em temos de "nós" *vs* "eles", "esquerda" *vs* "direita" ou "meu país" *vs* o "imperialismo". Eu via isso ocorrer com preocupação no ambiente universitário, especialmente nas áreas de educação e ciências sociais, onde a conformidade ideológica se expressava por um repertório bastante limitado de interpretações políticas que se aplicavam a tudo e pela referência obrigatória a alguns poucos autores — Gramsci, Bourdieu, Foucault e, em educação, Vygotsky, Emília Ferreiro e Paulo Freire. O resultado era um ambiente de pressão de grupo em que pensar diferente podia levar ao isolamento e ao ostracismo.

Em contraposição, eu dizia que os médicos precisavam saber tratar, os engenheiros construir pontes, os físicos fazer física, os teatrólogos fazer teatro, ou não teríamos nem saúde, nem estradas, nem ciência, nem teatro, somente ideologia. E continuava: "A política adequada em cada área de atividade só pode ir se consolidando de forma concreta e progressiva por experimentações, ensaios e erros e muita consciência das implicações mais amplas de cada ação. O Brasil precisa aprender a ir formulando de forma não autoritária suas políticas de saúde, sua política econômica, urbana, agrícola, científica, cultural. Isso exige que os problemas do relacionamento entre o individual e o social, o particular e o geral, não sejam resolvidos no nível ideológico, mas sim através de busca, estudo, negociação, experimentação, um processo que leva, quando bem-sucedido, ao estabelecimento de lideranças efetivas e sistemas adequados de organização da atividade. Aceitar esse processo difícil, sem cair nas armadilhas da alienação ou da ideologia, é a grande responsabilidade e o grande desafio dos intelectuais, e sua contribuição para que nossa sociedade possa, um dia, assumir efetivamente o controle de seu próprio destino. A condição para isso é a superação do pensamento dicotômico."[2]

Claro que a miséria da ideologia não existe só na esquerda. O governo militar teve apoio de alguns pequenos grupos de extrema direita, caso da Família, Tradição e Propriedade (TFP), mas nada que se consolidasse como um movimento político e ideológico significativo de direita, conforme ocorreu na Argentina, e que só começou a crescer no Brasil com a eleição de Jair Bolsonaro, em 2018. Se eu fosse reescrever "Miséria da ideologia" hoje, estaria falando das ideologias de extrema direita que também levam a um entendimento muito pobre da realidade. Estaria ainda lamentando a perspectiva de que o país se encaminhe para uma polarização crescente entre ideologias aparentemente opostas, mas semelhantes na maneira de operar, dividindo o mundo entre "nós" e "eles". E mostraria também que a interpretação do mundo em termos ideológicos não é simplesmente o resultado de um equívoco ou de uma falha na maneira de pensar. É uma arma política poderosa, sobretudo nas frases curtas e contundentes das redes sociais, e que por isso mesmo é usada de forma cínica e deliberada nas disputas político-eleitorais.

Esquerda e direita

Faz sentido pensar que todas as diferenças de entendimento e preferências em questões políticas e sociais giram em torno de uma disputa permanente entre a esquerda e a direita? Uma coisa que aprendemos nos cursos iniciais de ciência política é que as preferências e orientações políticas têm, pelo menos, duas dimensões. A primeira é a mais tradicional, tendo, à esquerda, políticas que buscam priorizar os interesses da população mais pobre, o respeito às diferenças, uma maior intervenção do Estado na economia e o cosmopolitismo; e, à direita, políticas que favorecem mais o funcionamento do mercado, um Estado menos intervencionista e a preservação de valores e instituições tradicionais. A segunda dimensão contrasta orientações mais liberais, de tolerância e respeito às diferenças e abertura para o mundo, com orientações mais autoritárias, de intolerância com comportamentos divergentes, apoio a políticas repressivas, uso de armas de fogo e nacionalismo.

Essa distinção nos dá quatro tipos de orientação política: esquerda liberal; esquerda autoritária; direita liberal; e direita autoritária. As preferências ou orientações políticas das pessoas mais politizadas tendem a se aproximar de um ou outro desses quatro tipos. Para a maioria, no entanto, as diversas preferências se misturam. Já para os menos educados, o que existe são fragmentos de ideias associadas a alguns nomes de maior visibilidade, por isso mesmo mudam facilmente de orientação, como se viu na virada do país à direita autoritária nas eleições de 2018.[3] Nesse mapa ideológico, sempre procurei me posicionar no polo liberal quanto a valores e cosmopolitismo, e mais à esquerda em relação aos temas da pobreza e da desigualdade social — mas cético quanto à capacidade de ação do Estado, sobretudo o nosso, de comandar a economia e implementar com competência as políticas sociais.

Tive ocasião de discutir essas questões quando, em 1988, participei da banca de doutorado de André Singer, meu colega do Departamento de Ciência Política da USP que foi porta-voz do presidente Lula, no início de seu primeiro mandato. A tese lidava com a identificação ideológica do eleitorado brasileiro.[4] Para ele, em última análise, o que explicava a política era o velho conflito de classes, expresso politicamente em termos de esquerda e direita, embora de forma imperfeita. O que argumentei foi que os sistemas políticos abertos (e com muito mais razão os fechados) não seriam o resultado direto da expressão da vontade ou do desejo das pessoas, através de suas classes e seus sistemas de representação, e sim o resultado da disputa política e eleitoral entre grupos e setores da sociedade, que, nas campanhas, estruturam as percepções e as atitudes das pessoas. Não era o aumento da consciência de classe que explicava o crescimento do Partido dos Trabalhadores, era o crescimento do PT e a projeção política de Lula que explicavam uma vaga identificação da população com um discurso de esquerda que, como se viu anos depois, era efêmero.

A democracia não é, como pretendem os políticos populistas de esquerda e de direita, o simples governo da maioria (o que faria de Hitler, Mussolini, Perón e Hugo Chávez grandes democratas). É um regime com regras de disputa pelo poder político, com instituições sólidas, limitações ao abuso de poder e proteção aos direitos das minorias.

Políticas raciais

Outra controvérsia na qual fiquei do lado perdedor, mas achando ainda que tinha razão, foi a da oficialização das políticas raciais no Brasil, ou seja, o uso da raça como critério para definir políticas públicas. Os fatos são claros. O Brasil foi o principal destino do tráfico negreiro em todo o mundo, e ainda hoje existe uma forte relação entre cor da pele, tal como o IBGE mede (perguntando se a pessoa é de cor "branca", "preta", "parda" ou "amarela"), e praticamente todos os indicadores sociais — renda, educação, saúde, violência. Além disso, para o mesmo nível de renda, a situação da população preta, parda ou de origem indígena é geralmente pior, pois sofre preconceitos que muitas vezes estão associados à discriminação.

Nesse quesito sempre se compara o Brasil aos Estados Unidos. Existem semelhanças, mas também duas grandes diferenças. Uma delas, descrita décadas atrás pelo sociólogo Oracy Nogueira, é que no Brasil o preconceito é de marca: a cor da pele ou o tipo de cabelo. Já nos Estados Unidos o preconceito é de origem: quem foram seus pais ou seus avós. Essa diferença tem a ver com a maneira pela qual brancos e negros se relacionavam nos dois países. Nos Estados Unidos, onde a população de negros escravizados era muito menor e as famílias brancas mais fechadas, os negros foram mantidos afastados. Enquanto isso, no Brasil e na América espanhola, e sobretudo nos países do Caribe, como Cuba e República Dominicana, sempre houve grande miscigenação entre brancos, negros e indígenas, fazendo com que os limites e as barreiras entre os grupos se tornassem bem mais imprecisos.

A segunda grande diferença é que nos Estados Unidos os estados escravagistas do Sul, derrotados na Guerra de Secessão, implantaram, no fim do século 19, leis de segregação racial (as chamadas Jim Crow Laws), que duraram até a década de 60. Essas leis, apoiadas pela organização terrorista Ku Klux Klan, oficializaram a discriminação e o uso generalizado de violência contra a população negra. É por isso que o ponto de partida dos movimentos pela igualdade racial nos Estados Unidos foi, desde o início, a luta pelos direitos civis.

Até a Segunda Guerra, era comum que os países classificassem legalmente as pessoas segundo suas raças ou sua origem étnica. E havia teorias, ou, melhor dito, ideologias, que ligavam atributos de inteligência e criminalidade, entre outros, a diferentes raças, propondo políticas de "eugenia" que levassem à eliminação das pessoas e raças supostamente inferiores. A versão mais dramática dessa ideologia foi o nazismo, com o extermínio dos judeus na Europa. Depois da guerra se criou um consenso, apoiado em estudos patrocinados pela Unesco e firmado na Declaração Universal de Direitos Humanos das Nações Unidas, de que não existem raças puras, não se pode diferenciar características pessoais por critérios raciais nem tampouco estabelecer direitos ou benefícios por esse critério.

No Brasil, depois da abolição legal da escravidão, em 1888, nunca houve discriminação racial legalizada, embora, na prática, ela pudesse existir. As teorias racistas de eugenia tiveram muitos adeptos, como se pode constatar lendo autores como Nina Rodrigues e Oliveira Vianna, e só deixaram de ser defendidas depois da Segunda Guerra.[5] Alguns países, como a África do Sul e os Estados Unidos, mantiveram leis raciais até recentemente, só abolidas pelo movimento de direitos civis nos Estados Unidos, nos anos 60, e em 1994, pelo movimento contra o *apartheid*, liderado por Nelson Mandela na África do Sul.[6]

A derrota dos regimes políticos baseados na discriminação racial e o descrédito das teorias das diferenças raciais fizeram com que a adoção oficial de critérios de raça por parte de governos fosse se tornando inaceitável. Mas isso começou a mudar quando setores da sociedade até então inferiorizados e identificados com determinadas etnias passaram a se mobilizar por mais direitos e melhores condições de vida.

O tema do preconceito e da discriminação racial no Brasil já havia sido objeto de movimentos como a Frente Negra Brasileira, nos anos 30, e o Teatro Experimental do Negro, na década de 40.

Ganhou força no primeiro governo de Fernando Henrique Cardoso, que formou um grupo interministerial para propor medidas que identificassem políticas em benefício da população negra e criou a Secretaria Nacional de Direitos Humanos, tendo à frente José Gregori. Foi nessa época que a então senadora Benedita da Silva encaminhou um projeto de lei tornando obrigatório o registro da raça nas certidões de nascimento e nas carteiras de identidade, como se fazia no passado, o que foi proibido pela Constituição de 1988. O argumento da senadora era que tal medida facilitaria a identificação das pessoas que poderiam se beneficiar de ações afirmativas do governo. Havia, ao mesmo tempo, um movimento para fazer com que o IBGE abolisse a categoria "pardo" nas pesquisas populacionais, forçando todo mundo a se definir como branco ou negro.

Eu estava na presidência do IBGE e escrevi um artigo de jornal contestando a senadora. Eu dizia então que, mesmo com a melhor das intenções, não cabia ao Estado impor a identidade racial das pessoas, como os nazistas haviam feito com os judeus e como ainda ocorria no regime de *apartheid* da África do Sul. Ao mesmo tempo, fiz incluir uma pergunta aberta na pesquisa mensal de emprego — "qual a sua cor ou raça?" —, deixando que cada um a respondesse como quisesse. O que vimos foi que havia um pequeno grupo que se dizia preto ou negro, um segundo grupo, maior, que se dizia branco, e um terceiro, que incluía mais da metade dos entrevistados, que se dizia "moreno", "escuro", "clarinho" e dezenas de outras categorias. Quase ninguém, porém, se dizia "pardo" ou "amarelo", como o IBGE costumava perguntar.[7] Também perguntamos a origem étnica e verificamos que quase todos se classificavam, simplesmente, como brasileiros.[8]

A conclusão foi que o IBGE não tinha como classificar melhor as pessoas porque elas mesmas não se classificavam em grupos separados. Por isso decidimos manter a pergunta sem mexer nos recenseamentos seguintes. Ainda que imperfeita, ela nos dava uma informação importante que não existia em vários países, como a França e outros da América Latina, que, pelo princípio da igualdade de todos os cidadãos, não registram essa informação. No Brasil, essa pergunta constou de todos os recenseamentos desde 1940, exceto no de 1970.

A proposta de Benedita não foi adiante, mas, nos anos seguintes, já no governo Lula, o tema racial se intensificou, em boa parte pela atuação da Fundação Ford, que financiava movimentos de cunho racial e pesquisadores que lidavam com o tema no Brasil na mesma ótica com que o faziam nos Estados Unidos. A principal demanda era a introdução de cotas raciais nas universidades, que começaram a ser introduzidas em algumas universidades em 2004 e se tornaram obrigatórias para as instituições federais com a Lei de Cotas de 2012. Nesse mesmo ano o Supremo Tribunal Federal considerou que as cotas raciais eram constitucionais, contrariando os que argumentavam que elas colidiam com o estabelecido no artigo 3 da Constituição Federal, em que é dito que a promoção do bem comum deve ser feita "sem preconceitos de origem, raça, sexo, cor, idade e quaisquer outras formas de discriminação." É o oposto do que havia decidido a Suprema Corte Americana poucos anos antes, ao admitir, por um lado, que a raça fosse tomada em consideração nos processos de admissão para as universidades, mas que as cotas raciais violavam o princípio da igualdade perante a lei.

Junto com alguns poucos, como Demétrio Magnoli, Yvonne Maggie e Peter Fry, nos mobilizamos para criticar essa política, que culminou no "Estatuto da igualdade racial" de 2010, que generaliza o uso de critérios raciais em praticamente todas as políticas públicas no Brasil. Nosso argumento era que as políticas públicas deveriam se pautar por critérios sociais, atendendo às populações mais necessitadas independentemente da cor da pele ou da origem. Não se tratava de negar os problemas reais de preconceito e discriminação, e muito menos endossar a versão rósea de Gilberto Freyre em *Casa-grande e senzala*, de que negros e brancos viveram sempre em harmonia em um paraíso luso-tropicalista.

O que achávamos, e é o que ainda penso, é que o país deveria evoluir para uma sociedade plural e igualitária, sem discriminações e sem barreiras artificiais separando as pessoas em grupos antagônicos. A par de uma legislação específica que pune a discriminação e o preconceito, que pode ser aperfeiçoada, é de grande importância e merece apoio público a valorização da cultura e da identidade das populações de origem africana, indígena e de outras etnias. Mas a questão da identidade étnica e cultural, assim como a da identidade religiosa, é da esfera privada das pessoas e, por mais importante que seja, não deveria levar à divisão oficial da sociedade em categorias raciais estanques.[9]

A Lei de Cotas de 2012 reservou metade das vagas nas instituições de ensino superior federais para alunos cotistas, negros ou provenientes de escolas públicas. Até então o critério para ser considerado "negro", classificação que incluía os pretos e os pardos, era o adotado pelo IBGE, ou seja, a autodeclaração. Mas logo surgiu a questão de possíveis "fraudes", com brancos se dizendo negros para se aproveitar das cotas. Com o intuito de contornar o problema, as universidades passaram a instituir "comissões de verificação" que funcionavam como tribunais raciais, com autoridade para decidir quem tinha "mentido" na autodeclaração a partir de critérios semelhantes aos propostos pelo criminalista Cesare Lombroso no século 19, isto é, considerando a forma do crânio, a cor da pele, a espessura dos lábios e o tipo de cabelo.

Se é para usar, de fato, o critério racial, existe hoje uma tecnologia de baixo custo de mapeamento genético que estima a percentagem que cada pessoa tem de origem africana, indígena, europeia etc. O geneticista brasileiro Sérgio Pena vem estudando a temática há anos, mostrando como a população brasileira é extremamente diversa, mesmo nos grupos que aparentemente seriam mais "puros". Por isso mesmo tem sido uma voz contra o uso legal de raça para qualquer fim.[10] Existem relações conhecidas entre certas características genéticas e certas enfermidades. É o caso do câncer de pele, que predomina entre pessoas de origem europeia. E o da anemia falciforme, doença hereditária que afeta os glóbulos vermelhos do sangue e é detectada em descendentes de negros escravizados que viviam em áreas com malária. São correlações que justificam uma atenção especial a determinados grupos, mas não para segregar as políticas de saúde conforme a "raça" das pessoas.

Até agora não ouvi ninguém defendendo o uso de testes genéticos para definir quem é "realmente" negro ou branco. Se fizessem isso chegariam a um problema impossível de precisar: qual a proporção de genes de origem africana necessária para afirmar que uma pessoa é branca ou negra? Nos Estados Unidos havia a famosa regra de "uma gota de sangue" para dizer quem era negro, também usada pelos nazistas para decidir quem era judeu. Por tal critério, imagino que 95% ou mais dos brasileiros seriam classificados como negros. É isso que se quer? Ou seria 50%? Ou 70%? Claro que esse resultado não faria o menor sentido.

As políticas raciais não tiveram as consequências desastrosas que alguns entre nós temíamos, de acirramento de conflitos entre determinados setores da população. Por outro lado, também não apresentaram os resultados positivos que os movimentos negros e seus apoiadores esperavam. Do lado positivo, essas políticas serviram para fortalecer e valorizar a identidade de pessoas, principalmente jovens, que antes poderiam se sentir diminuídas ou inferiorizadas por serem diferentes dos brancos. Nas políticas de ação afirmativa na educação superior, o critério social, em termos de quem vem de escola pública, sempre foi mais importante do que o racial, embora exista bastante sobreposição entre os dois. O número de negros e pardos no ensino superior no Brasil aumentou, chegando a uma proporção semelhante à da população como um todo, mas isso ocorreu sobretudo pela expansão da matrícula no setor público e no privado.

O acesso ao ensino superior federal, através do Exame Nacional do Ensino Médio, o Enem, passou a ter duas vias: a dos cotistas e a dos não cotistas. O número de candidatos nas duas vias, porém, tende a ser semelhante, e as notas mínimas necessárias para entrar nos cursos mais disputados também são muito parecidas. Donde se conclui que tanto faz entrar por uma via ou por outra — os que são admitidos são muito semelhantes.

Existem dados que sugerem que o desempenho dos alunos cotistas nas universidades é semelhante ao dos não cotistas, o que pode ser explicado tanto pelas exigências semelhantes no processo seletivo quanto pelo fato de não se considerarem os que abandonam os cursos. Em poucos lugares foram implementadas políticas que efetivamente levem para o ensino superior estudantes que não passariam nos exames de seleção e que recebem o apoio diferenciado que necessitariam para superar as deficiências de formação com que chegam. E existe toda uma questão envolvendo os raros estudantes de origem indígena que chegam ao ensino superior, vindos de culturas distintas e de situações de extrema pobreza, que precisariam de um atendimento apropriado.

O Brasil continua um país muito desigual, uma desigualdade que não respeita a cor da pele, mas afeta especialmente os descendentes de negros escravizados e de indígenas e as populações das periferias das grandes cidades. Os resultados escolares e as oportunidades para pretos, pardos e indígenas na economia continuam sendo piores do que os dos brancos em igualdade de condições. As diferenças começam desde a pré-escola, acentuam-se no ensino fundamental e, quando se atinge o ensino superior, a maior parte dos que necessitariam de uma política de ação afirmativa já ficaram para trás. O tema racial, da forma como proposto e conduzido, serviu mais para desviar a atenção das verdadeiras origens da pobreza, da discriminação e da má qualidade da educação brasileira do que para ajudar a melhorá-las.

A América Latina profunda

No final dos anos 80 entrei em uma polêmica com Richard Morse, que viera ao Brasil para trabalhar como assessor na Fundação Ford. Formado em literatura e história, ele já estivera no país nos anos 50 para desenvolver sua tese de doutorado, um livro que se tornou muito conhecido sobre a formação de São Paulo e o Modernismo.[11] Quando chegou ao Rio de Janeiro, procurou-me e estivemos juntos várias vezes. Inteligente, simpático e com senso de humor, ele demonstrava grande familiaridade com os nossos escritores modernistas. Era o tempo em que a Fundação Ford investia fortemente na questão racial, e o fato de Morse estar casado com uma cantora negra haitiana deve ter influenciado sua aproximação com essas questões.

O tema da discórdia não foi em relação a essa temática, e sim sobre o livro *O espelho de Próspero: cultura e ideias nas Américas*,[12] que ele publicou em 1988 quando ainda estava no Brasil. Era uma leitura difícil, cheia de alusões literárias com as quais eu não tinha intimidade. Contudo, à medida que fui lendo e entendendo, fui ficando alarmado com o que ele dizia. A ideia principal era a de que a América Latina deveria deixar de querer imitar os Estados Unidos — desenvolvendo universidades modernas, essas coisas —, porque o mundo da modernidade estava completamente perdido. Não havia o que copiar. O que devíamos fazer era retomar o contato com nossas origens profundas, que tinham duas raízes: os antigos impérios espanhol e português, organizados em íntima relação com a Igreja Católica, e a cultura tribal dos indígenas, que havia sido corrompida quando os antigos conquistadores se transformaram em mercenários. Dessa forma poderíamos construir uma nova civilização, que os americanos e europeus poderiam depois copiar.

Minha reação de espanto não se deu só porque tudo isso me parecia uma alucinação, mas também porque era um ataque direto a mim e a todos os que estávamos, justamente, trabalhando para que o Brasil tivesse uma boa educação, uma universidade de qualidade e uma economia moderna e próspera. Em minha crítica, publicada nos *Cadernos Cebrap*, mostrei como as ideias de Morse eram parecidas com a dos intelectuais alemães que, nos anos 20 e 30, escreviam sobre as raízes culturais "profundas" do povo alemão e cujos textos foram utilizados como justificativa intelectual para o nazismo.[13] Era uma ponte que eu ainda não tinha visto em nosso meio entre o pensamento conservador extremo e os movimentos sociais supostamente radicais, que caracterizam o fascismo.

Morse respondeu em um artigo dizendo que eu era míope, não via os horrores da modernidade. Fiz uma tréplica e não voltamos ao assunto. Pouco depois ele saiu do Brasil e não nos encontramos novamente. O que mais me impressionou no episódio foi a quantidade de pessoas que ou não deu importância à discussão ou achou que Morse, e não eu, tinha razão. Hoje, vendo a situação cada vez mais sombria do Brasil e da maioria dos países da América Latina, atolados na instabilidade política e na "armadilha da renda média", tão difícil de superar, penso que talvez Morse tenha tido razão ao falar da futilidade do esforço de modernizar e desenvolver nossos países — ainda que não para adotar a alternativa que ele propunha.

Mantive outros embates depois a respeito de temas envolvendo educação superior, política da ciência e tecnologia e educação vocacional, e fiquei como uma espécie de livre atirador, quase sempre dizendo coisas contrárias às ideias dominantes. "Mas, afinal, você é de esquerda ou de direita?" A resposta simples é que o mundo é muito mais complicado que isso. E que, por mais que tentem me puxar ou empurrar de um lado para outro, continuo onde sempre estive, preocupado com as questões de pobreza, falta de liberdade, discriminação social e atraso, e preferindo a clareza das ideias claras à suposta profundeza das ideias confusas.

Na política brasileira, nunca me inscrevi em nenhum partido, mas sempre tive mais afinidade com o PSDB histórico de Fernando Henrique Cardoso e votei em Geraldo Alkmin para presidente em 2018, sabendo que era voto perdido. No segundo turno preferi votar em branco, não era possível escolher entre o PT de Dilma e Lula e o populismo de extrema direita da família Bolsonaro. Acabei me aproximando depois do movimento dos Livres, que busca defender os princípios do liberalismo de costumes, as políticas sociais de qualidade e a economia de mercado balizada por um Estado moderno e eficiente. Não parece que dá muitos votos nem que vá conseguir o que almeja, mas paciência.

VII. EDUCAÇÃO

20. Tempos de Capanema

Cpdoc

Fechado o ciclo da Finep, no início de 1979 voltei para a FGV, agora para o Centro de Pesquisa e Documentação em História Contemporânea do Brasil (Cpdoc), criado pela minha ex-aluna Celina Vargas do Amaral Peixoto a partir dos arquivos pessoais de seu avô, Getulio Vargas, e de outras personalidades. Aos poucos, o Cpdoc foi incorporando outros arquivos, ao mesmo tempo que desenvolvia um intenso trabalho de organização da documentação e dos estudos sobre a história brasileira contemporânea desenvolvidos por sua equipe de cientistas sociais.[1]

O arquivo de Gustavo Capanema, o mais longevo ministro da Educação da história brasileira (de 1934 a 1945), havia chegado ao Cpdoc pouco antes de meu retorno e ainda estava sendo analisado. Era um arquivo enorme, em que documentos pessoais se misturavam a documentos oficiais. Para incorporar acervos, havia sempre uma negociação complicada com as famílias, que participavam de um conselho de doadores. Elas tinham a expectativa de que as pesquisas fossem retratar os titulares dos arquivos da maneira mais favorável possível, assegurando seu lugar na história, e de que poderiam limitar, de alguma maneira, o acesso de pesquisadores, ainda que isso não estivesse escrito em lugar nenhum.

É provável que a família de Gustavo Capanema, que ainda estava vivo quando seu acervo foi doado — morreria em 1985, aos 84 anos —, tenha recolhido os documentos mais pessoais, mas isso em nada diminuía sua riqueza. A pesquisa foi feita por Helena Bomeny, Vanda Ribeiro Costa e por mim, e, na preparação do livro que publicamos depois (*Tempos de Capanema*), dividimos a redação de seus vários capítulos. Para mim, o mais interessante era a correspondência, que incluía cópias de cartas recebidas por Getulio que ele achava que podiam interessar ao ministro e cópias de outras interceptadas pela polícia.

Uma das cartas encaminhadas por Getulio a Capanema tinha sido escrita por Luis Simões Lopes, em 1934, de Berlim. Simões Lopes dizia estar encantado com o trabalho de propaganda desenvolvido por Joseph Goebbels e sugeria que o Brasil seguisse seu exemplo. A ideia, naqueles anos, é que caberia ao Ministério da Educação fazer o trabalho de propaganda e proselitismo em favor do governo, tarefa que, em 1939, foi assumida pelo famigerado Departamento de Imprensa e Propaganda. Com Simões Lopes como presidente da FGV, não haveria como mencionar a existência dessa carta no livro que estávamos preparando. Mas guardei uma cópia comigo e a disponibilizei, anos mais tarde, no Internet Archives.[2]

Entre as cartas interceptadas pela polícia, chamavam atenção as enviadas pelos professores suíços contratados para ensinar nas escolas técnicas que o ministério estava criando. A sensação é que era tudo um faz de conta: os professores não possuíam equipamentos, não controlavam as oficinas, não tinham contato com empresas nem lhes fora dada a oportunidade de aprender português. Era o total predomínio da aparência sobre a substância, que, para eles, ficou óbvio e continua a atormentar a educação brasileira desde então.

Conservadorismo e modernismo

Lendo as cartas e vendo como as diferentes iniciativas do Ministério da Educação iam sendo elaboradas e postas em prática, a imagem de Gustavo Capanema como intelectual progressista, responsável pela organização da educação brasileira e pela afirmação da arte e da cultura moderna no país, que então predominava, foi aos poucos se desfazendo, sendo substituída pela de um personagem medíocre, conservador e extremamente preocupado com seu poder. De um lado, ele contava com a presença, em seu ministério, do poeta modernista Carlos Drummond de Andrade, este sim um intelectual. A partir da relação de amizade estabelecida entre ambos, que durou toda a vida, era Drummond quem fazia a ponte entre Capanema e o mundo literário e artístico, levando certo lustre para o ministério. De outro lado, havia Alceu Amoroso Lima, não o católico progressista dos anos 60, mas o conservador extremado dos anos 20 e 30, diretor do influente Centro Dom Vital e de sua revista, *A Ordem*.

Havia um pacto entre a Igreja Católica e Getulio Vargas costurado em 1930 ou 1931 por Francisco Campos, que organizou o Ministério da Educação e ficou por algum tempo como seu titular. Pelo pacto, caberia à Igreja controlar a educação, em troca de apoio ao governo. Capanema herdou o compromisso, conforme se observa nas cartas que Alceu lhe enviava, dizendo quem ele deveria demitir e contratar, e o que fazer. No livro, abordamos a atuação política de Capanema, desde Minas Gerais até o Ministério da Educação no Rio de Janeiro, sucedendo a Francisco Campos; o contexto político e intelectual da época, com os debates sobre educação; o ressurgimento do catolicismo conservador; as ideologias fascistas e nacionalistas em voga; e o famoso Manifesto dos Pioneiros da Escola Nova de 1932, escrito por Anísio Teixeira e Fernando de Azevedo. O manifesto foi uma tentativa frustrada de trazer para o Brasil as ideias da "Nova Escola", que uniria teoria e prática e eram difundidas nos Estados Unidos por John Dewey.

Mencionamos ainda projetos e propostas de ação e mobilização na área da cultura e dos costumes (como um inacreditável projeto de Estatuto da Família que buscava restringir o trabalho feminino e censurar informações sobre anticonceptivos, que nunca foi aprovado); a mobilização dos jovens; os projetos arquitetônicos de construção da Cidade Universitária, que não foi adiante, e do edifício do ministério, no Centro do Rio de Janeiro; o nacionalismo, que levou à repressão das escolas em língua estrangeira dos imigrantes alemães, italianos e japoneses; os projetos de organização da educação, média, superior e profissional e sua herança. O livro foi publicado em 1984 e republicado em 2000.[3]

Quando terminamos o trabalho com o Arquivo Capanema, comecei a pesquisar o de Filinto Müller, sabendo que o conjunto já tinha sido expurgado pela família. Mas eu nutria esperança de que o material ainda viesse a revelar aspectos desconhecidos da atuação daquele que foi o principal responsável pela repressão política no Estado Novo. Não durou muito e me comunicaram que, como o arquivo ainda não estava liberado, eu tinha de parar a pesquisa.

Retrato do Estado Novo

Em 1937, com o Estado Novo, Capanema esteve a ponto de ser substituído no Ministério da Educação por Plínio Salgado. Foi salvo quando os integralistas tentaram derrubar Getulio e foram reprimidos. Com Getulio como ditador, Capanema assumiu a tarefa de escrever uma grande obra com as realizações do Estado Novo, juntando uma vasta documentação que chegava dos ministérios e ia sendo substituída por outros documentos, à medida que o tempo passava e o contexto político mudava. Para o que seria a Introdução, Capanema compôs um texto enaltecendo as virtudes de Getulio como líder, uma versão brasileira de Mussolini. Mas não concluiu o capítulo sobre o ministério. Terminado *Tempos de Capanema*, fiz uma seleção desse material que foi publicada pela editora da UnB com o título de *Estado Novo: um autorretrato*.

Apesar do lugar que ocupou e da imagem pública que Capanema conseguiu construir pela relação com o mundo artístico, pouco havia sido pesquisado até então sobre quem ele foi, o que fez e como se relacionava com o mundo obscuro e muitas vezes sinistro do Estado Novo. Quando *Tempos de Capanema* foi publicado, recebemos uma carta gentil da esposa do ex-ministro, dona Maria, agradecendo nosso trabalho. A visão negativa que levei comigo de Capanema, que o livro transmite e dona Maria certamente não percebeu, não é unânime. Na mesma época saiu uma biografia elogiosa sobre ele, escrita por seu conterrâneo Murilo Badaró.[4] Em 1980 Drummond, seu fiel amigo, tentou promover a eleição de Capanema para a Academia Brasileira de Letras, apresentando uma coleção de discursos, já que não havia textos escritos. Perdeu a vaga para Dinah Silveira de Queiroz. Uma nova biografia de Capanema, mais equilibrada e incluindo sua carreira política depois do Estado Novo, saiu mais recentemente, assinada pelo jornalista Fábio Silvestre Cardoso.[5]

21. Educação superior

Em 1985, depois de 20 anos, o regime militar terminou de forma melancólica. O projeto nacionalista do Brasil Grande não se concretizara e o amplo movimento pelas "Diretas Já", embora não tenha conseguido aprovar seu projeto, a chamada emenda Dante de Oliveira, enterrou o resto de legitimidade política que o regime ainda podia ter. Em seu lugar, houve a eleição indireta para a Presidência da República, com a vitória de Tancredo Neves. As expectativas que se criaram ao redor do futuro presidente, que tinha um perfil de estadista e vinha da oposição ao regime, também se frustraram com sua morte às vésperas da posse. Assumiu então o vice, José Sarney, oriundo da "situação". Nos anos que se seguiram, até a Constituinte, Sarney tratou de sobreviver no dia a dia atendendo a todas as demandas que recebia, lutando bravamente pela prorrogação de seu mandato para cinco anos e levando o país à hiperinflação.

Comissão Nacional para Reformulação da Educação Superior

Tancredo havia planejado criar pelo menos três comissões presidenciais que deveriam elaborar propostas para organizar a Nova República, que se iniciava. Sarney cumpriu o planejado, criando a Comissão Afonso Arinos, que deveria elaborar a proposta de uma nova Constituição, uma Comissão de Reforma Administrativa, para reorganizar o Estado, e uma comissão para reorganizar a educação superior, para a qual fui convidado.

O ministro da Educação era Marco Maciel, e o seu secretário executivo, Everardo Maciel, que no governo Fernando Henrique Cardoso se tornaria secretário da Receita Federal. A Comissão Nacional para a Reformulação da Educação Superior tinha 24 membros escolhidos por Everardo Maciel com a intenção de representar todos os interesses da educação superior no país — professores, cientistas, estudantes, líderes sindicais, advogados, religiosos, de direita e de esquerda. A presidência ficou com Caio Tácito Pereira de Vasconcelos, antigo advogado, membro do Conselho Federal de Educação, professor e ex-reitor da Uerj — uma garantia, para Marco Maciel, de que sairia um documento cauteloso, que não mexesse com os interesses do *establishment* da educação superior. A ideia de montar uma equipe de trabalho na qual todos os grupos de interesse estivessem representados podia fazer sentido politicamente, mas era quase uma promessa de que os membros da comissão não iriam se entender.

Além dos 24 participantes, a comissão se propôs a ouvir ideias e propostas de outros setores. Foi se gerando, então, um tal volume de documentos, manifestações e sugestões que só fazia aumentar a quantidade de proposições desencontradas. Foi nesse contexto que me propus a ficar como relator e preparar um texto que, além de incluir as ideias mais consensuais, pudesse conter os votos, em separado, de quem não concordasse — e assim foi feito. José Eduardo Faria, da Faculdade de Direito da USP, ficou como secretário executivo e muito contribuiu para a qualidade do relatório final.[1]

Entregue o documento, o Ministério da Educação criou um grupo, conhecido como Grupo Executivo da Reforma do Ensino Superior (Geres) — formado por Antônio Octávio Cintra, Getúlio Carvalho, Sérgio Costa Ribeiro, Edson Machado de Souza e Paulo Elpídio de Menezes Neto —, para dar prosseguimento ao trabalho, que culminou em um detalhado projeto de lei a ser encaminhado ao Congresso.[2] As propostas da comissão e do Geres não eram exatamente as mesmas, mas existiam importantes pontos em comum. Primeiro, dar mais autonomia às universidades públicas, que passariam a contar com uma dotação global para usar seus recursos com mais liberdade; em contrapartida, elas seriam submetidas a um sistema de avaliação externa exercido por um Conselho Federal de Educação reformulado.[3] Segundo, era preciso atentar para a diversificação, ou seja, as instituições de ensino superior não podiam ser tratadas da mesma maneira, já que são diferentes, com a grande maioria enfatizando o ensino e umas poucas dando ênfase à pesquisa. E, terceiro, propúnhamos que instituições privadas de qualidade e com fins filantrópicos também deveriam fazer jus ao financiamento público, sob um regime de acompanhamento e supervisão.

O governo chegou a enviar ao Congresso o projeto de lei preparado pelo Geres, todavia, diante da oposição dos sindicatos de professores, de funcionários das próprias universidades e de estudantes, ele foi retirado da pauta. O principal temor, aparentemente, era de que, com instituições efetivamente autônomas, os sindicatos tivessem de negociar dentro de cada uma com o governo federal, e não mais em conjunto. Além disso, com orçamentos globais, as universidades poderiam ter políticas de pessoal diferenciadas, inclusive com mais liberdade para contratar e demitir professores, tornando mais difícil a estabilidade nos cargos.

Educação superior como área de estudos e pesquisa

Fracassado o projeto de renovação da educação superior — mais uma entre tantas frustrações da Nova República —, continuei envolvido com o tema, escrevendo, participando de eventos e dando cursos, conforme já vinha fazendo. Em 1981 recebi um convite de Burton Clark, professor da Universidade da Califórnia em Los Angeles (Ucla), para participar de uma conferência internacional sobre o estudo comparado da educação superior que ele estava organizando. Clark foi, provavelmente, o principal sociólogo americano na área de estudos de educação superior.[4] Como professor da Universidade Yale e depois da Ucla, formou uma geração de pesquisadores nessa área, entre os quais Daniel Levy, Roger Geiger e Gary Rhoades.

Clark deve ter sabido da minha existência por Daniel Levy, que havia escrito um livro muito conhecido sobre a educação superior no México e estava trabalhando sobre a educação superior privada na região, entre outros temas. Aceitei o convite e, na reunião em Los Angeles, não só percebi que havia uma forte comunidade internacional de pesquisadores especializados nos temas da educação superior, como tive a oportunidade de ser apresentado a vários deles, em especial Martin Trow e Sheldon Rothblatt, ambos da Universidade da Califórnia em Berkeley. O resultado da reunião foi um livro organizado por Clark para o qual contribuí com um artigo sobre pesquisa universitária.[5]

Alguns anos depois, em 1987, fui convidado a participar de uma conferência internacional organizada pelo Conselho de Universidades e Colégios da Suécia na ilha de Dalarö, quando então pude conhecer mais de perto ou reencontrar várias das pessoas que lideravam o campo de estudos sobre educação superior na Europa — caso de Guy Neave, Harold Perkin, Maurice Kogan (Inglaterra); Bjorn Wittrock e Rolf Torstendahl (Suécia); e Ulrich Teichler (Alemanha). Como resultado desses contatos, fui chamado por Martin Trow para passar um semestre no Centro de Estudos de Educação Superior de Berkeley, em 1986. Dois anos depois, passei também um semestre no Swedish Collegium for Advanced Study in the Social Sciences (SCASS), em Uppsala, na Suécia, a convite de Wittrock.

O Núcleo de Pesquisas sobre Educação Superior da USP

Fui convidado para participar da implantação do núcleo de pesquisas sobre educação superior na USP, o Nupes, por Eunice Durham, professora de antropologia na universidade. Era 1987 e, como já contei, nessa época eu estava querendo sair do Iuperj e fiquei muito contente em poder aceitar. Eunice tinha uma trajetória de participação nos movimentos docentes em São Paulo, era próxima do físico José Goldemberg, eleito pouco antes reitor da USP, e o projeto era uma iniciativa de ambos. No início, a ideia era que o Nupes fosse vinculado ao Conselho de Reitores das Universidades Paulistas, associado, portanto, à USP, à Unicamp e à Universidade Estadual Paulista (Unesp), mas, como os entendimentos entre as instituições não prosperaram, o núcleo acabou restringindo-se à USP.

Não havia ainda, no organograma da universidade, lugar para um núcleo de pesquisas interdisciplinar, fora dos departamentos. Por isso foi criado um formato institucional novo, vinculado à reitoria, com prazo determinado de existência. Para participar, fui contratado pela USP como professor colaborador do Departamento de Ciência Política e como diretor de pesquisas do Nupes, que recebeu algumas salas nas Colmeias, espaço vinculado diretamente à reitoria. Eunice ficou como diretora principal. Com minha família no Rio, eu não tinha condições de me mudar para São Paulo, por isso ia e voltava regularmente. Conseguimos apoio para o projeto com a Fundação Ford no Brasil, então dirigida por Joan Dassin, e a instituição cobriu meus custos de deslocamento e outras atividades de pesquisa.

Foi nessa época que Goldemberg, como reitor da USP, criou polêmica ao divulgar uma "lista dos improdutivos", resultado de um levantamento que ele próprio havia feito revelando que vários dos aclamados professores da USP praticamente não publicavam. Muitos se sentiram ofendidos, mas o episódio foi importante para deixar claro que a USP não podia continuar a se vangloriar de sua qualidade e prestígio sem mostrar publicamente o que estava produzindo, e a que custos. Minha experiência com Goldemberg sempre fora positiva, pela clareza de seu raciocínio, pela forma direta de se expressar e pela rapidez com que tomava decisões. No governo Collor, na condição de ministro da Ciência e Tecnologia e, depois, da Educação, ele integraria o chamado Ministério de Notáveis, que, por algum tempo, manteve o governo funcionando. Foi também o responsável pela organização da Rio 92, reunião internacional promovida pelas Nações Unidas sobre meio ambiente e desenvolvimento sediada no Rio de Janeiro naquele ano. Tempos depois, Goldemberg ainda se referiria de forma elogiosa a Collor de Mello, pela maneira como ele também tomava decisões com rapidez, conforme fez ao extinguir, por recomendação de Goldemberg, o "programa nuclear paralelo" que vinha sendo desenvolvido desde os anos 70.

A ideia principal do Nupes era criar a área de estudos e pesquisa sobre educação superior no Brasil, que não existia, e desenvolver estudos que pudessem contribuir mais diretamente para o funcionamento da USP. Formamos uma biblioteca especializada, incluindo assinaturas das principais revistas internacionais da área, conseguimos contratar uma secretária e formamos um pequeno grupo de jovens pesquisadoras e de alunas de doutorado.[6] Com recursos adicionais da Fapesp, fizemos uma pesquisa sobre a trajetória profissional dos alunos da USP, comparando estudantes e formados em física, engenharia, pedagogia e ciências sociais (ciências sociais e exatas, cursos acadêmicos e profissionais). Depois participamos de uma pesquisa internacional sobre políticas de educação superior na América Latina, coordenada por José Joaquín Brunner, do Chile, com a participação de Jorge Balán e Ana Fanelli, da Argentina, e Rollin Kent, do México, entre outros.

Tínhamos reuniões recorrentes em diversos países da América Latina, com a presença de universitários e funcionários da área de educação, mantivemos uma série regular de documentos de trabalho e publicamos um número especial da revista *Higher Education* com os resultados de nossos estudos.[7] Montamos uma rede nacional de pesquisadores na área de educação superior e, para acompanhar nossos trabalhos, criamos um Conselho de Acompanhamento, formado por José Arthur Giannotti, de São Paulo, Burton Clark, dos Estados Unidos, Ulrich Teichler, da Alemanha, e José Joaquín Brunner, do Chile, que se reuniu algumas vezes conosco.

Nem tudo eram flores, no entanto. Como núcleo interdisciplinar ligado à reitoria, ficávamos isolados, sem conseguir estabelecer vínculos mais fortes nem com o Departamento de Antropologia, onde Eunice Durham ensinava, nem com o meu, de Ciência Política. Procuramos nos aproximar da Faculdade de Educação, inclusive colocando nossa biblioteca no acervo da faculdade, mas não éramos bem aceitos porque eles não lidavam com educação superior. Além disso, havia um problema político, porque faziam oposição a Goldemberg.

Teria sido possível usar os recursos que tínhamos para oferecer bolsas de pós-graduação para alunos interessados em nossos temas, mas não pensamos nisso na época, e o resultado foi que só conseguimos formar três doutoras: Beth Balbachevsky e Marilia Coutinho, orientadas por mim, e Helena Sampaio, orientanda de Ruth Cardoso, que colaborava conosco em um projeto sobre a juventude universitária. Com o fim do mandato de Goldemberg, um grupo da Faculdade de Educação, liderado por Celso Beisiegel, pró-reitor da graduação, criou um grupo de pesquisa praticamente idêntico ao nosso, que passou a funcionar na sala ao lado do Nupes, mas que não conseguiu se firmar.

Fora os trabalhos do Nupes, acabei herdando a tarefa de preparar o relatório de avaliação dos resultados dos investimentos feitos pela USP com recursos de um empréstimo de 63 milhões de dólares para o período 1988-1991. O empréstimo fora contraído com o Banco Interamericano de Desenvolvimento (BID), com o objetivo de fortalecer as áreas de ensino, pesquisa e administração da universidade. O relatório era uma obrigação contratual, e, lendo os termos do contrato, vi que a USP havia prometido avaliar os resultados dos investimentos pelo aumento dos rendimentos de seus alunos no mercado de trabalho. Claro que isso não fazia nenhum sentido, não haveria como relacionar tais investimentos com a renda dos ex-alunos da USP, influenciada por muitos outros fatores.

Assim, aproveitei uma viagem que fiz a Washington e procurei a pessoa do BID responsável pelo acompanhamento do projeto, para ver se era isso mesmo o que eles esperavam. Ela concordou comigo que não havia como fazer isso, mas explicou que, quando a diretoria do banco se reunia para aprovar ou acompanhar empréstimos, era preciso apresentar indicadores de rentabilidade dos investimentos. Ou seja, tratava-se, claramente, de um faz de conta. Acabei preparando para o BID um relatório com os resultados de nossa pesquisa sobre a trajetória profissional dos ex-alunos e, assim, a prestação de contas do empréstimo foi aprovada.

Em agosto de 1991 José Goldemberg foi nomeado ministro da Educação e convidou Eunice para trabalhar com ele em Brasília, como secretária da Educação Superior e vice-presidente da Capes. Nos anos seguintes ela continuou exercendo várias funções públicas na área de educação, inclusive como secretária Nacional de Política Educacional, com Paulo Renato de Souza, no governo de Fernando Henrique Cardoso. Entre outras coisas, Eunice teve um papel importante no reerguimento da Capes, que chegou a ser extinta nos primeiros dias do governo Collor, e na elaboração, junto com Darcy Ribeiro, da proposta da Lei de Diretrizes e Bases da Educação de 1998. Sem Eunice, continuei tocando o Nupes até que, em 1994, fui convidado para presidir o IBGE.

O Nupes existiu por mais alguns anos, dirigido por Carolina Bori, tendo Eunice como presidente do seu conselho diretor, até transformar-se no Núcleo de Pesquisas de Políticas Públicas, ampliando seu escopo, mas mantendo a educação superior como uma das áreas de interesse. De lá para cá, a área de estudos sobre educação superior no Brasil se expandiu, com a participação de pesquisadores das universidades federais de Minas Gerais, Rio de Janeiro, Rio Grande do Sul, Brasília, Santa Catarina, além da Unicamp e do setor privado.

Educação superior no Brasil

O meu entendimento — que imagino seja praticamente o de todos os que se dedicam a estudar o tema e comparam o Brasil com países em que a educação superior funciona melhor — é o de que, aqui, não se conseguiu conduzir bem a transição do antigo sistema de universidades de elite para um sistema moderno de ensino superior de massas. O atual sistema foi criado na década de 60, quando o número de estudantes de nível superior era extremamente reduzido, com uma reforma que teve a pretensão de copiar o modelo americano das universidades de pesquisa, as *research universities*, com seus institutos e programas de pós-graduação e pesquisa. Mas foi uma cópia imperfeita, porque não considerou o fato de que, nos Estados Unidos, essas universidades são somente a ponta de um *iceberg* que tem como base um sem-número de escolas comunitárias, *colleges* de formação geral e cursos profissionais e técnicos. Também não considerou que o Brasil não tinha massa crítica nem recursos para alimentar um sistema universitário com tal pretensão.

O resultado foi que, à medida que a demanda por educação superior aumentou, o sistema público foi inchando com professores temporários que depois eram efetivados como funcionários públicos estáveis; com cursos de mestrado que valiam como minidoutorados, distribuindo títulos de pós-graduação de qualidade duvidosa; e com rigidez na capacidade de as universidades administrarem com autonomia seus recursos e seus programas de estudo. Com o tempo, algumas conseguiram implantar programas de pesquisa e pós-graduação de qualidade, mas uma boa parte do sistema público ficou só com os custos e não com as vantagens prometidas quando da reforma de 1968.

Por causa do alto custo e do modelo elitista com que foram concebidas, as universidades públicas limitaram o número de estudantes que admitiam, criando uma demanda reprimida por educação superior que foi sendo atendida pelo setor privado, que cresceu praticamente sem limites e sem controle. Até chegar à situação atual, em que 75% da matrícula universitária no país se dá no setor privado, a maioria em instituições de fins estritamente comerciais e de qualidade e pertinência questionáveis. O número de formados em ensino superior no Brasil é pequeno, se comparado com o de outros países da região, em parte porque muitos alunos não conseguem concluir o ensino médio e em parte porque muitos dos que conseguem não têm o mínimo de formação e de condição econômica para seguir um curso superior. Dos que conseguem entrar em uma faculdade, pública ou privada, metade sai antes de concluir. Dos que se formam, um terço acaba trabalhando em atividades típicas de formação de nível médio.

Creio que o diagnóstico que fizemos na Comissão de Reformulação de 1985 continua válido. É preciso reconhecer a grande variedade de públicos e de instituições existentes hoje no setor público e no privado e abandonar a pretensão de que tudo que não se aproxima do modelo da "universidade de pesquisa" é uma aberração. É preciso criar um sistema de avaliação que leve em conta o que as instituições efetivamente podem fazer, em sua maioria em termos de ensino, e usá-lo para informar à sociedade e aos governos sobre os reais custos e benefícios dos diferentes sistemas de informação. É preciso também estabelecer um sistema de financiamento público que responda ao que as universidades realmente produzem, e não a seus custos históricos.

As universidades públicas devem ter autonomia para gerir seus recursos com flexibilidade e cumprir os objetivos com os quais se comprometam. E as instituições privadas que recebem recursos públicos, na forma de isenções fiscais, créditos educativos ou outros meios, precisam abrir seus livros para deixar claro que não estão se apropriando indevidamente de recursos públicos e que têm padrões de funcionamento, qualidade e desempenho adequados.

A Universidade de São Paulo

Ao longo dos quatro anos em que estive na USP, senti vontade de me mudar para São Paulo, onde tenho um círculo mais amplo de relações do que no Rio e onde existe um ambiente intelectual e cultural denso e interessante. Não foi possível, em parte porque minha família estava no Rio, com as crianças menores na Escola Alemã, e Inez, trabalhando como psicóloga, não teria como levar sua clínica para outra cidade. E em parte também porque, ainda que de forma sutil, não me sentia bem-visto na universidade, talvez por não ter me formado lá.

A USP foi estabelecida pelo governo do estado de São Paulo em 1934, reunindo uma série de faculdades fundadas no início da República, além da Faculdade de Direito, de 1827, e adicionando uma nova Faculdade de Filosofia, Ciências e Letras, formada principalmente por professores europeus especialmente contratados. A universidade, que sempre gozou de mais autonomia financeira e administrativa do que as instituições federais, mantém forte relação com o ambiente profissional e empresarial e, como outras duas universidades paulistas, a Unicamp e a Unesp, tem seu orçamento garantido com uma proporção fixa dos impostos recolhidos pelo estado. Graças ao apoio que recebe da Fapesp e a recursos adicionais de agências federais, oferece um amplo sistema de pós-graduação e pesquisa só comparável, internacionalmente, a instituições de grande porte, como a Universidade da Califórnia ou de Toronto.

Quando cheguei, em 1988, fiquei por um tempo vinculado ao Instituto de Estudos Avançados, recém-criado como uma unidade ligada à reitoria. O diretor do Instituto era o historiador Carlos Guilherme Mota, e um dos residentes era o geógrafo Aziz Ab'Sáber, já aposentado, com quem tive a sorte de aprender muita coisa a partir de suas pesquisas fascinantes sobre o paleoclima da Amazônia, onde nem sempre existiu a floresta tropical que hoje cobre a região. Havia na época uma discussão sobre qual deveria ser o papel do Instituto na universidade e eu defendi que ele devia funcionar como um lugar privilegiado para atrair professores e pesquisadores de diversas partes do mundo e do Brasil por um ou dois semestres, tal qual o Wilson Center, em Washington, o Center for Advanced Study, em Princeton, o SCAS, em Uppsala, ou o Wissenschaftskolleg, em Berlim. O custo para a USP não seria alto e seria uma excelente maneira de estabelecer pontes entre a universidade e as lideranças científicas e culturais de outros países, desde que houvesse uma curadoria apropriada. Não consegui convencer, e o Instituto continua existindo até hoje como uma pequena unidade que recebe algumas pessoas e organiza alguns eventos, mas sem maior expressão.

Fato é que, ao lado de grandes virtudes, a USP era, olhando na perspectiva da Faculdade de Filosofia, onde me encontrava, bastante autocentrada e provinciana. Em uma universidade tão grande não se pode generalizar — cada faculdade e cada instituto têm a própria história e a própria cultura —, mas não havia, nessa época, nenhum documento institucional da universidade em inglês. Devo ter sido o primeiro a redigir um para poder informar a meus colegas de outros países como era o campus em que trabalhava. Além disso, o número de estudantes e professores estrangeiros era irrisório. Havia certa nostalgia dos tempos da rua Maria Antônia, onde a Faculdade de Filosofia começou e onde, segundo a lenda, cientistas sociais e naturais conviviam e se entendiam, superando a barreira entre as duas culturas descrita num célebre livro de C.P. Snow.[8]

Na verdade, houve desde o início na Faculdade de Filosofia uma tensão entre duas funções: a de formar professores para o ensino médio, defendida por um de seus fundadores, Fernando de Azevedo, e que predominava nas áreas de geografia, história, letras e educação; e a de priorizar a pesquisa, prevalecente nas áreas das ciências naturais e sociais, criadas por professores europeus. À medida que as áreas de ciências naturais iam crescendo, seus professores saíam e fundavam institutos independentes, restando na Faculdade de Filosofia somente as ciências sociais e humanas. Presenciei um esforço do Departamento de Ciência Política de também sair e criar um instituto próprio, mas a congregação da Faculdade de Filosofia não permitiu, em nome de uma interdisciplinaridade que não existia.

O provincianismo se manifestava também no culto a alguns personagens históricos cujo mérito não podia ser questionado por ninguém. Lembro-me de uma conferência do celebrado Antonio Candido no salão nobre da USP, com os principais professores da casa presentes para prestigiá-lo. Fui ficando cada vez mais incomodado com a pobreza da exposição apresentada por ele, que embutia uma interpretação marxista extremamente rasa da política brasileira, e acabei me levantando no meio da conferência e fui embora. Não sei se alguém percebeu e entendeu como afronta. Não duvido que, como dizem as pessoas da área, a obra de Antonio Candido em literatura tenha peso, mas a leitura de seu livro *Os parceiros do rio Bonito*,[9] publicado em 1974 e considerado por muitos uma obra-prima pioneira da sociologia, não me acrescentou nada.

Outro paulista cuja obra supostamente grandiosa sempre me pareceu monótona e pouco criativa era Florestan Fernandes, ainda que a antropóloga Mariza Peirano garanta, em sua tese de doutorado, que *A função social da guerra na sociedade Tupinambá*, de Florestan, seja uma contribuição importante.[10] O Departamento de Ciência Política, do qual fiz parte durante alguns anos, tinha, e ainda tem, professores com trabalho e contribuições individuais significativas, mas não contava, efetivamente, com a estrutura de um moderno Departamento de Ciência Sociais.

Minha posição na universidade era precária. Eu era professor colaborador e, enquanto estive lá, o Departamento de Ciência Política só abriu um concurso para professor em nível de assistente. Eu poderia me candidatar, mas, se passasse, levaria anos para chegar ao nível de titular, que eu já tinha como colaborador, se é que chegasse. Entendo que essa dificuldade em absorver pessoas formadas em outras universidades era comum na USP. Na maioria de seus concursos para professor titular, por exemplo, só concorria um candidato da própria casa. Para facilitar minha integração, encaminhei à administração da universidade um pedido de revalidação de meu doutorado em Berkeley, que foi aprovado. Mas isso fez com que a casa reduzisse meu salário, porque eu não possuía livre-docência — levou alguns meses para que tal decisão fosse revista. Depois descobri que a revalidação da USP não tinha valor no resto do país e precisei fazer uma nova revalidação na UFMG.

A USP é, pelo porte e pela qualidade de muitos de seus professores, de seus institutos de pesquisa e de seus cursos, a melhor universidade da América Latina. Infelizmente, porém, não chega a figurar entre as 100 melhores do mundo nos diversos rankings existentes. Com os recursos humanos e financeiros de que dispõe, deveria estar em uma posição melhor.

22. As batalhas da educação

O risco moral da educação

Nos debates públicos sobre educação, muitas vezes tive como parceiros Claudio de Moura Castro e João Batista Araujo e Oliveira. Ambos publicam livros, produzem documentos, assinam artigos em jornais, quase sempre em posições minoritárias e isoladas. Aprendi muito com ambos, admiro e tenho inveja das coisas que conseguem fazer e eu não. Apesar de termos perdido muitas batalhas, tem sido uma boa luta. Nossos temas vão de educação infantil a ciência e tecnologia, passando por educação média e profissional. A motivação subjacente, em geral, é a crítica ao que se pode chamar de "populismo educacional", isto é, a confusão que comumente se faz entre os interesses corporativos dos que trabalham na área da educação e os interesses da educação propriamente dita.

Tratei desse assunto em um artigo de 2001 sobre "o risco moral da educação", dando o exemplo de um estado brasileiro em que os professores fizeram cursos para obter títulos mais elevados e conseguiram, assim, aumentar os salários, mas os benefícios em termos de melhora da educação foram nulos. No artigo eu dizia que o risco moral da educação era justamente o do crescimento sem limites das demandas por credenciais, elevando cada vez mais os custos da educação, sem que a "fase de crescimento" chegasse a seu termo e sem que as questões de qualidade e competência passassem ao primeiro plano.[1] Foi exatamente o que aconteceu nesse estado nos anos seguintes.

Nos anos 70, coordenei um grupo de pesquisas dedicado ao tema da educação e da produtividade na área rural, dentro de um amplo programa de pesquisas econômicas e sociais dirigido por Claudio, o Programa de Estudos Conjuntos para Integração Econômica na América Latina (Eciel).[2] Claudio havia sido meu colega no ensino médio no Colégio Marconi, em Belo Horizonte, e nosso primeiro trabalho conjunto foi um texto sobre o poeta romântico do século 19 Álvares de Azevedo, que fizemos a pedido de nosso professor de literatura, Antônio Salles. Entramos na mesma época para a Faculdade de Ciências Econômicas da UFMG, eu para sociologia e política, Claudio para economia. Com sua lambreta, camisa vermelha, atlético e americanizado, falando um inglês impecável, ele contrastava tanto com a "tradicional família mineira" quanto com o grupo de estudantes politizados do qual eu participava, mas era certamente o furor das meninas.

A tese de doutorado de Claudio sobre a produtividade dos investimentos em educação em dois municípios mineiros foi, juntamente com outros estudos de Carlos Langoni e Samuel Levy, um dos primeiros trabalhos de economistas brasileiros voltados para o tema da educação.[3] Além de presidente da Capes, Claudio foi pesquisador do Ipea e, junto com João Batista, trabalhou na Organização Internacional do Trabalho (OIT), no Banco Mundial e no BID. Nas horas vagas, voa de asa-delta e parapente, escala montanhas, faz trabalhos de carpintaria, cozinha e constrói casas com as próprias mãos.

O projeto com o Eciel foi conduzido mediante acordo com a Ebap, da FGV.[4] A expectativa, imagino, era que íamos replicar na área rural algo similar ao que Claudio havia feito na área urbana, calculando a produtividade dos investimentos em educação. Mas o que fizemos foi questionar a teoria do "capital humano" que os economistas estavam usando, apoiados nas ideias de Karl Polanyi sobre os efeitos destrutivos dos mercados sobre o tecido social.[5] Nossa conclusão foi que o principal efeito da educação no campo seria estimular a migração para as cidades, e terminamos o trabalho sugerindo a necessidade de construção de uma educação que fosse mais relevante para fixar as pessoas no interior, de forma mais produtiva e sustentável. Era a década de 70, o processo de migração do campo para as cidades estava no auge no Brasil e, na verdade, não precisou da educação formal para deslanchar. Mais tarde, em diversos momentos, escrevi textos pondo em dúvida a visão simplista da maioria dos economistas sobre educação e produtividade, trazendo à baila o tema do credencialismo — a excessiva valorização dos diplomas em detrimento das competências —, sobretudo em relação ao ensino superior.

Nunca cheguei a me entender com Claudio sobre esse ponto, mas compartilhamos uma visão crítica da educação brasileira, a partir de nossas experiências e de nossas leituras sobre o que ocorria em outras partes do mundo. Acompanhei de perto as reformas que ele introduziu quando presidiu a Capes, colocando de pé o sistema de avaliação por pares, e, mais tarde, organizamos um livro sobre a pesquisa universitária brasileira que inclui um relato dessa experiência.[6] Foi nessa época também que ele instituiu o programa PET, de treinamento em pesquisas para estudantes de graduação das universidades federais, replicando em escala nacional a experiência do programa de bolsas de estudo da Faculdade de Ciências Econômicas da UFMG, na qual havíamos sido bolsistas.

No princípio dos anos 80, Claudio, João Batista e eu participamos de uma comissão formada por Hélcio Ulhoa Saraiva, então presidente do Inep, para avaliar os projetos de pesquisa que o Instituto financiava. Hélcio também havia se formado no curso de Sociologia da UFMG, completara doutorado em sociologia rural na Universidade de Madison, Wisconsin, com Archibald Haller, e, muito jovem ainda, em 1972, tornou-se reitor da nova Universidade do Piauí. O Inep, criado por Manuel Lourenço Filho em 1938, deveria ser o principal centro de pesquisas educacionais do país, mas estava praticamente abandonado. Era usado para transferir dinheiro para gente ligada ao Ministério da Educação, sem nenhum critério de seleção e avaliação de resultados.

A proposta da comissão foi instituir um programa regular de apoio à pesquisa educacional e a maior dificuldade foi a péssima qualidade dos projetos apresentados — sobrava dinheiro e praticamente não havia o que financiar. Mais tarde, nos anos 90, dirigido por Maria Helena Guimarães de Castro, o Inep se transformou na importante agência de produção de dados estatísticos e de avaliações educacionais que é hoje, deixando de lado as pesquisas educacionais e pedagógicas propriamente ditas, que passaram a ser executadas, bem ou mal, por departamentos universitários.

A escola vista por dentro

Voltei ao tema da educação básica em 2002 ao colaborar com João Batista na preparação do livro *A escola vista por dentro*. Minha principal contribuição foi analisar os dados de uma pesquisa coordenada por ele em 148 escolas de cerca de 50 municípios de todo o país, com entrevistas com diretores escolares, professores e pais de alunos. João Batista havia sido meu contemporâneo na Finep dos anos 70, onde coordenava, entre outras coisas, um programa de formação em administração de projetos em ciência e tecnologia, o Protap. Também mineiro, não passou pela Faculdade de Ciências Econômicas, e sim pelo curso de Filosofia da Faculdade de Filosofia da UFMG e de Psicologia da PUC de Minas Gerais, tendo mais tarde se doutorado em educação nos Estados Unidos.

Nos anos 80, fez parte da equipe do programa de Hélio Beltrão de desburocratização da administração pública brasileira e depois trabalhou na OIT, em Genebra, e no Banco Mundial. Voltou ao Brasil em 1995 a convite de Paulo Renato de Souza para assumir a Secretaria Executiva do Ministério da Educação. Em sua curta passagem pelo MEC, João Batista participou, junto com Eunice Durham e Darcy Ribeiro, das negociações com o Congresso Nacional para a preparação da Lei de Diretrizes e Bases da Educação, buscando reduzir o peso corporativista das versões anteriores. Coordenou um projeto de planejamento estratégico que colocaria o ensino fundamental como prioridade da ação do ministério, mas teve problemas de relacionamento com a equipe e acabou se afastando poucos meses depois.

A principal contribuição do livro *A escola vista por dentro* talvez tenha sido mostrar o descompasso entre o que chega até as unidades de ensino como programas de governo, teorias pedagógicas, orientações curriculares etc. e o que ocorre no cotidiano das salas de aula, no trabalho das professoras. Procuramos resumir o que encontramos observando que, nas redes públicas, apesar da aparente clareza sobre os meios a serem utilizados na educação — as normas, as determinações e as orientações que bombardeiam permanentemente as escolas —, existia grande ambiguidade sobre os fins da educação, que deveriam ser a boa formação e o desempenho dos alunos.

Assim, conforme concluímos no livro, "as práticas das escolas se revelam através de uma multiplicidade de eventos pouco concatenados, que exercem maior ou menor influência sobre o que acontece dentro da sala de aula, ou, em muitos casos, afetam negativamente o que lá ocorre. A realidade que importa não é o que acontece com os alunos. O que importa são os termos, os nomes, as convicções, as expectativas, as práticas, as 'atividades'. A realidade passa a ser os meios — não os fins".[7] As causas dessa situação incluem a má formação dos professores, que não aprendem, por exemplo, como alfabetizar as crianças; o regime burocrático ao qual as escolas públicas são submetidas, com pouco espaço para o exercício efetivo de liderança por parte dos professores; e a confusão normativa que parte do próprio ministério e das secretarias de Educação.

Entre as diversas resenhas e comentários que o livro recebeu, chocou-nos, particularmente, o violento ataque dos editores da revista *Educação & Sociedade*, do Centro de Estudos Educação e Sociedade de Campinas.[8] Ao invés de uma resenha assinada, o livro mereceu um editorial que não comentava o livro propriamente dito, apenas reagia a uma matéria elogiosa publicada no jornal *Folha de S.Paulo*. No texto, os editores da revista se diziam "surpreendidos" pelo livro, como se ele não tivesse o direito de existir, e começavam por nos desqualificar, dizendo que não tínhamos produção consolidada sobre o assunto. O que os deixou mais indignados foi o jornal ter destacado um dos achados da pesquisa, que é o fato de os professores, em geral, tenderem a explicar o fracasso escolar pelas condições dos alunos e de suas famílias, sem admitir que possam ter qualquer responsabilidade em relação a isso. Esse achado, segundo os autores do editorial, contrariaria as pesquisas que mostravam que as causas da má qualidade da educação brasileira seriam as "políticas educacionais subordinadas aos interesses que não os dos usuários e trabalhadores em educação".

Nos anos seguintes, com o Partido dos Trabalhadores no poder, as políticas educacionais passaram a responder cada vez mais aos interesses dos "trabalhadores da educação", organizados em sindicatos de professores e funcionários associados, em sua maioria, à Central Única dos Trabalhadores (CUT). Os recursos destinados à educação pública cresceram continuamente e, em 2014, depois de forte mobilização nacional, o Congresso aprovou por unanimidade o Plano Nacional de Educação (PNE), que deveria levar o Brasil a gastar 10% do seu PIB em educação — mais que qualquer país do mundo — e colocar a educação brasileira em outro patamar.

O resultado, infelizmente, foi que a educação brasileira continuou praticamente tão ruim quanto antes: as avaliações brasileiras mostram algum progresso na quinta série, mas a avaliação comparativa implementada pelo Pisa, o Programa Internacional de Avaliação de Alunos da OCDE, com crianças de 15 anos, que estão concluindo o ensino fundamental e entrando no ensino médio, indica que permanecemos há anos marcando passo entre os sistemas educacionais de pior qualidade desde que as avaliações começaram, em 2000.[9]

Plano Nacional de Educação

Em 2011, quando foram publicadas as primeiras versões do Plano Nacional de Educação (PNE) 2014-2024, Claudio, João Batista e eu enviamos um artigo para a *Folha de S.Paulo* dizendo que o Plano era uma "Lista de Papai Noel" para satisfazer a todos os interesses corporativos do setor, menos aos da educação. Dizíamos também que o PNE seria mais bem atendido se incluísse um pequeno conjunto de políticas bem estruturadas, começando por mudar a gestão das escolas públicas, dando-lhes mais autonomia e responsabilidade de acordo com seus resultados.

Voltei ao tema em 2017, quando fiz a conferência de abertura da reunião da Associação Nacional de Avaliação da Educação (Abave), em Salvador, cujo tema era "O Plano Nacional de Educação e a Avaliação".[10] O PNE havia sido sancionado em junho de 2014, depois de um longo processo de discussões, e, tal como o anterior, para o período 2001-2010, não teria como ser cumprido em suas 10 diretrizes, 20 grandes metas e 244 estratégias específicas. Algumas metas, principalmente as relacionadas a acesso à educação, acabaram sendo cumpridas em parte ou no todo, mas não por causa do Plano.

As dificuldades que o PNE encontrou eram previsíveis desde sua formulação, como dissemos em nosso artigo de 2011, mas se tornaram evidentes com a crise econômica, política e fiscal deflagrada no país a partir de 2015. Uma das razões é que o Plano era mal concebido e totalmente irrealista. Previa que os gastos com educação deveriam chegar até o fim da década em 10% do PIB, o mais elevado do mundo proporcionalmente, mas uma estimativa posterior mostrou que, se o Plano tivesse sido implementado na íntegra, teria custado, já em 2014, 16,4% do PIB.[11] Existem estimativas que dão resultados diferentes, mas o ponto central é que essas contas não foram feitas com o devido cuidado quando o Congresso Nacional, pressionado pela mobilização dos setores ligados à educação, aprovou o PNE por quase unanimidade. Como trato de mostrar no artigo, há um equívoco inicial na própria ideia de que é possível planejar a educação no país, ou sua economia, no mesmo nível de detalhe que os engenheiros usam para planejar a construção de uma ponte ou de uma hidrelétrica.

No Brasil, nem mesmo os projetos de engenharia funcionam sempre bem, porque sofrem com as incertezas financeiras e operacionais que surgem ao longo dos trabalhos. Ainda assim, é possível avançar fazendo projetos melhores e apoiados em dados realistas e de melhor qualidade. Na educação, da mesma maneira que na economia, as melhores políticas são as que selecionam um número reduzido de objetivos estratégicos e concentram esforços para que eles se cumpram. Sempre levando em conta que não existe nem deve haver um centro único de comando, e sim estados, municípios, instituições privadas e autônomas que precisam ser persuadidas ou estimuladas a cooperar, em um ambiente juridicamente seguro e previsível, recebendo apoio onde necessário.

Alfabetização infantil

Depois que deixou o Ministério da Educação, João Batista permaneceu no Brasil, prestando consultoria, desenvolvendo projetos e criando uma instituição própria, o Instituto Alfa e Beto. Foi responsável, mais tarde, por fazer com que a cidade de Sobral, no Ceará, se tornasse o mais conhecido exemplo, no Brasil, de como é possível melhorar dramaticamente a qualidade de uma rede escolar de poucos recursos e com alunos pobres a partir do uso de métodos corretos de alfabetização e do acompanhamento regular de resultados.

A virada de Sobral, que depois foi ampliada para todo o estado, gerando a melhor rede pública de educação de ensino fundamental no Brasil, começou com a implantação dos programas Acelera Brasil e Escola Campeã, iniciativas do Instituto Ayrton Senna concebidas por João Batista. Desses programas saíram os dados para compor o livro *A escola vista por dentro*, que mostrava, entre outras coisas, a grande dificuldade dos professores em alfabetizar as crianças, por não disporem de métodos adequados nem aprenderem nos cursos de pedagogia como ensinar as primeiras letras. Os materiais do Alfa e Beto, que se desenvolveram com o tempo, foram adotados em Sobral desde sua primeira versão, de 2003.[12] Em 2015 o Inep publicou um artigo relatando essa experiência no Ceará, mas o texto começava com uma citação de Paulo Freire, que não tinha nada a ver com a história, e nem o trabalho feito por João Batista nem a concepção pedagógica e gerencial que ele implantou foram mencionados.[13]

A razão dessa omissão, acredito, foi a adoção do método fônico de alfabetização, do qual João Batista era defensor ardente, contrariando a doutrina predominante nos meios pedagógicos brasileiros, que era a das metodologias construtivistas. O tema dos métodos de alfabetização, ao invés de ser tratado no Brasil como uma questão técnica, havia se tornado um cavalo-de-batalha político, segundo o qual existiria uma luta entre um método libertador, em que os professores ajudam as crianças a aprender a ler a partir do sentido das palavras e a "construir" seus conhecimentos, e um método opressor, segundo o qual os alunos são forçados a aprender os sons das letras — os fonemas — pelo beabá, como nas antigas cartilhas. Este, além de cercear as crianças, cercearia também os professores, que seriam obrigados a seguir procedimentos prescritos nos materiais escolares, perdendo sua autonomia e liberdade.

Na prática, como nossa pesquisa apontou em *A escola vista por dentro*, a maioria dos professores não aprende direito nem um método nem outro e faz o melhor que pode, o que nem sempre basta, a partir da própria experiência prática. Crianças que vêm de um ambiente familiar intelectualmente estimulante, onde a leitura faz parte do dia a dia, aprendem com facilidade os sons das letras, suas combinações e suas relações com as palavras, seja qual for o método ou falta de método pedagógico de seus professores. Mas crianças que não têm esse estímulo, se não forem guiadas e ajudadas nessa aprendizagem, podem facilmente se perder pelo caminho.

Qualquer criança normal pode se alfabetizar aos 6 ou, no máximo, aos 7 anos, mas, até recentemente, o Ministério da Educação admitia que a alfabetização poderia se estender até o terceiro ano escolar, ou seja, 8 anos. O fato é que, mesmo com essa flexibilização, muitas crianças continuaram sem conseguir aprender a ler e escrever com fluência nas escolas brasileiras, permanecendo como analfabetas funcionais por toda a vida. Existem muitos fatores, além do método de ensino adotado, ou da ausência dele, que explicam essa situação, caso do mau funcionamento das escolas e de problemas no ambiente familiar dos alunos. Mas já não é possível aceitar tal quadro como "normal" e um esforço para eliminar o alfabetismo funcional tem de passar, necessariamente, por políticas educativas baseadas nas melhores evidências das ciências neurológicas e cognitivas sobre o processo de aprendizado, começando pela iniciação correta na leitura e na escrita.

Foi para esclarecer melhor essa questão que a Academia Brasileira de Ciências criou, em 2009, um grupo de trabalho sobre educação infantil, reunindo especialistas brasileiros e de outros países que pudessem apresentar uma visão do entendimento que existe hoje em torno do tema do ponto de vista da neurobiologia, da psicologia cognitiva e da economia. Internacionalmente, as evidências dos diversos campos foram consolidadas por James Heckman, Prêmio Nobel de Economia, que trabalhava em colaboração com o brasileiro Flávio Cunha, focados nos impactos de longo prazo da educação nos primeiros anos, ou de sua falta ao longo da vida.

Coordenado pelo economista Aloisio Araújo, da Fundação Getulio Vargas, o grupo de estudos da Academia contou com a participação dos médicos e neurobiólogos Erasmo Barbante Casella e Edson Amaro Júnior, da USP, Jaderson Costa, da PUC de Porto Alegre, por João Batista e por mim, e com a colaboração de Luiz Carlos Faria da Silva, professor da Universidade Estadual de Maringá, do Paraná. João Batista já vinha trabalhando no tema, tendo organizado dois seminários internacionais sobre alfabetização e educação infantil na Câmara de Deputados, em Brasília, com apoio do deputado Gastão Vieira, e eu vinha acompanhando essas pesquisas. Ao estimular a criação do grupo, a expectativa era de que, com o envolvimento e endosso da Academia Brasileira de Ciências, o entendimento predominante no Brasil sobre o assunto mudasse.

As duas principais conclusões do estudo foram, primeiro, a confirmação de que os anos iniciais são fundamentais para o desenvolvimento intelectual das pessoas, que, posteriormente, dificilmente conseguem suprir as carências afetivas e de estimulação intelectual que possam ter faltado nesse período.[14] E, segundo, que a aprendizagem da leitura e da escrita não é um processo natural, como o da aprendizagem da fala, requerendo um treinamento específico para o reconhecimento dos sons das letras e suas combinações (os fonemas), o qual, como andar de bicicleta, precisa ser bem aprendido, de forma sistemática e organizada, para que possa ser depois automatizado. A recomendação de dar prioridade à educação infantil coincidia com um processo já em andamento de crescimento da educação nos primeiros anos que continuou se expandindo, ainda que com graves problemas de qualidade. Mas a recomendação de fazer uso de métodos de alfabetização baseados no reconhecimento de fonemas — o método fônico, cuja eficácia é amplamente reconhecida na literatura internacional — não foi capaz de vencer as convicções arraigadas dos educadores brasileiros.

Pedagogia da repetência

A defasagem escolar — outro nome para a repetência — tornou-se uma preocupação central dos educadores brasileiros a partir, em especial, da mobilização ao redor do tema liderada por Sérgio Costa Ribeiro, que havia colaborado com Philip Fletcher e Ruben Klein na elaboração de um modelo matemático do fluxo escolar dos estudantes brasileiros. Claudio lembra que nos anos 80, quando coordenava o Centro Nacional de Recursos Humanos do Ipea, foi procurado por Fletcher, que queria apoio para reexaminar os dados da educação brasileira utilizando a metodologia de fluxos adotada por Mário Augusto Teixeira de Freitas em 1947. Freitas seguramente se inspirara em Giorgio Mortara, o economista italiano que, trabalhando junto com o IBGE, foi o principal responsável pela modernização das estatísticas públicas brasileiras. A ideia de Fletcher era, ao invés de contar quantos estudantes havia em cada série, estimar, a partir dos dados de matrícula e das idades da população, quantos entravam a cada ano, quantos eram reprovados, quantos iam para a série seguinte e quantos, de fato, abandonavam a escola. Claudio conseguiu que a OIT financiasse o projeto de Fletcher, que, depois, se uniu a Sérgio e Ruben Klein na preparação de um modelo estatístico de fluxo mais sofisticado.[15]

Até então, os dados educacionais usados no país mostravam uma pirâmide achatada, com muitos alunos entrando na primeira série e um grande número, cerca de metade, abandonando a escola já nos anos seguintes. A análise dos fluxos indicou que o que explicava o achatamento da pirâmide não era o fato de os alunos irem abandonando a escola, e sim o fato de serem reprovados e repetirem o ano, inchando a primeira série e aprendendo quase nada. Havia no Brasil uma "pedagogia da repetência" que, no lugar de fazer com que os estudantes aprendessem mais, servia simplesmente para excluir os que não conseguiam acompanhar os cursos.

Físico de formação como o pai, Joaquim da Costa Ribeiro, Sérgio era professor da PUC-Rio, mas deixou a carreira para escrever e falar obsessivamente sobre o problema da repetência e sobre temas mais gerais envolvendo educação. No início dos anos 90, participei ao lado de Sérgio de um grande evento em que se discutiam os problemas do desenvolvimento brasileiro. Um dos palestrantes, o economista Luiz Carlos Bresser-Pereira, lembrou que sua avó dizia que o problema do Brasil residia na falta da educação, mas acrescentou que isso era coisa do passado e passou a discorrer sobre as questões de política econômica que mais o preocupavam. Quando foi a sua vez de falar, Sérgio começou dizendo que era a avó de Bresser-Pereira quem tinha razão naquela história. Nesse dia ele comentou comigo que estava apreensivo com um problema na vista e que talvez tivesse de operar. Era um melanoma maligno, em decorrência do qual viria a falecer em 1995, aos 62 anos.

Graças em parte a seu trabalho, o tema da repetência entrou na agenda das discussões sobre a educação brasileira e hoje é um dos indicadores de qualidade do Índice de Desenvolvimento da Educação Básica (Ideb). Com isso, houve uma melhora importante no fluxo escolar no país. Por outro lado, em muitos casos as políticas contra a repetência passaram a ser interpretadas como promoções automáticas que dispensavam a necessidade de provas, acompanhamento e apoio aos estudantes, o que levou a resultados desastrosos.

Educação em ciências

Em 2008, a pedido de Hernan Chaimovitz, então vice-presidente da Academia Brasileira de Ciências, fiz um estudo sobre as experiências com educação científica para crianças que a Academia vinha patrocinando em lugares diversos, com destaque para o programa ABC na Educação Científica — Mão na Massa, liderado pelo físico Ernst Hamburger, da USP. Eu havia sido eleito para a Academia em 2002, pouco depois que os acadêmicos decidiram, finalmente, admitir como membros pessoas das áreas de ciências sociais e humanidades. Havia uma preocupação na ABC com a má qualidade do ensino de ciências nas escolas e, mais amplamente, com a má qualidade da educação, e esse projeto de ensino de ciências foi justamente uma tentativa de ajudar a melhorar essa questão. O trabalho, que fiz com a colaboração de Micheline Christophe, consistiu em um levantamento do "estado da arte" da educação infantil em ciências e, depois, em visitas e entrevistas, além da organização das informações sobre experiências de educação em ciências no Brasil, com e sem o apoio da Academia.[16]

Na literatura sobre o assunto, assim como nas experiências brasileiras que pudemos observar e nos debates sobre alfabetização, um conceito central era o do construtivismo: a ideia de que a ciência não deve ser apresentada aos estudantes como um conjunto fechado de conceitos e conhecimentos que eles têm de memorizar e repetir, mas como um processo de descobertas a partir de experimentos simples que levem a perguntas e problemas que eles devem tentar resolver. E bastava olhar as salas de aula do projeto, com as crianças trabalhando em grupos, fazendo observações e chegando às próprias conclusões, para ver que, de fato, essa era uma maneira muito mais estimulante de ensinar do que colocar as crianças enfileiradas em cadeiras para ouvir a exposição dos professores.

Existe um problema, porém, em como avançar com os alunos a partir dessas experiências iniciais, já que a formação científica exige o domínio de métodos e conceitos sistematizados e consolidados que eles precisam incorporar. Alguns autores falam desse avanço como um processo de construção por "andaimes", nos quais os jovens podem se apoiar para ir subindo e depois deixar de lado, quando o edifício do conhecimento já se consolidou. O que percebemos em quase todas as iniciativas no Brasil é que elas raramente passavam do primeiro momento de motivação. Em parte por falta de recursos, em parte pela impossibilidade de integrar esses cursos iniciais aos currículos regulares, em parte porque os andaimes nem sequer existiam. As crianças podiam se motivar num primeiro momento, mas, sem continuidade, o trabalho aparentemente se perdia.

A reforma do ensino superior

Entre 2004 e 2005, o então ministro da Educação, Tarso Genro, preparou uma proposta de reforma do ensino superior que foi objeto de vários artigos críticos meus e de Claudio. A proposta se alinhava com os movimentos docentes das universidades federais e as preocupações principais eram conseguir mais dinheiro para as universidades públicas, restringir o funcionamento das privadas e aumentar a inclusão social nas federais através de cotas raciais e sociais. Em um artigo publicado em *O Estado de S. Paulo*, dissemos que o projeto não continha propostas específicas para melhorar e tornar mais eficiente a educação superior e que se deixava "enlear em políticas de centralização e ingerência, tirando a liberdade do setor privado, como se este fosse o culpado pela inépcia do Estado".[17]

Achávamos que o setor privado, que respondia por 75% da matrícula do ensino superior, deveria ter espaço para funcionar e se desenvolver dentro de um marco legal apropriado, ao invés de ser tratado como vilão.[18] Com a saída de Tarso Genro do ministério, o projeto foi arquivado e o governo do Partido dos Trabalhadores acabou fazendo uma grande aliança com o ensino superior privado, amplamente beneficiado por políticas de crédito educativo e isenção fiscal, mas sem que o setor fosse submetido a um sistema moderno e transparente de supervisão e incentivo à qualidade. Com a crise econômica a partir de 2005, o principal subsídio público ao sistema privado, o Fundo de Financiamento Estudantil, começou a minguar, os recursos para as universidades públicas também diminuíram e é provável que as condições de funcionamento das instituições superiores no Brasil sofram ainda muito com as consequências da pandemia de covid-19.

Ensino médio e profissional

Nos anos 90, na gestão de Paulo Renato Souza no Ministério da Educação, Claudio participou de uma tentativa de reformular o ensino técnico de nível médio no Brasil. O governo tinha uma pequena rede de centros bem financiados de formação profissional, os Centros Federais de Educação Tecnológica (Cefet). Os alunos, selecionados por exames de ingresso, aproveitavam a oferta de cursos de qualidade, gratuitos e de tempo integral, e se preparavam para o vestibular das universidades federais. Com isso os Cefets deixavam de cumprir sua principal função, que era a de formar técnicos de nível médio capacitados para o mercado de trabalho.

Para mudar tal cenário, foi criada uma norma exigindo que os Cefets passassem a se dedicar efetivamente à formação profissional de nível médio, ao mesmo tempo que se negociou um empréstimo com o BID para financiar a ampliação desse tipo de educação profissional no país. Exigiu-se também que boa parte de seus cursos deixasse de dar acesso ao nível superior. A mudança, contudo, foi mal recebida por professores e funcionários, que se sentiram rebaixados em seu status. Anos depois, no governo Lula, eles conseguiram que os Cefets fossem transformados em institutos federais com as mesmas vantagens, regalias e cursos das universidades federais. Foi um exemplo clássico de *academic drift*, a situação em que instituições de ensino se afastam de sua missão em busca de prestígio acadêmico, tema sobre o qual Claudio e eu escrevemos mais de um artigo.[19]

Os temas da educação profissional, junto com o da reforma do ensino médio e, mais amplamente, o da elaboração de uma base nacional curricular comum para a educação brasileira, entraram com força na agenda do ministro Mendonça Filho, em 2016, no governo de Michel Temer. A convite de Ana Inoue, do Itaú BBA, que apoiava os trabalhos do Conselho Nacional de Secretários de Educação (Consed) sobre a reforma do ensino médio, aprofundei-me no tema, escrevi um livro a respeito e me envolvi nas discussões que culminaram na aprovação da lei da reforma do ensino médio em 2017.[20] Assim, ainda em 2016, participei em Manaus de uma reunião do Consed, então presidido por Rossieli Soares, secretário de Educação do Amazonas. A reunião era dedicada ao tema da reforma e uma das propostas que causaram discussão foi a de tornar obrigatório o ensino do inglês, deixando outras línguas, como o francês e o espanhol, como opcionais. A polêmica encerrou quando o garçom que servia água mineral e cafezinho pediu a palavra e disse como o inglês era fundamental para o trabalho dele e de muitas outras pessoas que conhecia. Quem dera que outras discussões desnecessárias que ocorrem nos meios pedagógicos pudessem também ser resolvidas pelo simples bom senso.

As ideias centrais da reforma, aprovadas, eram as de que, ao invés de um curso único, sobrecarregado e pautado pelas provas do Enem, o ensino médio deveria se diferenciar abrindo espaço para formação vocacional profissional para a maioria dos estudantes, que precisavam entrar diretamente no mercado de trabalho e que provavelmente não iriam para a educação superior; o ensino médio mais acadêmico deveria se diferenciar em vários "itinerários formativos" nas áreas de tecnologia e engenharia, profissões sociais, educação etc., além de uma parte comum, com ênfase em competências mais gerais nas áreas de linguagem, matemática e ciência; o Enem deveria ser adaptado a esse novo formato; haveria um documento do ministério definindo as bases curriculares tanto da parte comum quanto dos itinerários formativos.

A lei, no entanto, já nasceu com alguns problemas sérios, como o aumento forçado da carga horária dos cursos e a previsão de recursos para escolas de tempo integral, de especial interesse em Pernambuco. Além disso, não havia nenhuma referência ao problema do ensino médio noturno, que abrange cerca de 25% da matrícula.[21] Na discussão ocorrida no Congresso o projeto foi piorando com o aumento do tempo dedicado à parte comum, que acabou se transformando em uma versão reduzida, mas ainda grande, do currículo tradicional.

Ao invés de itinerários formativos que incentivassem o surgimento de alternativas de carreiras profissionais futuras, a nova lei consagrou uma classificação esdrúxula de "áreas de conhecimento" que o ministério havia criado tempos atrás. Segundo tal classificação, as áreas de conhecimento são: "linguagem, códigos e suas tecnologias", que incluem português, dança, educação física, arte e uso de tecnologias de informação; "ciências da natureza e suas tecnologias", que vão da biologia à física; "ciências humanas e sociais aplicadas", que vão da filosofia ao jornalismo, passando pela psicologia; e "matemática e suas tecnologias", que ficam sozinhas.

Qualquer classificação de áreas de conhecimento é arbitrária, mas juntar educação física com línguas estrangeiras só porque as duas são "linguagens" é demais. Em outros países, as disciplinas geralmente são agrupadas em: (1) ciência, tecnologia, matemática e engenharia; (2) ciências biológicas e da saúde; (3) ciências sociais aplicadas; e (4) literatura e humanidades. Assim, os estudantes, já no ensino médio podem fazer opções que abrem caminhos para aprofundamentos futuros. Tentei inúmeras vezes — em reuniões, audiências no Congresso, apresentações no Conselho Nacional de Educação, artigos de jornal — explicar a importância de se criar um leque correto de alternativas. Em vão. Talvez tenha faltado um garçom para explicar melhor.

Ao invés de documentos simples e claros sobre as diretrizes curriculares, o Conselho Nacional de Educação se perdeu na elaboração de documentos supostamente sofisticados, mas impossíveis de serem entendidos e implementados. E nada foi feito para reformular o Enem e encaminhar a educação profissional de maneira mais adequada. Claudio, João Batista e eu continuamos escrevendo e discutindo essas questões, mas, contra o peso morto da burocracia do ministério e do barroquismo do Conselho, não foi possível fazer muito.[22] O novo ensino médio deveria entrar em vigor em 2020, mas o governo de Jair Bolsonaro, obcecado com temas ideológicos, mal chegou a entender as tarefas que teria pela frente e foi atropelado pela epidemia provocada pelo novo coronavírus.

Usos e abusos da avaliação

Os professores avaliam seus alunos o tempo todo, aplicando provas e dando notas, mas se sentem incomodados quando chega a sua vez de serem avaliados. Concursos públicos são bem aceitos porque dão mais chances aos que estudam, em detrimento dos apadrinhados políticos. Mas as avaliações externas de cursos e instituições feitas por comissões de avaliadores e o uso de indicadores quantitativos de desempenho são muitas vezes vistos como interferências indevidas, sobretudo quando os resultados são publicados e podem afetar a reputação das instituições e os recursos que elas recebem. De fato, muitas distorções podem ocorrer, porém isso não é necessariamente pior do que quando o único meio de que se dispõe para saber se um curso funciona bem, se os estudantes estão aprendendo, ou se um programa de pesquisa tem bons resultados, é a palavra dos interessados.

As primeiras avaliações sistemáticas da educação brasileira foram introduzidas pela Capes no fim dos anos 70, na gestão de Claudio, tendo em vista a avaliação dos cursos de pós-graduação. Combinavam então dois componentes: de um lado, indicadores como o número de alunos matriculados e formados, o número e a titulação dos professores e, sobretudo, o número de livros e artigos publicados em revistas científicas pelos professores no Brasil e no exterior; de outro lado, um sistema de consultores externos que deveriam, considerando tais dados, classificar os cursos em uma escala de qualidade de "A" a "E". A vantagem desse formato era evitar que os cursos fossem avaliados simplesmente pela reputação de seus professores ou instituições, sem levar em conta o que efetivamente estava acontecendo, e evitar que os números falassem sozinhos, como se representassem uma realidade "objetiva" independentemente da forma como foram construídos e dos inevitáveis erros que poderiam embutir.[23]

Uma das principais propostas da Comissão de Reformulação da Educação Superior, da qual participei, em 1985, foi a de se criar um sistema de avaliação semelhante ao da Capes, porém voltado para os cursos de graduação. Era um caminho diferente do que vinha sendo perseguido por uma comissão do Conselho Federal de Educação desde 1983, o Programa de Avaliação da Reforma Universitária (Paru), que dava ênfase à avaliação interna das instituições.[24] Infelizmente, o projeto da comissão não prosperou e o Paru nunca apresentou seus resultados.

O primeiro sistema de avaliação externa dos cursos de graduação foi o Exame Nacional de Cursos, o "Provão", instituído pelo ministro Paulo Renato de Souza em 1996. Nesse exame, os alunos que terminavam as diversas carreiras passavam por provas de conhecimento cujas médias eram utilizadas para avaliar a qualidade de seus respectivos cursos. O Provão, no início, provocou grande reação, em especial por parte de professores e estudantes alinhados com o Partido dos Trabalhadores, mas acabou sendo retomado e ampliado no governo Lula com o nome de Exame Nacional de Desempenho dos Estudantes (Enade).

Foi também na gestão de Paulo Renato que se consolidou o Sistema de Avaliação da Educação Básica (Saeb), com provas de língua portuguesa e matemática. Originado de um primeiro estudo comparativo internacional sobre qualidade da educação, do qual o Brasil participara em 1990, o Saeb foi conduzido regularmente a partir de 1995.[25] Em 1999 foi instituído o Enem, exame de avaliação dos estudantes que concluíam a educação fundamental. Com o Inep desenvolvendo um amplo sistema de estatísticas educacionais e o sistema de avaliação da pós-graduação, da graduação e da educação básica implantados, no final dos anos 90 a batalha pela avaliação educacional parecia ter sido vencida. Só faltava colher os frutos, transformando os conhecimentos obtidos em políticas efetivas para a melhoria da qualidade do setor no país.

Com a eleição de Lula para a Presidência, houve uma forte mobilização de setores do ensino superior para acabar com o sistema de avaliação implantado por Paulo Renato. Em 2003, na gestão de Cristovam Buarque no Ministério da Educação, foi montada uma Comissão Especial de Avaliação que procurou retomar os ideais do antigo Paru e de outros programas de autoavaliação institucional dos anos anteriores.[26] A consequência foi a constituição de um Sistema Nacional de Avaliação da Educação Superior coordenado por uma Comissão Nacional de Avaliação (Sinaes/Conaes), com representantes de professores, estudantes e funcionários das universidades, que deveria garantir o controle do sistema de avaliação por parte da comunidade universitária. No entanto, transformado em lei em 2004, o novo sistema manteve o Provão, agora com o nome de Enade, criou uma série de indicadores quantitativos adicionais e começou a ser administrado pelo Inep. O Conaes nunca conseguiu funcionar efetivamente como a entidade responsável pelo sistema, tal como a Capes era para a pós-graduação.

Em 2005, o Inep passou a ser administrado por Reynaldo Fernandes, economista especializado em educação, e a partir daí foi desenvolvido um amplo sistema de indicadores educacionais, incluindo o Ideb e os diversos indicadores do Sinaes. Em 2009, o Enem foi alçado a vestibular nacional para o ingresso no ensino superior federal e outras funções, com milhões de candidatos inscritos a cada ano. O Inep, de um pequeno setor do antigo Ministério da Educação, virou uma grande repartição com centenas de funcionários gerando uma verdadeira indústria de elaboração e aplicação de provas, contratadas pelo Ministério da Educação Superior. Contudo, apesar dos esforços, a educação brasileira não melhorava. O que estava acontecendo?

Em 2013, escrevi um artigo sobre o assunto, relatando essa história e tentando entender a situação.[27] Eu dizia que, entre o mundo em que não existem indicadores de resultados e o mundo em que eles existem, eu preferia o segundo, mas que a proliferação de indicadores trazia problemas que não estavam sendo considerados. O mais geral é o que ficaria conhecido como "lei de Goodhart", segundo a qual sempre que se elege um indicador ele corre o risco de se transformar em um fim em si mesmo e perder a utilidade. Assim, se começamos a medir a qualidade de um pesquisador pelo número de artigos que ele publica, publicar torna-se mais importante para ele do que a qualidade do que escreve. Se o que conta é ter boas notas no Enem, os estudantes passam a estudar apenas para passar nas provas; se o Ideb depende do número de alunos aprovados a cada ano, então as escolas tendem a aprovar todo mundo; e por aí vai.

Dessa forma se chega à "reificação" do indicador, que é quando ele adquire vida própria e ganha mais relevo do que aquilo que pretende indicar. No início, a Capes usava o número de publicações científicas dos professores dos cursos pós-graduação como um indicador de sua qualidade, mas a avaliação final dos cursos ficava sob a responsabilidade dos consultores especialistas. Com o tempo, esses números se sofisticaram, com a contagem de citações e a criação de um complicado sistema de notas para as revistas (o Qualis). Conclusão: os números resultantes dessas contas passaram a ser considerados mais importantes, por serem supostamente "objetivos", do que o juízo dos consultores, invertendo a ideia inicial. O mesmo ocorreu com o "Conceito Preliminar de Curso" elaborado pelo Inep, que combinou de forma arbitrária dados de naturezas diversas em um índice que poderia ser, no máximo, um exercício estatístico, mas que virou uma medida supostamente "objetiva" e de qualidade sancionada pelo Ministério da Educação, publicada nos jornais e adotada por inúmeras instituições privadas em suas propagandas para atrair alunos.

Outro problema é a confusão entre provas usadas como simples indicadores, como as do Enade, e provas cujos resultados trazem consequências para a vida das pessoas, caso das aplicadas pelo Enem. A nota do Enade não faz diferença para o aluno, que pode até não comparecer no dia marcado ou entregar a folha em branco, mas pode afetar a reputação de sua instituição. Isso não se resolve simplesmente obrigando o estudante a fazer a prova nem tampouco registrando sua nota em seu diploma, porque, para tal, seria necessário aplicar uma prova muito diferente, mais aprofundada.

Pude ver de perto essas questões quando, em 2017, fui indicado para participar do Conselho Nacional de Avaliação da Educação Superior, o Conaes. Logo verifiquei que o Conselho havia se esvaziado e não tinha a menor condição de supervisionar o vasto sistema de provas e indicadores administrados pelo Inep. O sistema girava no vazio, a um alto custo e com um impacto mínimo na qualidade da educação superior brasileira. Ficou claro que estava na hora de aplicar ao Sinaes seu próprio remédio, criando um processo de avaliação externa do que estava sendo feito. Com o apoio de Maria Helena Guimarães de Castro, então sua secretária executiva, conseguimos que o Ministério da Educação contratasse a OCDE para fazer tal trabalho e sugerir novos caminhos.

Eu já havia participado de avaliações promovidas pela OCDE em outros países e sabia como era o esquema. O organismo começava solicitando ao país uma descrição do sistema existente e, em seguida, reunia uma equipe com técnicos próprios e especialistas de países diversos que iam conversar com representantes dos múltiplos setores que tinham interesse no tema. Depois, preparava um relatório, que era apresentado ao governo e demais setores e discutido com eles. No final, o texto era revisto e publicado pela própria OCDE de forma independente.

No nosso caso, o relatório produzido pela OCDE questionou seriamente a qualidade e a utilidade do Enade e dos diversos indicadores desenvolvidos pelo Inep. Propunha, por exemplo, separar a avaliação do processo de credenciamento e a autorização de cursos; e recomendava que a avaliação fosse feita de forma descentralizada e independente, e não mais pelo Ministério da Educação. Defendia ainda que fosse mais qualitativa e centrada nas instituições e não tanto nos cursos; que a Capes priorizasse a formação dos estudantes e a relevância de seus cursos, e não somente a qualidade acadêmica; e que o público fosse mais bem informado sobre os resultados das avaliações em seus diferentes aspectos.

O Inep, que deveria apoiar o trabalho da OCDE e coordenar o recebimento e uma ampla discussão sobre suas conclusões, sentiu-se ameaçado, resistiu o quanto pôde e não abriu espaço para o debate público nem em torno dessas recomendações nem de outras. O documento final da OCDE, que deveria ter sido editado também em português pelo MEC, foi publicado apenas em inglês pela OCDE e somente nos últimos dias do governo de Michel Temer.[28] Com o buraco negro criado no Ministério da Educação na gestão Bolsonaro, esse material foi para o limbo.

Epílogo: De Getulio a Bolsonaro

Nasci quando começava a Segunda Guerra Mundial, com o país em uma ditadura que namorava o nazifascismo, e chego aos 80 no início da pandemia do novo coronavírus, com o país sob o governo populista de Jair Bolsonaro. Um presidente que faz apologia da tortura, acha que a ignorância é uma virtude e sabota os esforços do próprio governo para administrar a grande crise sanitária e econômica de 2020, cujo desfecho ninguém sabe ainda qual será.

Depois da Segunda Guerra se abriu, no Brasil e no mundo, um período virtuoso marcado pela vitória da democracia e as promessas do socialismo, a Declaração Universal dos Direitos do Homem, o repúdio universal a todas as formas de racismo, o fim do colonialismo e a esperança de que as novas tecnologias trariam a todos uma era de prosperidade, apesar da Guerra Fria. A história do Brasil nesse período pode ser contada como a da tentativa de muitos de construir uma sociedade democrática, moderna, próspera e justa. Que, no entanto, parece ter se frustrado pela impossibilidade de superar o peso morto do passado colonial e escravocrata, o jogo de interesses e paixões do dia a dia e os impactos de um contexto econômico e político internacional sobre o qual temos pouco poder.

Estamos presos a uma "armadilha de crescimento médio" que afeta não só a economia, que cresce — quando cresce — a passos de tartaruga, mas também a educação, que praticamente não melhora. Trata-se de um sistema político-partidário disfuncional e sem legitimidade e uma sociedade hiperurbanizada, com graves problemas em educação, saúde, segurança, habitação e transportes. A esperança é que o trauma da pandemia de covid-19 possa criar condições para que o país se reorganize em bases mais sólidas, com políticas sociais mais consistentes e mecanismos institucionais que tornem o governo menos sujeito aos altos e baixos do populismo.

A frustração com o progresso

A frustração brasileira com a ideia de progresso não é isolada. Acompanha uma tendência também observada na Europa e em outras partes, onde a expectativa de um mundo melhor, mais próspero e mais solidário, também está se esvanecendo. Tony Judt, em seu livro *Postwar*, sobre a Europa no pós-guerra, mostra como o período de paz e prosperidade iniciado com o Plano Marshall e consolidado com a União Europeia não durou mais que 30 anos, entrando depois em um plano inclinado de crises políticas e econômicas. O ressurgimento recente da extrema direita e o fantasma da crise climática e ambiental, aparentemente fora de controle, dão a sensação de que estamos nos aproximando do fim desse ciclo.

As sociedades podem ser entendidas, até certo ponto, como sistemas vivos, ainda que mais imperfeitos que os biológicos, que também se organizam e se transformam e, eventualmente, decaem e desaparecem. As teorias evolucionistas de desenvolvimento social, associadas à ideia de progresso, são tentativas de compreender como as sociedades evoluem de formas mais primitivas para formas mais complexas e avançadas de organização, enquanto as teorias funcionalistas buscam explicar como as sociedades organizadas conseguem se manter através do tempo. Existem poucos, no entanto, que se dedicam a entender os processos de decadência e involução das sociedades, que tendem a ser vistos como situações excepcionais e patológicas.[1]

Em meus tempos de estudante, essas duas maneiras de observar a sociedade — como processos ou como sistemas — eram consideradas ideologias em conflito, a favor ou das mudanças, progressistas, de um lado, ou da ordem, conservadora e reacionária, de outro. Nas últimas décadas, que muitos denominam de pós-modernas, a interpretação política dessas duas tendências se inverteu. A noção de que algumas sociedades são mais evoluídas que outras e de que as próprias pessoas podem ser melhores ou piores passou a ser criticada como preconceituosa e discriminatória, enquanto o justo e politicamente correto tornou-se o reconhecimento e a valorização das peculiaridades e das diferenças.

Não há dúvida de que as ideias de progresso e evolução muitas vezes vêm acompanhadas de preconceito e etnocentrismo (a crença de que "nós" somos melhores do que os outros), como se pode ver facilmente em toda a história das justificativas, mais ou menos cínicas, do colonialismo e de suas versões contemporâneas. Mas também não se pode ir ao extremo oposto. No princípio dos anos 80, fiz uma crítica a um latino-americanista, Howard Wiarda, que publicara um artigo dizendo que seus colegas da América do Norte precisavam fazer um *mea-culpa* e deixar de olhar a América Latina a partir de preconceitos e admitir que tínhamos uma cultura e valores diferentes que deviam ser respeitados. Assim, era natural que tivéssemos governos militares e autoritários, muita pobreza e muita desigualdade — afinal, essa era a nossa cultura. E seria um desrespeito, por parte dos americanos, achar que deveríamos evoluir para um sistema democrático como o deles.[2]

Em minha crítica eu dizia que, por um lado, não havia novidade em afirmar que cada país tem uma história e uma cultura próprias que não podem ser simplesmente interpretadas e avaliadas do ponto de vista de outras. Mas que, por outro lado, há uma farta literatura internacional comparativa que trata das transformações políticas e da criação de sociedades modernas e democráticas, e que nada era mais preconceituoso do que achar que, por causa de nossa cultura peculiar, deveríamos estar excluídos desse tema e desses processos.

Em certo sentido, Wiarda tinha razão. Muitas barbaridades foram cometidas pelos Estados Unidos (e antes deles por portugueses, espanhóis, belgas e holandeses), sob o pretexto de levar os valores do mundo ocidental às sociedades ditas "primitivas" ou antidemocráticas. No entanto, muito do que sabemos hoje sobre a história, a economia e a sociedade brasileiras se deve à contribuição de estrangeiros que conseguiram ver e nos mostrar o Brasil a partir de uma perspectiva mais ampla do que a que conseguimos quando só contemplamos o próprio umbigo.[3]

Desafios da modernidade e da democracia

Foi na tentativa de achar novos caminhos que participei, nos anos recentes, de dois projetos internacionais cujo tema eram as condições para o desenvolvimento social, econômico e político de países que, como o Brasil, pareciam ter ficado paralisados na metade do percurso — entre o atraso e o autoritarismo, de um lado, e a prosperidade e a democracia, de outro.

O primeiro projeto, desenvolvido entre 2007 e 2009, surgiu de uma colaboração entre a Fundação Fernando Henrique Cardoso e a Corporação para Estudos da América Latina (Cieplan), de Santiago do Chile. A Fundação FHC, além de cumprir a função de arquivo e biblioteca presidencial, transformou-se em um centro de debates e diálogo sobre temas econômicos, políticos e sociais que procuram dar continuidade à agenda social-democrata, que é marca do ex-presidente. O Cieplan, presidido pelo economista Alejandro Foxley, ex-senador e ex-ministro da Fazenda e das Relações Exteriores do Chile, também atua como uma espécie de *think tank* dos economistas e cientistas políticos que participaram da Concertación (a coalizão socialista e democrata cristã que governou o Chile da queda de Pinochet, em 1988, até a eleição de Piñera, em 2010).

O projeto, financiado com recursos da União Europeia e do Banco Interamericano de Desenvolvimento, combinava uma preocupação com o tema da coesão social, de interesse principal dos europeus, com as pautas do desenvolvimento econômico na democracia, que interessava a todos. Os trabalhos, do lado brasileiro, eram coordenados pelo cientista político Sérgio Fausto, secretário executivo da Fundação FHC, com a colaboração do sociólogo Bernardo Sorj, em uma primeira fase, e depois minha. Do lado chileno atuaram Eugenio Tironi, Ignacio Walker e Patricio Meller, entre outros.

O projeto gerou inúmeros estudos e publicações, com destaque para um livro de síntese sobre coesão social e democracia produzido por Bernardo Sorj e Danilo Martuccelli, com foco nas transformações sociais ocorridas na América Latina e na emergência de novos atores.[4] Houve também um livro coletivo que ajudei a montar, publicado no nome de Cardoso e Foxley, sobre o tema mais geral da democracia e do desenvolvimento na América Latina.[5] Uma das ênfases desse livro referia-se à importância das instituições democráticas, sem as quais os sistemas políticos não se sustentam. Além da organização geral do livro, escrevi os capítulos sobre democracia e governabilidade, educação e recursos humanos e regiões metropolitanas. No tema da coesão social, preparei um texto sobre corrupção. Organizei ainda outro livro, em colaboração com Cristián Cox, sobre educação e coesão social, e participei de uma pesquisa quantitativa latino-americana sobre o assunto.[6]

O outro projeto foi liderado por Ann Bernstein, do Centre for Development and Enterprise (CDE), da África do Sul. O objetivo era estudar a relação entre crescimento econômico, desenvolvimento social e democracia naquele país, no Brasil e na Índia. De origem judia, Bernstein militou na oposição ao regime de *apartheid* da África do Sul e integrou a equipe de transição para o governo de Nelson Mandela, participando depois do conselho do Banco de Desenvolvimento da África do Sul, entre 1994 e 2001. Com Mandela, o país buscou um caminho que pudesse integrar a minoria branca e a maioria negra em uma sociedade pluralista, moderna, democrática e desenvolvida, diferentemente do que ocorreu na vizinha Zimbawe, onde, com Robert Mugabe, os conflitos entre negros e brancos se acentuaram e a economia foi destruída. O CDE atua como um espaço de diálogo entre diversos setores da África do Sul em temas de desenvolvimento econômico e consolidação democrática.

O projeto era uma tentativa de ver se, entre o Consenso de Washington (para o qual o único caminho para o desenvolvimento e a democracia seria a adoção de uma visão extrema de economia de mercado) e o Consenso de Beijing (que enfatizou as vantagens dos regimes autoritários e do capitalismo de Estado), haveria outro consenso possível. No caso, em torno de uma sociedade aberta e democrática, com uma forte economia de mercado e também um setor público comprometido com uma agenda social. Será que Brasil, África do Sul e Índia, as três democracias dos Brics, seriam a prova de que esse caminho existiria?

Graças a esse projeto, estive mais de uma vez na Índia e na África do Sul, países que já conhecia, de outros intercâmbios na área de ciência e tecnologia e educação superior, e que sempre me impressionaram pela complexidade dos problemas que enfrentavam, diante dos quais o Brasil aparecia como sociedade relativamente simples e com problemas mais fáceis de administrar. O projeto começou em 2013, quando as economias dos três países ainda mostravam sinais de pujança. Mas, à medida que o tempo passava, foi ficando óbvio que todos enfrentavam impasses e dificuldades que não conseguiam superar. Com isso, o tom do projeto mudou, adquirindo uma ênfase crescente em quais seriam as condições para que eles pudessem, efetivamente, trilhar uma terceira via.

Organizei uma das reuniões do projeto na Casa das Garças, no Rio de Janeiro, e, a partir daí, um livro sobre a via democrática que o Brasil estava buscando percorrer.[7] Em seus cinco capítulos, escritos por olhares distintos, o livro traz uma mensagem central: vivíamos o fim de um grande ciclo, em que o país crescia e se modernizava mais ou menos espontaneamente, muitas vezes apesar dos governos, e era necessário agora criar um novo patamar de eficiência e qualidade das políticas públicas para lidar com uma agenda institucional, econômica e social cada vez mais complexa.

Na Introdução, Ann Bernstein sintetizou as perguntas a que todos nós, autores do livro, tentávamos responder. A questão não era se a democracia era mais eficiente do que os regimes ditatoriais, e sim como, em uma sociedade democrática, com liberdade e preservação dos direitos humanos, poderíamos fazer crescer a economia, eliminar a pobreza, criar instituições inovadoras, cuidar do meio ambiente e conter a corrupção. Alguns regimes ditatoriais poderiam ser melhores do que democracias para fazer algumas dessas coisas, mas não era nesses regimes que queríamos viver.

No texto inicial do livro, sobre democracia, desenvolvimento e governabilidade, analiso a experiência brasileira e latino-americana, concluindo que a América Latina sempre conviveu com um paradoxo. Ao lado da crença dominante de que os governos precisam planejar e comandar a economia e a vida social, sempre houve a presença de Estados debilitados, pouco institucionalizados e capturados por diferentes combinações de corporações profissionais, redes clientelistas e arranjos populistas. A ideia de um Estado planejador, que aparece no Brasil mediante uma sucessão de planos econômicos e educacionais que nunca se cumprem, passa então a ser contestada pela ideia de um Estado mínimo, cuja única função seria permitir que as forças do mercado pudessem resolver, por elas mesmas, todos os problemas.

Entre os dois extremos, parece-me que existe a alternativa de governos que trabalhem com perspectiva de longo prazo em políticas específicas, relacionadas a infraestrutura, saúde pública, meio ambiente, educação, direitos sociais e inovação. Os regimes democráticos, quando funcionam adequadamente, são os únicos que possibilitam a acumulação da aprendizagem da convivência e a abertura de espaço para o uso pleno da criatividade, da competência e do comportamento ético de seus cidadãos. Concluí o texto dizendo que as democracias são imperfeitas, e as democracias latino-americanas mais imperfeitas ainda, mas que a imperfeição é parte indissolúvel da condição humana.

No segundo capítulo, Marcos Lisboa e Zeina Latif se aprofundaram no tema a partir de uma perspectiva econômica, com foco no rentismo e nos mecanismos pelos quais determinados setores se apropriam de forma parasitária dos recursos gerados pela economia do país. Com isso põem em marcha um processo que vai, aos poucos, sufocando a capacidade de ação dos governos de investir, fazendo a economia definhar pelo excesso de tributos, regulações e protecionismo. As origens do rentismo remontam aos tempos do Brasil Colônia. Mas subsistem no sistema de impostos e de transferências, muitas das quais de forma oculta, por fora dos orçamentos; nos subsídios cruzados, em que setores mais produtivos perpetuam a existência de setores ineficientes; e pelo protecionismo comercial.

O Brasil tem sido, como diz Marcos Lisboa em outros textos seus, o país da "meia-entrada". Ou seja, uma "democratização de privilégios" em que todos, aparentemente, conseguem benefícios privados à custa dos demais. O resultado é que todos perdem. O que explicaria esse mecanismo seria o fato de o rentismo ser, em grande parte, opaco: é fácil ver os benefícios que cada um consegue, mas é difícil ver o prejuízo coletivo que daí resulta. Tal prejuízo ficou visível, porém, com a crise econômica e de governabilidade em que o país mergulhou a partir de 2014. Além de políticas macroeconômicas adequadas, existem maneiras de lidar com isso em uma sociedade democrática, aumentando a transparência dos gastos públicos e tornando explícitos nos orçamentos todas as transferências e subsídios diretos e indiretos, para que a sociedade saiba o que está acontecendo e decida se é isso mesmo que deseja.

No terceiro capítulo, escrito em colaboração com Maína Celidonio, tratamos de entender como a democracia brasileira tem lidado com os problemas de pobreza e desigualdade social. Nossa tese principal era a de que os ganhos obtidos desde o Plano Real, implantado em 1994, até a crise de 2014 se deviam muito mais aos processos de mudança social e crescimento da economia do que às políticas específicas implementadas pelos governos. O regime democrático permitiu que setores mais empobrecidos e marginalizados da sociedade fortalecessem suas vozes e colocassem os temas dos direitos e da pobreza na agenda política. Entretanto, como mostram Marcos Lisboa e Zeina Latif, limitou a capacidade do setor público de lidar com interesses estabelecidos e melhorar a qualidade dos serviços que oferece.

Fazemos então uma análise pormenorizada dos diversos programas e políticas governamentais mais recentes — retomando, em parte, os temas do livro de 2011 sobre políticas sociais — e terminamos dizendo que o Brasil está no fim de um longo ciclo. A urbanização, a modernização da economia e as políticas públicas de distribuição de benefícios permitiram que a pobreza diminuísse e surgisse uma nova classe média, um pouco mais educada e menos dependente da ajuda do governo, ao mesmo tempo que novos problemas surgiam, com o envelhecimento da população e a degradação das grandes cidades. A expectativa é que, no futuro, as políticas sociais sejam menos baseadas no clientelismo e mais sensíveis às necessidades de uma sociedade moderna, reforçando a qualidade das instituições públicas e abandonando as experiências populistas e autoritárias do passado.

No capítulo seguinte, Renato Pedrosa e Sérgio Queiroz se detiveram na questão da inovação em uma perspectiva bastante ampla, abrangendo desde as políticas de ciência e tecnologia até as inovações institucionais, passando pelas inovações na indústria e nos negócios. A conclusão foi semelhante. Muitas coisas importantes foram feitas, em boa parte de forma espontânea, estimuladas pelo crescimento e pela modernização da sociedade, mas, para avançar mais, são necessárias novas políticas, livres do protecionismo e do imediatismo nas decisões governamentais.

O último capítulo, de Marcus André Melo, concentrou-se na corrupção. O objetivo era analisar como essa prática se dava no Brasil e compará-la com a de outros países e regiões, tendo o cuidado de distinguir a "grande" corrupção, como a do escândalo do Mensalão, e as corrupções do dia a dia, os pequenos subornos e as pequenas extorsões de agentes públicos. O autor examinou, também de forma comparada, a atuação das principais agências de controle, caso do sistema judiciário, dos tribunais de contas, do Ministério Público, dos meios de comunicação de massa, bem como a Lei de Responsabilidade Fiscal e o sistema de financiamento das campanhas políticas.

Marcus Melo mostrou que, ao contrário do que se costuma pensar, a corrupção no Brasil ocorre sobretudo no nível dos governos estaduais e municipais, e que a corrupção miúda não é tão grande se comparada com a de diversos outros países. A percepção de que a corrupção é muito alta no Brasil decorre, sobretudo, da existência de instituições de controle, de um judiciário independente e de uma imprensa livre, que têm permitido que a corrupção seja exposta e, por isso mesmo, possa ser reduzida. Se fosse reescrever esse texto em 2020, na perspectiva do terremoto que foi a Operação Lava-Jato e seu gradual desmonte, de forma muito parecida ao que ocorreu com a Operação Mãos Limpas na Itália, na década de 90, é possível que o autor chegasse a uma conclusão menos otimista.

Educação superior nos Brics

Em 2011 comecei a trabalhar com Rómulo Pinheiro, português radicado na Noruega, e Pundy Pillay, economista da África do Sul, na organização de um livro sobre a educação superior nos Brics (Brasil, Rússia, Índia, China e África do Sul). A questão era entender como esses países estavam lidando com a expansão do ensino superior e renovando, de uma forma ou de outra, o "pacto" entre as universidades, a sociedade e o Estado. Organizamos os temas, convidamos especialistas de diversos países para colaborar e o resultado finalmente foi publicado na forma de livro em 2015.[8]

Essa noção de um pacto que precisa ser renovado tem sido objeto de muita atenção na Europa,[9] e nossa intenção, não cumprida totalmente, foi ver em que medida o assunto se aplicava também aos Brics, que estavam ampliando e transformando profundamente suas instituições de ensino superior. O pacto implícito entre universidades, sociedade e governos, que existia mais ou menos em todas as partes, era o de que o governo dava o dinheiro, as universidades eram livres para usar os recursos, fazer pesquisa e ensinar como achassem melhor e a sociedade se beneficiava desse arranjo com pessoas bem formadas e pesquisa básica de interesse geral.

Na Europa, esse pacto começou a ser rompido quando a educação superior se expandiu e os governos passaram a exigir que as universidades se envolvessem mais ativamente com as questões de desenvolvimento econômico e inovação e prestassem conta dos recursos que usavam. Assim, elas foram instadas a buscar recursos próprios, estabelecendo laços com o setor produtivo e cobrando anuidade dos estudantes. No Brics, China, Índia e Brasil vivenciaram um enorme processo de crescimento do ensino superior nas últimas décadas, enquanto Rússia e África do Sul enfrentaram transformações profundas recentemente, devido ao fim da centralização do regime soviético e ao fim do *apartheid*, respectivamente. Em todos os casos, tiveram que lidar com problemas de financiamento, equidade e melhora da qualidade.

Entre os países do Brics, exceto na China, houve uma enorme expansão do setor privado. E em todos, exceto na Rússia, foram introduzidas políticas de ação afirmativa para nacionalidades e grupos sociais minoritários ou em situação de pobreza. Em todos, exceto no Brasil, existem políticas claras de concentração de investimentos em um número limitado de instituições de melhor nível, em um esforço por manter a competitividade internacional do país nas áreas de ciência, tecnologia e inovação.

Em 2012, quando já estávamos com os textos prontos e quisemos organizar um seminário, foi a Fundação Ford novamente, através de seu escritório na China, que nos deu os recursos de que precisávamos para nos reunirmos em Beijing. Só faltava uma universidade local aceitar receber o dinheiro e promover o evento. Mas não foi possível, porque eram os novos tempos de Xi Jinping. A Fundação Ford, apesar de ainda manter escritório no país, havia sido incluída em uma "lista negra" feita pelo governo e nenhuma universidade, nem mesmo em Hong Kong, se animou a assinar um convênio com a instituição para receber os recursos. Assim, o seminário foi realizado pelo IETS no Rio de Janeiro, em parceria com a Academia Brasileira de Ciências.

O seminário, se tivesse sido realizado na China, teria sido minha primeira oportunidade de voltar ao país depois de 30 anos. Eu havia estado lá em 1986, emendando com uma viagem à Índia para uma reunião da Associação Internacional de Sociologia. Eram os tempos de Deng Xiaoping. Os chineses começavam seu processo de abertura, depois dos anos trágicos da Revolução Cultural. Ao contrário do caos e da cacofonia de Nova Delhi, Beijing era uma cidade ordenada e silenciosa, em que milhares de pessoas lotavam as avenidas com suas bicicletas e seus trajes simples, deixando pouco espaço para carros e ônibus. Eu mantinha contato com membros do Centro de Estudos Latino-Americanos da Academia de Ciências da China, os quais conhecera na Universidade Colúmbia, na época em que estive lá como professor visitante. Conversei com muitas pessoas de universidades e centros de pesquisa e fiquei bem impressionado com o que diziam. Era um país muito mais pobre do que hoje, mas vivia uma janela de abertura e liberdade que começou a se fechar com a repressão aos protestos da Praça Tiananmen, em 1989, e se fechou ainda mais nos anos recentes.

Política social

O Instituto de Estudos de Política Econômica/Casa das Garças, onde organizei o seminário sobre a via democrática, foi fundado em 2003 como um espaço para a realização de estudos, pesquisas e seminários sobre a realidade socioeconômica do país. Sob a liderança de Edmar Bacha e Dionísio Dias Carneiro (falecido em 2010), conta com a ativa presença de muitos dos principais economistas do Brasil, tanto do mundo acadêmico quanto do empresarial, incluindo os responsáveis pelo Plano Real. Recentemente, mesmo não sendo economista, fui convidado a integrar formalmente o Instituto como pesquisador associado, o que muito me honrou e deixou feliz.

Em 2010 Edmar Bacha e eu coordenamos uma série de seminários na Casa das Garças sobre política social, com foco em saúde, previdência social, políticas de renda, educação e violência. Os encontros acabaram levando, inevitavelmente, a um balanço das políticas sociais de então, publicado como um livro em 2011 cujo pano de fundo eram os direitos sociais estabelecidos pela Constituição de 1988.[10]

Os textos sobre a área de saúde preparados para o seminário — e assinados por André Médici, Mônica Viegas, Kenya Noronha e Antônio Campino — revelaram que o problema central no setor é a contradição entre o princípio constitucional de acesso universal, integral e gratuito à saúde e os recursos que existem para isso, uma vez que os custos crescem continuamente com os avanços da tecnologia e o envelhecimento da população. O resultado são as dificuldades enfrentadas pelo Sistema Único de Saúde, o SUS, para atender à população, fazendo com que os que podem busquem o setor privado. Existe muito a ser feito para usar melhor os recursos do SUS, mas o fato incontornável é que eles sempre serão escassos. Por isso é preciso abandonar o princípio do atendimento integral e universal, estabelecer as prioridades do atendimento pelo setor público e ter regras claras sobre sua relação com o setor privado, que continuará existindo.

Na área previdenciária, os textos de Paulo Tafner e Fabio Giambiagi indicaram a mesma situação: benefícios constitucionais ou garantidos por lei que vão muito além do viável, tornando inevitável uma reforma profunda, cujos primeiros passos foram finalmente aprovados pelo Congresso em 2019. Quanto às políticas de distribuição de renda, incluindo o Bolsa Família, André Portela fez uma análise minuciosa: os benefícios financeiros do Bolsa Família sobre a renda da população em situação de extrema pobreza são significativos, todavia os outros objetivos, relacionados à educação e saúde, praticamente inexistem. O programa não é caro e tem a vantagem de beneficiar, primordialmente, pessoas mais pobres, mas existem muitas distorções e manipulação política em seu entorno que precisariam ser evitadas.

Na educação, os textos de Fernando Veloso, Naercio Menezes Filho, Reynaldo Fernandes e o meu convergiram para alguns temas centrais, relacionados à má qualidade da educação básica e às deformações do ensino médio. Este, com um currículo único carregado de matérias obrigatórias, não tem espaço para opções nem oferece atendimento adequado à grande maioria de estudantes, que não chegará ao ensino superior e necessita de qualificação profissional que seja valorizada no mercado de trabalho. Os textos registraram também que o mesmo problema de falta de diferenciação afeta o ensino superior e a pós-graduação, problema que, na prática, acaba sendo mal resolvido com a expansão descontrolada do setor privado. A educação certamente se beneficiaria de mais recursos e melhores salários para professores, mas o atual nível de gastos, da ordem de 5% do PIB, já está no limite do que é possível. E, sem reformas mais profundas no gerenciamento das redes escolares, nos sistemas de recrutamento e na formação de professores, e sem políticas de financiamento associadas a sistemas adequados de avaliação de resultados, o grande risco é que um aumento de custos não conduza a uma melhora significativa no aprendizado dos alunos.

Na área de segurança pública, Sérgio Guimarães Ferreira, Claudio Beato, Leandro Piquet Carneiro e Denis Mizne fizeram um balanço detalhado do impasse em que estamos — com a criminalidade fora de controle e o aumento da violência policial — e de possíveis caminhos para resolver a situação. Existe bastante espaço para melhorar a organização e a atuação das polícias e tornar tanto a legislação quanto o sistema de justiça criminal mais eficientes; há questões pendentes no relacionamento entre o governo federal e os estados na área de segurança que precisam ser equacionadas; a guerra contra drogas é um fracasso e tem de ser repensada; a ampliação das organizações criminosas e das milícias urbanas, que já ultrapassaram a mera jurisdição das polícias locais, requer uma determinação política das autoridades federais que ainda não existe.

Em busca da República

Um segundo projeto na Casa das Garças foi a organização do livro *130 anos: em busca da República*, em que reunimos 39 textos curtos, três para cada década entre 1889 e 2019, sobre os aspectos econômicos, jurídicos e sociais de cada período. Na Introdução, Pedro Malan abordou os pecados originais da República — o patrimonialismo, a maneira com que a República (não) lidou com as consequências da escravidão e a inclusão extremamente tardia do povo no sistema político — e advertiu sobre o risco de o país envelhecer antes de conseguir superar a armadilha da renda média e do baixo crescimento em que se encontra. Não desistimos da República, ainda estamos procurando.[11]

A mim coube, além de coordenar a parte política e social com José Murilo de Carvalho, escrever sobre a década de Lula, destacando as ambições e depois as limitações e o fracasso do grande projeto social que sua gestão prometia. Gastamos um bom tempo discutindo qual seria o título do livro e acabamos optando por *Em busca da República*. Aproveitei o pouco espaço que tinha — cada capítulo deveria ter, no máximo, cinco páginas — para contar a pouco conhecida história do Fome Zero, que foi a bandeira social do governo Lula nos primeiros anos, e do Bolsa Família, sua bandeira posterior. O Fome Zero era um projeto totalitário e totalmente inviável, que, em nome da "segurança alimentar" da população, colocaria toda a economia e a sociedade brasileira sob a tutela de um todo-poderoso Ministério Extraordinário. O projeto nunca saiu do papel, mas continuou sendo apresentado como o carro-chefe do governo até ser substituído, sem maiores explicações, pelo Bolsa Família.

O Bolsa Família, desenvolvido, pelo que entendo, por Ricardo Paes e Barros e Ricardo Henriques, com o apoio do Banco Mundial, tinha a pretensão não só de distribuir renda, como também de melhorar o sistema de educação e de saúde, induzindo as pessoas mais pobres a matricular seus filhos nas escolas e comparecer aos serviços de saúde. Por isso mesmo o programa, implementado também em outros países, recebeu a denominação inglesa de *conditional cash transfer*, isto é, transferência condicional de dinheiro. Uma série de estudos posteriores, entre os quais um de minha autoria,[12] mostraram claramente que, no Brasil, o impacto do Bolsa Família sobre a renda das pessoas em situação de extrema pobreza era importante. Mas os outros efeitos eram reduzidos ou insignificantes, porque não é verdade que as famílias não mandam as crianças para a escola porque precisam que elas trabalhem, nem é verdade que não busquem os serviços de saúde por ignorância ou desinteresse. O problema é a má qualidade das escolas e dos serviços de saúde, que o aumento da demanda só pode agravar.

Retomando a ideia de progresso

Foi para retomar a ideia de progresso que importantes instituições de ciências sociais do mundo todo criaram o International Panel on Social Progress (IPSP), reunindo centenas de pesquisadores. Entre 2014 e 2017, eles produziram o alentado relatório "Repensando a sociedade para o século 21", em que abordaram temas como desenvolvimento econômico, cidades, mercados, emprego, democracia, violência, comunicações, desigualdade, meios de comunicação, saúde, educação, entre outros.[13]

Fui convidado para participar do grupo responsável pelo tema da educação, e a primeira reunião do painel ocorreu em 2015, em Istambul, antiga Constantinopla, cidade que eu não conhecia. Posta entre a Europa e a Ásia, com a monumental catedral de Santa Sofia, do século 6, ao lado da também monumental Mesquita Azul, do século 17, as ruas cheias de mulheres vestidas desde as burcas mais rigorosas até as vestes ocidentais mais transparentes de verão, com uma vida política intensa e uma economia moderna e aberta para o mundo, Istambul parecia uma prova viva, como a Jerusalém que eu havia visitado 30 anos antes, de que a convivência plural entre o Oriente e o Ocidente era possível. Pouco depois, no entanto, a pretexto de um golpe de Estado fracassado, o governo de Recep Erdogan deu início a uma grande perseguição a inimigos políticos reais e imaginários e à prisão em massa de jornalistas, professores e intelectuais, iniciando um ciclo autoritário que ainda perdura. A catedral de Santa Sofia, que havia se transformado em mesquita com a queda de Constantinopla, em 1435, e convertida em museu ecumênico em 1935, voltou à condição de templo religioso muçulmano em 2020.

O capítulo sobre educação foi preparado por um grupo heterogêneo de pedagogos, sociólogos e cientistas políticos, com predomínio de europeus. Nosso capítulo começou discorrendo sobre o que seriam as quatro grandes funções ou objetivos da educação — formação humanística das pessoas, desenvolvimento da cultura cívica, desenvolvimento econômico e equidade social —, para, em seguida, reunir a evidência disponível nas ciências sociais sobre em que medida a educação vem ou não cumprindo esses papéis e o que seria necessário para que fizesse isso melhor.[14] Gostei do resultado, mas, como todo trabalho feito por um grupo de pessoas com formação e culturas diferentes, ficou meio desengonçado. Penso que o problema também afetou o projeto como um todo. Ao tentar ser ecumênico e politicamente correto, acabou ficando um pouco como muitos documentos das Nações Unidas — rico de ideias, mas sem conclusões gerais claras. Muito diferente do Painel Intergovernamental sobre Mudança Climática, que foi a inspiração inicial do IPSP.

De Getulio a Bolsonaro

A crise política e econômica de 2014, culminando com o impeachment da presidente Dilma Rousseff em 2016, evidenciou que os tempos eram outros e o país precisava mudar de rumo. Mas os escândalos de corrupção revelados pela Operação Lava-Jato, que atingiram profundamente a gestão interina de Michel Temer, mostraram que a velha classe política não teria condições de fazer essa transição. Nesse desmoronamento do centro se foram as crianças e as águas do banho, o que resultou na eleição para a Presidência de um deputado relativamente desconhecido com um discurso salvacionista e autoritário — contra "tudo que está aí" —, reencenando as eleições de Jânio Quadros e Fernando Collor de Mello, com um tom mais sinistro de extrema direita que o Brasil ainda não conhecia.

Temos um diagnóstico razoável, ainda que não consensual, de quais são os problemas e do que fazer para lidar com eles. Dos tempos de Getulio Vargas até agora, o Brasil sempre pôde contar com grupos, instituições e setores da administração pública que tinham uma visão clara das questões econômicas, institucionais e sociais e se empenhavam em lidar com elas da melhor forma possível, conseguindo resultados, mas sofrendo também as limitações de um ambiente político-partidário muitas vezes desfavorável. É nesse espaço entre o que precisa e o que pode ser feito que o país tem chances, quem sabe, de encontrar seus caminhos. Existe sempre a esperança de que as aberrações do bolsonarismo criem a oportunidade para uma reforma política, tornando o Executivo menos imperial, com a adoção do semipresidencialismo, e o sistema eleitoral mais transparente e menos corrompido, com a introdução de alguma modalidade de voto distrital.

Apesar de tudo, o mundo estava muito pior em 1939, quando nasci, do que hoje, em 2020, mesmo com a pandemia de covid-19, que continua fora de controle no Brasil enquanto escrevo. Pode ser que a visão pessimista que tenho do período atual seja apenas reflexo de minha condição pessoal, presa a um ciclo biológico com suas fases inevitáveis de crescimento, amadurecimento, decadência e morte. Olhando meus filhos e filhas, vejo neles traços de continuidade e perspectivas de futuro que certamente vão além do que consigo vislumbrar. São todos gente do mundo, parte de uma geração de jovens cheios de vida e possibilidades, para os quais os horrores da guerra e os tempos da ditadura são histórias que eles só conhecem de livros e filmes.

Quando eram crianças, vivemos diferentes períodos nos Estados Unidos, na Inglaterra e na Suécia. Por isso falam várias línguas e se sentem em casa em qualquer lugar. Michel, que herdou minha dificuldade de escrever à mão e a incapacidade de jogar futebol, herdou também minha fascinação e meu interesse pelas novas tecnologias de informação e comunicação, pela promessa que trazem de ampliar nossas oportunidades e horizontes, e fez disso profissão. Formou-se em desenho industrial na PUC-Rio e especializou-se em telecomunicações interativas pela New York University. É um dos pioneiros no uso de novas tecnologias de informação e comunicação no Brasil e trabalha como diretor de marketing em um banco digital. É casado com Cristiana Javier Albuquerque, têm dois filhos, Gabriel e Enrique, e moram no Rio de Janeiro.

Os outros três filhos se interessaram pelas ciências sociais, o que sempre me deixou contente, mas sempre achei também que deveriam adquirir uma formação mais sólida do que a proporcionada pelos cursos de ciências sociais no Brasil. Estudaram na Escola Alemã Corcovado, no Rio de Janeiro, onde completaram o *Abitur* alemão, passaram pelo Instituto de Economia da UFRJ e cada qual, depois, encontrou seu caminho.

Luisa, que escrevia histórias infantis quando criança, completou seu doutorado em sociologia pela Universidade de Madison, Wisconsin, e é professora da Universidade de Toronto, no Canadá. Escreve e ensina sobre temas de relações étnicas e desigualdade social. É casada com Yuri Takhteyev e têm dois filhos, Dimitri e Alexandre (Sasha).

Isabel, que dizia que não tinha paciência para ler livros, foi para York, na Inglaterra, para um curso de graduação em sociologia e história econômica e social. Depois fez pós-graduação em administração para o desenvolvimento, na Alemanha e na África do Sul, e completou o mestrado em tecnologia, inovação e educação na Universidade Harvard. Trabalhou na antiga Secretaria de Educação Continuada, Alfabetização e Diversidade do Ministério da Educação (Secad) e é diretora de avaliação estudantil em uma editora de livros escolares em São Paulo.

Felipe, que, como Michel e eu, tinha dificuldade de jogar futebol e escrever à mão, fez o mestrado na London School of Economics, doutorado na Universidade de Princeton e hoje é pesquisador do Federal Reserve (FED), o Banco Central americano, em Richmond. É casado com Julia Righetti, com quem tem dois filhos, Pedro e David.

Eles não estão sozinhos. A expansão dos meios de comunicação, da educação, da pesquisa, do acesso às novas tecnologias, da abertura para o mundo, tudo isso ajudou a criar espaços estimulantes de vida, estudo e trabalho para uma nova geração que chega com força renovada. Existe muita vida inteligente e comprometida com as boas causas no planeta, e com isso sempre haverá esperança.

Notas

Introdução: Os temas

1. Mark Ejlenberg, *The Blue Sky: a Historical Narrative about the Roots of the Ejlenberg and Faszewski Families*; e Vera Ejlenberg-Raber, *The Red Jacket: a Historical Narrative Documenting the Roots of the Radzyner and Raber Families*.
2. Simon Schwartzman, *The Schwartzman/Radzyner Family in Brazil*.
3. Israel Joshua Singer, *The Brothers Ashkenazi*.
4. Bruno Latour, *We Have Never Been Modern*.
5. Antônio Barros de Castro e Francisco Eduardo Pires de Souza, *A economia brasileira em marcha forçada*.
6. Simon Schwartzman, Carlos Osmar Bertero, Eduardo Krieger e Fernando Galembeck, *Ciência e tecnologia no Brasil: uma nova política para um mundo global*.
7. Andrew Ross, *Science Wars*.
8. Isaiah Berlin, "The pursuit of the ideal", in *The Crooked Timber of Humanity*, p. 14.
9. Georg Lukács, *The Destruction of Reason*; e Fritz K. Ringer, *The Decline of the German Mandarins*.
10. Simon Schwartzman (relator), *Por uma nova política para o ensino superior no Brasil*.
11. Simon Schwartzman, *Educação média profissional no Brasil: situação e caminhos*.
12. Edmar Bacha e Simon Schwartzman, *Brasil: a nova agenda social*.

I. RAÍZES

1. Falso mineiro

1. Jacques se formou em economia pela Faculdade de Ciências Econômicas da

UFMG, da qual foi diretor entre 1982 e 1986, tendo depois assumido várias posições de direção na universidade. Vive em Belo Horizonte e é casado com Riva Satovski, com quem tem duas filhas, Ana e Laura.

2. Em 1966, ano em que vivi em Buenos Aires, meu pai me pôs em contato com um primo dele que morava na cidade, Bernardo Rosenfeld. O primo contou que desembarcara no Brasil para trabalhar no Rio de Janeiro com meu avô. Mas descobriu que ele já havia falecido e então acabou seguindo para Buenos Aires. Nunca mais conseguiu se aprumar. Não sei de que vivia, talvez se sustentasse com recursos da mulher. Recentemente busquei informações sobre esse ramo da família, mas em vão.

3. Nos meus aniversários era sempre de Sanni que eu esperava o melhor presente. Certa vez cheguei a fazer um escândalo porque ele me levou um cavalinho de pau e eu já me achava grande o bastante para merecer muito mais. Sanni casou-se tarde com Sarah, com a qual teve dois filhos, Alberto e Fanny. Sarah morreu jovem, de forma súbita. Nos anos 60, Sanni fez viagens para os locais de origem de nossa família, mas não sei que informações obteve.

4. O velho Abraham Shapira vivia sozinho no interior de Minas Gerais, na região de Governador Valadares, sustentando-se com a venda de estampas de santos emolduradas por ele com negativos de vidro que ele limpava. Em algum momento, nos anos 50, foi morar em nossa casa, na rua Magnólia, em Belo Horizonte, a convite de minha mãe, pois estava com reumatismo nos dois joelhos e mal conseguia andar. Levou caixas e mais caixas de papel, inclusive uma enorme quantidade de exemplares e almanaques do jornal *Correio da Manhã*, do qual se orgulhava de ter a coleção completa, e centenas de envelopes selados que serviram para alimentar minha coleção de selos. Quando se restabeleceu, voltou para o interior e ficou por lá até morrer, em 1967. Está enterrado no Cemitério Israelita de Belo Horizonte e em seu registro consta que nasceu na Palestina, em 1891. Tudo o mais sobre ele é história que se perdeu no tempo.

5. Um dos filhos de Leah e Benzion, Bernardo Heller, que na infância conviveu com a minha mãe em Sfat, acabou vindo para o Brasil e indo morar em Belo Horizonte.

6. Zuma nasceu em 1905, filho de Leonor e Thiago de Bonoso. Em 1925 havia se casado com Yolanda Pereira Guimarães.

7. Antônio Augusto de Oliveira Mafra se formou em direito e começou uma carreira brilhante como advogado e professor da Universidade de Brasília, interrompida aos 32 anos ao ser assassinado, em 1972.

2. União Israelita

1. Gino Germani, "Antisemitismo ideológico y antisemitismo tradicional",

Criterio. Para um panorama histórico, ver: Maria Luiza Tucci Carneiro (org.), *O antissemitismo nas Américas*.

2. Ethel Mizrahy Cuperschmid, *Judeus entre dois mundos: primórdios da comunidade judaica de Belo Horizonte*; Júlia Calvo, *Entre fazer a América e construir a cidadania: os judeus em Belo Horizonte nas primeiras décadas do século XX (1910-1940)*; e Renato Somberg Pfeffer, *Vidas que sangram histórias: a comunidade judaica de Belo Horizonte*.
3. René Daniel Decol, "Judeus no Brasil", *Revista Brasileira de Ciências Sociais*.
4. Para uma descrição detalhada das atividades dos judeus imigrantes, as quais eram semelhantes em todo o país e similares às dos sírio-libaneses, ver: Andrea Tela da Corte, *Os judeus em Niterói: imigração, cidade e memória (1910-1920)*.
5. Francisco V. Lorenz, *Cabala: a tradição esotérica do Ocidente*.
6. Júlia Calvo, op. cit.
7. Sobre a comunidade de judeus europeus na Palestina no início do século 20 até a criação do Estado de Israel, ver: Amós Oz, *De amor e trevas*.
8. Esse movimento "progressista" não deve ser confundido com o judaísmo reformista, corrente religiosa que também ficou conhecida por esse nome.
9. Sérgio Alberto Feldman narra em detalhes o surgimento do judaísmo progressista no mundo e sua presença no Brasil. No artigo "Os judeus vermelhos", publicado na *Revista de História Regional* (p. 139), ele diz que "em São Paulo surge o Yungend Club, que, mais tarde, se transformará na Casa do Povo e no ICIB (Instituto Cultural Israelita Brasileiro), que ainda existe, mas tem atuação limitada. No Rio de Janeiro, a Biblioteca Scholem Aleichem, fundada em 1914, origina uma instituição progressista denominada ASA (Associação Scholem Aleichem). Em Belo Horizonte surge nos anos 30 o Peretz Center, de orientação progressista. Anos mais tarde a União Israelita de Belo Horizonte se tornará uma entidade progressista. Escolas judaicas de orientação semelhante surgirão na mesma época e terão continuidade por algumas décadas. Todas essas entidades serão filiais do IKUF. São defensoras da cultura em língua ídiche, simpáticas à causa soviética e bastante críticas ao sionismo e aos rumos do Estado de Israel, que às vezes apoiam, mas a que geralmente se opõem. Uma parcela de seus membros milita no PCB, mas é difícil precisar esses números".
10. Rodrigo Patto Sá Motta, "Meu registro é breve, nasci comunista", *História Oral*.
11. Isaías Golgher, *A tragédia do comunismo judeu: a história da Levsektzia*.
12. Dov Ber Borochov, *Class Struggle and the Jewish Nation*.
13. Bella e Bernardo tiveram três filhos: Solange, nascida em 1958; Simone,

em 1962; e Sérgio, em 1964. Bella faleceu subitamente em 1977, e Sérgio, também subitamente, em 1991.

14. Cid Rebelo Horta, *Famílias governamentais de Minas Gerais*.
15. René Daniel Decol, op. cit.

II. PRÁXIS

3. Juventude comunista

1. Beatriz Ana Loner, *O PCB e a linha do Manifesto de Agosto*. Sobre a vida de Olga Benário, ver: Fernando Morais, *Olga: a vida de Olga Benário Prestes, judia comunista entregue a Hitler pelo governo Vargas*.

4. Sociologia e Política

1. O curso de Ciências Sociais, como nas outras universidades do país, seguia o modelo da Faculdade de Filosofia da USP, conhecido pela presença de Florestan Fernandes, Fernando Henrique Cardoso, Octávio Ianni e tantos outros. Anos mais tarde, o curso de Sociologia e Política da Face desapareceria, sendo absorvido pelo curso de Ciências Sociais da Faculdade de Filosofia da UFMG.
2. Entre 1962 e 1963, Fábio Wanderley Reis foi meu colega no curso de Sociologia da Faculdade Latino-Americana de Ciências Sociais (Flacso), no Chile. De volta a Belo Horizonte, fundou, com Antônio Octávio Cintra, o Departamento de Ciência Política da UFMG. Após alguns anos, foi fazer doutorado em governo na Universidade Harvard, nos Estados Unidos. Ao retornar, continuou ensinando e pesquisando na UFMG, mesmo depois da aposentadoria.
3. Francisco Iglésias, *Política econômica do governo provincial mineiro, 1835-1889*.
4. Murilo Rubião, *Um retrato da geração mineira de 1945*.
5. Elysabeth Senra de Oliveira, *Uma geração cinematográfica: intelectuais mineiros da década de 50*.
6. Com o golpe de 1964, Theotônio ficou um tempo escondido no Brasil e depois se exilou no Chile. Após o golpe de Pinochet, em 1973, foi para o México. De lá, escrevendo sobre o tema da dependência econômica na América Latina, fez carreira internacional como professor e intelectual de esquerda. Voltou para o Brasil em 1983, foi um dos fundadores do Partido Democrático Trabalhista (PDT), de Leonel Brizola, e tornou-se professor titular de economia na Universidade Federal Fluminense (UFF), em Niterói, em 1994. Morreu em fevereiro de 2018.

7. Henri Lefebvre, *La somme et le reste*.
8. G.W.F. Hegel, *La phénoménologie de l'esprit* (trad. Jean Hyppolite); e Jean Hyppolite, *Genèse et structure de la phénoménologie de l'esprit de Hegel*.
9. Maurice Merleau-Ponty, *Humanisme et terreur: essai sur le problème communiste*.
10. Simon Schwartzman, *Para um conceito sociológico de alienação política*.
11. Georges Gurvitch, *La vocation actuelle de la sociologie*; Georges Gurvitch, *L'idée du droit social*; e Georges Gurvitch e Wilbert Ellis Moore, *La sociologie au XXe siècle*.
12. Simon Schwartzman, *Introdução ao pensamento de Georges Gurvitch*.
13. Com o golpe militar em 1964, Betinho teve de se esconder, seguindo depois para o Chile e, em 1973, para o Canadá e os Estados Unidos. Voltou para o Brasil no início dos anos 80, sendo um dos fundadores no Rio de Janeiro do Instituto Brasileiro de Análises Sociais e Econômicas (Ibase), que tinha por inspiração os trabalhos do padre Louis-Joseph Lebret. Em 1993, Betinho lançou o movimento Ação da Cidadania contra a Fome, a Miséria e pela Vida. Morreria em 1997, debilitado pela aids que havia contraído em transfusões de sangue. Sobre a Ação da Cidadania, ver: Francisco de Assis Guedes de Vasconcelos, "Fome, solidariedade e ética", *História, Ciências, Saúde — Manguinhos*.
14. Depois do curso que fizemos juntos na Flacso, no Chile, Antônio Octávio voltou para Belo Horizonte, onde ajudou a fundar o Departamento de Ciência Política da UFMG. Em seguida foi para os Estados Unidos, onde completou o doutorado em ciência política no MIT. Na volta, integrou o Ministério da Educação na gestão de Marco Maciel, presidiu a Fundação João Pinheiro, em Belo Horizonte, trabalhou na Organização dos Estados Americanos (OEA), em Washington D.C., e, nos últimos anos, foi assessor parlamentar na Câmara dos Deputados como um dos principais especialistas brasileiros em sistemas políticos e eleitorais.
15. Ver: Lidiane Soares Rodrigues, *A produção social do marxismo universitário em São Paulo: mestres, discípulos e um seminário (1958-1978)*.
16. Claude Lévi-Strauss é muitas vezes mencionado também como um dos fundadores da sociologia paulista, mas não é bem assim. Muito jovem, ele, de fato, passou por São Paulo, mas logo partiu para o interior, retornando depois para a Europa. Para um relato da vinda de Lévi-Strauss ao Brasil e um panorama de seus trabalhos posteriores, ver: Kwame Anthony Appiah, "The key to all mythologies", *New York Review of Books*.
17. Ver: Fernando Henrique Cardoso, *Cor e mobilidade social em Florianópolis: aspectos das relações entre negros e brancos numa comunidade do Brasil Meridional*; e Octávio Ianni, *Raças e classes sociais no Brasil*.

18. Ver: Hélio Jaguaribe, "Iseb, um breve depoimento e uma reapreciação crítica", *Cadernos do Desenvolvimento*; e Simon Schwartzman, *O pensamento nacionalista e os Cadernos de Nosso Tempo*.
19. Intelectual negro, um dos pioneiros dos estudos sobre Max Weber no Brasil, autor de uma crítica mordaz à sociologia sobre a questão racial da época, Alberto Guerreiro Ramos tentou uma carreira política e chegou a se eleger deputado federal pelo Rio de Janeiro. Cassado com o golpe militar de 1964, mudou-se para os Estados Unidos, onde ficou trabalhando como professor na Universidade do Sul da Califórnia até a morte, em 1982. De Alberto Guerreiro Ramos, ver: *A redução sociológica* e *Introdução crítica à sociologia brasileira*. Ver também: Simon Schwartzman, "A sociologia de Guerreiro Ramos", *Revista de Administração Pública*.
20. Ver: Simon Schwartzman, *A filosofia do subdesenvolvimento de Álvaro Vieira Pinto*; e Simon Schwartzman, "Desenvolvimento econômico e desenvolvimento político", *Revista Brasileira de Ciências Sociais*.
21. Yvon Leite de Magalhães Pinto, *O movimento "estudantil" de 1960 na Faculdade de Ciências Econômicas da Universidade Federal de Minas Gerais*.

5. Polop

1. Amaury Guimarães de Souza completou o doutorado em ciência política na Universidade de Michigan, nos Estados Unidos, e se especializou em estudos eleitorais e políticas públicas. Foi professor do Instituto Universitário de Pesquisas do Rio de Janeiro (Iuperj) e depois consultor político. Morreu em 2012. Bolívar Lamounier é doutor em ciência política pela Universidade da Califórnia de Los Angeles, foi professor do Iuperj, pesquisador do Centro Brasileiro de Análise e Planejamento (Cebrap) e fundador do Instituto de Estudos Econômicos, Sociais e Políticos de São Paulo (Idesp). Tem uma extensa obra sobre pensamento autoritário e sistema político brasileiro. Edmundo Campos Coelho fez pós-graduação na Universidade da Califórnia de Los Angeles, foi professor do Iuperj e pioneiro no uso do interacionismo simbólico e da etnometodologia nas ciências sociais brasileiras. Ivan Otero Ribeiro completou sua formação na Polônia, trabalhou em um centro de estudos agrícolas da Fundação Getulio Vargas e estava no avião que vitimou também o ministro da Agricultura, Marcos Freire, em 1987, de quem era assessor. José Murilo de Carvalho se doutorou em ciência política pela Universidade Stanford, na Califórnia, com uma tese sobre as elites brasileiras no período imperial. Tornou-se um dos principais historiadores do Brasil escrevendo sobre o Império e a República. Juarez Guimarães de Brito foi militante da VAR-Palmares e morreu em confronto com a polícia em 1970. Susana Prates completou o curso de Sociologia na Flacso e se radicou em Montevidéu, onde trabalhou no Centro de Informaciones y Estudios del Uruguay. Vânia Bambirra acompanhou o

marido, Theotônio dos Santos, em seu exílio no Chile e depois no México, onde se doutorou em economia pela Universidad Nacional Autónoma de México. Vilmar Evangelista Faria cumpriu doutorado na Universidade Harvard, esteve exilado no Chile, foi pesquisador do Cebrap e principal assessor na área social do governo de Fernando Henrique Cardoso. Vinícius Caldeira Brant foi presidente da UNE, passou vários anos no exílio e na clandestinidade depois do golpe de 1964, foi preso e torturado em 1970. Trabalhou no Cebrap e foi um dos fundadores do Partido dos Trabalhadores.

2. Vinícius Caldeira Brant, "Basta!", *Mosaico*.
3. José Aparecido de Oliveira foi secretário particular de Jânio Quadros e, mais tarde, ministro da Cultura de José Sarney, entre outros cargos políticos.
4. San Tiago Dantas, conhecido jurista, foi ministro das Relações Exteriores e depois ministro da Fazenda de João Goulart, entre 1961 e 1963.
5. Joelma Alves de Oliveira, *Polop: as origens, a coesão e a cisão de uma organização marxista*.
6. Flora Botton, Susana B.C. Devalle e Michiko Tanaka, "In memoriam José Thiago Cintra (1936-1998)", *Estudios de Asia y África*.
7. Clodomir de Morais foi um dos fundadores das Ligas Camponesas de Francisco Julião, tendo desenvolvido, mais tarde, uma carreira internacional como especialista em temas de reforma agrária. Sobre sua atuação no início dos anos 60 e suas relações com Cuba, ver: Denise Rollemberg, *O apoio de Cuba à luta armada no Brasil: o treinamento guerrilheiro*.
8. Maurice Merleau-Ponty, *Humanisme et terreur: essai sur le problème communiste*.
9. Sobre as ambições políticas de engenheiros, médicos, advogados e economistas através da história brasileira, ver: Simon Schwartzman, "A força do novo", *Revista Brasileira de Ciências Sociais*.
10. Max Weber, *Ciência e política: duas vocações*.

III. PELO MUNDO

6. Flacso

1. Sobre os primeiros anos da Flacso no Chile, ver: Rolando Franco, *La Flacso clásica (1957-1973): vicissitudes de las ciencias sociales latinoamericanas*.
2. Thomas S. Kuhn, *The Structure of Scientific Revolutions*.
3. Robert K. Merton, "On sociological theories of the middle range", in *Social Theory and Social Structure*.
4. Peter Heintz, *Un paradigma sociológico del desarrollo con especial referencia a América Latina*.

5. Torcuato Di Tella, Lucien Brams, Jean-Daniel Reynaud e Alain Touraine, *Huachipato y Lota: sindicato y comunidad, dos tipos de estructura sindical latinoamericana.*
6. Simon Schwartzman, "Ideologia política y participación obrera", *Anales de la Facultad Latinoamericana de Ciencias Sociales.*
7. Alex Inkeles, "Becoming modern", *Ethos*; François Bourricaud, *The Sociology of Talcott Parsons*; e Talcott Parsons, *Societies: Evolutionary and Comparative Perspectives.*
8. Arne Naess, *The Selected Works of Arne Naess.*
9. Johan Galtung, *Theory and Methods of Social Research.*
10. Georges Balandier, "La situacion coloniale", *Cahiers Internationaux de Sociologie.*
11. André Gunder Frank, *Capitalism and Underdevelopment in Latin America: Historical Studies of Chile and Brazil.*
12. Raúl Prebisch, *The Economic Development of Latin America and Its Principal Problems.*
13. Simon Schwartzman e Manuel Mora y Araujo, "The images of international stratification in Latin America", *Journal of Peace Research.*
14. Patricio Quiroga e Carlos Maldonado, *El prusianismo en las Fuerzas Armadas chilenas.*
15. OECD, *Reviews of National Policies for Education — Tertiary Education in Chile.*
16. Ver: José Joaquín Brunner e Francisco Ganga-Contreras, "Reforma a la educación superior", *Utopía y Praxis Latinoamericana*. Ver também: Gregory Elacqua, "Chile: the quality of for-profit schooling", e Cristián Bellei e Xavier Vanni, "Chile: the evolution of educational policy, 1980-2014", ambos os artigos em Simon Schwartzman (org.), *Education in South America.*
17. Eduardo Valenzuela, Simon Schwartzman, J. Samuel Valenzuela et al., *Vínculos, creencias y ilusiones: la cohesión social de los latinomericanos.*
18. Robert K. Merton e Paul Felix Lazarsfeld, *Continuities in Social Research: Studies in the Scope and Method of "The American soldier"*; e Robert K. Merton e Alice Rossi, "Contributions to the theory of reference groups", in Robert K. Merton, *Social Theory and Social Structure.*

7. O golpe de 1964

1. Em *Cinquenta anos esta noite*, livro em que José Serra reúne suas memórias dos tempos do regime militar, ele relata que usou o mesmo esquema em 1965 para chegar ao Chile saindo do Brasil, para onde tinha voltado clandestinamente após ter fugido para a Bolívia e, em seguida, para a França.

Relata também sua participação nos eventos de 1964 e o exílio dos anos seguintes.
2. Vinícius presidiu a UNE até 1963, quando foi sucedido por José Serra.
3. Essa história é narrada em detalhes em Bolívar Lamounier, *De onde, para onde*.

8. Oslo e Buenos Aires

1. Kenneth Ewart Boulding, *Conflict and Defense: a General Theory*; e Elise Boulding, *Cultures of Peace: the Hidden Side of History*.
2. Bruce M. Russett, *World Handbook of Political and Social Indicators*.
3. Simon Schwartzman, "Pugwash e o terceiro mundo", *O Estado de S. Paulo*.
4. Uma compilação bastante completa dos textos publicados sobre o projeto Camelot está disponível em I.L. Horowitz, *The Rise and Fall of Project Camelot*. Ver também: Robert A. Nisbet, "Project Camelot", *The Public Interest*. Cerca de 40 cientistas sociais de prestígio foram convidados a participar do projeto, entre os quais Jessie Bernard, Frank Bonilla, James Coleman, Lewis Coser, Shmuel Eisenstadt, Thomas Schelling e Neil Smelser.
5. Disponível em: <https://www.transcend.org>. Acesso em: 16 ago. 2020.
6. Mariano Plotkin e Federico Neiburg, "Elites intelectuales y ciencias sociales en la Argentina de los años 60: el Instituto Torcuato Di Tella y la nueva economía", *Estudios Interdisciplinarios de América Latina y el Caribe*.
7. Simon Schwartzman, "International system and intra-national tensions", in Peter Heintz, *A Macrosociological Theory of Societal Systems with Special Reference to the International System*.
8. Simon Schwartzman, *Técnicas avanzadas en ciencias sociales*.
9. Jorge Balán, *Cuéntame tu vida: una biografía colectiva del psicoanálisis argentino*.
10. Ver: Manuel Mora e Ignacio Llorente, *El voto peronista*; Miguel Murmis, Juan Carlos Portantiero e Hernán Camarero, *Estudios sobre los orígenes del peronismo*; e Torcuato Di Tella, *El sistema político argentino y la clase obrera*.
11. Joseph W. Ryan, "Samuel A. Stouffer and the 'American Soldier'", *Journal of Historical Biography*; Robert K. Merton e Paul F. Lazarsfeld, *Continuities in Social Research: Studies in the Scope and Method of the "American Soldier"*; Theodor Adorno, Else Frenkel-Brenswik, Daniel J. Levinson e R. Nevitt Sanford, *The Authoritarian Personality*.

9. Berkeley

1. A Students for a Democratic Society (SDS) foi uma organização estudantil americana radical criada nos anos 60 que se opunha à Guerra do Vietnam e

ao serviço militar obrigatório. O grupo ficaria conhecido também porque um de seus líderes, Tom Hayden, se casaria com a atriz Jane Fonda. Os Grateful Dead foram uma banda de rock e jazz fundada em 1965. Músicas disponíveis em: <https://archive.org/details/GratefulDead>. Acesso em: 28 set. 2020.
2. Magali Sarfatti Larson, *The Rise of Professionalism: a Sociological Analysis*.
3. Pablo Bulcourf e Nelson Cardozo, "La ciencia política en la Argentina", *Revista Debates*.
4. David E. Apter, *The Gold Coast in Transition* e *The Political Kingdom in Uganda: a Study of Bureaucratic Nationalism*.
5. Carlos Fernando Quesada, "Sobrevolando la tormenta", *Cuadernos Americanos*.

IV. POLÍTICA E GOVERNO

10. DCP, Iuperj e Ebap

1. Lembro-me, entre outros, de Alexandre Barros, Amaury de Souza, Bolívar Lamounier, Carlos Hasenbalg, César Guimarães, Edmundo Campos Coelho, Eli Diniz, Elisa Pereira Reis, Fernando Uricoechea, Guillermo O'Donnell, José Murilo de Carvalho, Lícia do Prado Valadares, Luiz Antônio Machado da Silva, Luiz Werneck Vianna, Maria Alice Rezende de Carvalho, Maria Regina Soares de Lima, Mário Brockman Machado, Nelson do Valle Silva, Neuma Aguiar, Peter McDonough, Renato Boschi, Ricardo Benzaquen de Araujo, Sérgio Abranches, Olavo Brasil de Lima Júnior, Wanderley Guilherme dos Santos. Candido Mendes, embora fosse nominalmente parte do Iuperj, nunca deu aula. E lembro que em algum momento Hélio Jaguaribe deu um curso, mas não se aproximou do grupo.
2. Susana depois veio morar no Brasil com o primeiro marido, Omar Pravaz, e duas filhas pequenas, Natasha e Paula. Mais tarde, separou-se e casou-se com o sociólogo argentino Jorge Balán, que fez carreira nos Estados Unidos e havia vindo para o Brasil trabalhar no escritório da Fundação Ford.
3. Curiosamente, a análise genética de Inez indica que ela teria 18,4% de genes originários de judeus da África do Norte. A explicação residiria no fato de que muitos cristãos maronitas do norte do Líbano, de onde provinha sua mãe, Amélia Nasser, descendiam de judeus convertidos. Inez estudou psicologia na Pontifícia Universidade Católica do Rio de Janeiro e se dedicou à psicologia clínica.
4. Gláucio Ary Dillon Soares, "Alianças e coligações eleitorais", *Revista Brasileira de Estudos Políticos*; Gláucio Ary Dillon Soares, "Classes sociais, strata

sociais e as eleições presidenciais de 1960", *Sociologia*; Bolívar Lamounier e Fernando Henrique Cardoso, *Os partidos e as eleições no Brasil*; Fábio Wanderley Reis, *Os partidos e o regime: a lógica do processo eleitoral brasileiro*.

5. Carlos Alfredo Hasenbalg e Nelson do Valle Silva, *Estrutura social, mobilidade e raça*.
6. Peter McDonough, *Power and Ideology in Brazil*.
7. Ver: Maria Alice Rezende de Carvalho e Valéria Martins, "Luiz Werneck Vianna: um intelectual público", *Ciência Hoje*.
8. Esse episódio, ocorrido na década de 1870, ficou historicamente conhecido como "questão religiosa". Refere-se à disputa de poder entre a Igreja Católica e a maçonaria, que tinha muitos adeptos nas elites políticas brasileiras de então, inclusive o próprio dom Pedro II. Dois importantes bispos chegaram a ser presos em meio ao conflito: dom Vital, de Olinda (PE), e dom Macedo Costa, arcebispo primaz do Brasil.
9. Para chegar à direção da IPSA, era necessário, primeiro, assumir a presidência da Associação Brasileira de Ciência Política, que estava desativada havia anos. Seu último presidente fora o já aposentado jurista Themístocles Cavalcanti, que tinha o livro de atas da associação em seu poder. Para ter acesso ao livro, Candido organizou uma grande homenagem a Themístocles, descrito como o fundador da ciência política no Brasil. Com esse estratagema, conseguiu reabrir a associação e se fez eleger presidente.
10. Para uma interpretação favorável do papel de Huntington na Guerra do Vietnam, ver: Andrew J. Gawthorpe, "Mad Dog? Samuel Huntington and the Vietnam War", *Journal of Strategic Studies*.
11. Elio Gaspari, "A receita de Samuel Huntington". Disponível em: <http://arquivosdaditadura.com.br/documento/galeria/receita-samuel-huntington#pagina-17>. Acesso em: 1º set. 2020.
12. Thomas E. Skidmore, *The Politics of Military Rule in Brazil, 1964-85*, p. 363.
13. Simon Schwartzman, "Edmundo Campos, sociólogo radical". Disponível em: <https://archive.org/details/EdmundoCamposCoelhoSocilogoRadical>. Acesso em: 20 jan. 2020.
14. Ver, por exemplo, de Edmundo Campos Coelho: *A sinecura academica: a ética universitária em questão*; e *As profissões imperiais: advocacia, medicina e engenharia no Rio de Janeiro, 1822-1930*.
15. O Dasp existiu até 1986, quando foi substituído pela Secretaria de Administração Pública da Presidência da República.
16. Sobre a história da Ebap, ver: Fernando de Souza Coelho e Alexandre Mendes Nicolini, "Revisitando as origens do ensino de graduação em administração pública no Brasil (1854-1952)", *Revista de Administração Pública*; Sérgio

Wanderley, Ana Celano e Fátima Bayma Oliveira, "Ebap e Iseb na busca por uma administração brasileira", *Cadernos EBAPE.BR*; Helena Maria Bousquet Bomeny e Marly Silva da Motta, *A escola que faz escola: Ebape, 50 anos*.

17. Robert T. Daland, *Perspectives of Brazilian Public Administration*.
18. Esse projeto gerou uma grande documentação, mas não teve consequências práticas, porque logo depois a Secretaria de Modernização seria extinta, dando lugar ao Programa Nacional de Desburocratização, dirigido por Hélio Beltrão. Ver: Beatriz Wahrlich, "A reforma administrativa no Brasil", *Revista de Administração Pública*; Hélio Beltrão, "Programa nacional da desburocratização", *Revista de Administração Pública*; Smil Ochs e Aluízio Loureiro Pinto, *Modernização e reforma administrativa do governo federal brasileiro*.
19. Em 1949, o Instituto Brasileiro de Economia da FGV começou a elaborar as primeiras estimativas da renda e do produto na economia brasileira, ficando responsável pela adminstração do Sistema de Contas Nacionais até 1986, quando o IBGE assumiu essa função. Sobre o assunto, ver: João Hallak Neto e Christina Maia Forte, "O Sistema de Contas Nacionais: evolução histórica e implantação no Brasil", *Revista Econômica*.
20. Magda Prates Coelho, Elisa Pereira Reis e Renato Boschi.
21. Simon Schwartzman, *Projeto Retorno*; Simon Schwartzman, "Brain Drain: pesquisa multinacional?", in Edson de Oliveira Nunes, *A aventura sociológica: objetividade, paixão, improviso e método na pesquisa social*; William A. Glaser e G. Christopher Habers, *The Brain Drain Emigration and Return: Findings of a Unitar Multinational Comparative Survey of Professional Personnel of Developing Countries Who Study Abroad*.

11. Representação e cooptação

1. Simon Schwartzman, "Representação e cooptação política no Brasil", *Dados: Revista de Ciências Sociais*. Os alunos que escreveram os demais artigos foram: Fernando José Leite Costa, Lucia Maria Gomes Klein, Olavo Brasil de Lima Júnior, Maria Antonieta Parahyba, Nancy Alessio, Celina Vargas, Lúcia Lippi de Oliveira e Maria Aparecida Hime.
2. Simon Schwartzman, *Regional Cleavages and Political Patrimonialism in Brazil*.
3. José Carlos Macedo Soares, *Justiça: a revolta militar em São Paulo*, p. 12.
4. Alberto Guerreiro Ramos, "A sociologia de Max Weber: sua importância para a teoria e a prática da administração", *Revista do Serviço Público*.
5. Guillermo O'Donnell, Philippe C. Schmitter e Laurence Whitehead, *Transitions from Authoritarian Rule: Comparative Perspectives*.
6. Simon Schwartzman, Fábio Wanderley Reis e Fernando Henrique Cardoso, "As eleições e o problema institucional", *Dados: Revista de Ciências Sociais*.

7. Elisa Pereira Reis, *The Agrarian Roots of Authoritarian Modernization in Brazil, 1880-1930*; e Guillermo O'Donnell, "Reflections on the patterns of change in the bureaucratic-authoritarian state", *Latin American Research Review*. Uma referência na época foi o livro *Social Origins of Dictatorship and Democracy*, de Barrington Moore.

8. Bolívar Lamounier, *Da Independência a Lula: dois séculos de política brasileira*; e Sérgio Abranches, *Presidencialismo de coalisão: o dilema institucional brasileiro*.

9. Apesar de sua grande importância, esse tema tem sido pouco tratado na ciência política brasileira. Um estudo pioneiro foi o de Luciano Martins em sua tese de doutorado, de 1976, *Pouvoir et développement économique: formation et évolution des structures politiques au Brésil*. Ver também: Peter Evans, Dietrich Rueschemeyer e Theda Skocpol, *Bringing the State Back In*; e os diversos trabalhos de Francis Fukuyama, entre os quais *The Origins of Political Order: from Prehuman Times to the French Revolution*.

V. CIÊNCIA E TECNOLOGIA

12. Finep

1. Isaac Kerstenetzky, carioca, filho de imigrantes judeus, formou-se em economia e foi professor da PUC-Rio. Presidiu o IBGE de 1970 a 1979.

2. José Pelúcio Ferreira, mineiro de Lambari, foi economista do BNDE e um dos formuladores do Fundo de Desenvolvimento Técnico Científico (Funtec), que dirigiu até 1969. Em 1971 ajudou a fundar a Finep, encarregada de administrar o recém-criado Fundo Nacional de Desenvolvimento Científico e Tecnológico (FNDCT), que presidiria até 1979.

3. Ver: Albert Fishlow, "Brazilian size distribution of income", *American Economic Review*; Regis Bonelli, "Distribuição de renda: evolução nos anos 70", *Texto para Discussão*; Carlos Geraldo Langoni, *Distribuição da renda e desenvolvimento econômico do Brasil*; Pedro Malan e John Wells, "Distribuição da renda e desenvolvimento econômico do Brasil", *Pesquisa e Planejamento Econômico*; Pedro Malan, "Distribuição de renda e desenvolvimento: novas evidências e uma tentativa de clarificação da controvérsia", *Dados: Revista de Ciências Sociais*.

4. As antropólogas Tereza Cristina Nascimento Araujo e Jane Souto, responsáveis pela criação, primeiro do Grupo Projeto de Indicadores Sociais, em 1973, e, mais tarde, do Departamento de Estudos e Indicadores Sociais. Ver: Nelson de Castro Senra, *História das estatísticas brasileiras: estatísticas formalizadas (1972-2002)*.

5. Ao chegar à Finep, no entanto, tive de enfrentar um problema burocrático

inesperado: apenas as secretárias e datilógrafas tinham acesso a máquinas de escrever. Como eu não escrevia à mão precisava de uma, mas não me liberavam e eu não conseguia trabalhar. Só após levar o assunto ao vice--presidente da empresa abriram uma exceção.

6. Para uma visão geral, com depoimentos de várias pessoas envolvidas, ver: José Luciano de Mattos Dias, *Finep: 30 anos de projetos para o Brasil*.
7. A Capes foi fundada em 1951 como Campanha de Aperfeiçoamento do Pessoal de Nível Superior, tendo Anísio Teixeira como seu secretário-geral. A partir de 1965, passou a ser a agência responsável pela coordenação dos programas de pós-graduação no Brasil. Ver: Claudio de Moura Castro e Gláucio Ary Dillon Soares, "As avaliações da Capes", in Simon Schwartzman e Claudio de Moura Castro (orgs.), *Pesquisa universitária em questão*.
8. Sobre política industrial, ver: Wilson Suzigan, "Experiência histórica de política industrial no Brasil", *Revista de Economia Política*. Ver também: Werner Baer, Isaac Kerstenetzky e Annibal V. Villela, "The changing role of the State in the Brazilian economy", *World Development*; e Antônio Barros de Castro e Francisco Eduardo Pires de Souza, *A economia brasileira em marcha forçada*.

13. A comunidade científica

1. Participaram Aspásia Camargo, Carla E. Costa, Jacqueline Pitangui de Romani, Marcia Bandeira, Maria Clara Mariani, Nadia V.X. Souza, Palmira Moriconi, Ricardo Guedes Ferreira Pinto e Tjerk Gus Franken. Sob a coordenação de Marcílio Moraes, trabalharam na transcrição e na editoração dos textos Beatriz Rezende e Maria Beatriz Pena Voguel.
2. Simon Schwartzman, *Um espaço para a ciência: a formação da comunidade científica no Brasil*; e Simon Schwartzman, *A Space for Science the Development of the Scientific Community in Brazil*.
3. José Murilo de Carvalho, *A Escola de Minas de Ouro Preto: o peso da glória*; Simon Schwartzman (org.), *Universidades e instituições científicas no Rio de Janeiro*; João Batista Araujo e Oliveira, *Ilhas de competência: carreiras científicas no Brasil*; Ricardo Guedes Ferreira Pinto, *Liliputianos e lapucianos: os caminhos da física no Brasil (1810 a 1949)*.
4. David Bloor, *Wittgenstein: a Social Theory of Knowledge*; David Bloor, *Knowledge and Social Imagery*; Bruno Latour e Steve Woolgar, *Laboratory Life: the Construction of Scientific Facts*; Karin Knorr-Cetina e M.J. Mulkay, *Science Observed: Perspectives on the Social Study of Science*.
5. Ludwig Wittgenstein, *Tractatus Logico-Philosophicus*; e Ludwig Wittgenstein, *Philosophical Investigations*.

6. Tony Becher e Paul Trowler, *Academic Tribes and Territories: Intellectual Enquiry and the Culture of Disciplines*.
7. Andrew Ross, *Science Wars*.
8. Robert K. Merton, "The normative structure of science", in *The Sociology of Science*.
9. Michael Gibbons, Martin Trow, Peter Scott, Simon Schwartzman et al., *The New Production of Knowledg: the Dynamics of Science and Research in Contemporary Societies*.
10. Ver: Liah Greenfeld, *The Ideals of Joseph Ben-David: the Scientist's Role and Centers of Learning Revisited*.
11. Joseph Ben-David, *Centers of Learning: Britain, France, Germany, United States*.
12. Antonio Paim, *História das ideias filosóficas no Brasil*.
13. Antonio Paim, "Por uma universidade no Rio de Janeiro", in Simon Schwartzman (org.), *Universidades e instituições científicas no Rio de Janeiro*.
14. Agrônomo e biólogo russo, Trofim Lysenko contrariava a ciência da genética ao defender a teoria genética da transmissão dos caracteres adquiridos (levando sua ideia ao extremo: se cortarmos o rabo de um cachorro, o filhote nascerá sem rabo). O governo russo entendeu que essa era uma teoria revolucionária, superior à "genética burguesa" do Ocidente e, com isso, os biólogos que não pensavam da mesma forma eram demitidos ou presos. As teorias de Lysenko foram aplicadas à agricultura da União Soviética com enorme fracasso.
15 Joseph Ben-David, "Relatório de uma visita ao Brasil", *Ciência Hoje*; e Claude Lévi-Strauss, *Tristes tropiques*.
16. Ernst Friedrich Schumacher, *Small Is Beautiful: a Study of Economics as If People Mattered*.
17. Simon Schwartzman, *Ciência, universidade e ideologia: a política do conhecimento*, p. 16.

14. Pesquisando a pesquisa

1. Simon Schwartzman, "Struggling to be born: the scientific community in Brazil", *Minerva*.
2. Simon Schwartzman e Maria Helena de Magalhães Castro, *Tecnologia para a indústria: a história do Instituto Nacional de Tecnologia*; e Simon Schwartzman e Maria Helena de Magalhães Castro, "Nacionalismo, iniciativa privada e o papel da pesquisa tecnológica no desenvolvimento industrial: os primórdios de um debate", *Dados: Revista de Ciências Sociais*.
3. Frank M. Andrews, *Scientific Productivity: the Effectiveness of Research Groups in Six Countries*.

4. A base de dados da Unesco chama-se Comparative Study on the Management, Productivity, and Effectiveness of Research Teams and Institutions (Icsopru), 1971-1989.
5. Base de dados Scopus. Disponível em: <https://www.scopus.com/home.uri>. Acesso em: 1º set. 2020.
6. Simon Schwartzman, "Changing roles of new knowledge", in Peter Wagner, Carol Hirschon Weiss, Bjorn Wittrock et al., *Social Sciences and Modern States: National Experiences and Theoretical Crossroads*.
7. Donald E. Stokes, *Pasteur's Quadrant: Basic Science and Technological Innovation*.
8. Simon Schwartzman, "Modelos de atividade científica", in Antônio Paes de Carvalho et al., *Administração da atividade científica*.
9. Ernest L. Boyer, *The Academic Profession: an International Perspective — A Special Report*; Philip G. Altbach (org.), *The International Academic Profession: Portraits of Fourteen Countries — Princeton*; e Simon Schwartzman e Elizabeth Balbachevsky, *A profissão acadêmica no Brasil*. Philip Altbach foi o organizador e impulsionador do Center for International Higher Education, no Boston College, que, junto com um grupo criado por Burton R. Clark, foi um dos principais focos de estudos comparados sobre educação superior nos Estados Unidos.
10. A Carnegie Foundation também é responsável por manter o Educational Testing Service — que implementa vários dos testes de conhecimento mais adotados nos Estados Unidos, como o GRE — e, mais recentemente, pela classificação de instituições de ensino superior, a Carnegie Classification.
11. Sérgio Paulino de Carvalho, da Unicamp; Carlos Gadelha, do Instituto Oswaldo Cruz; Nadya Castro, da USP; e Márcio Costa, da UFRJ.
12. Simon Schwartzman, "A pesquisa científica e o interesse público", *Revista Brasileira de Inovação*.
13. A pesquisa foi feita a partir do Instituto de Estudos do Trabalho e Sociedade (IETS), ao qual havia me associado alguns anos antes, em colaboração com a InterAmerican Network of Academies of Sciences (Ianas), então presidida pelo químico brasileiro Hernan Chaimovitz, vice-presidente da Academia Brasileira de Ciências. O trabalho contou com financiamento do setor de políticas de educação superior da Fundação Ford em Nova Iorque, então dirigido por Jorge Balán.
14. Simon Schwartzman, *Universidades e desenvolvimento na América Latina: experiências exitosas de centros de pesquisas*.

15. Uma nova ciência para um mundo global

1. Para um histórico das negociações e da implementação da primeira fase do PADCT, ver: Caspar Erich Stemmer, "Programa de apoio ao desenvolvimento científico e tecnológico (PADCT)", in Simon Schwartzman, *Ciência e tecnologia no Brasil: política industrial, mercado de trabalho e instituições de apoio*.
2. Os volumes: *Science and Technology in Brazil: a New Policy for a Global World (volume 1); Ciência e tecnologia no Brasil: política industrial, mercado de trabalho e instituições de apoio (volume 2); e Ciência e tecnologia no Brasil: a capacitação brasileira para a pesquisa científica e tecnológica (volume 3)*.
3. Simon Schwartzman, Eduardo Krieger, Fernando Galembeck et al., "Ciência e tecnologia no Brasil: uma nova política para um mundo global", in Simon Schwartzman (org.), *Ciência e tecnologia no Brasil: política industrial, mercado de trabalho e instituições de apoio*, p. 31.
4. Luciano Coutinho (org.), *Estudo da competitividade da indústria brasileira: relatório final*, p. 308.
5. Sobre a visão dos técnicos do Banco Mundial sobre o PADCT, ver: Lauritz Holm-Nielsen, Michael Crawford e Alcyone Saliba, *Institutional and Entrepreneurial Leadership in the Brazilian Science and Technology Sector: Setting a New Agenda*. Além dos livros editados pela FGV, publiquei um sumário do estudo que coordenei e suas principais conclusões em "Science and technology in Brazil: a new policy for a global world", *Minerva*.
6. Simon Schwartzman, "Nota sobre a transição necessária da pós-graduação brasileira", in Brasil, Ministério da Educação e Capes, *Plano Nacional de Pós-Graduação 2011-2020*. Sobre o novo modelo de avaliação da Capes, ver: <https://revistapesquisa.fapesp.br/avaliacao-em-5-dimensoes/>. Acesso em: 25 set. 2020.
7. Simon Schwartzman, "É preciso ir à luta", entrevista à *Veja*.
8. Sobre as transformações da economia agrícola e o papel relativo da pesquisa pública e privada no novo contexto, ver: Antônio Márcio Buainain, Eliseu Alves, José Maria da Silveira e Zander Navarro, *O mundo rural no Brasil do século 21: a formação de um novo padrão agrário e agrícola*. Ver também a publicação *Embrapa em Números*.
9. Simon Schwartzman, "High technology vs self reliance: Brazil enters the computer age", in Julian M. Chacel, Pamela S. Falk e David V. Fleischer, *Brazil's Economic and Political Future*.
10. Simon Schwartzman, "Resenha bibliográfica: Naomi Caiden, and Aaron Wildavsky. *Planning and Budgeting in Poor Countries*", *Pesquisa e Planejamento Econômico*.
11. Edmund S. Phelps, *Mass Flourishing: How Grassroots Innovation Created Jobs,*

Challenge, and Change; Eric Von Hippel, "Democratizing innovation: the evolving phenomenon of user innovation", *Journal für Betriebswirtschaft*.

12. Lewis M. Branscomb, "United States science and technology policy: issues for the nineties", in Simon Schwartzman (org.), *Science and Technology in Brazil: a New Policy for a Global World*.

VI. POLÍTICA SOCIAL

16. IBGE

1. Sobre esse período, ver minha entrevista na síntese organizada por Nelson Senra, que se tornou o historiador oficial do IBGE: Nelson de Castro Senra, Silvia Maia Fonseca e Teresa Cristina Millions, *O desafio de retratar o país: entrevistas com os presidentes do IBGE no período de 1985 a 2015*, pp. 239-292; e Nelson de Castro Senra, *História das estatísticas brasileiras: estatísticas organizadas*, cap. 15.

2. Fundada em 1953, a Escola Nacional de Ciências Estatísticas havia sido pensada inicialmente como um lugar para a formação de estatísticos de nível superior para o IBGE, mas, na prática, funcionava separadamente, colocando em dúvida a necessidade de continuar fazendo parte do IBGE. Em 1986 coordenei uma comissão externa que fez uma avaliação da Ence e recomendou que ela evoluísse no sentido de se transformar em um centro de formação e pesquisa de alto nível em estatísticas públicas, estreitando sua colaboração com as atividades operacionais do Instituto. Em 1998, finalmente, a Ence deu início a seu programa de mestrado e, em 2015, de doutorado.

3. Speridião Faissol, *O espaço, território, sociedade e desenvolvimento brasileiro*; e Speridião Faissol, "A geografia quantitativa no Brasil: como foi e o que foi", *Revista Brasileira de Geografia*.

4. Bertha K. Becker, *Geopolítica da Amazônia: a nova fronteira de recursos*.

5. Sobre a história da geografia no Brasil, ver: Manoel Correia Andrade, "A construção da geografia brasileira", *Finisterra*.

6. Tentamos de todas as maneiras dar um destino ao prédio da Mangueira, mas não houve forma de o governo federal aceitá-lo de volta, nem de transferi-lo para o estado ou a prefeitura, nem de colocá-lo à venda. O prédio acabou abandonado e foi demolido anos depois.

7. Simon Schwartzman, "Legitimacy, controversies and translation in public statistics", *Science, Technology & Society*.

17. AIR e IETS

1. Participaram do jantar, entre outros: Isaac Kerstenetzky, do IBGE; Marcos

Viana, do BNDE; Rubens Vaz da Costa, ex-presidente do Banco Nacional de Habitação (BNH); e o economista André Montoro Filho, filho do então senador Franco Montoro. Do lado americano estavam, entre outros: William Rogers, ex-secretário de Estado; Luigi Einaudi, cientista político e diplomata especializado em América Latina; e Michael Palliser, do Foreign Office inglês. O jantar "vazou" para a imprensa e teve grande repercussão.

2. Por exemplo: Cleide Carvalho de Matos, *Concepções, princípios e organização do currículo no projeto Escola Ativa*; e Crisolita Gonçalves dos Santos, "O Plano de Desenvolvimento da Escola (PDE Escola) e a qualidade do ensino", *Revista Margens Interdisciplinar.*

3. Marcos de Barros Lisboa e José Alexandre Scheinkman, *A agenda perdida: diagnósticos e propostas para a retomada do crescimento com maior justiça social.*

4. Como Adriana Fontes, Valéria Pero, Andrea Arpón, Rudi Rocha, Mauricio Blanco, Érica Amorim e vários outros.

18. Modernidade, cultura e pobreza

1. M. Thompson, Richard Ellis e Aaron B. Wildavsky, *Cultural Theory*; Mary Douglas, "Four cultures: the evolution of a parsimonious model", *GeoJournal.*

2. Max Horkheimer e Theodor W. Adorno, *Dialectic of Enlightenment: Max Horkheimer and Theodor W. Adorno.*

3. Oscar Lewis, *The Children of Sánchez: Autobiography of a Mexican Family*; e Thomas Malthus, *An Essay on the Principle of Population.*

4. Michael Ignatieff, *Human Rights as Politics and Idolatry.*

5. O texto se encontra disponível em formato Kindle na Amazon.com como: Simon Schwartzman, *Changing Universities and International Academic Cooperation.*

19. Sociologia, profissão pública

1. Sobre a regulamentação das profissões no Brasil, ver, além do clássico de Edmundo Campos Coelho (*As profissões imperiais: advocacia, medicina e engenharia no Rio de Janeiro, 1822-1930*), a recente tese de doutorado de Ian Prates Cordeiro Andrade (*O sistema de profissões no Brasil: formação, expansão e fragmentação — Um estudo de estratificação social*), que apresenta um levantamento completo dos dados e da legislação a respeito.

2. Simon Schwartzman, *Ciência, universidade e ideologia: a política do conhecimento*, p. 134.

3. Um estudo pioneiro sobre os quatro tipos de orientação política é o do psicólogo inglês Hans J. Eysenck, *The Psychology of Politics*, realizado nos

anos 50. Sobre a fragmentação e a incongruência das orientações políticas na população, surgidas nas pesquisas sobre comportamento e nas atitudes políticas americanas dos anos 60, ver: Philip E. Converse, "The nature of belief systems in mass publics", *Critical Review.*

4. André Singer, *Esquerda e direita no eleitorado brasileiro: a identificação ideológica nas disputas presidenciais de 1989 e 1994.*

5. Ver: Raymundo Nina Rodrigues, *Os africanos no Brasil*; e Oliveira Vianna, *Populações meridionais do Brasil.*

6. O *apartheid* foi um regime de separação legal das raças na África do Sul que tornou obrigatória a classificação de todas as pessoas como negros, brancos, indianos ou "de cor", criando direitos e obrigações diferentes para cada um — em termos de local de residência, educação, acesso a serviços de saúde etc. — e garantindo os privilégios da minoria branca. O regime durou de 1948 até 1994, quando Nelson Mandela assumiu a presidência do país.

7. Simon Schwartzman, "Fora de foco: diversidade e identidades étnicas no Brasil", *Novos Estudos Cebrap.* Para uma análise mais recente, ver: José Luis Petruccelli e Ana Lucia Saboia, *Características étnico-raciais da população: classificações e identidades.*

8. Nos Estados Unidos, o termo *black* ("preto") é usado com sentido positivo, enquanto "negro" é considerado pejorativo. No Brasil, ao contrário, o termo "preto", utilizado nas estatísticas do IBGE, tem sido substituído por "negro", com um sentido positivo de reconhecimento e afirmação de identidade. O termo "negro" também tem sido usado para englobar tanto os "pretos" quanto os "pardos", o que faz com que cerca de metade da população brasileira seja classificada como "negra". Uma das consequências disso é que grande parte da população de origem indígena, presente sobretudo nos estados do Norte e do Nordeste, acabe se tornando invisível. O termo "etnia", embora de uso limitado aos meios acadêmicos, expressa melhor a existência de grupos sociais que compartilham determinadas origens e aspectos culturais.

9. Textos sobre o tema, de autoria de César Benjamin, Sérgio Pena, Ronaldo Vainfas, José de Souza Martins, José Murilo de Carvalho, Isabel Lustosa, José Goldemberg, Bernardo Sorj, Ferreira Gullar e José Roberto Militão, entre outros, foram reunidos em: Peter Fry e Yvonne Maggie (orgs.), *Divisões perigosas: políticas raciais no Brasil contemporâneo.*

10. Sérgio D.J. Pena e Bortolini Maria Cátira, "Pode a genética definir quem deve se beneficiar das cotas universitárias e demais ações afirmativas?", *Estudos Avançados.*

11. Richard M. Morse, *De comunidade a metrópole: biografia de São Paulo.*

12. Richard M. Morse, *O espelho de Próspero: cultura e ideias nas Américas*. O livro nunca foi publicado em inglês.
13. Os meus textos estão reproduzidos em: Simon Schwartzman, *A redescoberta da cultura*, cap. 10.

VII. EDUCAÇÃO

20. Tempos de Capanema

1. Alguns dos pesquisadores com os quais mais convivi no Cpdoc, além da própria Celina Vargas, foram: Alzira Abreu, Ângela Castro Gomes, Aspásia Camargo, Dulce Pandolfi, Gerson Moura, Israel Beloch, Lúcia Lippi Oliveira, Helena Bomeny, Vanda Maria Ribeiro Costa, Marieta de Moraes Ferreira, Verena Alberti. Mais tarde, Celina deixou o Centro de Pesquisa para dirigir o Arquivo Nacional.
2. Simon Schwartzman, "Luís Simões Lopes, o regime Vargas e o Ministério de Propaganda de Goebbels". Disponível em: <https://archive.org/details/simoeslopes>. Acesso em: 24 set. 2020.
3. Simon Schwartzman, Helena Maria Bousquet Bomeny e Vanda Maria Ribeiro Costa, *Tempos de Capanema*.
4. Murilo Badaró, *Gustavo Capanema: a revolução na cultura*.
5. Fábio Silvestre Cardoso, *Capanema: biografia*.

21. Educação superior

1. Simon Schwartzman (relator), *Uma nova política para a educação superior*, relatório da Comissão Nacional para Reformulação da Educação Superior, Ministério da Educação.
2. Antônio Octávio Cintra, Edson Machado de Souza, Paulo Elpídio Menezes Neto e Sérgio Costa Ribeiro, *Relatório do grupo executivo para a reformulação da educação superior*.
3. Sobre as diversas propostas de avaliação para a educação superior brasileira, ver: Gladys Beatriz Barreyro e José Carlos Rothen, "Para uma história da avaliação da educação superior brasileira: análise dos documentos do Paru, CNRES, Geres e Paiub", *Avaliação: Revista da Avaliação da Educação Superior*.
4. Michael Shattock, "Burton R. Clark and his contribution to the study of higher education", *London Review of Education*.
5. Simon Schwartzman, "The focus on scientific activity", in Burton R. Clark, *Perspectives in Higher Education: Eight Disciplinary and Comparative Views*.
6. A lista de pesquisadores incluía: Lucia Gomes Klein, Maria Helena Maga-

lhães Castro, Elizabeth Balbachevsky, Helena Sampaio, Marilia Coutinho, Verónica Peñaloza e Edna Ogata. Vera Cicília Silva respondia pela administração e pela secretaria.

7. Simon Schwartzman e José Joaquín Brunner, *Higher Education in Latin America*.
8. C.P. Snow, *The Two Cultures and a Second Look: an Expanded Version of 'the Two Cultures and the Scientific Revolution'*.
9. Em *Os parceiros do rio Bonito*, Antonio Candido apresenta um estudo sobre o caipira paulista e a transformação dos seus meios de vida.
10. Mariza G.S. Peirano, "A antropologia esquecida de Florestan Fernandes: os Tupinambá", *Anuário Antropológico*.

22. As batalhas da educação

1. Simon Schwartzman, "O risco moral da educação", apresentado no Fórum de Ciência e Cultura da UFRJ, nov. 2001.
2. O Eciel contava com financiamento do Programa das Nações Unidas para o Desenvolvimento (Pnud) e durou até 1979. Eciel, *Cinco anos a serviço acadêmico da América Latina. Programa Eciel: 1974-1979, atividades do programa*.
3. Samuel Levy, Antônio Carlos Campino e Egas Moniz Nunes, *Análise econômica do sistema educacional de São Paulo*; Claudio de Moura Castro, *Investment in Education in Brasil: a Study of Two Industrial Communities*; Carlos Geraldo Langoni, *A Study in Economic Growth: the Brazilian Case*.
4. Minha equipe era formada por Marcia Bandeira, Vera Wrobel e Rafael Bayce.
5. Marcia Bandeira, Simon Schwartzman e Vera Wrobel, "Estratificação social e educação: caminhos e alternativas para o homem do campo", *Dados: Revista de Ciências Sociais*; Karl Polanyi, *A grande transformação: as origens da nossa época*.
6. Simon Schwartzman e Claudio de Moura Castro (orgs.), *Pesquisa universitária em questão*.
7. João Batista Araujo e Oliveira e Simon Schwartzman, *A escola vista por dentro*, p. 110.
8. Comitê Editorial, "Editorial", *Educação & Sociedade*.
9. Em 2012 houve uma pequena melhora nos resultados de matemática, alardeados pelo governo e pela própria coordenação do Pisa como uma prova do sucesso da política educacional do governo brasileiro. Mas o resultado não se repetiu e pode ter sido causado por problemas de amostragem. Ver: Ruben Klein, "Uma reanálise dos resultados do Pisa: problemas de comparabilidade", *Ensaio: Avaliação e Políticas Públicas em Educação*.

10. Simon Schwartzman, *Avaliação e monitoramento do Plano Nacional de Educação: limites, possibilidades e desafios.*
11. Estudo IDados, *Quanto custa o Plano Nacional de Educação (2014-2024)?*
12. João Batista Araujo e Oliveira, *O sucesso de Sobral.*
13. Inep, *Vencendo o desafio da aprendizagem nas séries iniciais: a experiência de Sobral.*
14. Aloisio Pessoa de Araujo (org.), *Aprendizagem infantil: uma abordagem da neurociência, economia e psicologia cognitiva.*
15. Ver: Mario Augusto Teixeira Freitas, "A escolaridade média no ensino primário brasileiro", *Revista Brasileira de Estatística*; Philip R. Fletcher, *Primary School Repetition: a Neglected Problem in Brazilian Education. A Preliminary Analysis and Suggestion for Further Evaluation*; e Ruben Klein e Sérgio da Costa Ribeiro, "A pedagogia da repetência ao longo das décadas", *Ensaio: Avaliação e Políticas Públicas em Educação.*
16. Simon Schwartzman e Micheline Christophe, *A educação em ciências no Brasil.*
17. Claudio de Moura Castro e Simon Schwartzman, "Reformas na educação superior?", *O Estado de S. Paulo.*
18. Claudio participava, na época, de um projeto de expansão das Faculdades Pitágoras pelo país, em parceria com um grupo americano, Apollo, com a ambição de criar um amplo sistema de educação superior privado de qualidade pela introdução de novas metodologias de ensino e novos sistemas gerenciais. As Faculdades Pitágoras depois se integraram ao grupo Kroton, a maior empresa de educação superior privada no Brasil e talvez no mundo, quando então Claudio se afastou.
19. Claudio de Moura Castro e Simon Schwartzman, "Ensino técnico e profissional: a falta que faz, e como fazer", in Fabio Giambiagi e Cláudio Porto, *Propostas para o governo 2015-2018*; Simon Schwartzman e Claudio de Moura Castro, "Ensino, formação profissional e a questão da mão de obra", *Ensaio: Avaliação e Políticas Públicas em Educação*; Simon Schwartzman, "O viés acadêmico na educação brasileira", in Edmar L. Bacha e Simon Schwartzman, *Brasil: a nova agenda social.*
20. Simon Schwartzman, *Educação média profissional no Brasil: situação e caminhos.*
21. Pelos dados do Censo Escolar de 2018, haveria no Brasil 735 mil estudantes de nível médio em escolas de tempo integral e 3,8 milhões em cursos noturnos.
22. Simon Schwartzman, "Os dilemas do novo ensino médio", *Revista Brasileira (Academia Brasileira de Letras)*; Simon Schwartzman, "O novo ensino médio:

o difícil caminho à frente", in Candido Alberto Gomes, Ivar César Oliveira de Vasconcelos e Silvia Regina dos Santos Coelho (orgs.), *Ensino médio: impasses e dilemas*; Simon Schwartzman, *A base nacional curricular e a reforma do ensino médio*; João Batista Araujo e Oliveira, *Fraturas na base: fragilidades estruturais na BNCC*.

23. Claudio de Moura Castro e Gláucio A. D. Soares. "As avaliações da Capes", in Simon Schwartzman e Claudio de Moura Castro (orgs.), *Pesquisa universitária em questão*.

24. O Paru foi instituído pelo então Conselho Federal de Educação em 1983. Seu grupo gestor era formado por Edson Machado de Souza, então diretor da Capes, Sérgio Costa Ribeiro, como coordenador técnico, Isaura Belloni Schmidt, Maria Stela Grossi Porto, Maria Umbelina Salgado, Mariza Veloso Motta Santos, Mônica Muños Bargas e Orlando Pilatti. Seu plano de trabalho previa um levantamento de informações sobre as instituições de ensino superior no país, por amostragem, e a realização de estudos de caso em profundidade, mas os trabalhos foram interrompidos três anos depois sem que os resultados fossem apresentados (Gladys Beatriz Barreyro, e José Carlos Rothen, "Para uma história da avaliação da educação superior brasileira: análise dos documentos do Paru, CNRES, Geres e Paiub", *Avaliação: Revista da Avaliação da Educação Superior*.).

25. Para os primórdios do Saeb, ver Bernadete A. Gatti, Bernadete Angelina. "Avaliação: contexto, história e perspectivas", *Olhares: Revista do Departamento de Educação da Unifesp*.

26. Faziam parte da Comissão, entre outros, Dilvo Ilvo Ristoff, Edson de Oliveira Nunes, Hélgio Trindade, Isaac Roitman, Isaura Belloni, Ricardo Martins e Silke Weber. Ver Sérgio Franco, "O Sinaes em seu processo de implementação: desafios e perspectivas", *Revista Entreideias*.

27. Schwartzman, Simon," Uses and abuses of education assessment in Brazil", *Prospects*.

28. OECD. *Rethinking Quality Assurance for Higher Education in Brazil*.

Epílogo: De Getulio a Bolsonaro

1. Uma exceção: James Robinson e Daron Acemoglu, *Why Nations Fail*.
2. Simon Schwartzman, "Comentário ao artigo de Howard J. Wiarda 'Por uma teoria não etnocêntrica do desenvolvimento: as concepções alternativas do terceiro mundo'", *Dados: Revista de Ciências Sociais*.
3. Só para mencionar algumas pessoas cujos trabalhos conheço, cito, por exemplo, Leslie Bethel, Warren Dean, Albert Fishlow, Herbert Klein, Nathanael Leff, Robert Levine, Daniel Levy, Juan Linz, Scott Mainwaring,

Guillermo O'Donnell, Robert Packenham, Thomas Skidmore, Philippe C. Schmitter, Alfred e Nancy Stepan, Laurence Whitehead, John Wirth.

4. Bernardo Sorj e Danilo Martuccelli, *El desafío latinoamericano: cohesión social y democracia*.
5. Alejandro Foxley e Fernando Henrique Cardoso, *América Latina: desafios da democracia e do desenvolvimento: políticas sociais além da crise*.
6. Simon Schwartzman e Cristián Cox, *Políticas educacionais e coesão social: uma agenda latino-americana*; Simon Schwartzman, *Coesão social, democracia e corrupção*.
7. Simon Schwartzman, *A via democrática: como o desenvolvimento econômico e social ocorre no Brasil*.
8. Simon Schwartzman, Rómulo Pinheiro e Pundy Pillay, *Higher Education in the Brics Countries: Investigating the Pact between Higher Education and Society*.
9. Åse Gornitzka, Peter Maassen, Johan P. Olsen et al., "Europe of knowledge: search for a new pact", in P. Maassen e J. P. Olsen (orgs.), *University Dynamics and European Integration*.
10. Edmar Bacha e Simon Schwartzman (orgs.), *Brasil, a nova agenda social*.
11. Edmar Bacha, Pedro Malan, Simon Schwartzman et al., *130 anos: em busca da República*.
12. Simon Schwartzman, "Bolsa Família: mitos e realidades", *Interesse Nacional*; Ernesto Friedrich de Lima Amaral e Vinícius do Prado Monteiro, "Avaliação de impacto das condicionalidades de educação do programa Bolsa Família (2005 e 2009)", *Dados: Revista de Ciências Sociais*; Fernando Reimers, Carol DeShano da Silva e Ernesto Trevino, *Where Is the "Education" in Conditional Cash Transfers in Education?*
13. International Panel on Social Progress, *Rethinking Society for the 21st Century: Report of the International Panel on Social Progress*.
14. Christiane Spiel e Simon Schwartzman, "A contribuição da educação para o progresso social", *Ciência & Trópico*.

Referências bibliográficas

Abranches, Sérgio H. "Presidencialismo de coalizão: o dilema institucional brasileiro", *Dados: Revista de Ciências Sociais*, 31(1), 1988, pp. 5-38.

Adorno, Theodor, Else Frenkel-Brenswik, Daniel J. Levinson et al. *The Authoritarian Personality*. London/New York: Verso Books, 2019.

Altbach, Philip G. (org.). *The International Academic Profession: Portraits of Fourteen Countries*. Princeton: Carnegie Foundation for the Advancement of Teaching, 1996.

Amaral, Ernesto Friedrich de Lima e Vinícius do Prado Monteiro. "Avaliação de impacto das condicionalidades de educação do Programa Bolsa Família (2005 e 2009)", *Dados: Revista de Ciências Sociais*, 56(3), 2013, pp. 531-570.

Andrade, Ian Prates Cordeiro. *O sistema de profissões no Brasil: formação, expansão e fragmentação. Um estudo de estratificação social*. Tese de doutorado. Programa de Pós-Graduação em Sociologia da Faculdade de Filosofia, Letras e Ciências Humanas, Universidade de São Paulo (USP), 2018.

Andrade, Manoel Correia. "A construção da geografia brasileira", *Finisterra*, 34(67-68), 1999, pp. 21-30.

Andrews, Frank M. *Scientific Productivity: the Effectivenes of Research Groups in Six Countries*. Cambridge University Press/Unesco, 1979.

Appiah, Kwame Anthony. "The key to all mythologies", *New York Review of Books*, 3 fev. 2020.

Apter, David E. *The Gold Coast in Transition*. Princeton University Press, 1955.

_____. *The Political Kingdom in Uganda: a Study of Bureaucratic Nationalism*. Princeton University Press, 1961.

Araujo, Aloisio Pessoa de (org.), *Aprendizagem infantil: uma abordagem da neurociência, economia e psicologia cognitiva.* Rio de Janeiro: Academia Brasileira de Ciências, 2011.

Azevedo, Fernando de (org.). *As ciências no Brasil.* Rio de Janeiro: UFRJ, 2 vols., 1994 [1955].

Bacha, Edmar, José Murilo de Carvalho, Simon Schwartzman et al. (orgs.). *130 anos: em busca da República.* Rio de Janeiro: Intrínseca, 2019.

Bacha, Edmar e Simon Schwartzman. *Brasil: a nova agenda social.* Rio de Janeiro: LTC, 2011.

Badaró, Murilo. *Gustavo Capanema: a revolução na cultura.* Rio de Janeiro: Nova Fronteira, 2000.

Baer, Werner, Isaac Kerstenetzky e Annibal V. Villela. "The changing role of the state in the Brazilian economy", *World Development*, 1(11), 1973, pp. 23-34.

Balán, Jorge. *Cuéntame tu vida: una biografía colectiva del psicoanálisis argentino.* Buenos Aires: Planeta, 1991.

Balandier, G. "La situation coloniale: approche théorique", *Cahiers Internationaux de Sociologie*, 11, 1951, pp. 44-79.

Bandeira de Melo, Marcia, Simon Schwartzman e Vera Wrobel. "Estratificação social e educação: caminhos e alternativas para o homem do campo", *Dados: Revista de Ciências Sociais*, 16(33-68), 1977.

Barreyro, Gladys Beatriz e José Carlos Rothen. "Para uma história da avaliação da educação superior brasileira: análise dos documentos do Paru, CNRES, Geres e Paiub", *Avaliação: Revista da Avaliação da Educação Superior*, 13(1), 2018, pp. 131-152.

Becher, Tony e Paul Trowler. *Academic Tribes and Territories: Intellectual Enquiry and the Culture of Disciplines.* Buckingham/Philadelphia: Society for Research into Higher Education/Open University Press, 2001.

Becker, Bertha K. *Geopolítica da Amazônia: a nova fronteira de recursos.* Rio de Janeiro: Zahar, 1982.

Bellei, Cristián e Xavier Vanni. "Chile: the evolution of educational policy, 1980-2014", in Simon Schwartzman, *Education in South America.* London: Bloomsbury Academic, 2015, pp. 179-200.

Beltrão, Hélio. "Programa nacional da desburocratização", *Revista de Administração Pública*, 15(3), 1981, pp. 92-119.

Ben-David, Joseph. *The Scientist's Role in Society: a Comparative Study.* Englewood Cliffs: Prentice Hall, 1971.

_____. "Relatório de uma visita ao Brasil", *Ciência Hoje*, 7(37), 1987, p. 68.

Berlin, Isaiah. "The pursuit of the ideal", in Isaiah Berlin, *The Crooked Timber of Humanity: Chapters in the History of Ideas*. Princeton University Press, 2013, pp. 1-18.

Bloor, David. *Knowledge and Social Imagery*. London/Boston: Routledge & K. Paul, 1976.

_____. *Wittgenstein: a Social Theory of Knowledge*. New York: Columbia University Press, 1983.

Bomeny, Helena Maria Bousquet e Marly Silva da Motta. *A escola que faz escola: Ebape 50 anos. Depoimentos ao Cpdoc*. Rio de Janeiro: FGV, 2002.

Bonelli, Regis. "Distribuição de renda: evolução nos anos 70", *Texto para Discussão Interna 52*. Rio de Janeiro: Ipea, 1982.

Borochov, Ber. *Class Struggle and the Jewish Nation: Selected Essays in Marxist Zionism*. New Jersey: Transaction Publishers, 1984.

Botton, Flora, Susana B.C. Devalle e Michiko Tanaka. "In memoriam José Thiago Cintra (1936-1998)", *Estudios de Asia y África*, 1(105), 1998, pp. 211-216.

Boulding, Elise. *Cultures of Peace: the Hidden Side of History*. Syracuse University Press, 2000.

Boulding, Kenneth Ewart. *The Economics of Peace*. Freeport, N.Y.: Books for Libraries Press, 1972.

Bourricaud, François. *The Sociology of Talcott Parsons*. University of Chicago Press, 1981.

Boyer, Ernest L. *The Academic Profession: an International Perspective. A Special Report*. Ewing, N.J.: California/Princeton Fulfillment Services, 1994.

Branscomb, Lewis M. "United States science and technology policy: issues for the nineties", in Simon Schwartzman, *Science and Technology in Brazil: a New Policy for a Global World*. Rio de Janeiro: FGV, 1995, pp. 140-226.

Brant, Vinícius Caldeira. "Basta! (número especial)", *Mosaico (Revista do DCE da UFMG)*, 4, 1961.

Bréhier, Emile. *Histoire de la philosophie*. Paris: F. Alcan, 1926.

Brunner, José Joaquín e Francisco Ganga-Contreras. "Reforma a la educación superior: un análisis crítico del enfoque chileno", *Utopía y Praxis Latinoamericana*, 23(83), 2018, pp. 138-146.

Buainain, Antônio Márcio, Eliseu Alves, José Maria da Silveira et al. *O mundo rural no Brasil do século 21: a formação de um novo padrão agrário e agrícola*. Brasília: Embrapa, 2014.

Bulcourf, Pablo e Nelson Cardozo. "La ciencia política en la Argentina: su desarrollo e institucionalización", *Revista Debates*, 7(3), 2013, pp. 57-88.

Calvez, Jean-Yves. *La pensée de Karl Marx*. Paris: Éditions du Seuil, 1956.

Calvo, Júlia. *Entre fazer a América e construir a cidadania: os judeus em Belo Horizonte nas primeiras décadas do século XX (1910-1940)*. Tese de doutorado. Programa de Pós-Graduação em Ciências Sociais, Pontifícia Universidade Católica de Minas Gerais (PUC Minas), 2014.

Candido, Antonio. *Os parceiros do rio Bonito: estudo sobre o caipira paulista e a transformação dos seus meios de vida*. São Paulo: Livraria Duas Cidades, 1971.

Cardoso, Fábio Silvestre. *Capanema: biografia*. Rio de Janeiro/São Paulo: Record, 2019.

Cardoso, Fernando Henrique. *Cor e mobilidade social em Florianópolis: aspectos das relações entre negros e brancos numa comunidade do Brasil meridional*. São Paulo: Companhia Editora Nacional, 1960.

_____. e Enzo Faletto. *Dependência e desenvolvimento na América Latina: ensaio de interpretação sociológica*. Rio de Janeiro: Zahar, 1970.

Cardoso, Fernando Henrique e Alejandro Foxley (orgs.). *América Latina, desafios da democracia e do desenvolvimento: políticas sociais para além da crise*. Rio de Janeiro/São Paulo: Elsevier/Instituto Fernando Henrique Cardoso, 2009. Edição em espanhol: *A medio camino: nuevos caminos de la democracia y del desarrrollo en América Latina*. Santiago: Uqbar, 2009.

Carneiro, Maria Luiza Tucci. *O antissemitismo nas Américas: memória e história*. São Paulo: Edusp, 2007.

Carvalho, José Murilo de. *A Escola de Minas de Ouro Preto: o peso da glória*. Rio de Janeiro/São Paulo: Finep/Companhia Editora Nacional, 1978.

Carvalho, Maria Alice Rezende de e Valéria Martins. "Luiz Werneck Vianna: um intelectual público", *Ciência Hoje*, 49(291), 2012, pp. 70-77.

Castro, Antônio Barros de e Francisco Eduardo Pires de Souza. *A economia brasileira em marcha forçada*. Rio de Janeiro: Paz e Terra, 1985.

Castro, Claudio de Moura. *Investment in Education in Brazil: a Study of Two Industrial Communities*. Tese de doutorado. Department of Economics, University of Vanderbilt, 1970.

_____. *A mágica do dr. Yvon*. Belo Horizonte: Benvida Editora, 2016.

_____. e Gláucio A.D. Soares. "As avaliações da Capes", in Simon Schwartzman e Claudio de Moura Castro (orgs.), *Pesquisa universitária em questão*. Campinas: Unicamp, 1986, pp. 173-229.

Castro, Claudio de Moura e Simon Schwartzman. "Reformas na educação superior?", *O Estado de S. Paulo*, 22 jan. 2005.

_____. "Ensino técnico e profissional: a falta que faz e como fazer", in Fabio Giambiagi e Claudio Porto (orgs.), *Propostas para o governo 2015-2018: agenda para um país próspero e competitivo*. Rio de Janeiro: Elsevier, 2015.

Cintra, Antônio Octávio, Edson Machado de Souza, Paulo Elpídio Menezes Neto et al. *Relatório do grupo executivo para a reformulação da educação superior*. Disponível em: <https://archive.org/details/GERES/page/n24/mode/2up>. Acesso em: 10 fev. 2020.

Coelho, Edmundo Campos. *Em busca de identidade: o exército e a política na sociedade brasileira*. Rio de Janeiro: Forense Universitária, 1976.

_____. *A oficina do diabo: crise e conflitos no sistema penitenciário do Rio de Janeiro*. Rio de Janeiro: Espaço e Tempo/Iuperj, 1987.

_____. *A sinecura acadêmica: a ética universitária em questão*. São Paulo: Vértice/Iuperj, 1988.

_____. *As profissões imperiais: advocacia, medicina e engenharia no Rio de Janeiro, 1822-1930*. Rio de Janeiro: Record, 1999.

Comissão Nacional para Reformulação da Educação Superior. *Uma nova política para a educação superior*. Brasília: MEC/Secretaria de Educação Superior, 1985.

Comitê Editorial. "Editorial", *Educação & Sociedade*, 23(78), 2002, pp. 5-7.

Converse, Philip E. "The nature of belief systems in mass publics", *Critical Review*, 18(1-3), 1964, pp. 1-74.

Corte, Andrea Tela da. *Os judeus em Niterói: imigração, cidade e memória (1910--1920)*. Tese de doutorado. Programa de Pós-Graduação em História, Universidade Federal Fluminense (UFF), 2009.

Coutinho, Luciano (org.). *Estudo da competitividade da indústria brasileira: relatório final*. Campinas: IE/Unicamp, IEI/UFRJ, FDC e Funcex, 1993.

Cuperschmid, Ethel Mizrahy. *Judeus entre dois mundos: primórdios da comunidade judaica de Belo Horizonte*. Belo Horizonte: Marketing Aumentado, 2013.

Daland, Robert T. *Perspectives of Brazilian Public Administration*. Rio de Janeiro/Los Angeles: Escola Brasileira de Administração Pública da FGV/School of Public Administration, University of Southern California, 1963.

Decol, René Daniel. "Judeus no Brasil: explorando os dados censitários", *Revista Brasileira de Ciências Sociais*, 16(46), 2000, pp. 147-160.

Di Tella, Torcuato S. *El sistema político argentino y la clase obrera*. Buenos Aires: Editorial Universitaria de Buenos Aires, 1964.

_____, Lucien Brams, Reynaud Jean Daniel et al. *Huachipato y Lota: sindicato y comunidad, dos tipos de estructura sindical latinoamericana*. Buenos Aires: Editorial del Instituto, 1967.

Dias, José Luciano de Mattos. *Finep:30 anos de projetos para o Brasil*. Rio de Janeiro: FGV, 2002.

Douglas, Mary. "Four cultures: the evolution of a parsimonious model", *GeoJournal*, 47(3), 1999, pp. 411-415.

Drummond, Roberto. *Hilda Furacão*. São Paulo: Geração Editorial, 2008.

Eciel. *Cinco anos a serviço acadêmico da América Latina: programa Eciel: 1974-1979, atividades do programa*. Rio de Janeiro: Programa de Estudos Conjuntos sobre Integração Econômica da América Latina, 1979.

Ejlenberg, Mark. *The Blue Sky: a Historical Narrative About the Roots of the Ejlenberg and Raszewski Families*. Chicago: Mark Ejlenberg, 2019.

Ejlenberg-Raber, Vera. *The Red Jacket: a Historical Narrative Documenting the Roots of the Radzyner and Raber families*. Chicago: Vera Ejlenberg-Raber, 2019.

Elacqua, Gregory. "Chile: the quality of for-profit schooling", in Simon Schwartzman (org.), *Education in South America*. London: Bloomsbury Academic, 2015, pp. 221-248.

Embrapa. *Embrapa em Números*. Brasília: Embrapa, 2019.

Eysenck, Hans J. *The Psychology of Politics*. London: Routledge & Kegan Paul, 1954.

Faissol, Speridião. "A geografia quantitativa no Brasil: como foi e o que foi", *Revista Brasileira de Geografia*, Rio de Janeiro, 51(4), 1989, pp. 21-52.

_____. *O espaço, território, sociedade e desenvolvimento brasileiro*. Rio de Janeiro: IBGE, 1994.

Faoro, Raymundo. *Os donos do poder*. Porto Alegre: Globo, 1958.

Feldman, Sérgio Alberto. "Os judeus vermelhos", *Revista de História Regional*, 6(1), 2001, pp. 137-46.

Fernandes, Florestan. *Fundamentos empíricos da explicação sociológica*. São Paulo: Companhia Editora Nacional, 1959.

Fishlow, Albert. "Brazilian size distribution of income", *American Economic Review*, 62(12), 1972, pp. 391-402.

Fletcher, Philip R. *Primary School Repetition: a Neglected Problem in Brazilian Education. A Preliminary Analysis and Suggestion for Further Evaluation*. Stanford, CA: Stanford University, 1984.

Foxley, Alejandro e Fernando Henrique Cardoso (orgs.). *América Latina: desafios da democracia e do desenvolvimento. Políticas sociais além da crise*. Rio de Janeiro: Elsevier, 2009.

Franco, Rolando. *La Flacso clásica (1957-1973): vicissitudes de las ciencias sociales latinoamericanas*. Santiago: Catalonia, 2007.

Franco, Sérgio. "O Sinaes em seu processo de implementação: desafios e perspectivas", *Revista Entreideias: educação, cultura e sociedade*, 1(2), 2012, pp. 9-25.

Frank, Andre Gunder. *Capitalism and Underdevelopment in Latin America: Historical Studies of Chile and Brazil*. New York: Monthly Review Press, 1967.

Freitas, Mario Augusto Teixeira. "A escolaridade média no ensino primário brasileiro", *Revista Brasileira de Estatística*, 8(30-31), 1947, pp. 295-474.

Fry, Peter e Yvonne Maggie (orgs.). *Divisões perigosas: políticas raciais no Brasil contemporâneo*. Rio de Janeiro: Civilização Brasileira, 2007.

Gatti, Bernadete Angelina. "Avaliação: contexto, história e perspectivas", *Olhares: Revista do Departamento de Educação da Unifesp*, 2(1), 2014, pp. 8-26.

Galtung, Johan. *Theory and Methods of Social Research*. Oslo/New York: Universitetsforlaget/Columbia University Press, 1967.

Gawthorpe, Andrew J. "Mad Dog? Samuel Huntington and the Vietnam War", *Journal of Strategic Studies*, 41(1-2), 2018, pp. 301-325.

Germani, Gino. "Antisemitismo ideológico y antisemitismo tradicional", *Criterio 9*, 1962, pp. 55-63.

Gibbons, Michael, Martin Trow, Simon Schwartzman et al. *The New Production of Knowledge: the Dynamics of Science and Research in Contemporary Societies*. London/Thousand Oaks: Sage Publications, 1994.

Glaser, William A. e G. Christopher Habers. *The Brain Drain: Emigration and Return (findings of a Unitar Multinational Comparative Survey of Professional Personnel of Developing Countries who Study Abroad)*. Oxford/New York: Pergamon Press, 1978.

Golgher, Isaías. *A tragédia do comunismo judeu: a história da Levsektzia*. Belo Horizonte: Editora Mineira, 1972.

Gornitzka, Åse, Peter Maassen, Johan P. Olsen et al. "Europe of knowledge: search for a new pact", in P. Maassen e J.P. Olsen (orgs.), *University Dynamics and European Integration*. Dordrecht: Springer, 2007, pp. 181-214.

Greenfeld, Liah. *The Ideals of Joseph Ben-David: the Scientist's Role and Centers of Learning Revisited*. New Jersey: Transaction Publishers, 2012.

Gurvitch, Georges. *L'idée du droit social: notion et système du droit social. Histoire doctrinale depuis le 17ème siècle jusqu'á la fin du 19ème siécle*. Paris: Librairie de Recueil Sirey, 1932.

_____. *La vocation actuelle de la sociologie: vers une sociologie différentielle*. Paris: Presses Universitaires de France, 1950.

_____. e Wilbert Ellis Moore (orgs.). *La sociologie au XXème siècle*. Paris: Presses Universitaires de France, 1947.

Hallak Neto, João e Christina Maia Forte. "O Sistema de Contas Nacionais: evolução histórica e implantação no Brasil", *Revista Econômica*, 18(1), 2016.

Hasenbalg, Carlos Alfredo e Nelson do Valle Silva. *Estrutura social, mobilidade e raça*. Rio de Janeiro/São Paulo: Iuperj/Vértice, 1988.

Hegel, G.W.F. *La phénoménologie de l'esprit* (trad. Jean Hyppolite). Paris: Aubier, 1947.

Heintz, Peter. *Un paradigma sociológico del desarrollo con especial referencia a América Latina*. Buenos Aires: Editorial del Instituto, 1970.

Holanda, Sérgio Buarque de. *Raízes do Brasil*. Rio de Janeiro: José Olympio, 1936.

Holm-Nielsen, Lauritz, Michael Crawford e Alcyone Saliba. *Institutional and Entrepreneurial Leadership in the Brazilian Science and Technology Sector: Setting a New Agenda*. Washington, D.C.: The World Bank, 1996.

Horkheimer, Max e Theodor W. Adorno. *Dialectic of Enlightenment: Max Horkheimer and Theodor W. Adorono*. New York: Seabury Press, 1972.

Horowitz, I.L. (org.). *The Rise and Fall of Project Camelot: Studies in the Relationship between Social Science and Practical Politics*. The MIT Press, 1974.

Horta, Cid Rebelo. "Famílias governamentais de Minas Gerais", texto para o II Seminário de Estudos Mineiros. Belo Horizonte, 1956, pp. 45-90.

Hyppolite, Jean. *Genèse et structure de La Phénoménologie de l'Esprit de Hegel*. Paris: Aubier/Editions Montaigne, 1946.

Ianni, Octávio. *Raças e classes sociais no Brasil*. Rio de Janeiro: Civilização Brasileira, 1966.

IDados. *Quanto custa o Plano Nacional de Educação (2014-2024)?*. Rio de Janeiro: Idados, 2017.

Iglésias, Francisco. *Política econômica do governo provincial mineiro: 1835-1889*. Rio de Janeiro: Instituto Nacional do Livro, 1958.

Ignatieff, Michael. *Human Rights as Politics and Idolatry*. Princeton University Press, 2003.

Inep. *Vencendo o desafio da aprendizagem nas séries iniciais: a experiência de Sobral*. Brasília: MEC, 2005.

Inkeles, Alex. "Becoming modern: individual change in six developing countries", *Ethos*, 3(2), 1975, pp. 323-342.

International Panel on Social Progress. *Rethinking Society for the 21st Century: Report of the International Panel on Social Progress*. Cambridge University Press, 2018.

Jaguaribe, Hélio. "Iseb: um breve depoimento e uma reapreciação crítica", *Cadernos do Desenvolvimento*, 9(14), 2018, pp. 231-260.

Judt, Tony. *Postwar: a History of Europe Since 1945*. London: Penguin Books, 2006.

Klein, Ruben. "Uma reanálise dos resultados do Pisa: problemas de comparabilidade", *Ensaio: Avaliação e Políticas Públicas em Educação*, 19(73), 2011, pp. 717-742.

_____ e Sérgio da Costa Ribeiro. "A pedagogia da repetência ao longo das décadas", *Ensaio: Avaliação e Políticas Públicas em Educação*, 3(6), 1995, pp. 55-62.

Knorr-Cetina, K. e M.J. Mulkay. *Science Observed: Perspectives on the Social Study of Science*. London/Beverly Hills: Sage Publications, 1983.

Kuhn, Thomas S. *The Structure of Scientific Revolutions*. University of Chicago Press, 1996 [1962].

Lamounier, Bolívar. *Da Independência a Lula: dois séculos de política brasileira*. São Paulo: Augurium, 2005.

_____. *De onde, para onde*. São Paulo: Global, 2018.

_____ e Fernando Henrique Cardoso. *Os partidos e as eleições no Brasil*. Rio de Janeiro: Paz e Terra, 1975.

Langoni, Carlos Geraldo. *Distribuição da renda e desenvolvimento econômico do Brasil*. Rio de Janeiro: FGV, 2005.

Larson, Magali Sarfatti. *The Rise of Professionalism: a Sociological Analysis*. Berkeley: University of California Press, 1977.

Latour, Bruno. *We Have Never Been Modern*. Cambridge, MA: Harvard University Press, 1993.

_____ e Steve Woolgar. *Laboratory Life: the Construction of Scientific Facts*. Princeton University Press, 1986.

Leal, Victor Nunes. *Coronelismo, enxada e voto: o município e o regime representativo no Brasil*. Rio de Janeiro: Forense, 1949.

Lefebvre, Henri. *La somme et le reste*. Paris: Nef de Paris Editions, 1959.

Lenin, Vladimir Ilitch. *Imperialismo, estágio superior do capitalismo*. São Paulo: Expressão Popular, 2012 [1917].

Lévi-Strauss, Claude. *Tristes tropiques*. New York: Modern Library, 1997 [1955].

Levy, Samuel, António Carlos Campino e Egas Moniz Nunes. *Análise econômica do sistema educacional de São Paulo*. São Paulo: IPE/USP, 1970.

Lewis, Oscar. *The Children of Sánche: Autobiography of a Mexican Family*. New York: Random House, 1961.

Lisboa, Marcos de Barros e José Alexandre Scheinkman. *A agenda perdida: diagnósticos e propostas para a retomada do crescimento com maior justiça social*. Disponível em: <http://www.columbia.edu/~js3317/JASfiles/AgendaPerdida.pdf>. Acesso em: 15 jan. 2020.

Loner, Beatriz Ana. *O PCB e a linha do Manifesto de Agosto: um estudo*. Dissertação de mestrado. Instituto de Filosofia e Ciências Humanas, Universidade de Campinas (Unicamp), 1985.

Lorenz, Francisco V. *Cabala: a tradição esotérica do Ocidente*. São Paulo: Pensamento, 2014.

Lukács, György. *Histoire et conscience de classe*. Paris: Minuit, 1960 [1922].

_____. *The Destruction of Reason*. Atlantic Highlands, N.J.: Humanities Press, 1981 [1954].

Maassen, Peter. "A new social contract for higher education?", in Gaële Goastellec e France Picard (orgs.), *Higher Education in Societies: a Multi-Scale Perspective*. Dordrecht: Springer, 2014, pp. 33-50.

Macedo Soares, José Carlos. *Justiça: a revolta militar em São Paulo*. Paul Dupont, 1925.

Malan, Pedro Sampaio. "Distribuição de renda e desenvolvimento: novas evidências e uma tentativa de clarificação da controvérsia", *Dados: Revista de Ciências Sociais*, 21, 1979, pp. 33-48.

Malthus, Thomas. *An Essay on the Principle of Population*. Amherst, N.Y.: Prometheus Books, 1998 [1798].

Matos, Cleide Carvalho de. *Concepções, princípios e organização do currículo no Projeto Escola Ativa*. Dissertação de mestrado. Instituto de Ciências da Educação, Universidade Federal do Pará (UFPA), 2010.

McDonough, Peter. *Power and Ideology in Brazil*. Princeton University Press, 1981.

Merleau-Ponty, Maurice. *Humanisme et terreur: essai sur le problème communiste*. Paris: Gallimard, 1947.

Merton, Robert K. "On sociological theories of the middle range", in *Social Theory and Social Structure*. New York: The Free Press, 1968 [1949], pp. 59-91.

_____. "The normative structure of science", in *The Sociology of Science: Theoretical and Empirical Investigations*. University of Chicago Press, 1979 [1942].

_____. e Alice Rossi. "Contributions to the theory of reference groups", in Robert K. Merton, *Social Theory and Social Structure*. Glencoe, Illinois: Free Press, 1957, pp. 225-368.

Merton, Robert K. e Paul Felix Lazarsfeld. *Continuities in Social Research: Studies in the Scope and Method of "The American Soldier"*. Glencoe, Illinois: Free Press, 1950.

Moore, Barrington. *Social Origins of Dictatorship and Democracy; Lord and Peasant In the Making of the Modern World*. Boston: Beacon Press, 1966.

Mora y Araujo, Manuel e Ignacio Llorente. *El voto peronista*. Buenos Aires: Editorial Sudamericana, 1980.

Morais, Fernando. *Olga: a vida de Olga Benário Prestes, judia comunista entregue a Hitler pelo governo Vargas*. São Paulo: Alfa-Omega, 1985.

Morente, Manuel García. *Lecciones preliminares de filosofía*. Madrid: Encuentro, 2010 [1938].

Morse, Richard M. *De comunidade a metrópole: biografia de São Paulo*. Comissão do IV Centenário da Cidade de São Paulo, 1954.

_____. *O espelho de Próspero: cultura e ideias nas Américas.* São Paulo: Companhia das Letras, 1988.

Motta, Rodrigo Patto Sá. "Meu registro é breve, nasci comunista: militância judaico-comunista. Estudo de caso", *História Oral,* 6, 2003, pp. 95-105.

Murmis, Miguel, Juan Carlos Portantiero e Hernán Camarero. *Estudios sobre los orígenes del peronismo.* Buenos Aires: Siglo XXI, 1972.

Naess, Arne. *The Selected Works of Arne Naess.* Dordrecht: Springer, 2007.

Nina Rodrigues, Raymundo. *Os africanos no Brasil.* São Paulo: Companhia Editora Nacional, 1976 [1933].

Nisbet, Robert A. "Project Camelot: an autopsy", *The Public Interest,* 5, 1966, p. 45.

O'Donnell, Guillermo. "Reflections on the patterns of change in the bureaucratic-authoritarian state", *Latin American Research Review,* 13(1), 1978, pp. 3-38.

_____, Philippe C. Schmitter e Laurence Whitehead. *Transitions from Authoritarian Rule: Comparative Perspectives.* Baltimore: Johns Hopkins University Press, 1986.

Ochs, Smil e Aluízio Loureiro Pinto. *Modernização e reforma administrativa do governo federal brasileiro: quatro décadas de experiência.* Brasília/Rio de Janeiro: Secretaria de Modernização/FGV, 1973.

OECD. *Reviews of National Policies of Education: Chile.* Paris: OECD, 2004.

_____. *Reviews of National Policies for Education: Tertiary Education in Chile.* Paris: OECD, 2009.

_____. *Rethinking Quality Assurance for Higher Education in Brazil.* Paris: OECD, 2018.

Oliveira, Elysabeth Senra de. *Uma geração cinematográfica: intelectuais mineiros da década de 50.* São Paulo: Annablume, 2003.

Oliveira, João Batista Araujo e. *Fraturas na Base: fragilidades estruturais na BNCCC.* Rio de Janeiro: Instituto Alfa e Beto, 2018.

_____. "O sucesso de Sobral. Instituto Alfa e Beto". Disponível em: <https://alfaebeto.org.br/wp-content/uploads/2015/12/Sobral-IAB-20150106.pdf>. Acesso em: 10 jan. 2020.

_____. *Ilhas de competência: carreiras científicas no Brasil.* São Paulo/Brasília: Brasiliense/CNPq, 1985.

_____ e Simon Schwartzman. *A escola vista por dentro.* Belo Horizonte: Alfa Educativa, 2002.

Oliveira, Joelma Alves de. *Polop: as origens, a coesão e a cisão de uma organização marxista (1961-1967).* Dissertação de mestrado. Departamento de Pós-Graduação em Sociologia, Universidade Estadual Paulista (Unesp), 2007.

Oz, Amós. *De amor e trevas*. São Paulo: Companhia das Letras, 2016.

Paim, Antonio. "Por uma universidade no Rio de Janeiro", in Simon Schwartzman (org.), *Universidades e instituições científicas no Rio de Janeiro*. Brasília: CNPq, 1982, pp. 17-96.

_____. *História das ideias filosóficas no Brasil*. Londrina: Editora UEL, 1997.

Parsons, Talcott. *Societies: Evolutionary and Comparative Perspectives*. Englewood Cliffs, N.J.: Prentice-Hall, 1966.

Peirano, Mariza G.S. "A antropologia esquecida de Florestan Fernandes: os Tupinambá", *Anuário Antropológico*, 82, 1982, pp. 15-49.

Pena, Sérgio D.J. e Bortolini Maria Cátira. "Pode a genética definir quem deve se beneficiar das cotas universitárias e demais ações afirmativas?", *Estudos Avançados*, 18(50), 2004, pp. 31-50.

Petruccelli, José Luis e Ana Lucia Saboia. *Características étnico-raciais da população: classificações e identidades*. Rio de Janeiro: IBGE, 2013.

Pfeffer, Renato Somberg. *Vidas que sangram histórias: a comunidade judaica de Belo Horizonte*. Belo Horizonte: C/Arte, 2003.

Phelps, Edmund S. *Mass Flourishing: How Grassroots Innovation Created Jobs, Challenge, and Change*. Princeton University Press, 2013.

Pinto, Ricardo Guedes Ferreira. *Liliputianos e lapucianos: os caminhos da física no Brasil (1810 a 1949)*. Dissertação de mestrado. Instituto Universitário de Pesquisas do Rio de Janeiro (Iuperj), Programa de Pós-Graduação em Sociologia, Faculdade Candido Mendes, 1978.

Pinto, Yvon Leite de Magalhães. *O movimento "estudantil" de 1960 na Faculdade de Ciências Econômicas da Universidade Federal de Minas Gerais: esclarecimentos prestados pelo antigo diretor da faculdade*. Belo Horizonte: Estabelecimentos Gráficos Santa Maria, 1963.

Plotkin, Mariano e Federico Neiburg. "Elites intelectuales y ciencias sociales en la Argentina de los años 60: el Instituto Torcuato Di Tella y la nueva economía", *Estudios Interdisciplinarios de América Latina y el Caribe*, 14(1), 2014, pp. 48-66.

Polanyi, Karl. *A grande transformação: as origens da nossa época*. Rio de Janeiro: Campus, 1980 [1944].

Prebisch, R. *The Economic Development of Latin America and its Principal Problems*. New York: United Nations Department of Economic Affairs, 1950.

Quesada, Carlos Fernando. "Sobrevolando la tormenta. La sede chilena de la Fundación Ford", *Cuadernos Americanos*, 3(133), 2010, pp. 89-101.

Quiroga, Patricio e Carlos Maldonado. *El prusianismo en las Fuerzas Armadas chilenas: un estudio histórico 1885-1945 (presentación de Sergio Bitar)*. Santiago: Ediciones Documentas, 1988.

Ramos, Alberto Guerreiro. "A sociologia de Max Weber: sua importância para a teoria e a prática da administração", *Revista do Serviço Público*, 3(2-3), 1946, pp. 129-139.

_____. *Introdução crítica à sociologia brasileira*. Rio de Janeiro: Editorial Andes, 1957.

_____. *A redução sociológica: introdução ao estudo de razão sociológica*. Rio de Janeiro: Iseb/MEC, 1958.

Reimers, Fernando, Carol DeShano da Silva e Ernesto Trevino. *Where is the "Education" in Conditional Cash Transfers in Education?* Montreal: Unesco Institute for Statistics. 2006.

Reis, Elisa Maria Pereira. *The Agrarian Roots of Authoritarian Modernization in Brazil*. Tese de doutorado. Department of Political Science, Massachusetts Institute of Technology (MIT), 1979.

Reis, Fábio Wanderley. *Os partidos e o regime: a lógica do processo eleitoral brasileiro (on-line)*. Rio de Janeiro: Centro Edelstein de Pesquisa Social, 2009 [1978].

Ringer, Fritz K. *The Decline of the German Mandarins: the German Academic Community, 1890-1933*. Hanover: University Press of New England, 1990.

Robinson, James e Daron Acemoglu. *Why Nations Fail*. New York: Crown Publishing Group, 2012.

Rodrigues, Lidiane Soares. *A produção social do marxismo universitário em São Paulo: mestres, discípulos e um seminário (1958-1978)*. Tese de doutorado. Faculdade de Filosofia, Letras e Ciências Humana, Universidade de São Paulo (USP), 2011.

Rollemberg, Denise. *O apoio de Cuba à luta armada no Brasil: o treinamento guerrilheiro*. Rio de Janeiro: Mauad Editora Ltda., 2001.

Ross, Andrew. *Science Wars*. Durham: Duke University Press, 1996.

Rubião, Murilo. *Um retrato da geração mineira de 1945*. Belo Horizonte: Leia Especial, 1986.

Russett, Bruce M. *World Handbook of Political and Social Indicators*. New Haven: Yale University Press, 1964.

Ryan, Joseph W. "Samuel A. Stouffer and The American Soldier", *Journal of Historical Biography*, 7, 2010, pp. 100-137.

Santos, Crisolita Gonçalves dos. "O Plano de Desenvolvimento da Escola (PDE Escola) e a qualidade do ensino: da sua política de implementação no governo FHC (1998-2002) à sua configuração no governo Lula (2003-2010)", *Revista Margens Interdisciplinar*, 8(10), 2016, pp. 275-294.

Schmitter, Philippe C. *Interest Conflict and Political Change in Brazil*. Stanford University Press, 1971.

_____. "Still the century of corporatism?", in Fredrick B. Pike e Thomas Stritch, *The New Corporatism: Social-Political Structures in the Iberian World*. South Bend: University of Notre Dame Press, 1974, pp. 85-131.

Schumacher, Ernst Friedrich. *Small is Beautiful: a Study of Economics as if People Mattered*. London: Blond & Briggs, 1973.

Schwartzman, Simon. *A filosofia do subdesenvolvimento de Álvaro Vieira Pinto*, 1959. Disponível em: <https://archive.org/details/FilosofiaDoSubdesenvolvimento>. Acesso em: 15 fev. 2020.

_____. *Introdução ao pensamento de Georges Gurvitch*, 1960. Disponível em: <https://archive.org/details/IntroduoAoPensamentoDeGeorgesGurvitch/page/n6/mode/2up>. Acesso em: 15 fev. 2020.

_____. *Para um conceito sociológico de alienação política*, 1961. Disponível em: <https://archive.org/details/AlienacaoPolitica/mode/2up>. Acesso em: 15 fev. 2020.

_____. "Desenvolvimento econômico e desenvolvimento político: do nacionalismo ao desenvolvimentismo", *Revista Brasileira de Ciências Sociais*, 3(1), 1963, pp. 271-282.

_____. "Ideologia política y participación obrera", *Anales de la Facultad Latinoamericana de Ciencias Sociales*, 1(1), 1964, pp. 65-84.

_____. "Representação e cooptação política no Brasil", *Dados: Revista de Ciências Sociais*, 7, 1970, pp. 9-41.

_____. *Projeto Retorno: avaliação do impacto do treinamento, no exterior, de pessoal qualificado. Relatório final*. Rio de Janeiro: IBRI/Escola Brasileira de Administração Pública da FGV, 1971.

_____. "International system and intra-national tensions", in Peter Heintz (org.), *A Macrosociological Theory of Societal Ssystems with Special Reference to the International System*. Bern: H. Huber, 1972, pp. 197-222.

_____. *Regional Cleavages and Political Patrimonialism in Brazil*. Tese de doutorado. Department of Political Science, University of California, Berkeley, 1973.

_____. *São Paulo e o Estado nacional*. São Paulo: Difel, 1975.

_____. "Resenha bibliográfica: Caiden, Naomi, and Wildavsky, Aaron. Planning and Budgeting in Poor countries", *Pesquisa e Planejamento Econômico*, 6(1), 1976, pp. 279-286.

_____ (org.). *Técnicas avanzadas en ciencias sociales*. Buenos Aires: Ediciones Nueva Visión, 1977.

_____. "Struggling to be born: the scientific community in Brazil", *Minerva*, 16(4), 1978, pp. 545-580.

_____. "Brain drain: pesquisa multinacional?", in Edson de Oliveira Nunes (org.), *A aventura sociológica*. Rio de Janeiro: Zahar, 1978, pp. 67-85.

_____ (org.). *O pensamento nacionalista e os Cadernos de Nosso Tempo*. Brasília: Câmara dos Deputados/UnB, 1979.

_____. "Pugwash e o Terceiro Mundo", *O Estado de S. Paulo*, 18 mai. 1979.

_____. *Ciência, universidade e ideologia: a política do conhecimento*. Rio de Janeiro: Biblioteca Virtual de Ciências Humanas do Centro Edelstein de Pesquisas Sociais, 2008 [1981]. Disponível em: <http://books.scielo.org/id/mny2p>. Acesso em: 2 out. 2020.

_____. "Modelos de atividade científica", in Antônio Paes de Carvalho et al. (orgs.), *Administração da atividade científica*. Brasília: CNPq, 1981, pp. 9-18.

_____. "Comentário ao artigo de Howard J. Wiarda, 'Por uma teoria não etnocêntrica do desenvolvimento: as concepções alternativas do Terceiro Mundo'", *Dados: Revista de Ciências Sociais*, 25(3), 1982, pp. 353-354.

_____ (org.). *Universidades e instituições científicas no Rio de Janeiro*. Brasília: CNPq, 1982.

_____ (org.). *Estado Novo: um autorretrato*. Brasília: UnB, 1983.

_____. "A sociologia de Guerreiro Ramos (painel sobre a contribuição de Guerreiro Ramos para a sociologia brasileira)", *Revista de Administração Pública*, 17(2), 1983, pp. 30-34.

_____. "The focus on scientific activity", in Burton R. Clark (org.), *Perspectives in Higher Education: Eight Disciplinary and Comparative Views*. Berkeley: University of California Press, 1984, pp. 199-232.

_____. "Desempenho das unidades de pesquisa: ponto para as universidades", *Revista Brasileira de Tecnologia*, 16(2), 1985, pp. 54-60.

_____ (relator). *Por uma nova política para o ensino superior no Brasil*. Relatório da Comissão Nacional de Reformulação da Educação Superior. Brasília: MEC, 1985. Disponível em: <https://archive.org/details/PorUmaNovaPoliticaParaOEnsinoSuperiorNoBrasilRelatorioDaComissao/page/n1/mode/2up>. Acesso em: 10 jan. 2020.

_____. "Coming full circle: a reappraisal of university research in Latin America", *Minerva*, 24(4), 1986, pp. 456-475.

_____. "A força do novo: por uma sociologia dos conhecimentos modernos no Brasil, *Revista Brasileira de Ciências Sociais*, 2(5), 1987, pp. 47-66.

_____. "High technology *vs* self reliance: Brazil enters the computer age", in Julian M. Chacel, Pamela S. Falk e David V. Fleischer, *Brazil's Economic and Political Future*. Boulder: Westview Press, 1988, pp. 67-82.

_____. "Changing roles of new knowledge: research institutions and societal transformations in Brazil", in Peter Wagner, Carol Hirschon Weiss, Bjorn Wittrock et al. (orgs.), *Social Sciences and Modern States: National Experiences and Theoretical Crossroads*. Cambridge University Press, 1991, pp. 230-260.

_____. *A Space for Science: the Development of the Scientific Community in Brazil*. University Park: Pennsylvania State University Press, 1991.

_____. "Science and technology in Brazil: a new policy for a global world", *Minerva*, 32(4), 1994, pp. 440-468.

_____. *A redescoberta da cultura*. São Paulo: Edusp, 1997.

_____. "Fora de foco: diversidade e identidades étnicas no Brasil", *Novos Estudos Cebrap*, 55, nov. 1999, pp. 83-96.

_____. "Legitimacy, controversies and translation in public statistics", *Science, Technology & Society*, 4(1), 1999, pp. 1-34.

_____. "Edmundo Campos, sociólogo radical". Depoimento na homenagem a Edmundo Campos Coelho, Rio de Janeiro: Iuperj, 5 out. 2001. Disponível em: <https://archive.org/details/EdmundoCamposCoelhoSocilogoRadical>. Acesso em: 20 jan. 2020.

_____. "O risco moral da educação". Apresentação preparada para o Fórum de Ciência e Cultura da UFRJ, nov. 2001. Disponível em: <https://archive.org/details/ORiscoMoralDaEducacao>. Acesso em: 20 ago. 2020.

_____. "A pesquisa científica e o interesse público", *Revista Brasileira de Inovação*, 1(2), 2003, pp. 361-395.

_____. *As causas da pobreza*. Rio de Janeiro: FGV, 2004.

_____. *Pobreza, exclusão social e modernidade: uma introdução ao mundo contemporâneo*. São Paulo: Augurium, 2004.

_____. *Coesão social, democracia e corrupção*. Documento de trabalho, projeto Nova Agenda de Coesão Social para a América Latina. São Paulo: Instituto Fernando Henrique Cardoso/Cieplan, 2008. Disponível em: <https://fundacaofhc.org.br/files/papers/446.pdf>. Acesso em: 20 ago. 2020.

_____. "É preciso ir à luta (entrevista)", *Veja*, 7 mai. 2008.

_____ (org.). *Universidades e desenvolvimento na América Latina: experiências exitosas de centros de pesquisas*. Rio de Janeiro: Biblioteca Virtual de Ciências Humanas do Centro Edelstein de Pesquisas Sociais, 2008. Edição inglesa: *The Leading Latin American Universities: Successful Experiences of Research Centers*. Rotterdam: Sense Publishers, 2008. Edição em espanhol: *Universidad y desarrollo en Latinoamérica: experiencias exitosas de centros de investigación*. Caracas: Ieasalc/Unesco, 2008.

_____. "Bolsa Família: mitos e realidades", *Interesse Nacional*, 2(7), 2009, pp. 20-28.

_____. "Nota sobre a transição necessária da pós-graduação brasileira", in Brasil, Ministério da Educação e Capes (orgs.), *Plano Nacional de Pós-Graduação 2011-2020*. Brasília: MEC, 2010, pp. 34-52.

_____. "O viés acadêmico na educação brasileira", in Edmar L. Bacha e Simon Schwartzman, *Brasil: a nova agenda social*. Rio de Janeiro: LTC, 2011, pp. 254-269.

_____. "Uses and abuses of education assessment in Brazil", *Prospects*, 43, 2013, pp. 269-288.

_____. *Changing Universities and International Academic Cooperation*. Amazon Digital Services LLC, 2014.

_____ (org.). *A via democrática: como o desenvolvimento econômico e social ocorre no Brasil*. Rio de Janeiro: Elsevier, 2014.

_____. *Bases do autoritarismo brasileiro*. Campinas: Unicamp, 2015 [1982].

_____. *Um espaço para a ciência: a formação da comunidade científica no Brasil*. Campinas: Unicamp, 2015 [1979].

_____. *Educação média profissional no Brasil: situação e caminhos*. São Paulo: Fundação Santillana, 2016.

_____. *Avaliação e monitoramento do Plano Nacional de Educação: limites, possibilidades e desafios*. Conferência de abertura da IX Reunião da Associação Brasileira de Avaliação Educacional, Salvador, 16 ago. 2017.

_____. *Crônicas da crise: política, sociedade e educação no Brasil*. Vol. 1: *Política, governo, sociedade e pobreza*. Amazon Self Publishing, 2017.

_____. *Crônicas da crise: política, sociedade e educação no Brasil*. Vol. 2: *Educação geral, média e profissional*. Amazon Self Publishing, 2017.

_____. *Crônicas da crise: política, sociedade e educação no Brasil*. Vol. 3: *Educação superior, ações afirmativas, pós-graduação, ciência e tecnologia*. Amazon Self Publishing, 2017.

_____. "A Base Nacional Curricular e a reforma do ensino médio", *O Estado de S. Paulo*, 9 abr. 2018.

_____. "O novo ensino médio: o difícil caminho à frente", in Candido Alberto Gomes, Ivar César Oliveira de Vasconcelos e Silvia Regina dos Santos Coelho (orgs.), *Ensino médio: impasses e dilemas*. Brasília: Sociedade Brasileira de Educação Comparada, 2018, pp. 15-34.

_____. "Os dilemas do novo ensino médio", *Revista Brasileira (Academia Brasileira de Letras)*, II Fase IX(99), 2019, pp. 113-118.

_____. *The Schwartzman/Radzyner Family in Brazil*, 2019. Disponível em: <https://archive.org/details/zolminandhelenapub>. Acesso em: 20 ago. 2020.

_____. "A tentação de Goebbels", *O Estado de S. Paulo*, 14 fev. 2020.

_____ (org.). *Science and Technology in Brazil: a New Policy for a Global World* (Vol. 1). Rio de Janeiro: FGV, 1995.

_____. *Ciência e tecnologia no Brasil: política industrial, mercado de trabalho e instituições de apoio* (Vol. 2). Rio de Janeiro: FGV, 1995.

_____. *Ciência e tecnologia no Brasil: a capacitação brasileira para a pesquisa científica e tecnológica* (Vol. 3). Rio de Janeiro: FGV, 1995.

Schwartzman, Simon e Claudio de Moura Castro (orgs.). *Pesquisa universitária em questão*. São Paulo: Unicamp/Ícone Editora/CNPq, 1986.

_____. "Ensino, formação profissional e a questão da mão de obra", *Ensaio: Avaliação e Políticas Públicas em Educação*, 21(80), 2013, pp. 563-624.

_____. Eduardo Krieger, Fernando Galembeck et al. "Ciência e tecnologia no Brasil: uma nova política para um mundo global", in Simon Schwartzman (org.), *Ciência e tecnologia no Brasil: política industrial, mercado de trabalho e instituições de apoio*. Rio de Janeiro: FGV, 1995, pp. 1-59.

Schwartzman, Simon e Elizabeth Balbachevsky. "A profissão acadêmica no Brasil", *Documentos de Trabalho*, 5/92, São Paulo: Nupes/USP, 1992.

Schwartzman, Simon e Cristián Cox. *Políticas educacionais e coesão social: uma agenda latino-americana*. Rio de Janeiro: Elsevier, 2009. Edição em espanhol: *Políticas educativas y cohesión social en América Latina*. Santiago: Uqbar Editores, 2009b.

Schwartzman, Simon, Fábio Wanderley Reis e Fernando Henrique Cardoso. "As eleições e o problema institucional", *Dados: Revista de Ciências Sociais*, 14, 1977, pp. 164-210.

Schwartzman, Simon, Helena Maria Bousquet Bomeny e Vanda Maria Ribeiro Costa. *Tempos de Capanema*. Rio de Janeiro: Paz e Terra/FGV, 2000 [1984].

Schwartzman, Simon e José Joaquín Brunner (orgs.). *Higher Education in Latin America Special Issue of Higher Education*. Kluvier Academic Publishers, 1993.

Schwartzman, Simon e Manuel Mora y Araujo. "Imágenes de estratificación internacional en Latinoamérica", *Revista Latinoamericana de Sociologia*, 2, 1966, pp. 179-204.

Schwartzman, Simon e Maria Helena de Magalhães Castro. "Nacionalismo, iniciativa privada e o papel da pesquisa tecnológica no desenvolvimento industrial: os primórdios de um debate", *Dados: Revista de Ciências Sociais*, 28(1), 1985, pp. 89-111.

_____. *Tecnologia para a indústria: a história do Instituto Nacional de Tecnologia*. Rio de Janeiro: Centro Edelstein de Pesquisas Sociais, 2008.

Schwartzman, Simon e Micheline Christophe. *A educação em ciências no Brasil*. Documento preparado por solicitação da Academia Brasileira de Ciências. Rio de Janeiro: IETS, 2009. Disponível em: <https://archive.org/details/AEducacaoEmCienciasNoBrasil>. Acesso em: 20 ago. 2020.

Schwartzman, Simon, Rómulo Pinheiro e Pundy Pillay (orgs.). *Higher Education in the Brics Countries: Investigating the Pact between Higher Education and Society.* Dordrecht: Springer, 2015.

Senra, Nelson de Castro. *História das estatísticas brasileiras: estatísticas organizadas.* Rio de Janeiro: IBGE, 2008.

_____, Silvia Maia Fonseca e Teresa Cristina Millions. *O desafio de retratar o país: estrevistas com os presidentes do IBGE no período de 1985 a 2015.* Rio de Janeiro: IBGE, 2016.

Serra, José. *Cinquenta anos esta noite: o golpe, a ditadura e o exílio.* Rio de Janeiro: Record, 2014.

Shattock, Michael. "Burton R. Clark and his contribution to the study of higher education", *London Review of Education*, 8(3), 2010, pp. 205-208.

Singer, André. *Esquerda e direita no eleitorado brasileiro: a identificação ideológica nas disputas presidenciais de 1989 e 1994.* São Paulo: Edusp/Fapesp, 1999.

Singer, Israel Joshua. *The Brothers Ashkenazi.* New York: A. Knopf, 1938.

Skidmore, Thomas E. *The Politics of Military Rule in Brazil, 1964-85.* New York: Oxford University Press, 1988.

Snow, C.P. *A Second Look: an Expanded Version of "The Two Cultures" and the Scientific Revolution.* Cambridge University Press, 1969.

Soares, Glaucio Ary Dillon. "Classes sociais, strata sociais e as eleições presidenciais de 1960", *Sociologia* 23(3), 1961, pp. 217-238.

_____. "Alianças e coligações eleitorais: notas para uma teoria", *Revista Brasileira de Estudos Políticos*, 17, 1964, p. 95.

Sorj, Bernardo e Danilo Martuccelli. *O desafio latino-americano: coesão social y democracia.* Rio de Janeiro: Civilização Brasileira, 2008.

Souza Coelho, Fernando de e Alexandre Mendes Nicolini. "Revisitando as origens do ensino de graduação em administração pública no Brasil (1854-1952)", *Revista de Administração Pública*, 48(2), 2014, pp. 367-388.

Spiel, Christiane e Simon Schwartzman. "A contribuição da educação para o progresso social", *Ciência & Trópico*, 42(1), 2018, pp. 22-88.

Stemmer, Caspar Erich. "Programa de Apoio ao Desenvolvimento Científico e Tecnológico (PADCT)", in Simon Schwartzman et al. (orgs.), *Ciência e tecnologia no Brasil: política industrial, mercado de trabalho e instituições de apoio.* Rio de Janeiro: FGV, 1995, pp. 288-332.

Stokes, Donald E. *Pasteur's Quadrant: Basic Science and Technological Innovation.* Washington, D.C.: Brookings Institution Press, 1997.

Suzigan, Wilson. "Experiência histórica de política industrial no Brasil", *Revista de Economia Política*, 16(1), 1996, p. 61.

Thompson, M., Richard Ellis e Aaron B. Wildavsky. *Cultural Theory*. Boulder, CO: Westview Press, 1990.

Unesco. *International Comparative Study on the Management, Productivity, and Effectiveness of Research Teams and Institutions (Icsopru)*, 1971-1989 (banco de dados). Disponível em: Inter-university Consortium for Political and Social Research [distributor], 2006.

Valenzuela, Eduardo, Simon Schwartzman, J. Samuel Valenzuela et al. *Vínculos, creencias y ilusiones: la cohesión social de los latinomericanos*. Santiago: Uqbar Editores, 2008.

Vasconcelos, Francisco de Assis Guedes de. "Fome, solidariedade e ética: uma análise do discurso da Ação da Cidadania contra a Fome, a Miséria e pela Vida", *História, Ciências, Saúde — Manguinhos*, 11(2), 2004, pp. 259-277.

Vianna, Oliveira. *Populações meridionais do Brasil*. Brasília: Câmara dos Deputados, 1982 [1920].

Von Hippel, Eric. "Democratizing innovation: the evolving phenomenon of user innovation", *Journal für Betriebswirtschaft*, 55(1), 2005, pp. 63-78.

Wahrlich, Beatriz. "A reforma administrativa no Brasil: experiência anterior, situação atual e perspectivas. Uma apreciação geral", *Revista de Administração Pública*, 18(1), 1984, pp. 49-59.

Wanderley, Sérgio, Ana Celano e Fátima Bayma Oliveira. "Ebap e Iseb na busca por uma administração brasileira: uma imersão nos anos 1950 para iluminar o século XXI", *Cadernos EBAPE.BR — On-line version*, 16(1), 2018.

Weber, Max. *Ciência e política: duas vocações*. São Paulo: Cultrix, 2004 [1918].

Wittgenstein, Ludwig. *Philosophical Investigations*. Oxford: Blackwell, 1953.

_____. *Tractatus Logico-Philosophicus*. New York/London: Harcourt, Brace & Co./K. Paul, Trench, Trubner & Co., 1922.

Índice de Nomes

A

Ab'Sáber, Aziz, 291
Abranches, Sérgio, 168, 346, 349
Abreu, Alice de Paiva, 211
Abreu, Alzira, 357
Abreu, Marcelo de Paiva, 179
Abreu, Silvio Froes, 204
Acemoglu, Daron, 360
Adorno, Theodor, 254, 345, 355
Aguiar, Neuma, 145, 346
Alberti, Verena, 357
Albuquerque, Cristiana Javier, 335
Aleichem, Sholem, 36
Alessandri, Jorge, 101
Alessio, Nancy, 348
Alkmin, Geraldo, 274
Almeida, Candido Mendes de, 145-152, 346-347
Almeida, Guido Antônio de, 83
Altbach, Philip, 210, 352
Alves, Eliseu, 343
Alves, José Maria da Silveira, 364
Alves, Piragibe de Castro, 85
Amado, Jorge, 47, 62
Amaral Peixoto, Celina Vargas, 159, 179, 276, 348, 357
Amaral, Ernesto Friedrich de Lima, 361-362
Amaro Jr., Edson, 303
Amorim, Érica, 355
Andrade, Carlos Drummond, 111, 278, 280
Andrade, Ian Prates Cordeiro, 355
Andrade, Manoel Correia, 354
Andrade, Mário de, 73
Andrew, Ross, 337, 351
Andrews, Frank M., 205, 351
Antipoff, Helena, 72
Appiah, Kwame Anthony, 341
Apter, David, 129, 132-135, 138, 161-162, 346
Aquino, Santo Tomás, 76
Arantes, Aldo, 113
Arantes, Euro Luiz, 110

Araujo Jr., José Tavares, 179
Araujo, Ricardo Benzaquen de, 346
Araujo, Tereza Cristina Nascimento, 349
Archer, Renato, 178, 220
Arendt, Hannah, 201
Aristóteles, 76
Arpón, Andrea, 355
Aupetit, Sylvie Didou, 214
Ayres, Robert, 135, 161-162
Azevedo, Álvares de, 295
Azevedo, Fernando de, 182, 278, 292

B

Bacha, Edmar Lisboa, 12, 28, 232, 235-236, 328-329, 337, 359, 361
Bachelet, Michelle, 106
Badaró, Murilo, 280, 357
Baer, Werner, 350
Balabram, Vital, 53
Balán, Jorge, 12, 128, 286, 345-346, 352
Balán, Susana, 12, 144, 346
Balandier, Georges, 99, 344
Balbachevsky, Elizabeth, 210-211, 287, 352, 358
Bambirra, Vânia, 57, 82, 84, 342
Bandeira de Melo, Márcia, 350, 358
Bandeira, Manuel, 45
Barata, Agildo, 67
Barbosa, Júlio, 73-74, 79-80, 140-141
Baremblitt, Gregório, 143
Bargas, Mônica Muños, 360
Barreto, Tobias, 195
Barreyro, Gladys Beatriz, 357, 360
Barros, Adhemar, 87, 168

Barros, Alexandre, 346
Barros, Ricardo Paes e, 243, 250, 331
Bastide, Roger, 79
Batista, Fulgencio, 85
Baumgarten, Alfredo, 179
Bayce, Rafael, 358
Beato, Claudio, 330
Beauvoir, Simone de, 76
Becher, Tony, 189, 351
Becker, Bertha K., 238, 354
Begin, Menachem, 55
Beisiegel, Celso, 287
Bellei, Cristián, 344
Belloni, Isaura, 360
Bellow, Saul, 201
Beloch, Israel, 357
Beltrão, Hélio, 242, 297, 348
Ben-David, Joseph, 191-192, 197, 201, 351
Ben-Gurion, David, 54
Bendix, Reinhard, 95, 135, 167
Benjamin, César, 356
Berdiaeff, Nicolai, 78
Berlin, Isaiah, 22, 337
Bernard, Jessie, 345
Bernasconi, Andrés, 214
Bernstein, Ann, 321, 323
Bertero, Osmar, 218, 337
Bessa, Pedro Parafita de, 45-46
Bethel, Leslie, 360
Bhering, Rodolpho de Abreu, 112
Bielschowsky, Ricardo, 179
Billington, James S., 183
Bittencourt, Nuno, 236
Blanco, Mauricio, 355

Blay, Jayme Tobias, 158
Bley, João Punaro, 110
Bloor, David, 188, 350
Bohr, Niels, 210
Bolsonaro, Jair, 15, 28, 168, 245, 264, 274, 311, 316-317, 333, 360
Bomeny, Helena Maria Bousquet, 12, 277, 348, 357
Bonaparte, Napoleão, 169
Bonelli, Regis, 173, 349
Bonilla, Frank, 141, 345
Bonoso, Ana Maria. 41
Bonoso, Leonor, 338
Bonoso, Thiago de, 338
Bonoso, Zumalá, 41, 67, 113, 338
Bori, Carolina, 288
Borochov, Dov Ber, 54, 339
Boschi, Renato, 346, 348
Boson, Gerson de Britto Mello, 140-141
Botelho, Antônio, 212, 214
Boulding, Elise, 118, 345
Boulding, Kenneth E., 118, 345
Bourdieu, Pierre, 254, 263
Bourricaud, François, 95, 344
Boyer, Ernest L., 352
Brams, Lucien, 92-94, 96, 123, 344
Brandão, Jacques de Paula, 74
Branscomb, Lewis, 229-230, 354
Brant, Vinicius Caldeira, 82-83, 113, 343
Bréhier, Émile, 75
Bresser-Pereira, Luis Carlos, 242, 305
Brigagão, Clóvis, 153
Brito, Juarez Guimarães, 82, 84, 86-87, 108, 342

Brito, Maria do Carmo, 85
Brizola, Leonel, 340
Bruni, Sérgio, 232
Brunner, José Joaquín, 103-104, 286, 344, 358
Buainain, Antônio Márcio, 353
Buarque, Cristovam, 313
Bulcourf, Pablo, 346
Bulmes-Thomas, Victor, 98

C

Cabral, Sérgio, 152
Caiden, Naomi, 353
Calabi, Andreas, 236
Calmon, Pedro, 69
Calvez, Jean-Yves, 77, 83
Calvo, Júlia, 50, 339
Camarero, Hernán, 345
Camargo, Aspásia, 182, 233, 350, 357
Campino, Antônio, 329, 358
Campos, Francisco, 278
Campos, Paulo Mendes, 73
Campos, Roberto, 173
Candido, Antônio, 292-293, 358
Cantón, Dario, 132
Cantón, Susana, 132
Capanema, Gustavo, 27, 158, 276-280, 357
Cardonnel, Jean (Frei), 78
Cardoso, Fábio Silvestre, 280, 357
Cardoso, Fernando Henrique, 78-79, 99, 114, 143, 162, 167, 174, 222, 234-235, 237, 243, 248, 252, 260, 268, 274, 282, 288, 340-341, 343, 347-348, 361

Cardoso, Ruth, 243, 252, 287
Cardozo, Nelson, 346
Cardozo, Nelson, 346
Carmichael, Stokely, 131
Carneiro, Dionísio Dias, 328
Carneiro, Leandro Piquet, 330
Carneiro, Maria Luiza Tucci, 339
Carvalho, Antônio Paes de, 352
Carvalho, Getulio, 282
Carvalho, José Maria de, 93
Carvalho, José Murilo de, 82, 136, 158, 184, 331, 342, 346, 350, 365
Carvalho, Maria Alice Rezende, 346-347
Carvalho, Orlando de, 140-141
Carvalho, Sérgio Paulino de, 352
Casassanta, Simão Pedro, 73
Casella, Erasmo Barbante, 303
Castelo Branco, Humberto de Alencar, 114, 172
Castro, Antônio Barros de, 20, 337, 350
Castro, Claudio de Moura, 12, 71, 176, 294, 311, 350, 358-360
Castro, Maria Helena de Magalhães (Nena), 12, 159, 204, 212, 351, 357
Castro, Maria Helena Guimarães de, 249, 297, 315
Cátira, Bartolini Maria, 356
Cavalcanti, Themístocles, 154, 347
Cavarozzi, Marcelo, 132
Celano, Ana, 348
Celidonio, Maína, 324
Chacel, Julian M., 353
Chagas Filho, Carlos, 69

Chaimovitz, Hernan, 306, 352
Chaimovitz, Tobias, 52
Chardin, Theillard de, 77
Chasin, Abrão, 42-43
Chávez, César, 131
Chávez, Hugo, 265
Christophe. Micheline, 248, 306, 359
Cintra, Antônio Octávio, 70, 72, 77-79, 82-83, 86, 93, 129, 135, 146, 282, 340-341, 343, 357
Cintra, José Thiago, 86, 343
Clark, Burton R., 283-284, 286, 352, 357
Cleaver, Eldridge, 131
Coelho, Edmundo Campos, 82, 145, 152, 342, 346-348, 355
Coelho, Fernando de Souza, 347
Coelho, Magda Prates, 348
Coelho, Regina dos Santos, 360
Cohen, Fredda, 131
Cohen, Ken, 131
Cohn, Gabriel, 162
Coimbra, Alberto Luiz, 175
Coleman, James, 345
Comte, Auguste, 88, 195-196
Converse, Philip E., 145, 356
Corbusier, Roland, 79
Correia, José Anchieta, 109
Corte, Andrea Tela da, 339
Coser, Lewis, 345
Costa, Carla E., 350
Costa, Ernesto Lopes da Fonseca, 204
Costa, Fernando José Leite, 348
Costa, Jaderson, 303
Costa, Macedo (Dom), 347
Costa, Márcio, 352

Costa, Rubem Vaz da, 355
Costa, Vanda Maria Ribeiro, 277, 357
Costin, Cláudia, 242
Coutinho, Luciano, 178, 220-222, 287, 353
Coutinho, Marília, 212, 287, 358
Cox, Cristián, 321, 361
Crawford, Michael, 353
Cunha, Flávio, 303
Cuperschmid, Ethel Mizrahy, 339
Czerniakow, Adam, 15

D

Dain, Sulamis, 179
Daland, Robert T., 348
Dassin, Joan, 285
Dayrell, Gilson Assis, 83
Dean, Warren, 360
Decol, René Daniel, 339-340
Delfim Netto, Antônio, 35, 177
Devalle, Susana B. C., 343
Dewey, John, 278
Di Tella, Guido, 123-124
Di Tella, Torcuato, 94, 123-124, 128, 132, 344-345
Dias, José Luciano de Mattos, 350
Diegues, Manuel, 93
Dobrov, Genady M., 206
Donghi, Tulio Halperin, 135, 161
Douglas, Mary, 253, 355
Drummond, Roberto, 62, 64, 78, 278
Durham, Eunice Ribeiro, 151, 284, 287, 297
Durkheim, Émile, 94
Durruty, Celia, 128

E

Edison, Thomas, 210
Eide, Ingrid, 120
Einaudi, Luigi, 355
Einstein, Albert, 118
Eisenstadt, Shmuel, 345
Ejlenberg-Raber, Vera, 13-14, 337
Ejlenberg, Mark, 13-14, 337
Elacqua, Gregory, 344
Eliot, T. S., 74
Ellis. Richard, 355
Elvang, Birgit, 116, 121
Engels, Friedrich, 76
Erber, Fábio, 179
Erdogan, Recep, 332
Evans, Peter, 349
Eysenck, Hans J., 355

F

Faissol, Speridião, 238, 354
Falk, Pamela S., 353
Falleto, Enzo, 99
Fanelli, Ana, 214, 286
Faoro, Raymundo, 166
Farah, Inez Maria, 144, 207, 290, 346
Faria, José Eduardo, 282
Faria, Vilmar Evangelista, 82, 142, 237, 243, 252, 343
Fausto, Sérgio, 321
Feigel, Regina, 41
Feldman, Sérgio Alberto, 339
Fernandes, Edésio, 73
Fernandes, Florestan, 79, 293, 340, 358
Fernandes, Reynaldo, 313

Ferreira, José Pelúcio, 172-174, 176, 178-182, 195, 197, 349
Ferreira, Kathia, 12
Ferreira, Marieta de Moraes, 357
Ferreira, Sérgio Guimarães, 330
Ferreiro, Emília, 263
Ferro, José Roberto, 76, 137, 218
Feuerbach, Ludwig, 77
Fichte, Johann Gottlieb, 76
Figueiredo, Jackson de, 196
Figueiredo, João, 149, 179
Fishlow, Albert, 173, 349, 360
Fleischer, David V., 353
Fletcher, Philip, 304-305, 359
Fonda, Jane, 346
Fonseca, Sílvia Maia, 354
Fontes, Adriana, 355
Forte, Cristina Maia, 348
Foucault, Michel, 263
Foxley, Alejandro, 320-321, 361
Franco, Itamar, 174, 234-235
Franco, Rolando, 343
Frank, André Gunder, 100, 344
Franken, Tjerk Gus, 350
Freire, Paulo, 263, 302
Freire, Roberto, 342
Freitas, Jânio de, 113
Freitas, Mário Augusto Teixeira de, 304, 359
Frenkel-Brenswik, Else, 345
Freyre, Gilberto, 269
Friedmann, Georges, 92
Frisch, Ragnar, 117
Fukuyama, Francis, 349
Furtado, Celso, 73, 79

G

Gadelha, Carlos, 352
Galembeck, Fernando, 218, 337, 353
Galilei, Galileu, 192
Galtung, Johan, 95-97, 112, 115-121, 128, 344
Galvani, Elizabeth, 251
Gama, Lélio, 182
Gandhi, Mahatma, 96
Ganga-Contreras, Francisco, 344
Garcia Guadilla, Carmen, 98
Garcia, Rolando, 128
Gaspari, Elio, 148, 347
Gaston-Granger, Giles, 162
Gatti, Bernardete Angelina, 360
Gawthorpe, Andrew J., 347
Geiger, Roger, 284
Geisel, Ernesto, 20, 149, 174
Genro, Tarso, 307-308
Germani, Gino, 47, 98, 128, 338
Ghioldi, Rodolfo, 126
Giambiagi, Fabio, 329, 359
Giannotti, José Arthur, 75, 78, 162, 286
Gibbons, Michael, 207-208, 219, 351
Glaser, William A., 156-157, 348
Gleditsch, Nils Petter, 116, 120
Goebbels, Joseph, 277, 357
Goifman, Liuba, 51
Goifman, Nute, 51
Goldemberg, José, 151, 217, 221, 285-288, 356
Golgher, Isaías, 51, 339
Gomes, Ângela Castro, 357
Gomes, Candido Alberto, 360

Gomes, Ciro, 234
Gomes, Severo, 177
Gornitzka, Åse, 361
Goulart, João (Jango), 84, 107, 343
Gramsci, Antonio, 87, 263
Greenfeld, Liah, 351
Gregori, José, 268
Grinbaum, Emilio, 53
Gudin, Eugênio, 155
Guimarães, César, 142, 346
Guimarães, Eduardo Augusto, 179
Guimarães, Yolanda Pereira, 338
Gullar, Ferreira, 356
Gurrieri, Adolfo, 98
Gurvitch, Georges, 76-77, 341
Gusmão, Oswaldo Herbster, 73

H
Haas, Ernst, 132, 134
Habers, Christopher, 348
Hallak Neto, João, 348
Haller, Archibald, 296
Hamburger, Ernst, 306
Hasenbalg, Carlos Alfredo, 145, 346-347
Hawking, Stephen, 11
Hayden, Tom, 346
Hazan, David, 109
Heckman, James, 303
Hegel, Georg Wilhelm Friedrich, 76, 162, 341
Heintz, Peter, 94-95, 97, 123-124, 343, 345
Heller, Benzion, 40, 338
Heller, Bernardo, 338

Heller, Leah, 40, 338
Henriques, Ricardo, 250, 331
Herculano, Alexandre, 73
Herrera, Amílcar, 143
Hime, Maria Aparecida, 348
Hippel, Eric Von, 354
Hirano, Sadi, 261
Hitler, Adolf, 66-67, 265, 340
Holanda, Sérgio Buarque de, 166
Holm-Nielsen, Lauritz, 121, 353
Horkheimer, Max, 254, 355
Horowitz, Irving L., 345
Horta, Cid Rebelo, 56, 340
Houssay, Bernardo, 128
Huntington, Samuel, 137, 147-149, 347
Husserl, Edmund, 80
Hyman, Herbert, 128
Hyppolite, Jean, 341

I
Ianni, Octávio, 79, 340-341
Iglésias, Francisco, 73-74, 340
Ignatieff, Michael, 256, 355
Ilchman, Warren, 134
Illia, Arturo, 126-127
Inkeles, Alex, 95, 344
Inoue, Ana, 309
Ionesco, Eugène, 74

J
Jaguaribe, Hélio, 79-80, 221-222, 342, 346
Jelin, Elizabeth, 128
Jereissati, Tasso, 232

Jinping, Xi, 327
Judt, Tony, 131, 318
Julião, Francisco, 86, 343

K

Kandir, Antônio, 237
Kant, Immanuel, 75, 196
Katz, Chaim, 52
Kazan, Elia, 74
Kaztman, Ruben, 132
Kennedy, Robert, 138, 257
Kent, Rollin, 286
Kerstenetzky, Isaac, 172, 181, 237, 349-350, 354
Keyfitz, Nathan, 95
Khrushchev, Nikita, 66-67, 76, 195
King, Martin Luther, 131, 138
Kissinger, Henry, 247
Klabin, Israel, 247-248
Klein, Herbert S., 12, 135, 360
Klein, Lucia Maria Gomes, 348, 357
Klein, Melanie, 125
Knobel, Marcelo, 143
Knobel, Mauricio, 143
Knorr-Cetina, Karin, 188, 350
Kogan, Maurice, 284
König, René, 94
Krieger, Eduardo Moacyr, 218, 337, 353
Kroeber, Carlos, 74
Kruel, Amaury, 112
Kuhn, Thomas S., 94, 343

L

Lacerda, Carlos, 63-64
Lafer, Celso, 247
Lamounier, Bolivar, 12, 82, 114, 136, 142, 168, 257, 342, 345-347, 349
Landsberger, Henry, 95
Langoni, Carlos, 295, 349, 358
Lanski, Maurício, 52
Larson, Magali Sarfatti, 132, 346
Laterza, Moacyr, 76, 109
Latif, Zeina, 324-325
Latour, Bruno, 19, 22, 188, 254, 337, 350
Lazarsfeld, Paul, 96, 128, 344-345
Leal, Carlos Ivan Simonsen, 159
Leal, Victor Nunes, 166
Lebret, Louis-Joseph, 341
Lefebvre, Henri, 75, 341
Leff, Nathanael, 360
Leite Filho, Aluízio, 85
Leite, Cleantho de Paiva, 156
Leite, Mauricio Gomes, 74
Leloir, Luís Federico, 128
Lenin, Vladimir Illich, 23, 75-76, 87, 99
Lent, Carmen, 59, 125, 129-130, 132, 138, 140-141, 143-144
Leonardos, Othon, 204
Lévi-Strauss, Claude, 198, 341, 351
Levine, Robert, 360
Levinson, Daniel J., 345
Levy, Daniel, 284, 358, 360
Levy, Samuel, 295, 358
Lewis, Oscar, 229, 345, 354-355
Liais, Emmanuel, 194
Lima Júnior, Olavo Brasil de, 346

Lima, Alceu Amoroso, 196, 278
Lima, Maria Regina Soares de, 346
Limoges, Camille, 208
Linz, Juan, 360
Lipset, Seymour Martin, 95, 137
Lisboa, Marcos de Barros, 122, 250, 324-325
Llorente, Ignacio, 345
Lobato, Monteiro, 43, 204
Lobato, Vinicius do Prado, 204
Lobato, Warton, 83
Lombroso, Cesare, 270
Loner, Beatriz Ana, 340
Lopes, José Leite, 183
Lopes, Juarez Brandão, 78
Lopes, Luís Simões, 153-154, 157, 159, 277, 357
Lorenz, Francisco V., 339
Lourenço Filho, Manuel, 296
Louzano, Paula, 104
Löwy, Michael, 78, 85
Lukács, Georg, 23, 76, 87-88, 337
Lustosa, Isabel, 356
Lutero, Martin, 44
Luzia, João Firmino, 109, 111
Lysenko, Trofim, 197, 351

M

Maassen, Peter, 361
Machado, Bina, 179
Machado, Mário Brockman, 149, 179, 346
Maciel, Everardo, 282
Maciel, Marco, 146, 282, 341
Madanes, Cloé, 132

Mafra, Antônio Augusto Oliveira, 44, 338
Maggie, Yvonne, 269, 356
Magnoli, Demétrio, 269
Mainwaring, Scott, 360
Malan, Pedro, 173, 331, 349, 361
Maldonado, Carlos, 344
Malthus, Thomas, 78, 255, 355
Mandela, Nelson, 267, 321, 356
Mares Guia, Walfrido, 247
Mariani, Maria Clara, 350
Marini, Ruy Mauro, 85
Marshner, João, 74
Martins, Carlos Estevam, 142
Martins, José de Souza, 356
Martins, Luciano, 234, 349
Martins, Ricardo, 360
Martins, Valéria, 347
Martuccelli, Danilo, 321, 361
Marx, Karl, 74, 76-79, 83, 85, 87, 94-95, 162, 262
Mateus Rocha (Frei), 78
Matos, Cleide Carvalho de, 355
McClosky, Herbert, 134
McDonough, Peter, 145, 346-347
Médici, André, 329
Meir, Golda, 54-55
Meller, Patricio, 321
Mello, Diogo Lordello, 154
Mello, Fernando Collor de, 286, 334
Mello, Fernando Guedes de, 83
Melo, Marcus André, 325-326
Melo, Mauro Pereira de, 233
Mendonça Filho, José, 309
Menem, Carlos, 124

Menezes Filho, Naércio, 330
Menezes Neto, Paulo Elpídio, 282, 357
Merleau-Ponty, Maurice, 76, 87, 341, 343
Merquior, José Guilherme, 162
Merton, Robert K., 94-95, 106, 128, 190-191, 195, 198, 343-345, 351
Militão, José Roberto, 356
Millions, Teresa Cristina, 354
Mirra, Evandro, 211
Mizne, Denis, 330
Monteiro, Vinícius do Prado, 361-362
Montoro Filho, André Franco, 355
Moore, Barrington, 349
Moore, Wilbert Elllis, 76, 341
Mora y Araujo, Manuel (Manolo), 98, 102, 116, 122, 128, 344-345
Moraes, Marcílio, 182, 350
Morais, Clodomir, 86, 343
Morais, Fernando, 340
Moreira Franco, Wellington, 153
Morente, Manuel Garcia, 75
Moriconi, Palmira, 350
Morin, Edgar, 75, 92, 95
Morse, Richard M., 254, 272-274, 356-357
Mortara, Giorgio, 304
Moskowitz, Jay, 246
Mota, Carlos Guilherme, 291
Motta, Marly Silva da, 348
Motta, Paulo Roberto, 360
Motta, Rodrigo Patto, 339
Moura, Emilio, 73, 111-112
Moura, Gerson, 357
Mugabe, Robert, 322
Mulkay, M. J., 350
Müller, Filinto, 279
Müller, Fritz, 194
Murmis, Miguel, 128, 345
Mussolini, Benito, 132, 265, 279

N

Naess, Arne, 96, 344
Nagy, Imre, 117
Nasatir, David, 136
Nascimento, Edson Arantes (Pelé), 103
Nascimento, Kleber, 157, 268
Nasser, Amélia, 346
Nasser, Fernando, 236
Natali, Trento, 236
Navarro, Zander, 353
Neave, Guy, 284
Neiburg, Federico, 345
Nery, Sebastião, 65
Neves, Tancredo, 281
Newton, Huey, 131
Nicol, Eduardo, 75
Nicolini, Alexandre Mendes, 347
Nisbet, Robert A., 345
Nixon, Richard, 138
Nogueira, Oracy, 266
Noronha, Kenya, 329
Novaes, Fernando, 78
Nowotny, Helga, 208
Nun, José (Pepe), 128
Nunes, Edson de Oliveira, 149-150, 348, 360
Nunes, Egas Moniz, 358

O

O'Donnell, Guillermo, 167, 346, 348-349, 361
Ochs, Smil, 154, 348
Ogata, Edna, 358
Olinto, Antônio, 69
Oliveira, Juscelino Kubitschek, 79, 110, 247-248
Oliveira, Elysabeth Senra de, 340
Oliveira, Fátima Bayma, 348
Oliveira, Isabel Ribeiro de, 159
Oliveira, João Batista Araujo e, 12, 27, 175, 184, 294-297, 300-303, 311, 350, 358-360
Oliveira, Joelma Alves de, 343
Oliveira, José Aparecido de, 84, 343
Oliveira, Lúcia Lippi de, 348, 357
Oliveira, Modesto Justino de, 84
Olsen, Johan P., 361
Onganía, Juan Carlos 135
Oz, Amos, 339
Ozlack, Oscar, 132

P

Packenham, Robert, 361
Paim, Antônio, 79, 195-196, 351
Paiva, Paulo, 237
Paixão, Antônio Luiz, 153
Palliser, Michael, 355
Palme, Olaf, 120
Pandolfi, Dulce, 357
Parahyba, Maria Antonieta, 348
Parsons, Talcott, 95, 135, 344
Pasteur, Louis, 210, 213
Pedrosa, Renato Hyuda de Luna, 325

Peirano, Mariza, 12, 293, 358
Pellegrino, Hélio, 73
Pena, Sérgio, 270, 356
Peñaloza, Verónica, 358
Pereira, Carlos Lopes, 203
Pereira, Marcus, 178
Peretz, Isaac Leib, 36
Perkin, Harold, 284
Perls, Fritz, 143
Pero, Valéria, 355
Perón, Juan Domingo, 126-127, 265
Pertence, José Paulo Sepúlveda, 73, 84
Pessanha, Charles, 145, 159
Pessoa, Francisco Lage (Padre), 109, 111
Pessoa, Samuel, 197
Petruccelli, José Luis, 356
Pfeffer, Renato Somberg, 339
Phelps, Edmund S., 353
Pilatti, Orlando, 360
Pillay, Pundy, 326, 361
Pimentel, Iago, 72
Piñera, Sebastián, 106, 320
Pinheiro, Rómulo, 326, 361
Pinochet, Augusto, 98, 103-106, 320, 340
Pinto, Aluízio Loureiro, 153, 348
Pinto, Álvaro Vieira, 79-80, 142, 342
Pinto, Bilac, 45
Pinto, José de Magalhães, 112
Pinto, Ricardo Guedes Ferreira, 185, 350
Pinto, Yvon Leite de Magalhães, 70-72, 81, 342, 373
Pisano, Guillermo, 12

Plotkin, Mariano, 345
Polanyi, Karl, 296, 358
Polsby, Nelson, 134
Portantiero, Juan Carlos, 345
Portela, André, 329
Porto, Cláudio, 359
Porto, Maria Stela Grossi, 360
Prado Júnior, Bento, 78
Prado Júnior, Caio, 73
Prates, Susana, 57, 82, 93, 107, 342
Pravaz, Natasha, 346
Pravaz, Omar, 346
Pravaz, Paula (Jaya), 346
Prebisch, Raúl, 100, 344
Prestes, Luís Carlos, 63-64, 67, 126-127, 340
Proudhon, Pierre-Joseph, 94
Pye, Lucien, 137

Q
Quadros, Jânio, 108, 168, 334, 343
Queiroz, Dinah Silveira, 353
Queiroz, Sérgio Robles Reis de, 325
Quesada, Carlos Fernando, 346
Quiroga, Patricio, 344

R
Rabelo, José Maria, 110
Radzyner, Chaim (Reb), 13, 39-40
Radzyner, José, 39,41
Radzyner, Yacob Leib, 39
Ramos, Alberto Guerreiro, 74, 79-80, 154, 166, 342, 348
Rangel, Ignácio, 79
Rappaport, Eva Klabin, 247

Ratinoff, Luis, 95
Reagan, Ronald, 137
Reale, Miguel, 195
Reimers, Fernando, 361
Reis, Elisa Maria Pereira, 145, 157, 159, 168, 235, 346, 348-349
Reis, Fábio Wanderley, 12, 72-73, 93, 113, 129, 135, 167, 340, 347-348, 374, 379
Reis, Raimundo Wanderley (Dico), 112
Resende, Otto Lara, 73
Reynaud, Jean-Daniel, 344
Rezende, Beatriz, 350
Rhoades, Gary, 284
Ribeiro, Darcy, 93, 288, 297
Ribeiro, Ivan Otero, 82, 342
Ribeiro, Ivan Ramos, 82
Ribeiro, Sérgio Costa, 282, 304-305, 357, 359-360
Ricupero, Rubens, 234
Riedel, Ludwig, 194
Righetti, Júlia, 336
Rimbaud, Arthur, 69
Ringer, Fritz K., 23, 337
Ristoff, Dimo Ivo, 360
Robinson, James, 360
Rocha, Glauber, 113
Rocha, Rudi, 355
Rodrigué, Emilio, 143
Rodrigues, Lidiana Soares, 341
Rodrigues, Paulo dos Santos, 212
Rodrigues, Raymundo Nina, 267, 356
Rogers, William, 355
Roitman, Isaac, 360
Rolla, Joaquim, 41, 110

Rollemberg, Denise, 343
Romani, Jacqueline Pintanguy de, 350
Rosa, Aldo Vieira da, 197
Rosenfeld, Bernardo, 338
Rossi, Alice, 344
Rossi, Eugênio, 73
Rothblatt, Sheldon, 284
Rothen, José Carlos, 357, 360
Rubião, Murilo, 73, 340
Rubinger, Marcos, 109, 111
Rueschemeyer, Dietrich, 349
Ruge, Mari Holmboe, 116
Rumkowski, Chaim, 15
Russell, Bertrand, 118
Russett, Bruce M., 345
Ryan, Joseph W., 345
Ryten, Jacob, 245

S

Sabino, Fernando, 73
Saboia, Ana Lúcia, 356
Sachs, Erich, 85
Sader, Éder, 85
Sáinz, Pedro, 117, 245
Salati, Eneas, 248
Salgado, Plínio, 65-66, 279, 360
Salinger, J. D., 152
Salles, Antônio, 45, 295
Salles, Fritz Teixeira de, 74
Sampaio, Helena, 287, 358
San Tiago Dantas, Francisco Clementino, 84, 343
Sanford, Nevitt, 345
Sant'Anna, Affonso Romano, 74, 98
Santiago, Silviano, 75

Santos Jr., Theotônio, 57, 69-70, 72, 74-75, 83-84, 93, 108, 340, 343
Santos, Crisolita Gonçalves dos, 355
Santos, Manuel Francisco dos (Garrincha), 103
Santos, Mariza Veloso Motta, 360
Santos, Milton, 238
Santos, Wanderley Guilherme dos, 136, 142, 149, 151, 157, 346
Saraiva, Hélcio Ulhoa, 296
Sarfatti, Margherita, 132
Sarmento, Nelson, 108-109
Sarney, José, 178, 281, 343
Sartre, Jean-Paul, 76, 80
Sartre, Jean-Paul, 78
Satovski, Riva, 338
Sayad, João, 150
Scalon, Celi, 159
Schaar, John, 134
Scheinkman, José Alexandre, 250, 355, 370
Schelling, Thomas, 345
Schenberg, Mário, 183, 197
Schmitter, Philippe C., 132, 167, 348, 361
Schumacher, Ernst Friedrich, 351
Schwartzman, Adélia, 36-37
Schwartzman, Alberto, 338
Schwartzman, Ana Satovski, 338
Schwartzman, Chaja Radzyner (Helena), 39-41
Schwartzman, Chendel, 37-38
Schwartzman, David Righetti, 336
Schwartzman, Enrique Albuquerque, 335

Schwartzman, Fanny, 338
Schwartzman, Felipe Farah, 144, 335
Schwartzman, Gabriel Albuquerque, 335
Schwartzman, Isabel Farah (Bebel), 13, 144, 335
Schwartzman, Jacques, 36-37, 41, 52, 337
Schwartzman, Laura Satovski, 338
Schwartzman, Luisa Farah, 144, 257, 335
Schwartzman, Michel Lent, 132, 138, 140, 144, 334-335
Schwartzman, Pedro Righetti, 336
Schwartzman, Pesse, 36, 38
Schwartzman, Sanni, 36-38, 338
Schwartzman, Sarah, 338
Schwartzman, Shimson (Simão), 36
Schwartzman, Zolmin (Salomão), 36-38, 41, 46
Schwarz, Roberto, 78
Scott, Peter, 208, 351
Segall, Mauricio, 113
Sellow, Friedrich, 194
Senra, Nelson de Castro, 340, 349, 354
Serra, José, 84, 235-237, 344-345
Shapira, Abraham, 39, 338
Shapira, Firmina (Fruma), 39-41
Shapira, Miriam (Radzyner), 39-40
Shapiro, Naomi, 116
Shattock, Michael, 357
Shellard, Ronald, 224
Shils, Edward, 137, 201-203
Sigal, Silvia, 128

Silva, Benedicto, 154
Silva, Benedita da, 268-269
Silva, Carol DeShano da, 361
Silva, Cylon Gonçalves da, 182
Silva, Golbery do Couto, 148
Silva, Jaílson de Souza, 250
Silva, Lenildo Fernandes, 236
Silva, Luiz Antônio Machado da, 145, 346
Silva, Luiz Carlos Faria da, 303
Silva, Nelson do Valle, 145, 346-347
Silva, Vera Cecília, 358
Silveira, Bruno da, 173
Silveira, José Maria da, 353
Simonsen, Mário Henrique, 155, 159, 177
Simonsen, Roberto, 73
Singer, André, 265
Singer, Isaac Bashevis, 15
Singer, Israel Joshua, 15, 337
Singer, Paul, 78, 85
Siqueira, Belmiro, 154
Siqueira, Cyro, 74
Sito, Nilda, 98, 116
Skidmore, Thomas, 149, 347, 361
Skocpol, Theda, 349
Slansky, Rudolf, 66
Smelser, Neil, 135, 345
Snow, C. P., 189, 292, 358
Soares, Gláucio Ary Dillon, 92, 144, 346, 350, 360
Soares, José Carlos Macedo, 348
Soares, Rossieli, 309
Somberg, Renato, 339
Somoza, Anastasio, 85

Sorj, Bernardo, 12, 159, 321, 356, 361
Soter, Edna, 144
Soter, Marcos, 144
Souto, Jane, 349
Souza Filho, Henrique de (Henfil), 77
Souza, Amaury Guimarães de, 82-83, 136, 142, 145, 205, 342, 346
Souza, Edson Machado de, 282, 357, 360
Souza, Francisco Eduardo Pires de, 337, 350
Souza, Herbert José de (Betinho), 70, 72, 77-78, 81-84, 93, 108, 113, 341
Souza, Nadia V. X., 350
Souza, Noracy Ruiz de, 153
Souza, Paulo Renato de, 288, 297, 308, 312
Spiel, Christiane, 361
Stal, Eva, 205
Stalin, Joseph, 51-52, 66-67, 76, 87, 195, 227
Steinem, Gloria, 183-184
Stemmer, Caspar Erich, 353
Stepan, Alfred, 361
Stepan, Nancy, 361
Stokes, Donald E., 352
Stouffer, Samuel, 128, 345
Suzigan, Wilson, 350
Suzzi, Patrícia, 205
Svensson, Roger, 207

T
Tafner, Paulo, 329
Tahkteyev, Alexandre Schwartzman (Sasha), 335
Tahkteyev, Dimitri Schwartzman, 335
Tahkteyev, Yuri, 335
Tanaka, Michiko, 343
Tavares, José Milo, 83, 108, 250
Tavares, Maria da Conceição, 179, 250
Tavares, Martus, 237
Tedesco, Juan Carlos, 98
Teichler, Ulrich, 284, 286
Teixeira, Anísio, 278, 350
Teles, José Dion de Mello, 176
Temer, Michel, 27, 309, 316, 333
Thatcher, Margareth, 208
Thedim, Manuel, 250-251
Thompson, Michael, 355
Tironi, Eugenio, 321
Tobar, Carlos, 98
Torre, Juan Carlos, 128
Torstendahl, Rolf, 284
Touraine, Alain, 94, 123, 344
Trevino, Ernesto, 361
Trindade, Hélgio, 360
Trow, Martin, 208, 284, 351
Trowler, Paul, 351
Troya, Estela, 144
Tsé-Tung, Mao, 86

U
Urani, André, 250-251
Uricoechea, Fernando, 346

V
Vainfas, Ronaldo, 356
Valadares, Lícia do Prado, 145, 346
Valenzuela, Eduardo, 344
Valenzuela, J. Samuel, 381

Valiente, Giovanna, 98
Vanni, Xavier, 344
Vargas, Getulio, 63-64, 67, 107, 159, 165, 196, 247, 276-279, 334
Vargas, José Israel, 174, 222, 234-235
Vasconcellos, Sylvio de, 109
Vasconcelos, Alcyone, 246, 353
Vasconcelos, Caio Tácito Pereira de, 282
Vasconcelos, Francisco de Assis Guedes de, 341
Vasconcelos, Ivar César de Oliveira de, 360
Vaz, Henrique de Lima (Padre), 78
Velloso, João Paulo dos Reis, 172-173
Veloso, Fernando Augusto Adeodato, 330
Veras, Beni, 232, 234
Verón, Eliseo, 128
Viana, Marcos, 355
Vianna, Luís Werneck, 145, 151, 346-347
Vianna, Oliveira, 267, 356
Vianna, Sérgio Besserman, 243
Vidal, José Bautista, 177
Viegas, Mônica, 329
Vieira, Flávio Pinto, 70, 74-75
Vieira, Gastão, 303
Villela, Anníbal, 181-182, 350
Voguel, Maria Beatriz Pena, 350
Vygotsky, Lev, 263

W
Wagner, Peter, 207, 352
Wahrlich, Beatriz, 154, 157, 348
Wajnman, Bella Schwartzman, 54
Wajnman, Bernardo, 54
Wajnman, Sérgio, 339
Wajnman, Simone, 13, 339
Wajnman, Solange, 13, 339
Walker, Ignacio, 321
Wataghin, Gleb, 182
Weber, Max, 23, 74, 88-89, 94, 135, 164, 166-169, 184, 342-343, 348
Weber, Silke, 360
Weffort, Francisco, 78
Weiss, Carol Hirschon, 352
Wells, John, 349
Whitehead, Laurence, 348, 361
Wiarda, Howard J., 319-320, 360
Wildavsky, Aaron, 134, 353, 355
Wirth, John, 361
Wittgenstein, Ludwig, 188-189, 350
Wittrock, Bjorn, 207, 284, 352
Wolin, Sheldon, 134
Woolgar, Steve, 350
Wrobel, Vera, 358
Wu Tai, David, 236, 240

X
Xiaoping, Deng, 328

- historiareal.intrinseca.com.br
- @intrinseca
- editoraintrinseca
- @intrinseca

1ª edição	FEVEREIRO DE 2021
impressão	SANTA MARTA
papel de miolo	PÓLEN SOFT 70G/M²
papel de capa	CARTÃO SUPREMO ALTA ALVURA 250G/M²
tipografia	DANTE